U0330061

雅斯贝尔斯著作集

论历史的起源与目标

李雪涛 译

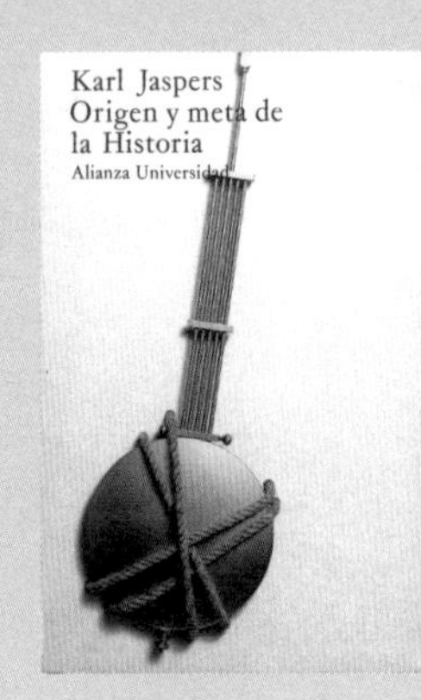

《论历史的起源与目标》各版本书影

选自雅斯贝尔斯私人藏书，德国奥登堡大学雅斯贝尔斯图书馆

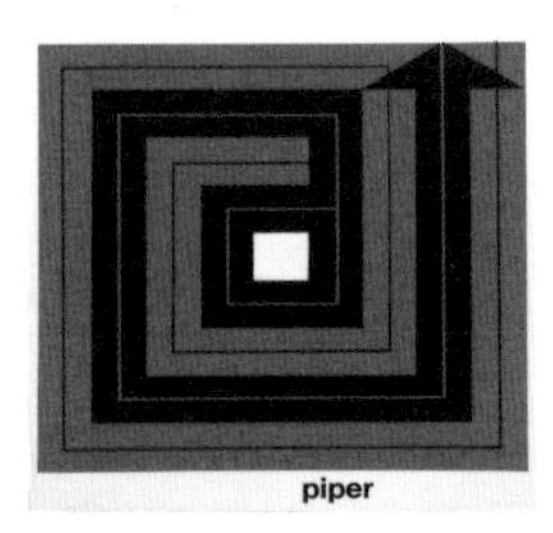

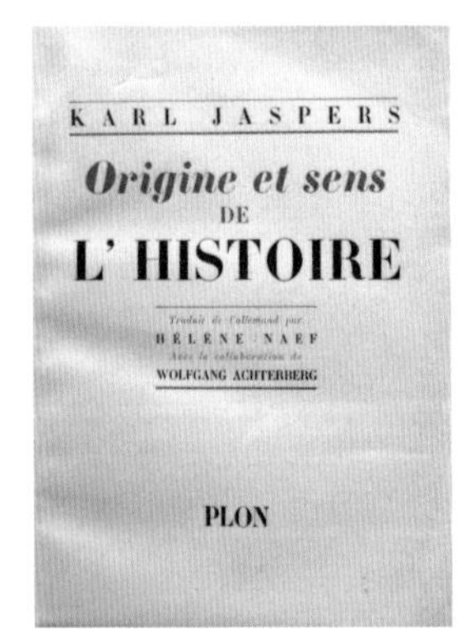

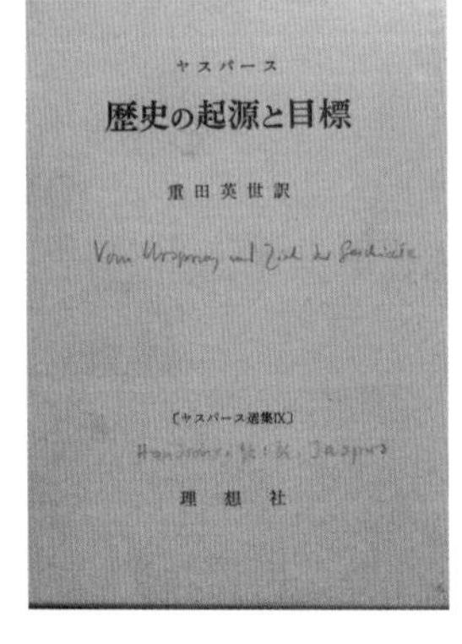

上海市版权局著作权合同登记　图字：09－2015－293号

中文版总序

作为20世纪最有影响的哲学家之一的雅斯贝尔斯并没有像另外一位哲学家海德格尔一样在中国备受关注，这跟在欧美并没有什么两样。其中一个原因在于，他没有像海德格尔有众多执教于世界各国哲学界的弟子，同时他平淡的一生从来也没有像海德格尔一样不时会在哲学界之外掀起波澜。作为哲学家，雅斯贝尔斯在心理学、存在哲学、哲学史、时代史、政治等多个方面都产生过很大影响。很遗憾的是，中文学界对雅斯贝尔斯的译介工作一直是零星地进行的。因此出版一套比较全面、系统体现他的哲学丰富性的《雅斯贝尔斯著作集》，我们认为对中文学界来讲是当务之急。

一

中国留德学人中听过雅斯贝尔斯课的可能为数极少，诗人冯至是其中之一。冯至后来回忆到20世纪30年代这一段时光：

> 1933年春至1935年夏，我又在海德贝格住了两年多。……著名的哲学家雅斯丕斯和艺术史家戈利塞巴赫[①]都有犹太族的妻子，他们还继续讲课，但是心里知道，早晚会有那么一天，不得不离开他们工作的处所(果然，我1935年回国后，他们都先后被解聘了)。在他们的课室里仍然挤满听讲的学生，课室笼罩着一种不知明天将要怎样的不安气氛。[②]

由于冯至先生本人是文学家，因此对于雅斯贝尔斯的著作并没有太多的关注，更没有进行过译介。

民国时期，德国哲学在中国得到了一些接受，但最主要的是康德、黑格尔等古典哲学大师，他们的重要著作被翻译成中文，同时也有一系列的研究著作出现。但雅斯贝尔斯、海德格尔当时属于当代的哲学家，在中国的介绍并不多。

有关雅斯贝尔斯在中国的接受情况，早在20世纪40年代已经有一些文章对他的哲学进行了介绍。成立于1933年的中德学会（Das Deutschland-Institut）在《第六卷年度报告（1939－1940年）》（*6. Jahresbericht 1939－1940*）中已将雅斯贝尔斯的《时代的精神状况》（*Die geistige Situation der Zeit*）一书列入了出版计划：1940年7月在准备之中。[③]但由于雅斯贝尔斯1937年在海德堡大学被免职，而从1938年就被禁止发表作品，因此该书的中译本未能得以出版。由中德学会编辑出版的刊物《中德学志》（Aus deutschem Geistesleben）[④]分别于1940、1941年发表了柏尔克的〈现代德国哲学之特征〉[⑤]和王锦第的〈略述雅斯波的哲学〉[⑥]，对雅斯贝尔斯的哲学做了全面的介绍。王锦第认为，中国当时对德国当代哲学的译介是极为不够的，就此他写道：

> 但是很可惜，国人研究西洋哲学者对于德国哲学很少有力的介绍与深刻的研究，尤其是当代的德国哲学对于我们好像都很生疏，例如现在我们所要介绍的雅斯波（Karl Jaspers）就是中国哲学界的一位生朋友，然而他是当代德国的第一流哲学家。[⑦]

王锦第的文章对雅斯贝尔斯的生平和哲学思想都做了非常清楚的介绍。虽说王锦第有一些德语知识，但由于他留学日本的背景，我认为这篇文章的主要内容依然是从日文编译而来。很遗憾的是，这一对雅斯贝尔斯哲学的接受，1949年以后并没有被继承。这之后，雅斯贝尔斯一直被作为资产阶级的哲学家受到批判。尽管在贺麟主编的《存在主义哲学》[8]一书中对雅斯贝尔斯著作的部分章节进行过翻译，但由于此书的发行量很小，流传很少，影响自然不会很大了。

二

中国大陆于1988年3月出版了雅斯贝尔斯的一本在英语世界非常流行的通俗性著作《智慧之路——哲学导论》(*Way to Wisdom: An Introduction to Philosophy*)中译本。[9]这本书是由雅斯贝尔斯在瑞士巴塞尔广播电台所做的12次讲座整理而成。中译本系从英译本译出，[10]作为"现代社会与文化丛书"之一出版。由于这本书篇幅较短，又深入浅出、通俗易懂，因此流行较广。

1989年6月雅斯贝尔斯的历史哲学专著《历史的起源与目标》(*Vom Ursprung und Ziel der Geschichte*, 1949)由魏楚雄、俞新天翻译出版，这个译本也是从英文本转译过来的，作为"二十世纪文库"的"历史学"分科之一种由华夏出版社出版。[11]尽管两位译者对雅斯贝尔斯哲学所知不多，又是从英文转译，其中也出现了一些常识性的错误，[12]但这个译本无疑让中国学术界(特别是历史学和思想史学界)，第一次比较完整和准确地理解了"轴心时代"这一概念。两位译者在前言中，对雅斯贝尔斯的人类历史分期、对历史主义的批判做了一些介绍。此外，译者也注意到中国资源对雅斯贝尔斯的影响："值得一提的是，雅斯贝斯的历史观明显受到了中国古代老庄哲学思想的影响，这在全书中可时不时地看到。"[13]由于当时意识形态方面刚刚开始有所松动，译者还是很小心翼翼地指出："雅斯贝斯是一位自由资产阶级知识分子。毋庸置疑，他有不少历史思想和政治观点与历史唯物主义和无产阶级的社会理想是格格不入的，……"[14]

从20世纪70年代以来，中文学界翻译出版了一些雅斯贝尔斯的著作，包括：

1.《悲剧之超越》，叶颂姿译，台北：巨流出版社，1970年。译自英

文版 *Tragedy Is Not Enough*, 1969。

2.《存在主义：从陀思妥耶夫斯基到沙特》，考夫曼编著，陈鼓应等译，北京：商务印书馆，1987 年。此书首版于台北：商务印书馆，1972 年。书中第七章〈雅斯培〉收录了雅斯贝尔斯的三个译本：〈关于我的哲学〉（Über meine Philosophie）一文写于 1941 年夏季，当时是为雅斯贝尔斯著作的意大利语版写的导论；其后有关〈齐克果和尼采〉（Kierkegaard and Nietzsche）以及〈环绕〉（The Encompassing）两部分分别译自英译本的《理性与生存》（*Reason and Existenz*, 1935）一书。

3.《悲剧的超越》，"生命哲学译丛"，亦春译，光子校，北京：工人出版社，1988 年。［选自雅斯贝尔斯《论真理》（*Von der Wahrheit*, 1947）中的第三部分〈真理〉的第三篇〈真理存在的终结〉的第三节〈在根源直观中的真理终结〉，其中包括四个部分：a）悲剧的知识；b）文艺作品中的悲剧对象；c）悲剧的主体性；d）对悲剧的根本性解释。英译本有所改动，见 Karl Jaspers, *Tragedy Is Not Enough*. Translated by Harald A. T. Reiche, Harry T. Moore, and Karl W. Deutsch. Boston: The Beacon Press, 1952］

4.《存在与超越——雅斯贝尔斯文集》，"猫头鹰文库第二辑"，余灵灵、徐信华译，上海：上海三联书店，1988 年。［这本仅有 230 页的小册子，是由雅斯贝尔斯的三本书构成的：《时代的理性与反理性》、《悲剧与超越》以及《现代的人》，其中《时代的理性与反理性》（*Vernunft und Widervernunft in unserer Zeit*）是雅斯贝尔斯所做的三场报告的结集，1950 年出版；《现代的人》（*Man in the Modern Age*）是雅斯贝尔斯 1931 年出版的《时代的精神状况》的英译书名。三本书都选了其中的一部分］

5.《哲学自传》，王立权译，上海：上海译文出版社，1989 年。译自英文版 *Philosophical Autobiography*, 1957。不包括第 10 章〈海德格尔〉，这一章按照雅斯贝尔斯的要求，在海德格尔去世后才予以发表。

6.《苏格拉底、佛陀、孔子和耶稣》，李瑜青、胡学东译，合肥：安徽文艺出版社,1991 年。［这是选自雅斯贝尔斯 1957 年《大哲学家》（*Die großen Philosophen*）中的〈范式的创造者〉（*Die maßgebenden Menschen*）中的四位，德文版、英文版都有单行本。本书译自英译本，前有"英译本序"]

7.《什么是教育》，"德国文化丛书"，邹进译，北京：生活·读书·新知三联书店，1991 年。[此书系 1977 年由赫曼·霍恩（Hermann Horn）编写的一个雅斯贝尔斯有关教育的读本：*Was ist Erziehung? Ein Lesebuch*]

8.《现时代的人》，周晓亮等译，北京：社会科学文献出版社，1992 年。译自英文本 *Man in the Modern Age*, 1978。

9.《生存哲学》，王玖兴译，上海：上海译文出版社，1994 年。[这是雅斯贝尔斯 1938 年出版的三个演讲的结集《生存哲学：三个演讲》（*Existenzphilosophie. Drei Vorlesungen*, Berlin 1938）雅斯贝尔斯曾于 1956 年予以再版，不过其中大部分内容已经收入他 1947 年出版的《论真理》之中了]

10.《存在主义哲学资料选辑》（上卷），熊伟主编，北京：商务印书馆，1997 年。其中"V.雅斯贝尔斯"（第 507 – 741 页，共 234 页）有 9 个部分的翻译：1）〈目前哲学状况的由来〉，译自《理性与生存》（*Vernunft und Existenz*, 1935）；2）〈生存哲学〉译自《生存哲学》（*Existenzphilosophie*, 1938）；3）〈生存〉译自《哲学》（*Philosophie*, 3. Bde, 1932）第二卷；4）〈大全〉译自《哲学》第二卷；5）〈临界境况〉译自《哲学》第二卷；6）〈个别临界状态〉译自《哲学》第二卷；7）〈密码的本质〉译自《哲学》第二卷；8）〈人是什么〉译自英文版《总汇》（*Universitas. A German Review of the Arts and Sciences*, 1965）第一期；9）〈哲学与科学〉译自《估计与展望》（*Rechenschaft und Ausblick*, 1951）。

11.《时代的精神状况》，"二十世纪西方哲学译丛"，王德峰译，上海：上海译文出版社，1997 年。[这是雅斯贝尔斯的《时代的精神状况》（*Die geistige Situation der Zeit*, 1931）的中译本，译自英文，书前有"英译本重译前言”]

12.《尼采：其人其说》，鲁路译，北京：社会科学文献出版社，1999年。译自 Nietzsche. *Einführung in das Verständnis seines Philosophierens*(《尼采：对其哲学理解的入门》), 1936。

13.《卡尔·雅斯贝斯文集》，朱更生译，西宁：青海人民出版社，2003年。(本书包括了雅斯贝尔斯的《哲学导论》、《论历史的起源与目标》以及《论悲剧》三部著作的全译，从译文括号中所引的原文，可以推断译自德文原文)

14.《大哲学家》，李雪涛等译，北京：社会科学文献出版社，2005年。译自 *Die großen Philosophen*, 1957。

15.《大学之理念》，邱立波译，上海：上海人民出版社，2007年。译自英译本 *The Idea of the University*, 1959。

16.《哲学思维学堂》，孟海译，上海：同济大学出版社，2012年。译自英译本：*Philosophy Is For Everyman: A Short Course In Philosophical Thinking*, London：Hutchinson, 1969。

17.《海德格尔与雅斯贝尔斯往复书简》，李雪涛译，上海：上海人民出版社，2012年。译自德文原文。

此外还有一些零星发表在刊物上的译文。同样在中文世界的中国台湾，比较早就有了雅斯贝尔斯著作的译本，但依然构不成系统，也形成不了规模。中文学界对雅斯贝尔斯著作的关注，常常集中在几个特定领域。同样的一本书往往有很多种译本，例如 *Einführung in die Philosophie*, 1950(英译本: Way to Wisdom. An Introduction to Philosophy, 1954)在中文世界已经有了四个译本：

1.《智慧之路：存在主义大师》，周行之译，台北：志文出版社，1970年。译自英文本。

2.《哲学浅论》，张康译，台北：东大出版社，1978年。译自德文。

3. 上揭朱更生《卡尔·雅斯贝斯文集》译本之第一种，2003。译自德文。

4.《哲学导论——十二篇电台讲演集》，收入鲁路译《哲学与信仰：雅斯贝尔斯哲学研究》，北京：人民出版社，2010 年，第 261－366 页。译自德文。

因此，中文学界对雅斯贝尔斯哲学的译介主要集中在他的哲学（一般性论述、存在哲学、个别重要的哲学概念）、历史哲学、教育思想以及文艺学思想方面，既不系统，也不全面。仅从书名和目录上可以看到，“Existenz”被翻译成“存在”、“生存”，“das Umgreifende”被翻译成“大全”、“环绕”等。雅斯贝尔斯哲学中重要的概念，我们也希望在这个著作集中得到统一。

三

雅斯贝尔斯的哲学大致可以分为以下几个方面：精神病理学与心理学、存在哲学、逻辑学、哲学史、世界哲学以及宗教哲学。精神病理学和心理学实际上构成了雅斯贝尔斯哲学的基础。后来他曾解释过他对心理学的理解：“因此我审视着历史世界之辽阔，以及人身之中可理解性的深邃。”[15]之后他从心理学转到了存在哲学，因为：“人仿佛是开放着的，人比他所了解的自己以及所能了解的自己要多得多。”[16]存在哲学产生于 1920 年代的德国——在帝国崩溃后国家的经济和政治危机四伏之时。1932 年他出版了三卷本的《哲学》，包括卷一《哲学的世界定位》（Philosophische Weltorientierung），卷二《对生存的澄明》（Existenzerhellung）以及卷三《形而上学》（Metaphysik）。《哲学》是德语世界中唯一一部内容丰富的有关存在哲学的专著。1948 年到了巴塞尔之后，雅斯贝尔斯基本上只关注两个方面的大问题，一是建构他的现代历史哲学的体系，二是在原有的《哲学信仰》的基础之上，完成他更加完整的宗教哲学体系。晚年的雅斯贝尔斯并不相信启示宗教的力量，因为基督教太具体地表达了那个不可认识的超越者。只有哲学和哲学信仰才有能力奠定一个人类的共同性框架，让历史上不同的信仰在这一框架下进行交往。[17]这也是轴心时代思想的延续。

如果我们将雅斯贝尔斯的著作按照时代来列举的话，大致可以看出上述的思想轨迹：

1913 年《普通精神病理学》(Allgemeine Psychopathologie)

1919 年《世界观的心理学》(Psychologie der Weltanschauungen)

1932 年《哲学》(Philosophie)

1935 年《理性与生存》(Vernunft und Existenz)

1938 年《生存哲学》(Existenzphilosophie)

1947 年《论真理》(Von der Wahrheit)

1948 年《哲学信仰》(Der philosophische Glaube)

1949 年《论历史的起源与目标》(Vom Ursprung und Ziel der Geschichte)

1953 年《作为哲学家的列奥纳多》(Leonardo als Philosoph)

1957 年《大哲学家》(Die großen Philosophen)

1958 年《哲学与世界》(Philosophie und Welt)

1962 年《面对启示的哲学信仰》(Der philosophische Glaube angesichts der Offenbarung)

上述的著作仅有个别的被翻译成了中文。遗憾的是，一直到今天我们的学术出版依然没有真正做到从顶层进行整体设计，每一个领域或学科哪些著作是最重要的，哪些是比较重要的，哪些是仅供参考的？我们现在依然处于碰到什么，就翻译什么的状态。这很像早期佛经翻译时代——从东汉一直到东晋鸠摩罗什来长安之前——当时并没有周详的译经计划，基本上是“值残出残，遇全出全”。

如果我们来看日本对雅斯贝尔斯的译介的话，就会发现，他们已经将雅斯贝尔斯所有重要的著作早在哲学家还在世的时候，就翻译成了日文，很多还不仅仅是一个译本。日本学者桥本文夫[18]后来回忆起，

1934年的时候，他在东京帝国大学跟随他的老师伊藤吉之助[19]在研读雅斯贝尔斯的《时代的精神状况》的情形，并提到了1950年在东京成立的雅斯贝尔斯协会（ヤスパース協会）。[20] 1939年日本学者德永郁介[21]和富冈益五郎[22]将此书的第五版（1932年版）译成了日文。[23]在〈译者序〉中，译者也特别提到在昭和八年（1933年）时，伊藤教授在东京大学哲学系带领众弟子们研读此书的轶事。[24]早在雅斯贝尔斯在世的时候，他的大部分的著作就已经被编辑成了"雅斯贝尔斯选集"（ヤスパース選集）由理想社出版。到了1969年（雅斯贝尔斯去世的那一年），理想社已经出版了35种雅斯贝尔斯的译著，尽管有些分册拆散了原著的体系，但其规模依然非常可观。

四

2014年6月我去奥登堡卡尔·雅斯贝尔斯学会（Karl Jaspers-Gesellschaft e. V.）小住了几日，做了一场有关轴心时代与中国的报告，更重要的是我将雅斯贝尔斯所藏的12000册图书基本上都浏览了一遍，大致了解了作为20世纪伟大哲学家之一的雅斯贝尔斯的部分知识构成。雅斯贝尔斯在他的很多书中都做了许多注释和修订。因此，由雅斯贝尔斯全集委员会正在编纂供研究用的全集是非常必要的。在雅斯贝尔斯的藏书中，我也看到了他的大部分著作的日译本。让我感到十分惭愧的是，雅斯贝尔斯的中文译著在他的藏书中只有两种，也都是在雅斯贝尔斯去世多年后，他的私人秘书萨纳尔[25]购入的，其中包括我主持翻译的《大哲学家》的译本。回国之后，我让在日本的友人将雅斯贝尔斯大部分的日译本都买了来。

2012年，设在瑞士巴塞尔的雅斯贝尔斯基金会（Karl Jaspers Stiftung）宣布将在海德堡科学院（Heidelberger Akademie der Wissenschaften）的主持下，出版50卷本《雅斯贝尔斯全集》（*Karl Jaspers Gesamtausgabe*, KJG）的项目。项目专门在海德堡科学院成立了编辑委员会，主要由海德堡大学的哲学系和心理社会医学研究中心具体负责实施。这项斥资 5440 万欧元的项目，汇集了德国、瑞士、奥地利的雅斯贝尔斯研究专家，除了利用马尔巴赫德意志文献档案馆（Deutsches Literaturarchiv Marbach）中所保存的文献资料外，也会利用奥登堡雅斯贝尔斯学会的 12000 册雅斯贝尔斯的私人藏书，来编纂 50 卷本的注释版全集。海德堡的学者主要负责雅斯贝尔斯医学和哲学方面的著作，而奥登堡的学者则负责政治方面的文稿。全集共分为三部分：著作、遗稿和通信。第 1－27 卷是雅斯贝尔斯已经出版的著作，包括精神病理学和医学方面的（第 1－5 卷）、成体系哲学方面的（第 6－14 卷）、哲学史方面的（第 15－20 卷）以及政治、时代史和自传（第 21－27 卷）；遗稿方面，成体系哲学的（第 28－32 卷）、哲学史方面的（第 33－36 卷）以及有关政治和时代史方面的（第 37－38 卷）；通信集（第 39－49 卷），而第 50 卷为补遗卷。海德堡科学院宣布这一项目预计在 2030 年完成，也就是说需要用 18 年的时间来整理、作注。

我们编选这套几十卷本的《雅斯贝尔斯著作集》主要是想将这位 20 世纪重要的哲学家的主要哲学思想比较系统全面地逐译到中文世界。在选择篇目的时候，最重要的当然是这些著作在相关学科的影响力，同时我们也找到了相应的英译本和日译本作为参照。作为译者，我自己在翻译的时候，有时面对仅有一个德文原本时显得特别无助。因此，英译本和日译本对于我们来讲就显得格外重要了。中文译本的体例确定为：译文、解说、索引、译后记。鉴于《雅斯贝尔斯全集》正在编纂之中，我们所使用的德文底版本依然是现今通行的版本。以后待时机成熟，我们再依据情况对现在的版本进行修订。

翻译的意义自不待多说。早在 17 世纪，徐光启在《历书总目表》中就曾提出了“欲求超胜，必须会通，会通之前，先须翻译”的主张。[26] 翻译当然不仅仅是手段，同时也是目的。在全球化的今天，我们已经没有办法离开人类文明的其他成果而独自发展所谓纯正的自身文化了。学术的发展是接续以往的传统，这包括自己的以及人类其他民族的文化传统，在这些基础之上再接着说。只有站在巨人的肩膀上，我们才能看得更高、更远。

拉丁文中有一句话"Ad astra per aspera"，中文的意思是成就事业是要历尽艰难困苦的。司马迁在《淮阴侯列传》中也曾写道："骐骥之局躅，不如驽马之安步。"《雅斯贝尔斯著作集》的翻译出版，绝非一蹴而就的易事。我们将广泛联络中文学界雅斯贝尔斯翻译和研究的学人，尽可能系统、全面地将雅斯贝尔斯的哲学迻译至中文的语境中来。

感谢萨纳尔教授一直以来对此项工作的支持，也感谢华东师范大学出版社的王焰社长欣然承担这样一项巨大的出版项目，同时感谢所有译者的鼎力相助。特别要感谢《海德格尔与雅斯贝尔斯往复书简》责任编辑马健荣先生事先做了大量统筹工作，才使得这套译著能够顺利问世。

李雪涛　2018年5月4日

于北京外国语大学全球史研究院

注　释

① 戈利塞巴赫(August Grisebach, 1881－1950)：德国著名艺术史家。1930年戈利塞巴赫被任命为海德堡大学艺术史系教授。1933年纳粹上台后，由于他的犹太夫人汉娜(Hanna)而遭到迫害，最初当局企图借助《重建公务员队伍法》解除他的教授职务，但没有成功。1937年他被迫"退休"。戈利塞巴赫在学术上的成就在于他对德国城市艺术史的研究，其中很多城市在二战期间已经被毁。自2007年始，海德堡大学艺术史系向优秀的艺术史博士论文颁发奥古斯特·戈利塞巴赫奖(August-Grisebach-Preis)。当时雅斯贝尔斯与戈利塞巴赫同为海德堡大学教授，又同样有犹太裔的夫人，因此他们之间有过一些交往，并有诸多书信，留下《雅斯贝尔斯致戈利塞巴赫书信，海德堡(1933至1949年)》(*Brief von Karl Jaspers an August Grisebach. Heidelberg*, 1933－1949)。

② 冯至〈留德散记——内卡河畔与海德贝格记事〉，收入《旅德追忆——二十世纪几代中国留德学者回忆录》(北京：商务印书馆，2000年)，第33－61页，此处引文见第56页。

③ Thomas Jansen, „Einige Hinweise und Fragen zur Arbeit des Deutschland-Instituts in Peking 1933—1945", in: Helmut Martin u. Christiane Hammer (Hrsg.), *Chinawissenschaften — Deutschsprachige Entwicklungen. Geschichte, Personen, Perspektiven*. Hamburg 1999. S. 185 - 201, hier S. 195, Anm. 39.

④ 1939年中德学会由汉学家傅吾康(Wolfgang Franke, 1912 - 2007)创刊了《研究与进步》(Forschungen und Fortschritte),刊登德国人文科学和自然科学各个领域所取得的最新成果。1940年改名为《中德学志》,专注人文科学的编译和论著,并增加了关于研究中国的学术文章。请参考傅吾康著《为中国着迷:一位汉学家的自传》(北京:社会科学文献出版社,2013年),第87页及以下。

⑤ 柏尔克(John Bourke)著,胡隽吟译,〈现代德国哲学之特征〉(Characteristics of contemporary German philosophy),收入《中德学志》第二卷第二期(民国二十九年七月),第211 - 229页。

⑥ 王锦第著〈略述雅斯波的哲学〉(Grundzüge der Philosophie Karl Jaspers),收入《中德学志》第三卷第三期(民国三十年九月),第442 - 449页。

⑦《中德学志》第三卷第三期(民国三十年九月),第442页。

⑧ 贺麟主编《存在主义哲学》(北京:商务印书馆,1963年)。

⑨ 雅斯贝尔斯著,柯锦华、范进译,《智慧之路——哲学导论》(北京:中国广播出版社,1988年)。

⑩ Karl Jaspers, *Way to Wisdom, An Introduction to Philosophy*. Translated by Ralph Manheim. New Haven and London: Yale University Press, 1954.至1960年已经出版了第2版。德文原版系 *Einführung in die Philosophie*, Zürich: Artemis, 1950.

⑪ 卡尔·雅斯贝斯著,魏楚雄、俞新天译,《历史的起源与目标》(北京:华夏出版社,1989年)。所据版本系1953年的英译本:*The Origin and Goal of History*. Translated by Michael Bullock. New Haven, CT: Yale University Press.笔者手头有1965年的第3版。1953年同时在英国的伦敦由劳特利奇出版社(Routledge and Kegan Paul)发行了英译本。此外,笔者还见到过美国格林伍德出版社(Greenwood Press)1977年的重印本。可见此书在英语世界影响还是很大的。

⑫ 例如在"译者序"中,两位译者提到:"在纳粹统治时期,雅斯贝斯遭到迫害,被迫侨居瑞典,直至第二次世界大战结束后才回国。"("译者序"第1页)显然对雅氏的生平不甚了解。再如第158页译者对"de Groot"的注解:"德·格鲁(de Groot, 1583 - 1645),荷兰学者,人文主义者,政治家。——译注",显然是错误的。

⑬ 上揭《历史的起源与目标》,"译者序"第11页。

⑭ 出处同上,第11 - 12页。

⑮ Karl Jaspers, *Philosophische Autobiographie*. München 1977. S. 32.

⑯ *Ibid.*, S. 25.

⑰ Karl Jaspers, *Der philosophische Glaube angesichts der Offenbarung*. München 1962. S. 148.

⑱ 桥本文夫(1909－1983):日本德语学家、中央大学名誉教授,译有雅斯贝尔斯的《论悲剧》(*Über das Tragische*,日文版ヤスパース選集 3『悲劇論』理想社、一九五〇年)、《德国的战争罪责问题》(Die Schuldfrage,日文版ヤスパース選集 10『責罪論』理想社、一九六五年)和《现代的理性与反理性》(Vernunft und *Widervernunft in unserer Zeit*,日文版ヤスパース選集 30『現代における理性と反理性』理想社、一九七四年)。

⑲ 伊藤吉之助(1885－1961):日本哲学家,译有保罗・纳托普(Paul Natorp, 1854－1924)的《康德与马堡学派》(*Kant und die Marburger Schule*,日文版『カントとマールブルク学派』岩波書店、一九二八年)和特奥巴尔德・齐格勒(Theobald Ziegler, 1846－1918)的《19 至 20 世纪的精神与社会潮流》(*Die geistigen und sozialen Strömungen in 19. und 20. Jahrhundert*,日文版『現代独逸の精神的社会的潮流』第一書房、一九三三年)。

⑳ Fumio Hashimoto, „Die Philosohie von Karl Jaspers in Japan", in: *Karl Jaspers. Werk und Wirkung*. München: R. Piper & Co Verlag, 1963. S. 165－171, hier 165 und 171.

㉑ 德永郁介(1911－1992):日本文学家、国立音乐大学名誉教授熊谷孝翻译时的笔名,译有威廉・狄尔泰(Wilchelm Dilthey, 1833－1911)的《诗人的想象力》(*Die Einbildungskraft des Dichters*,日文版『想像力の分析』野田書房、一九三七年)和《近代美学的三个时期与今日的课题》(*Die drei Epochen der modernen Aesthetik und ihre heutige Aufgabe*,日文版『近世美学史——近世美学の三劃期と今日の課題』創元社、一九五三年)。

㉒ 富冈益五郎(1902－):日本哲学家、神戸女子大学教授、京都国立博物馆馆长,译有威廉・狄尔泰的《论德国的诗歌与音乐,根据德国精神史所做的研究》(*Von Deutscher Dichtung und Musik, aus den Studien zur Geschichte des Deutschen Geistes*,日文版『独逸精神史研究』政経書院、一九三三年)。

㉓ 德永郁介・富岡益五郎訳、現代思想全書 6『現代の哲學的考察』三笠書房、一九三九年。

㉔ 出处同上,"译者序"第 1 页。

㉕ 萨纳尔(Hans Saner, 1934－2017):瑞士哲学家。1962－1969 年作为雅斯贝尔斯的私人助理,协助雅斯贝尔斯处理学术和私人事务。1969 年雅斯贝尔斯去世后,编辑出版了雅斯贝尔斯的大部分著作。

㉖ 徐光启《历书总目表》(1631 年),收入《徐光启集》,徐光启撰、王重民辑校(北京:中华书局,1963 年),第 374 页。

汉译凡例

一、结构

本著作集每一本译著的结构是一致的：除了原书的翻译部分之外，书前有“中文版总序”，书后有“解说”、“索引”、“译后记”。“中文版总序”概述这部著作集的宗旨和意义；“解说”主要对本书的主题、时代背景等进行说明；“译后记”主要对翻译的情况与问题进行交代。已出版的德文单行本大都没有索引，中文索引主要依据日译本、英译本编纂而成。正在陆续出版的德文全集版只有“人名索引”，中文版除“人名索引”外，增加了“事项索引”。

二、标题

雅斯贝尔斯德文原著的标题、标号较之一般著作颇为特殊，但从目录上基本可以体现他对某一研究的整体设计和他自己哲学思想的结构。在编辑过程中，采用以德文原版为准，同时参考日译本的处理方式。

三、注释

雅斯贝尔斯著作的德文原著，大部分使用的是尾注，也有部分的著作用页下注。本书正文注释，不论是原注，还是译注，统一都以尾注的方式出现，均连续编号。

四、专用名词、术语、人名

重要的专用名词和术语以及人名的翻译，在第一次出现时一般都附上原文，或可在“事项”、“人名”索引中查到。

目　录

第一部分
世界史

第二部分
当下与未来

第三部分 历史的意义

序 言

人类的历史在很大程度上已经从记忆中消失了。只有通过研究性的查询,才可能追溯到其中的一小部分。

微弱的光线并不能真正地照亮漫长的、奠定了一切基础的史前时代的深渊。从历史时代,即有文字记录的时代,流传下来的东西是偶然的,并且是残缺不全的。直到公元16世纪以后,历史文献才真正丰富起来。未来则尚不能确定,是一个包含各种可能性的无限空间。

我们可见的五千年的历史,处在长于之几百倍的史前时代和无穷的未来之间,是一望无际的人类生存中微不足道的一段路程。这段历史既向史前世界,又向未来敞开。它不会和其中的任何一面隔绝,也不会在圆满的形态中获得自我具足的全貌。

我们和我们的当下处在历史之中。如果当下在今日狭隘的视域之中堕落成为单纯的当下的话,那么它就会丧失其深意。我希望借助于这部著作提升我们当下的意识。

当下是通过对我们自身起作用的历史基础而得以实现的,本书的第一部分所论述的是迄今为止的世界史。

另外一方面,当下通过其所隐含的未来而得以实现,我们通过拒绝或赞同使未来的各种趋势成为我们自身的趋势,本书的第二部分尝试着论述当下与未来。

实现了的当下允许我们在永恒的根源之中抛锚。借助于历史并超越所有的历史进而达到统摄,这一最终目标尽管在思维之中不能实现,然而却是可以感受得到的,本书的第三部分讨论的是历史的意义。

卡尔·雅斯贝尔斯

第一部分

世界史

绪论
世界史的结构问题

人类生活转变的广度和深度，使我们的时代具有最重要的意义。唯有整个的人类历史能够提供当下所发生的一切的意义的尺度。

对人类历史的回顾将我们引入我们的“人之存在”的秘密之中。我们确实拥有历史，历史造就了我们，这一迄今为止的历史相对而言还相当短暂。这一事实促使我们提出如下问题：历史来自何处？它将去往何方？它意味着什么？

自古以来，人就试图描绘一幅完整的历史画面：起初是用神话（神系谱学以及人在其中拥有位置的宇宙起源论），接着是用神的某一活动，它通过政治的世界抉择而起作用（先知们的历史幻象），然后作为具有启示性的事件，贯穿从创世和原罪直至世界末日以及末日审判的整个过程（奥古斯丁）。

当历史意识将自身建立在经验的基础之上，并且仅仅以此为依托时，它就从根本上改变了。文化的自然形成，正如其在中国和西方被普遍勾画的那样，尽管是传说的故事，但已经具有了以经验为基础的意图。今天，现实的视域已经变得极其广阔。时间上的限制——如《圣经》信仰中关于世界有六千年历史的说法，早已被打破。一种无限的东西正向过去和未来展开。在此之中，研究就和历史的遗存、文献以及过去的文物联系在了一起。

面对无限的多样性，这一以经验为基础的历史观，必定限于或者揭示单一的规律性，或者无限制地描述无数的事件；它们不断重复；在不同的事件中出现类似的东西；既有在不同形态的典型序列中的强权政治秩序，又有毫无秩序的混乱；既有在精神之中的有规律的样式，也有将水平等同于无规律的持续。

与上述一种分散的历史画面相反，或者人们试图获取一幅统一的、概括性的人类历史的画面：人们发现真实的文化形态及其发展过程；人们先是分开、随后又在相互影响中看待它们；人们在意义上以及相互理解的基础之上领悟其共通性；其结果是，人们最终只思考唯一的意义单元，一切多样的东西在其中都有它的位置（黑格尔）。[1]

不论谁致力于历史，都会不自觉地去贯彻这样的普遍观点，亦即将历史的整体看作是一个统一体。这种观点可能会被人们毫无批判地，甚至无意识地，进而毫不怀疑地接受。在诸多历史的思维方式之中，这些观点通常被作为理所当然的先决条件来看待。

因此，人们在19世纪认为：世界史是在埃及和美索不达米亚经历了前阶段之后，在希腊和巴勒斯坦开始，并一直延续到了我们现在——其余的属于民族学的领域，是处于真正的历史范围之外的。世界史是西方的历史（兰克）。

对此持反对意见的是19世纪的实证主义者，他们认为所有的人应当有同等的权力。历史就是人的生活。在时间和空间上，世界史囊括整个的地球。世界史依据其在空间上的划分，在地理上得到了安排（赫尔默特）。世界史在地球上的任何地方都在发生着。苏丹黑人间的战斗与马拉松战役和萨拉米斯海战具有同等的历史学意义，甚至由于参加的人数众多而具有更重要的意义。

通过一体的文化观，人们再次感受到了历史的等级和结构。[2]有观点认为，各种文化是从大量的纯粹自然的“人之存在”发展而来的，它们如同有机体一样，是具有开端和终结的独立的生命构成物，它们相互之间并无关联，但能相遇和相互干扰而已。这样的历史体，施本格勒认为有八个，汤因比则认为有二十一个。施本格勒将其生存期定为一千年，而汤因比则认为它的生命期是不可限定的。施本格勒从每一个文化体神秘的全过程中认识到其必然性，他认为，从形态学出发，在不同的文化体的各个阶段的相似性中，可以认识到一种使其变化的自然法则。在他看来，一切事物都是呈现在外形中的象征符号。汤因比则从社会学的观点入手，进行多方面的因果关系的分析。除此之外，他虽然给予了人以自由决断的空间，但在他的观念中，整体被认为总是以一种必然的过程而出现的。因此，他们两人都是以他们的整体观作为出发点，来对未来做出预言的。[3]

在我们的时代，除了施本格勒和汤因比之外，阿尔弗雷德・韦伯描绘了一幅独立的、巨大的历史图景。尽管他倾向于将诸文化的整体变成认识的对象，但他的普遍历史观，他的文化社会学，事实上是极其开放的。他对精神创造物的级次具有一种预见性的历史直觉，在他敏锐的历史直觉的引导下，勾勒出了一种历史进程的方式：它既不分散为互不关联的文化有机体，也不把人类历史的统一作为一种原理来看待。但事实上，他发现了一种普遍历史进程的形态，他将此划分为：第一次高度文化，以及第二次高度文化的第一期和第二期，直至 1500 年以来的西方扩张的历史。

这些历史观不应当继续讨论下去了。相反，我想尝试着从我的方面提出一套整体史观的纲要。

我的纲要以一条信念为基础：人类具有唯一的起源和目标。起源和目标不为我们所认识，我们完全不能通过任何知识来认识它们。人们只能在含义模糊的象征物的微光中感受其存在；我们的存在在起源和目标中运动；我们在哲学思考中努力接近起源和目标这两者：

在亚当那里，我们所有的人都互为亲属，都源自上帝之手，都是按照上帝的形象创造出来的。

在起源中，存在的启示是在无意识的当下中得以体现的。原罪把我们带上了这条路，即通过认识以及具有时间目标的有限的实践，来理解有意识的启示。

伴随着结局的圆满，我们达到了灵魂的和谐，在爱的当下和无限的理解中看着对方，我们属于唯一的永恒精神王国的一员。

综上所述，所有这些都是象征，而不是现实。只有基于整个历史是统一的这一观念，我们才能把握通过经验可以理解的普遍历史的意义——不管它是否具有这样的意义，还是我们人类赋予了它这样的意义。我们将观察这些经验事实，看它们在多大程度上与统一的观念相一致，又在多大程度上与之相对立。

在此我们形成了自己的历史观，根据这一历史观，具有历史意义的事件有：其一是作为一次性的事件，在人类历史唯一的整体进程中占有不可替代的位置；其二是在“人之存在”的精神交流和传承中具有现实性和不可或缺性的事件。

现在让我们在世界史的结构中勾勒出我们的纲要，它所寻求的是人类历史最大的广度以及最高的统一。

第一章　轴心时代

在西方，历史哲学的基础在于基督教信仰。在从奥古斯丁到黑格尔的伟大著作中，这一信仰就是上帝在历史上的活动。上帝的启示活动是具有决定意义的事件。因此黑格尔还说道：所有历史都归于（耶稣）基督，并来源于（耶稣）基督；上帝之子的降临是世界史的轴心。我们的纪年每天都在证明这一世界史的基督教的结构。

但基督教是一种信仰，却并不是全人类的信仰。这一普遍历史观的缺憾在于：它仅仅对虔诚的基督徒起作用。不过即使是在西方，基督徒的经验主义的历史观也不会受到这一信仰的限制。对于基督徒而言，信仰并不等同于对真实的历史进程的经验洞察。在基督徒看来，神圣的历史与世俗的历史具有不同的意义，因此它们是分开的。虔诚的基督徒甚至会像研究其他以经验为基础的对象那样，去探究基督教的传统。

倘若真的存在这样一个世界史的轴心，那么它一定是作为一个对所有的人，包括基督徒在内的通用的事实，在经验上予以发现的。这一轴心必然诞生于“人之存在”的形态——这一最了不起的丰富性之中，自此以后,人才之所以成为人。这一丰富性是以这样的一种方式,即便在经验上不是令人信服以及可以理解的,但也必然由于在经验上的洞识而具有说服力,如此产生一个为所有民族进行历史性自我理解的共同框架,这对西方和亚洲乃至所有人都是一样的,并没有某一特定的信仰内涵的尺度。这一世界史的轴心似乎是在公元前 500 年左右,是在公元前800 年到公元前 200 年产生的精神过程。那里是历史最为深刻的转折点。那时出现了我们今天依然与之生活的人们。这一时代,我们可以简称其为“轴心时代”。

a. 轴心时代的特征

非凡的事件都集中在这一时代发生了。在中国生活着孔子和老子,产生了中国哲学的所有流派,墨翟、庄子、列子以及不可胜数的其他哲学家都在思考着;在印度出现了《奥义书》,生活着佛陀,所有的哲学可能性,甚至于像怀疑论和唯物论,诡辩术以及虚无主义都产生了,其情形跟中国别无二致;在伊朗,查拉图斯特拉在传授他那富于挑战性的世界观,即认为这是善与恶之间的一场斗争;在巴勒斯坦,从以利亚经由以赛亚及耶利米到以赛亚第二[4],出现了先知;在希腊则有荷马,哲学家巴门尼德、赫拉克利特、柏拉图,许多悲剧作家,修昔底德,以及阿基米德。在这短短的几个世纪内,这些名字所勾勒出的一切,几乎同时在中国、印度和西方,这三个相互间并不了解的地方发生了。

这一时代的崭新之处在于,在上述所有的三个地区,人们开始意识到其整体的存在、其自身的存在以及其自身的局限。他们感受到了世界的恐怖以及自身的无能为力。他们提出了最为根本的问题。在无底深渊面前,他们寻求着解脱和救赎。在意识到自身能力的限度后,他们为自己确立了最为崇高的目标。他们在自我存在的深处以及超越之明晰中，体验到了无限制性。

这些都是在反省之中产生的。意识再次意识到其自身，而思想指向了思想本身。人们尝试通过传达思想、缘由和经验去说服他人，这样就产生了精神上的斗争。人们尝试了最为矛盾对立的可能性。有关精神领域的讨论、派别的形成和分裂，依然在相互对立之中保持着关联，它们造成了动荡和运动，乃至陷入了精神混乱的边缘。

在这个时代产生了我们至今思考的基本范畴，创立了人们至今赖以生存的世界宗教的萌芽。不论从何种意义上来讲，都走出了迈向普遍性的一步。

通过这样的一个过程，以前无意识接受的观点、习俗以及形态都经受了检验，受到了质疑，并重新得到了解决。一切都被卷入了漩涡之中。只要流传下来的物质依旧具有生命力并且是真实的，其表现形式就得到了澄清，并发生了改变。

*

神话时代在其宁静与自然中走向了终结。希腊、印度、中国的哲学家们以及佛陀的重要见解，先知们关于上帝的思想，都是非神话的。一场从理性精神和理性启蒙的经验出发，向神话发起的战斗（“Logos”反对“Mythos”）开始了——战斗进一步发展成为了唯一的上帝的超验性，反对并不存在的恶魔，最后产生了对诸神不真实的形象的伦理学的反抗。通过宗教的伦理化，神性得到了提升。而神话却成为了语言的材料，用以表达跟原意全然不同的内涵，并使它变为了比喻。正是在神话作为整体遭到毁灭之际，神话得到了改造，并在以新的方式创造神话的过程中，在新的深度上为人所理解。旧的神话世界慢慢地没落，但通过芸芸众生事实上的信仰，其整体的背景得以保留下来，（并且以后在更为广泛的地区重新取得优势）。

这一"人之存在"的整体改变可以称之为精神化。对生命毋庸置疑的领悟动摇了，对立性事物间的平静变成了矛盾和二律背反的不宁。人不再封闭在其自身之中。他们对自己无法确定，因此对于新的、无限的可能性保持着开放。他们能够听到并且理解直到此时还没有人探寻过以及宣告过的事情。闻所未闻的事情变得显而易见了。借助于自身和其所处的世界，人们感受到了存在，但并非终极的：问题还存在着。

哲学家首次出现了。人们敢于作为个体依靠其自身。中国的隐者和云游思想家，印度的苦行僧，希腊的哲学家，以色列的先知们，他们尽管在信仰、思想内容、内在状况上截然不同，但全都属于哲学家之列。人们有能力将自身与整个世界进行内在的对比。他们在自身之中发现了根源，并由此超越了其自身以及世界。

人们在思辨的思想中飞跃到了存在本身，在那里没有了二元性，主体和客体消失了，对立的双方恰好相合了。在最高的飞跃中所体验到的，可以作为存在之中的自觉达成，或者作为神秘的联合，作为与神性达成一致，或者作为上帝意志的工具，这在被对象化了的思想之中，表明是模棱两可并且易被误解的。

被束缚和隐藏在躯体之中，执着于各种欲望，仅隐约意识到其自身的存在，渴望寻求解脱和救赎，并能够在尘世达到这一目标，这便是真实的人，他向着理念飞翔，或者沉浸于心平气和的宁静之中，或者专注于冥想，或者了解到其自身以及作为世界的梵我(Atman)，或者在涅槃(Nirwana)的体验之中，或者与"道"(Tao)相一致，或者完全献身于上帝的意志。以上所述尽管在思想意识和信仰内容方面其意义完全不同，但有一点是共同的，人超越了其自身，他在存在的整体中意识到了自我的存在，并且作为一个单独的个体，踏出了一条自己的道路。他可以放弃世间的一切财富，走进荒漠、森林和深山之中，作为隐者发现孤独的创造力，然后作为智者、贤者、先知重新回到尘世间。后世所称作的"理性"和"人格"正是在轴心时代显现出来的。

个别人所能达到的境界,是绝不可能传达给所有人的。人的潜力的巅峰与普通民众之间的差距在那时尤其巨大。然而个别人的变化,却间接地改变了所有的人。"人之存在"在整体上实现了一次飞跃。

*

和这一新的精神世界相一致,在上述的三个地区表现出了一种类似的社会学状态。那里有大量的小国家和城市,有国家对国家、城市对城市的战斗,而这一可能性的前提是要有惊人的繁荣以及力量和财富的发展。在中国,在昏庸的周王朝的统治之下,诸侯列国和城市都获得了自主;其政治进程乃是诸侯列国通过征服其他小国而得到的扩张。在希腊和近东地区,一些小的国家,甚至包括被波斯所征服的一部分,都享有独立的地位。在当时的印度也有很多国家和自主的城市并存。

相互间的交流促使精神运动在上述的三个世界内部流传开来。中国的哲学家们,如孔子、墨翟以及其他人,到处游走,以期相互间能在有利于精神生活的、著名的地方相遇(他们形成的百家,也就是汉学家所说的学派),正如希腊的诡辩家和哲学家到处游历一样,佛陀也是终生都在各地漫游。

在此之前,这三个地区的精神状况相对而言是持久不变的,尽管其间有无数的灾难,但所有的一切仍不断重复地发生,它们被局限于一种境界之中,这是一种静止的、异常缓慢的精神运动,它没有进入意识层面,因此也没有得到领悟。与此相反,现在却产生了一种张力,并将引起一场迅猛的运动。

这一运动引向了意识。"人之存在"作为历史而成为反思的对象。人们感觉和意识到,在自我的当下之中,一些不寻常的东西正在开始。但同时也意识到,无限的过去是早已发生过了的。早在人之精神真正觉醒的开始，人们就依靠对过去的记忆延续着，他们有着末世的意识，亦即没落的意识。

在灾难面前，人们愿意通过洞见、教育、改革来拯救这一切。他们希望通过制定计划来掌控事件的进程，他们要恢复或第一次营造新的良好状况。历史在整体上被设想成世界形态的一种结果，或者被看作是一个不断恶化的过程，或者是一种循环运动，或者是上升发展。人们在设想，人类以何种方式可以最好地共同生活，以及如何最佳地管理和统治人类。改革的思想支配着行动。哲学家们从一个国家到另外一个国家，他们成了谋士和导师，他们或者遭人蔑视，或者受人欢迎，他们彼此间进行讨论或竞争。在孔子受挫于魏国的朝廷与柏拉图在叙拉古的失败之间，在培养未来政治家的场所——孔子的私塾，和服务于同一目的的柏拉图学园之间，可以发现类似的社会学现象。

这一经历了几个世纪的时代，不是一个简单的上升发展的时代。它同时也是破坏和新生的时代。它还远远没有达到尽善尽美的结局。在少数人那里所实现的思想和实践的最高的可能性，并没有成为共同的财富，因为大多数人不能理解他们的思想。起初的运动的自由，最终变成了无政府状态。当这一时代的创造精神丧失殆尽之时，在三个文化圈里都产生了学术观点的僵化以及水准的下降。在日益不堪忍受的无序状态之中，产生了一种通过重建永久状态而寻求新关联的渴望。

结局起初是政治性的。在中国（秦始皇帝）、印度（孔雀王朝）和西方（希腊帝国和罗马帝国），几乎同时兴起了通过暴力征服而产生的支配一切的强大帝国。每一个旧秩序的崩溃，首先即是一种技术和组织规划秩序的建立。

不过，随处都保留着与先人所遗留下来的精神的关联。先人成了典范和崇拜的对象。先人的业绩和伟大的人格就在眼前，并成为了学校和教育的内容（汉朝建立了儒家学说，阿育王使佛教得以复兴，奥古斯都大帝时代有意识地重建古希腊-罗马教育）。

在轴心时代末期出现的世界性帝国自认为奠定了永远的基础，但其稳定性是骗人的。尽管这些大帝国与轴心时代的国家形成相比，延续了很长的时间，但最终它们都陷于衰退，并走向解体。其后的数千年内，产生了不寻常的变迁交替。从这一观点看来，如同数千年的古代高度文明之前所构成的历史一样，大帝国的瓦解和重建构成了轴心时代终结以来的历史。但其意义不同：轴心时代之前的历史缺乏在轴心时代产生的精神张力，这种精神张力从那时起就不断在起着作用，它赋予人类所有的活动以崭新的问题性和意义。

b. 自轴心时代以来的世界史结构

我所列举的几个事实，并不足以使人信服，这可以成为一个历史观的真理。大量历史材料的描述，只能使这一观点变得明朗，或者迫使放弃这一观点。这种描述也不是一本小书所能完成的事情。我所提及的事实，表明了我的问题以及我尝试研究这一论题的要求。

我们假设，这一历史观是真实的，似乎通过轴心时代的观点，我们弄清了整个的世界史，描绘出了世界史的结构。下面我就尝试着勾勒出这一结构来：

1. 数千年的古代高度文化随着轴心时代的到来而得以普遍终结，轴心时代融化、吸收、淹没了这些文化，既有同一民族也有不同民族，拥有了这一新的内容。在轴心时代之前，像巴比伦、埃及、印度河流域以及中国的原始文化都曾是卓越辉煌的，但都没有觉醒的意识。只有古代文化的某些因素进入了轴心时代，被吸收并成为新的开端的一部分。与轴心时代清醒的“人之存在”相比，以往最古老的各类文化似乎罩上了古怪的面纱，好像人还没有真正成为其自身。虽然个别人在内心之中受到了感动，但却没有对整体和后来产生什么影响，这一点是不会弄错的（例如在埃及，一个厌世者和他的灵魂的对话，巴比伦的忏悔诗篇，吉尔伽美什英雄叙事诗）。宗教及宗教艺术的丰碑，以及与此相适应的全面的专制国家的形成和法治的创立，是轴心时代意识敬畏和赞叹的对象，被奉为楷模（孔子和柏拉图就是这样），但在新的观点中，它们的意义却有了改变。

因此，从古代高度文化中继承下来的帝国思想，在轴心时代终结时获得了新的力量，并且在政治上结束了这一时代。帝国思想原本是文化创造的原则，现在则成为了一种衰落文化入殓和固定化的准绳。尽管这一帝国思想事实上是专制的，但它似乎曾一度使人类升华，而现在又以专制的方式重新有意识地实现了突破，不过这次只是为了保持文化的冻结，并予以保存。

2. 人类靠当时所产生、所创造、所思考的一切生活到了今天。在人类每一新的飞跃之中，他们都会回忆起轴心时代，并在那里重燃火焰。自此之后，情况一直如此：对轴心时代可能性的回忆和重新复苏——复兴——引发了精神的飞跃。回归到这一开端，是在中国和印度乃至西方不断发生的事件。

3. 轴心时代尽管在开始时期，有一定的空间限制，但它在历史上却是无所不包的。凡是没有参与到轴心时代的展开的民族，他们就依然几万年甚至几十万年地保持着“自然民族”的非历史生活。生活在轴心时代三个世界之外的人们，或者和这三个精神辐射中心保持隔绝，或者与其中之一发生接触。一旦发生了接触，他们便被历史所接受。因此在西方有日耳曼民族和斯拉夫民族，在东方有日本人、马来人和暹罗人。对许多自然民族来讲，这一接触是他们灭绝的原因。生活在轴心时代以后的所有人类，或者保持自然民族的状态，或者参与到崭新的、对当时而言唯一的根本事件之中。一旦历史形成，自然民族便成为了史前时代的残余，他们占据的空间愈来愈小，并且到现在真正走到了尽头。

4. 这三个世界彼此一经相遇，在它们之间便可能存在一种深刻的相互理解。这三个世界的人们在相遇的时候，便认识到，他人的问题正是自己关心的问题。尽管相距遥远，但产生了相互间共同关心的事件。尽管在他们之间并没有一个客观表现的共同真理（这一真理只能在科学中发现，而科学的方法论是有意识的、必然的，因此这样的真理可以传遍全世界而没有变化，并且有权要求所有人与其合作），然而这一在历史上由不同根源的人们所经历的固有的、绝对的真理，可以相互发现，相互倾听。

总而言之：轴心时代的观点为所有之前和所有之后的发展提供了问题和尺度。早先的高度文化失去了其形态，承载这些文化的民族在加入了轴心时代的运动之后，便消失了。史前的诸民族，在加入轴心时代开始的历史运动之前，或者一直保持史前状态，或遭灭绝。轴心时代同化了所有存留下来的东西。从轴心时代起，世界史获得了唯一的结构和持续的、或者说持续到今天的统一性。

c. 对轴心时代论点之检讨

1. 这一事实存在吗？

有关轴心时代事实的讨论，就我所知最早的见诸拉索克斯和施陶斯的著作。

拉索克斯写道："大约在公元前六世纪，波斯的查拉图斯特拉，印度的乔达摩佛陀，中国的老子，犹太人中的先知们，罗马的努马王，希腊的第一批哲学家，约尼尔人、朵利尔人、埃利亚人，他们同时作为民族宗教的改革家而出现，这不可能是偶然的事件。"（*Neuer Versuch einer Philosophie der Geschichte*, München 1856, S. 115）

施陶斯在其翻译的老子《道德经》所做的精彩评论中(*Làò-tsè's Taò tě king*, S. LXIV, 1870)写道:“在中国老子和孔子生活的前后几个世纪中,所有的文化民族都经历了一场神奇的精神运动。在以色列,耶利米、哈巴谷、但以理、以西结在预言着,从巴比伦归来的囚徒以重新复兴的一代的身份(公元前521至公元前516年)在耶路撒冷建立了第二座神殿。在希腊人中,泰勒斯依然活着:阿纳克西曼德、毕达哥拉斯、赫拉克利特、色诺芬尼纷纷登场,巴门尼德已经出生。在波斯人当中,查拉图斯特拉对古代教义的重大改革,似乎也得到了实施。在印度则出现了佛教的创始人——释迦牟尼。”

自此以后,这一事实偶尔也得到关注,但仅仅是顺便提到而已。从当时人类精神状况的整体存在,来确立这些普遍的类似现象,据我所知,这一愿望还没有纳入当时的考虑范畴。下面我们来探讨一下可能出现的异议。

(1)一种异议认为,共同的东西仅仅是表面的。语言、人种、大帝国的类型、历史记忆的方式的差异是如此巨大,以至于共同的东西仅仅是一系列的巧合而已。在整体上每一个共同性的明确表述,都被事实所反驳。或者在这里那条老一套的命题还在起着作用:凡是有人存在的地方,基本上一切都会出现,作为萌芽或者作为可能性。在实现人的共同性方面,在一切领域,差异才是最根本的、特有的和具有历史性的。除了“人之存在”的非历史的普遍性质之外,决不能把整体理解为一体。

对此异议我们可以反驳说:轴心时代所涉及的正是在一个历史事实中的共同因素,它突破了在临界状态中“人之存在”至今仍在起作用的原则。在这里最为根本的是共同因素,并不是在地球上任何一个“人之存在”的地方,都会产生共同性的,它只是历史性地产生在这三个发祥地狭小的空间中。问题在于,不断增长的知识是否能够不顾存在的所有差异,更为透彻地展示这一共同因素的深度。于是,时间上的巧合就构成了这样的一个事实：我们越是清晰地想象这一事实，就会越惊讶不已。而这只有在更为广泛的描述中才能令人信服。

(2) 另外一种异议是：轴心时代完全不是什么事实，而是一种价值判断的结果。出于偏见，那一时代的成就得到了过高的评价。

对此异议我们可以说：就精神而言，我们只能通过对意义的理解来接受事实。从本质上来讲，理解始终同时又是价值判断。一幅历史的画面尽管在经验上是以个别的、累积的大量资料为依据，但绝不仅仅局限于此。如同我们得出所有历史时期的精神的观点一样，我们也只有在理解之中，才能得出轴心时代的观点。这一观点集理解与评价于一体，在其中我们的灵魂受到了感动，因为它涉及到了我们自身，它作为我们的历史，而不仅仅作为我们所认识的那个过去和我们息息相关，它那更为广泛、更为根本、不断重新开始的影响，是无法估量的。

因此，整体的人便成为了历史研究的道具。"每个人看到的是他内心中具有的东西。"理解的根源是我们的当下性，亦即此时此地我们唯一的现实。因此，我们飞跃得越高，就越能清楚地认识轴心时代。

历史内容的序列如果只能在"人之实存"的主观性中才能够把握的话，那么这一主观性就不会在某一纯粹事实的客观性中得以消解，而是在共同感知的客观性之中消失，如果人还在寻找但并未在共同性中找到自身的话；因为将我们联系在一起的是真实。

在共同的理解中以及在与这种理解紧密相连的评价中，我们将认识轴心时代的意义，将来人类终究会被看作是这样的，这就是我的论点。而根据事物的本性，这一论点是不能最终被证明的，却可以通过这一观点的扩大和深化，而予以确认。

(3) 再进一步的异议是：这一相似的情况并不具有历史的特征。因为它完全不触及精神的交流，因此不属于共同的历史。

已经有人提出这项异议来反对黑格尔，因为黑格尔将中国、印度和西方作为精神发展的辩证序列的诸阶段。异议者认为，在这里从一个阶段到另外一个阶段的发展并没有导致真正的接触，而在西方的历史发展阶段中却存在着这种关联。

但是，我们的论点所涉及的是完全不同的问题。我们恰恰否认了从中国到希腊这一阶段的发展顺序——不论在时间上，还是意义上这都是不存在的，相反，它们是同时在毫无接触的情况下并存的。彼此起源不同的多条道路似乎暂时通向了共同的目的地。在三种形态之中存在着同样的多样性。三个独立的根源，经过不连续的个别接触，最终自几个世纪以来，实际上直到我们今天——才发展成了后来成为历史的唯一的统一体。

因此，问题涉及的是类似情况的方式。

*

2. 所声称的类似现象是什么性质的？

轴心时代的事实有可能是一系列同时发生的、但缺乏历史意义的奇特现象。我们可以在世界史上指出大量这类奇异的同步现象。例如：

16世纪时，耶稣会士在日本发现了一个佛教宗派（这一宗派自13世纪以来就存在）。这一宗派看起来与基督教新教有着惊人的相似之处，并且事实上确实如此。根据日本学家弗洛伦茨[5]的描述［见商德皮·德·拉·索萨耶所编的两卷本《宗教史手册》(Lehrbuch der Religionsgeschichte)］，这一宗派的教义大致如下：人的自力对于获得救赎是无济于事的。一切都取决于信仰，对阿弥陀佛慈悲和救助的信仰。并不存在什么自力作善。念佛并非什么功德，而仅仅是对阿弥陀佛救赎的感激。“如果善人应当往生的话，那么恶人往生的就会更多了！”[6]该宗派的开祖亲鸾如是说。一反传统佛教的主张，亲鸾要求：不做功德，不念佛咒，不施魔法，不佩护符，不朝山进香、赎罪、断食精进，并且否定其他种类的苦行。俗家弟子与出家人、僧侣一样都有成佛的希望。僧侣们仅仅是教化俗家弟子的组织而已。僧侣和俗家弟子在生活方式上不必有所区别，他们可以穿戴一样的衣物。禁欲的生活遭到了废除，家庭被看作是宗教生活最佳的活动场所。这一宗派的信众应当“保持秩序，服从国家法律，当好国家公民，为国家的兴盛祈福”。

这一例子令人惊讶不已，上述日本教派和路德教派的根本教义高度一致，在几个世纪中，从中国到欧洲，还有着其他大量的类似现象。人们为此制作了同步对照表。

对此的反驳如下：

第一，历史上很多的类似现象，不论是否同步发生，我们都可以断言，它们都表现出一个适用于每个个别现象的法则。而只有在轴心时代我们才遇到了不遵循普遍规律的，更确切地说是一个具有真正历史的、唯一的事实，它具有包罗万象、包容一切精神现象的特点。轴心时代是整个世界史上唯一的一个整体上的类似现象，而不仅仅是一系列特殊现象的同时发生。单个现象或一系列的现象都不足以构成我们所谈论的与轴心时代相关的类似现象。

第二，这三个类似的运动仅仅在那几个世纪之中是相互接近的。把这些类似现象延长至轴心时代以后——直至数千年的历史年表中——这种尝试显得越来越不自然。轴心时代以后的发展，并不是平行的，而是分散的发展。起初看来它们像是通向同一目标的三条道路，但最终它们之间却分道扬镳。不过，我们越是进一步地回到轴心时代，我们彼此就越加变得亲近，也感到越来越接近。

轴心时代的这一全貌仅仅是历史偶然所造成的假象，这对我而言，是越来越难以置信的。相反，在其深处似乎蕴藏着某种共同的因素，展示了“人之存在”的根源。后来，在不断分散的过程中，虽然也出现了偶然的相似性，但它们是亲属关系共同起源的标志，就整体而言，已不再是原来真正意义上的共同体了。

世界史上唯一具有可比性的类似现象是在埃及、美索不达米亚、印度河流域和中国古代高度文化的开端。

不过，这一时间上的一致之中也有着数千年的差别。其开端在公元前5000年至公元前3000年之间（两河流域和埃及，同一时期还有在克里特和特洛伊最古老的出土文物）。在公元前第三个千年纪元，中国和印度的文化开始崭露头角。

与这些古代高度文化具有可比性的是产生于公元第一个千年的墨西哥和秘鲁文化。

它们共同的特点是，高度的组织化以及技术上的成就。在埃及，在两河流域，在印度河流域，以及在中国的黄河流域，相似的文明产生于河流峡谷，它们具有受中央集权管理的、高度发达的物质生活。

此外，它们都拥有一种神秘的宗教，这种宗教缺乏哲学意义的阐释，没有对拯救的冲动，面对临界状态没有向自由的突破。在所取得的艺术成就方面，特别是大部分的建筑和雕塑作品，风格奇异的艺术风格中有一种独特的麻木不仁。

不过这一古代高度文化的平行关系并没有像轴心时代的类似现象一样，具有精确的同步性。此外，它仅仅是一些业已存在类型的相似性，而不是精神运动的相似性。值得注意的是，这种类似现象和稳定的、类似在毁灭性的灾难之中自我重建的状态有关。这是一个世界，它介于我们几乎无法看透的史前时代和不再允许精神保持不变的历史之间。这个世界是轴心时代的基础，但却通过轴心时代，在轴心时代走向灭亡。

*

3. 造成这一事实的原因是什么?

如果轴心时代的类似现象是毋庸置疑的话,那么就产生了这样一个问题,这一事实是从何而来的。为什么历史上在三个彼此独立的地区发生了相同的事情?这三个地区从起源上来讲彼此并不知晓,这一点乍看起来似乎是外在的东西,却是一个历史之谜,并且随着对这一事实的研究不断地向前推进,这一秘密只会变得越来越大。极具精神创造财富的轴心时代,决定了时至今日的全部人类历史,同时它还带来了这样一个谜团,即在这三个相互独立的地区所发生的事件何以具有相似性以及相关性。

正如我们所指出的那样,除轴心时代以外,也许还有一次(因此只有这两次),可称作是同时发生之谜,这就是古代高度文化的兴起。问题是:为什么几乎是在同一时间——尽管也有两千年的间隔——三或四个地区从史前民族的一般状况发展成为了高度文化的状况?又为什么发生在尼罗河、美索不达米亚、印度河、黄河的河谷?

人们回答说:相似的任务,亦即治水(对灌溉的担忧以及抗洪)产生了类似的结果。它们为什么会同时发生?为什么单单在那几条河的流域发生?为什么在美洲很晚并且在另外的条件下才发生?

相互往来的关系可能产生触发效应。当时,手工业性质的文明成果正缓缓地向全球,至少是向整个欧亚大陆蔓延。文字的发明也许发生在某个地方,然后从那里传播开来;如果没有文字,很多管理的任务,特别是治水的工作就无法完成。这些仅仅是各种可能性而已。可以证明,在公元前3000年,两河流域的苏美尔文化和印度河流域的文化就曾有过交流,而埃及人和巴比伦人之间在早期时代,亦即公元前2000年关系就非常活跃。

但多次发展而成的早期数千年间的高度文化，不能解释为是由一个地方向外传播的。E.麦尔因此写道："我们必须相信，在公元前5000年左右人类属已经发展到了所有人群或民族都能达到的发展阶段，依据他们的天性(亦即依据其体内蕴含的精神力量)，他们完全可以超越这一阶段，并可能迈向通往更发达的文化的兴起之路。"(Geschichte des Altertums I, 2, S. 935)如果这样，就必须把这些类似现象看作是同种人类的成员在生物学发展过程中的共同显现。由于在他们之中存在着共同的生物学起源，很多现象会同时并且独立地显现出来，就像是彼此分开的单卵双胞胎的生活履历那样。

但这一想法不过是一种说辞而已，它并不能解释什么。因为无法提供进行进一步研究的基础，因此这一想法很空洞。"人类属的发展"并不能理解成可以解释一切的现实。更重要的是，这一生物学的发展仅仅是由人类分散的一小部分，而非整个人类来完成的。

*

在我看来，轴心时代同时开启的奥秘，跟那些高度文化产生的问题相比，完全处在另外一个深刻的水准之上。首先，这一同时性更加准确，其次它关系到有意识、有思想的人的精神史的整体发展。自古代高度文化产生之日起，这三个具有独特性的地区就在基督诞生前的千年中，产生了各种杰作，它们构成了人类精神的全部历史的基础。

这些发展从根源上来讲是彼此独立的，它们之间没有实际的传播和激励。直到轴心时代末期佛教传入中国，在中国和印度之间才出现了精神意义上深远的交流。尽管印度和西方一直有着联系，但更广泛的交流是在罗马时期通过亚历山大港才得以实现的。但印度和西方的关系完全没有影响到这些发展的根源，对它们以后的发展历程的影响也不明显。

让我们来看一看人们是如何解释这一奥秘的。

拉索克斯写道："这一奇特的同时发生的现象，只能建立在人类生活和诸民族生活的内在实质的统一基础之上，建立在共同的、激发所有民族对人类整体生活的感动上，而不是建立在某一民族精神特别的繁盛时期。"但这并不是一种解释，而是对这一奥秘的另一种表述方法。

施陶斯谈及了一条秘密的法则："历史上并不缺乏这一类似现象，并且通过它们可以推测出非常神秘的法则。这一现象一方面由于其共同根源，可能有人类的整个有机体方面的原因，而另一方面则具有更高的精神潜能的影响力作为其前提，这就好像是自然的花茎只有通过生机勃勃的阳光的反复照射才能展现其壮丽景色一般。"不过像拉索克斯一样，这些套话只是对这一奥秘换了一套说辞而已。他们犯了这样一个错误，亦即想象整个历史的发展中都存在类似的共同点，并因此将轴心时代的类似现象，这一独特的历史性事实的程度降低了。

凯泽林写道："世世代代以来，人们似乎以相同的方式，朝相同的方向变化着，并且在历史的转折点上，在广大的空间以及相互之间完全陌生的民族之间产生了相同意义上的变化。"（Buch vom Ursprung, S. 151）不过这又仅仅是对这一奥秘换一套说辞而已，并且是一套更糟糕的说辞，因为它完全陷入了生物学的领域，但又缺乏最基本的生物学观点。

所有这些解释都忽略了一个明确的事实，亦即当时在整个地球上栖息的并非人类，并非所有的人，而只是少量的人，相对而言极少数的人，在三个地点迈出了一步。就像古代高度文化一样，所涉及的并不是普遍的人，而只是人类的一小部分。

因此不要把人类的生物学基础错误地看作是人类普遍具有的、适应人类整体的东西，相反要尝试在发生这些革命的少数的民族中，追溯人类的历史性共同起源。尽管我们并不了解这一起源，但可以假定它必然发生在史前时代的中亚。出于这样的共同起源，我们也许就可以把这些类似现象的发展看成是相关的。但这一想法迄今为止没有得到验证。这是不可能的，因为除非能证明像中国人、印欧人以及闪米特人这些如此不同的民族群体具有一个共同的起源，并且这一共同的起源必须存在于我们能够认清的这些民族历史开端前的几千年，而这在生物学上是极短的一个时段，根本不足以产生深刻的人种的差异。

为什么会有这种同时性？对这一问题，迄今为止只有阿尔弗雷德·韦伯提出了在方法论上值得讨论的唯一假设。来自中亚的战车和马上民族实际上确实侵入到了中国、印度和西方，并把马匹带入古代高度文化，正如韦伯所说，在这三个地区产生了类似的结果：这些马上民族的人们借助马匹体验到了世界的辽阔，他们通过征服而获得了古代高度文化。在冒险和灾难之中他们体验到了对生存的怀疑，作为具有优越感的民族，他们形成了一种在英雄史诗中表现出来的英雄的悲剧意识。

这一历史的转折是通过印欧的马上民族形成的。他们在公元前3000年末到达了欧洲和地中海，公元前1200年左右，他们开始了新的大规模推进，并到达了伊朗和印度。同样，在公元前2000年末，马上民族来到了中国。

早先，从欧洲到中国存在着各种古代文化，它们可以延伸到遥远的过去。它们部分具有母权制特征，或者是定居的畜牧者的文化，或者干脆是那些处在中国到欧洲的文化带的富裕地区、在一个个自给自足的封闭社会中发展起来的文化。

历史于是成了这两股势力的争斗：古老而稳定的、具有社会约束力的、未从母权制觉醒过来的势力，与新的流动的、自由的、具有觉醒意识的马上民族。

阿尔弗雷德·韦伯的论点指出了在欧亚地域内存在着实际的一致

性。马上民族的出现起了多大的决定性作用，这是很难估量的。尽管地理的状况和历史的情势造就了先决的条件，但为什么之后开始了创造行为，仍是一个巨大的谜。

韦伯的论点具有独特的启发性，它从游牧民族的人的特点出发，得出了简单的、具有因果关系的解释。但它至多适用于一项先决条件。轴心时代的内容是如此的不同凡响和包罗万象，以至于人们犹豫，是否把这个原因仅仅归结为一个不可缺少的条件。中国就是一个反证，它尽管为轴心时代创造了丰富的内涵，但它既没有悲剧意识，也没有英雄史诗（在中国直到公元后的几个世纪，才出现了可以与英雄史诗相比的东西，这一时期相当于我们的民族大迁徙时代，当时是长期的战乱，外来的新民族大量涌入）。更进一步的反例是巴勒斯坦，那里的居民并没有经历与马上民族的混杂，但却通过先知而产生了轴心时代精神创造的本质要素。

运动、迁徙以及征服强加于数千年来的古代高度文化之上，这一事实使得韦伯的假说失去了说服力。此外，还有一个事实，亦即在印欧人入侵——他们在这方面延绵了千余年——以及轴心时代精神发展的开始之间的酝酿期非常长，而接着，轴心时代就以如此惊人的、准确的同时性开始了。

轴心时代开始于狭小的区域，绝没有涉及所有的人类，基于这样的事实，人们必然会追问轴心时代重大事件的历史根源。这一事实并非普遍的人类发展，而是一个独有的历史进程的分支。

对这一问题阿尔弗雷德·韦伯用一个明确的、可验证的以及通过各种可能的讨论所取得的结论，提出了富有创造性的回答。而与此同时，人们一般会用欧亚间相互关系的不确定的论断，来掩盖这三个独立的起源之间缺乏接触的奥秘。或许认为我们可以接触到的影响曾起过作用，而这被认为是毫无意义的。人们指出了整个欧亚区域的历史统一性，它受源自中亚的不断的攻击、迁徙以及征服的影响，技术的和有花纹装饰的考古发现可以证明这种类似现象源于早期的史前时代，并由此可以推断出整个的广袤大陆上有着持续不断的交流。不过，与此相反，轴心时代精神运动的同时性及其内涵的纯洁性，是不能用这种迁徙和交流来解释的。

对轴心时代这些现象的最简单的解释，似乎最终可以归结为有利于精神创造的共同的社会学条件：众多小国家、小城市群立；一个政治分裂，冲突频起的时代；争斗和革命所带来的困境同时伴随着繁荣，由于并没有在任何地方发生过广泛并且彻底的毁灭；对至今为止的各种状况的怀疑。这些社会学的考虑，有其意义，它们导致了方法上的探索，但最终只阐明了事实，而并没有解释其原因。因为这些状况构成了轴心时代精神整体现象的一部分。它们是前提条件，但并不必然导致创造性的结果，它们在质疑自己，究竟从何处进入这一共同性之中。

没有谁能够充分地理解，在此所发生并且成为了世界轴心的一切！应当围绕这一精神突破的事实，从多种角度予以把握，对其意义进行阐释，以便暂时将它作为不断增长的秘密来看待。

看起来我似乎要证明一种神性的介入，只不过没有明确说出来而已。完全不是这样。因为这不仅是从认识到伪认识冒险的一跃（salto mortale），而且也是反神性的强求。相反，我只想阻止将一种随便的、毫无意义的历史观点作为可以理解的、必然的人类进程，希望坚持这样一种认识，亦即我们的认识针对的是当时的立场、方法和事实，以及所有认识的特殊性意识，希望保持问题的开放性，为我们事先全然无法想象的新的、可能的认识留下空间。

对奥秘的惊异本身就是一个富有成效的认知行动，它可以作为进一步研究的出发点，不过也可能正是我们一切认识的目标所在，亦即透过最大限度的知识而深入到原本的无知，而不是在封闭的认识对象之中将存在予以绝对化，从而使之消失得无影无踪。

*

4. 轴心时代意义的问题

相对于轴心时代的起因而言，轴心时代的意义完全是另外一个问题。

轴心时代三重出现的事实，就像是一个奇迹，就我们目前的认识水平而言，不可能对它作出真正充分的解释。这一事实所隐藏的意义，就像是某人在某处所认为的那样，根本不可能以经验的形式得以发现。相反，我们对它的探讨，也只意味着我们从这一事实中能够得到什么，并为我们所有。如果在此过程中出现了各种说法，仿佛我们想到了天意，但实际上它们只是比喻而已。

(a) 为了真正认识轴心时代的事实，使它成为我们普遍历史画面的基础，这就意味着，我们要获得**全人类共有**、超越一切不同信仰的东西。仅仅从自身出发，根据自己的信仰去审视历史的统一，或者将历史的统一与其他每一个人的原因联系起来思考，将自我的意识与他人的意识结合起来，这两者是不同的。在这个意义上说，公元前800年至公元前200年的数个世纪，是可以从经验层面上认识到的、全人类的世界史的轴心。

基督教信仰启示的先验历史，由创世、堕落、启示诸阶段、预言、上帝之子的显现、拯救与末日审判构成。它作为历史人群的信仰内容而不可侵犯。然而，能够把所有的人联系在一起的，不是启示，而必然是经验。启示是历史的特殊信仰形态，而经验是人之为人能够理解的。我们——所有的人——都可以共同感知轴心时代这一人类普遍变化的真实性。轴心时代尽管局限于中国、印度和西方，起初这三个世界之间并没有关联，却奠定了普遍史，并在精神上将所有的人都拉了进去。

(b) 轴心时代三重历史转变的存在，仿佛是一种对无限交流的要求。认识并理解他者，这有助于清楚地认识自己，克服在自我封闭的历史性中可能具有的狭隘，跃入广阔的空间。这种冒险进行无限交流的做法，是人之生成的又一奥秘，它并没有发生在我们无法理解的史前之过去，而是产生于我们之中。

这种通过三重历史起源的事实而形成的对交流的要求，是反对只存在一种信仰真理的错误观点的最好方式。因为信仰永远只有在历史的存在中才是必然的，而不像科学的真理一样，其论述是普遍有效的。对真理独占的要求，盲目信仰的、人类傲慢的以及由于权力意志而导致的自我欺骗的工具，西方的灾难，上述这一切只有在所有的世俗化之中，例如在教条主义哲学那里，才可能予以克服，上帝才能以多种方式历史地显现，并打开通向他的多种渠道。仿佛神性正通过普遍历史的语言发出警告，反对独占真理的要求。

(c) 如果说随着我们对轴心时代了解的深入，轴心时代的意义得到了不断的提升，那么我们不禁要问：这一时代及其创造物是我们后世一切的尺度吗？如果我们不考虑轴心时代影响的数量，不考虑其政治事件的空间范围，也不考虑几个世纪以来精神现象所赢得的优先地位，那么轴心时代现象中所包含的严肃的伟大、创造性的洞察力、意义的深度、向新的精神世界飞跃的广度，是否都意味着迄今为止的所有历史的精神巅峰？较晚时期的一切，尽管它们达到了新的、独一无二的高度，但在早期的成就面前会黯然失色，维吉尔在荷马面前，奥古斯都在梭伦面前，耶稣在耶利米面前，难道不是这样吗？

机械地肯定这一问题无疑是错误的。较晚的现象在任何情况下都有其自身的价值，这种价值在前期的现象中并不存在，它具有自己的成熟度、崇高的价值和深邃的灵魂，这在“特例”中尤其突出。无论如何不能把历史置于这样的一个顺序中，即通过一个普遍的观念就可以自动推断出结论。而对轴心时代的理解引发了这一问题，以及也许是对较晚现象的偏见——从而恰好阐明了不属于轴心时代的、原本新的、不同形式的伟大之物。举例来讲，研究哲学的人都会有这样的经验，如果他数月的时间都徜徉在希腊人那里的话，那么研读奥古斯丁对他来讲，就像是把他从冷漠和客观中解放出来，从而带入了良心的种种问题之中，自此以后，良心问题对我们而言，是永恒的，而对于希腊人来讲却是陌生的。但同样，我们在研究奥古斯丁一段时间之后，想回到希腊人那里的愿望就会重新变得很强烈，我们想重新沐浴希腊思想的清泉，以便使那些似乎在追随这一思想时所滋生的非纯洁性，重新恢复健康。在世间原本没有终极的真理和真正的救赎。

即便是轴心时代也失败了。而时代在不断向前发展。

我认为只有一点是确信无疑的：我们对当下现状以及历史的意识，直至我仅能部分地预示其结果，都是由轴心时代的观念决定的，不论这一论点被接受还是被拒绝。它所涉及的是，人类的统一对于我们来讲是如何变得具体的。

第二章　世界史概览

为了弄清我们存在的基础，我们来看一下地球仪。我们不可能依靠频繁地转动手中的地球仪，来辨别地理学家和历史学家使我们意识到的东西：陆地、海洋分布的主要特征，各大洲以及国家的形状和文化起源的地理位置。

（1）诸大陆间唯一的大跳跃从欧洲和非洲的西海岸延伸至美洲的最东端，即从大西洋到大西洋。与太平洋不同，大西洋直至哥伦布之前，一直是人类最大的分界线，而在其他地方，在史前时代都发生了朝东、西两个方向的迁徙（诺曼人曾抵达北美是毫无结果的例外）。

（2）人种：分布在地球上的白种人、黑种人、蒙古人以及印第安人，直到近代仍然生活在相当封闭的地区，不过在周边地区存在一些过渡人种。

（3）哪里有生存的可能性，人们就在哪里定居下来。我们看到，尽管有人生活在北亚、非洲和美洲的广阔区域内，但那里却没有创造出任何精神历史方面的成就。我们看到在北方和南方最边远的地区，那些被排挤的移民以自己的生存方式表明，什么对人类而言是可能的。

主要的地形类型：河谷、地中海沿岸、大洋沿岸、群岛、平原和荒地，它们对文化的意义是显而易见的。

（4）美洲大陆从北到南都居住着同一人种——印第安人。在此并没有猿人或古人特征的太古时代的遗骨发现。必定是在相对而言比较晚的时期，从亚洲来的移民自北向南定居在这个大陆上。

（5）文化产生的空间相对于整个地球表面而言，就像一条狭长的带子，从大西洋延伸到太平洋，从欧洲经过北非、西亚，延伸到印度和中国。这一地带，其长度约为地球圆周的四分之一，其宽度不到地球圆周的十二分之一，却包含了散布在荒地、草原和山脉中间的肥沃土地。较高度的文化发源地全都在这一地带。它们起初是相互独立的，它们的创造成果不断传播，相互之间建立了联系，但之后又失去了联系。对于这一地带来讲，直到较晚的时期才建立了持续不断的交往，并且这种交往总是被打断。直到几个世纪以前，才由欧洲人建立了全面的交往。

在人类居住的辽阔区域，文化产生的空间是非常狭小的。产生文化的时间同样也是很短暂的。

*

狭义的历史大致可以用下列图式的方式来表示：

从史前史长达数十万年的黑暗世界中，以及和我们类似的人的数万年的生活中，在美索不达米亚、埃及，以及印度河流域和黄河流域发展出了古代高度文化。

从地球的整体来看，以上的地域可谓是人类其余广大群体的光明之岛，直到接近我们的时代，它们一直是自然民族的包罗一切的空间。

从古代高度文化自身或者是它们的周边，在公元前 800 年至公元前 200 年间的轴心时代，产生了人类的精神基础，尽管它是在东西两极分化的西方、印度和中国这三个彼此独立的地区产生的。

西方在欧洲中世纪结束以后产生了现代科学，并在18世纪末以来，依靠现代科学产生了技术时代——这是轴心时代以来在精神和物质领域的第一个全新的事件。

欧洲人移民到了美洲，并在那里奠定了精神的基础。具有东正教根源的俄国，受欧洲的影响，在理性和技术方面也取得了决定性的发展，同时，俄国方面向直至太平洋的整个北亚进行移民。

当今世界包括美国和俄国的庞大阵营，包括欧洲、印度和中国，包括西亚、南美以及地球上的其他地区，它们在16世纪以来的缓慢进程中，通过技术的发展形成了事实上的交流统一体，这一统一体在斗争和分裂之中不断敦促着政治上的联合。而政治联合或者是由独裁的世界帝国强制来完成，或者是通过以法制为基础的世界秩序的相互理解来实现。

我们可以说：至今为止，并没有世界史，而只有地区史的集合而已。

我们所谓的历史，以及按照以往的意义现已终结的一切，是指史前数十万年人们在地球上的持续扩展以及今天真正世界史开端之间的五千年的间歇期。史前的人群处于零星状态，他们意识不到彼此之间的联系，完全只是生活的重复持续，但这更接近于自然的事件。然而，我们迄今的短暂历史却仿佛是相遇，是为了世界史而行动的人的聚集，是为旅行而准备的精神和技术装备。我们才刚刚启程。

*

如果我们将历史划分为几个时代，使其具有这样的一种结构的话，那么这总是粗略的简化，但这样的简化应当指向本质的事物。让我们再次构想世界史的概览，使其不再僵化为错误的唯一性。

人类看起来好像从新的基础出发了四次：

首先从史前时代，从我们根本不可理解的普罗米修斯时代（语言、工具的形成和火的使用）出发，正是经由了这一时代，人才变成了人。

第二次是从古代高度文化的建立出发。

第三次是从轴心时代出发，经由这一时代人在精神上成为了真正的人，并具有了完全的开放性。

第四次是从科学技术时代出发，我们正亲身感受着它对（世界）的改造。

与上述划分相对应，针对我们的历史认识也出现了四个特有的问题群，在今天看来，它们是世界史的基本问题：

（1）在史前时代迈出的哪几步对“人之存在”来讲是至关重要的？

（2）公元前5000年以来的第一批高度文化是如何产生的？

（3）轴心时代的本质是什么，它是如何产生的？

（4）如何理解科学与技术的产生？“技术时代”是如何到来的？

这一概览的缺陷在于，它描述了世界史的四个阶段，尽管它们的作用不同寻常，但从意义上来讲，这四个阶段是不同的：普罗米修斯时代和古代高度文化时代奠定了我们今天“人之存在”的精神基础的时代和技术时代。

也许以下列的方式来构想这一概览会更有意义，但对未来要做一些预测：我们可以看得见的人类历史好像进行了两次呼吸。

第一次呼吸是从普罗米修斯时代开始，经过古代高度文化，直到轴心时代及其产生的后果。

第二次呼吸开始于科学技术时代，亦即新普罗米修斯时代，它通过与古代高度文化的组织和规划相似的形态，或许会进入崭新的、对我们来说仍然遥远，同时也看不清的第二轴心时代，即真正人类形成的时代。

但这两次呼吸具有本质的区别。我们可以从即将开始的第二次呼吸来认识第一次呼吸，这意味着我们拥有了历史的经验。另外一个本质的区别是：第一次呼吸似乎是分裂成了几个并列的呼吸，而第二次则是人类整体的呼吸。

在第一次呼吸中，每一个事件，甚至自身以最大形态出现的帝国，都是局部的，没有哪个地方对整体具有决定性的作用。因此，当轴心时代的其他运动似乎越来越没落，暂时不可能从中产生可预见的新的、重大的可能性的时候，西方的特殊性以及由它而产生的新的基础就成为了可能。

但现在，将要发生的事件是普遍的和包罗一切的，不会再有中国或欧洲或美洲的界限了。重大的事件，由于是整体性的，因此同样会具有一种后果非常严重的特征。

如果没有从西方开始新的东西，那么由第一次呼吸所产生的多种形态的发展，从整体上对我们来讲，好像是失败了。现在的问题是，未来的发展是否是明确的，是否需要经过可怕的苦难、扭曲，通过恐怖的深渊才能通往真正的人类，会怎样发生，这对我们来讲是完全不可想象的。

*

与统治着地球的人类的未来世界一样，史前时代之初的人类起源也是模糊不清的。当他们在法律上达到有秩序的统一时，在精神和物质方面就进入了无限的存在。

在起源（对此我们完全无法想象或设想）和目标（我们不能勾画出它相应的具体形象）之间进行着我们真实的历史。

但起源和目标又是相互关联的：我想到一个，就会想到另一个。这两者不可能作为事实而获得令人信服的、具体的形象，而只能以象征的形式记住它们："人类的创世"——起源，以及"永恒的精神王国"——目标。

*

以下各章将从历史的根本问题和事实出发，来探讨历史——这一在起源和目标之间的事件，只要它属于过去。我们通过以下简表先来认识一下世界史的概况（自上而下来看）：

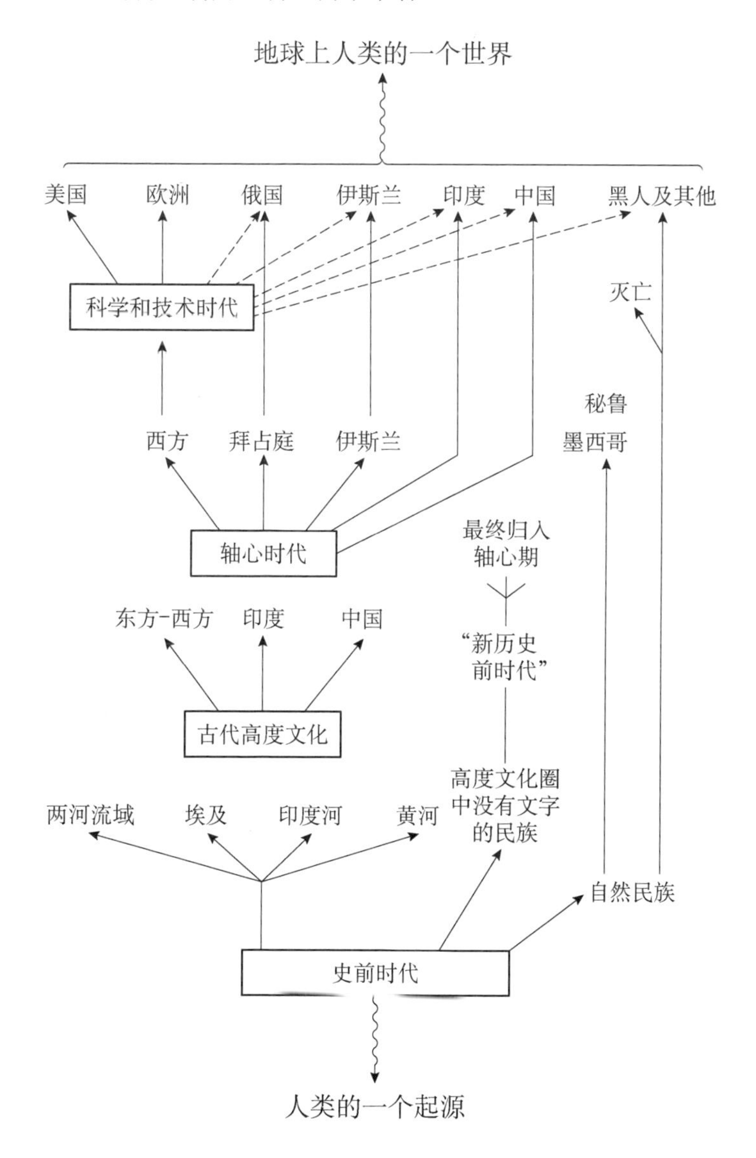

第三章　史前时代

a. 历史和史前时代

历史可以追溯到有语言记载的遥远的过去。在任何有只言片语传递给我们的地方，我们就好像获得了立足点。史前发掘物中所有没有文字标识的人造工具，是沉默不语、没有生命的物体。只有带有语言的作品，才能使人真切地感受到它的内涵、它的情调以及创作它的冲动。没有一个地方的语言记载可以追溯到公元前3000年以前，因此历史延续了大概5000年左右。

史前时代客观地讲是一条不断变化的河流，但它在精神上尚未成为历史，因为历史只存在于具备历史知识的地方，只存在于具有流传物、文献、来源的意识以及对当下事件的意识的地方。那种认为即便没有流传下来的东西，但事物自身——历史——也可能，甚至是必然存在的观点，是一种误解。

对人类而言，历史是清晰的过去，是了解过去的地方，是对来源的意识。史前时代尽管是事实上的基础，却是未知的过去。

史前时代人类的发展，是形成“人之存在”的基本结构的发展，历史的发展就是用精神和技术的方式来展现所掌握的内容。人类形成的基本构造是在无限的时空中形成的，与此相反，历史的发展则像一种暂时的现象，它通过作品、观念、思想、精神形态等形式，建立在史前时代已经形成的、当下依然真实的“人之存在”的宽广而深刻的基础之上。

因此，史前时代和历史先后创造了我们“人之存在”的两个基础。史前时代的形成，即人类本性（包括人的基本的冲动和性格以及所有的无意识）的发展构成了我们存在的基础。历史有意识地流传下来的东西以及人类在此基础之上的扩展，向我们展示了什么是人能够做到的，什么东西的内涵是我们的教育、我们的信仰、知识以及能力的源泉，而这第二个基础就像是覆盖在火山底层的一层薄薄的表皮，而人就是火山。摈弃这层表皮似乎是可能的，但史前时代形成的人之本性的基础却是无法抛弃的。我们可能会感到受到威胁，仿佛我们会重新变成石器时代的人，因为我们任何时候都是这样。我们不再使用石斧，而是用飞机取而代之，但其他跟以往并无二致，我们好像忘记和抹掉了数千年的历史。随着历史的衰落，人会重新回到几千年前的状态——尽管他们还是，并且已经成为了人——，却对流传下来的东西毫无了解和意识。

我们对两万年前的人的情感一无所知。但我们知道，至少在已知的短暂的历史进程中，人类整体上在生物学和心理物理学上，在人的基本的、无意识的冲动方面，并不存在有据可查的变化（它也仅涉及到大约 100 代人）。

史前时代形成的结果是一些生物学上可遗传的东西，它是经过所有的历史灾难而能够保证延续的东西。与此相反，对历史的把握是与传统紧密相连的，它是有可能会遗失的。在创造的飞跃之中，被植入人类世界的精神，通过传统影响并改变了人的形象，并与这种传统紧密联系在一起,以至于如果没有传统,历史就会完全消失,因为传统在生物学上并不能遗传:我们将直接再次回到人的基本构造中去。

对历史的意识来讲,现在重要的问题是探寻历史之前的人的基础,探寻人性的这一承载者以及普遍性。在有着人的特征的时代,起作用的力量的基础蕴藏在人之中。史前时代是人的本性已经形成的时代。假如我们能够认识史前时代,那么我们就能通过观察人的形成以及形成人类的条件和情景,获得对"人之存在"的基质的认识。

如果在经验上能够达到这一步,那么史前时代就能够回答下列的问题:

人的基本动机有哪些,生命的冲动又是什么?哪些在所有的时代都保持不变,哪些又经过了改变?它们还能转变吗?它们始终是模糊不清的吗?这些冲动是在历史之中,还是史前时代的秩序就已经把它们束缚住了?它们是偶然,还是在特定的情形下才有所突破,撕破面纱?这种情况何时以及如何发生?如果我们所信仰的和传承下来的东西全都遭到毁灭的话,它们会更加强烈地爆发出来吗?当它们被塑造的时候,能成就什么?它们又是如何被塑造的?当它们被剥夺了语言和一切直接的影响,被各种观点,被对宇宙的认识、价值判断歪曲而遮掩,它们的遭遇又怎样?

我们从史前时代所获得的一点微不足道的东西,加上我们借助于人种学、民俗学以及历史学所形成的画面,以及我们用于对人类的原始冲动的心理描写的具象,为我们提供了一面折射我们本质的镜子,它向我们展示了我们常常喜欢隐藏起来的、在某些情况下被我们忘却了的东西,以及突然让我们感到震惊的现实,例如灾难。

但是,我们所描绘的人、他的基本构造及其基本冲动的画面,并不是真实存在的绝对确定。确切地说,这些画面本身是我们自己激发、澄明和推进自我意识的因素。这种自我意识包含着在经验上不可避免的东西，在其事实中有着值得肯定的东西，它与自由难解难分，而自由在我们所见到的画面中或者具有吸引力，或者具有拒斥力。

b．对待史前时代的态度

与地球史相比（大约有20亿年），与地球上有生命的短暂的历史相比（大约有5亿年），与通过被考古发掘的遗骨所证明的、人在地球上生活的数十万年的时间相比，我们所知道的人类历史，并且在此期间人类意识到它就是历史——我们重复一遍——仅持续了微不足道的一段时间。这一历史在时间上就像是一个新的事件最初发生的一瞬间。它才刚刚开始。人们不可能充分感受到这一基本事实。在这一范围内所见到的整个历史，成了在人类生命中微小的、尚处在萌芽阶段的世界，在无穷的空间和无限的时间之中，它几乎是微不足道的。我们不禁要问：

这一开端意味着什么？

为什么自从有了遗存，亦即自历史的开端以来，人们同样感到他们到达了终点——不论是尽善尽美的高度，还是没落的状态？

历史只是导致彻底消失和遗忘的瞬间吗？而这一瞬间又意味着什么？

人是如何变成历史开始前的那个样子的？在传承的历史开始之前，他经受了什么，发展了什么，做了什么，发现了什么？

史前时代对我们认识的要求在几乎无法回答的问题之中：我们从何而来？我们进入历史以前是什么？在历史之前可能发生了什么？人通过当时发生的怎样的重要事件，才变成了人，并且拥有历史？那里有什么被遗忘的深处、“原始的启示”以及对我们而言隐藏的光亮？在历史的开端已经形成的语言和神话是如何产生的？

在这些问题面前，用一种浪漫主义的想象将整个历史仅仅看作是一种背离，与用冷静的眼光，只看到了史前时代的平淡无奇，并把它与自然史相提并论，这两种做法都是错误的。不过几乎所有的回答都是假设。

*

史前时代陷入了时间的无底深渊，由于我们缺乏对它的了解，它对我们而言，是那样的寂静和遥不可及，具有我们无法理解的深刻含义。只要我们的目光投向那里，它就有一种吸引力，似乎承诺会有某种不同寻常的东西出现。即便我们屡遭失望，但我们从来就不能摆脱史前时代的魅力。

(1) 我们可以看到，人们从历史的开始就对史前时代采取的态度：所谓的了解，就是把对它的认识编入他们与生活相关的神话和绘画之中；史前时代是失落的天国、巨大的危机，就像巴别塔使语言变得杂乱无章一样，在史前时代存在着黄金时代和灾难；自然与超自然的一切交织在一起；众神在地球上漫步，向我们传递来自上帝的启示和教诲。后来，我们从这些神话中并不能剥离出任何一种对遥远过去的可靠认识以及真实的遗存。但所有的神话从整体上描绘出了这样一幅壮观的画面，即人从根本上而言，自始至终都必然和史前时代的深处发生着联系。

(2) 今天我们尝试着研究我们可以了解的东西。我们可以在一定的范围内确定，人类在历史的开端已经拥有了什么，在史前时代必定已经形成和获得的东西：语言、工具、神话、社会秩序。对于史前时代本身我们只能直接从外部去认知，所能做到的只是挖掘史前人(遗骨)以及他们遗留在地下的工具。迄今为止这些考古发现在数量上相当可观，但在内容方面却相当贫乏：通过它们我们根本无法获得或者仅仅能够得到有关这些人在精神、内心态度、信仰和思想活动方面的模糊印象。即便是坟墓、建筑物、装饰品、著名的岩洞壁画，也只能让我们了解真实当下的一个细节，但我们无法从整体上对它们所处的世界形成概念，并从这个世界出发来理解它们。除了对这些工具的大致用途外，对其他一无所知。因此我们听到了史前史学家的大量假说。他们对此予以解释。不过在这些解释中几乎没有什么具有说服力的东西，对我们而言，那些消失的内容从未像语言记载的文献那样生动。因此，对于历史学家来讲，这是一个聪明的原则：谁想要抓住直观的、可以理解并且可以塑造的东西，就不要过多地与开端打交道。虽然我们所了解的史前时代绝非一无所有，但在空洞的时间和空间里，就客观事实的多样性而言，还是相当贫乏的。

对史前时代的具体想象并没有给我们带来满意且明确的认识。清楚的事实向我们展示了史前时代的存在，但有关"人之存在"，即我们之所以成为我们的问题，关于史前的知识中并没有给出充分的答案。

（3）进入史前时代的另一条完全不同的道路，是人的精神存续，它从历史的开端延续到其后的时代，并直至我们现在，我们可以把它理解为是无意识地从史前时代保留下来的遗存。在这里，人们通过创造性的构想，试图获得关于"人之存在"的基本特征的最初看法。接着，人们把这些构想当作假说来运用，以此了解，通过它们可以在多大程度上把握历史的真实遗存和真实事件。但是，这一看法的本质是揭示不可能丢失的内涵，因此，即便其自身在经验上无据可查，也依然会得到保留。巴霍芬的构想可谓是最好的例子。我们通过他来学习观察。在他的著作中，材料并不贫乏，但同样缺乏已被证实的关于世界史的观点，尽管这方面的研究事实上已经得到了展开。因此，唯一的途径是进一步打开有关生命的形态和内涵的各种直观和重要的可能性，但不是通过考古发现，也不是通过实证主义的结构，而是通过对历史上存在的人的行为、风俗习惯、象征符号和思维方式的直观理解。

所有这些对史前时代行为方式的探讨,提高了我们对史前时代所具有的无限可能性的意识:这里发生过的一些事情,给人铸上了烙印,似乎预先决定了此后所有的历史。

c. 史前时代的时间概览

关于人的遗骨,似乎有两个基本事实具有本质的意义:

(1)在爪哇、中国、非洲和欧洲发现的遗骨——至今在美洲尚未发现——不符合任何一个有关人类形体起源的真实顺序:所有这些顺序都是为那些在我们看来毫无关联的发现而臆想出来的理想安排(根据这一原则,唯有从起源和发展中才可能想象和理解这一多样性)。

(2)所有这些发现,包括根据地质层判断出来的此类最早的发掘物,都揭示了头盖骨中的脑重量接近于今天的平均水平——超出了所谓最高级的类人猿的脑重量的两倍多。因此,从生物学上来讲,它们早已经是人了。只是还有个别的特征,如下巴不明显,眼窝隆突,前额低平,但并不普遍。我们完全不知道,哪一支是主要人种,哪一支是派生人种,哪一支是我们的祖先,不清楚它们与今天人类的真正的谱系上的关联。

这些确定的结果否定了发展顺序的成立。只有考古发掘的地层允许我们确立时间的顺序,其中一部分是与我们从发掘物的性质推测出来的先后顺序相一致的。大致的概览如下:

洪积纪是指地球史上冰河纪和间冰纪的最终阶段。冲积纪指的是冰河纪之后的年代,其所持续的时间没有间冰纪长,大约为15000年。而洪积纪则一定跨越了百万年之久。

通过考古发现可以证明在洪积纪最后的冰河纪和间冰纪时代,人就存在了。直到最后一个冰河纪——也就是说大约两万年以前——克罗马农人才出现,从人类学的角度来看,他们跟我们并没有什么差异。

在最后一个冰河纪的晚期，在西班牙和法国的洞窟中出现了令人惊叹不已的绘画，这些正是出自他们之手。根据制作石头工具的原始方法，人们将这一时代称作旧石器时代。

从公元前 8000 年至公元前 5000 年是新石器时代（打磨石器时代）。埃及和两河流域文化、印度河和中国文化的最古老阶段同样也属于这一新石器时代。

不过，从整体上来讲，这并非一种直线式的发展，而是同时存在和先后出现的多种多样的文化圈，其中某些技术进步的线路，如石头工具的加工技术——可能慢慢地传播开来——却贯穿始终。

从时间上来看史前时代可分为两组：

公元前 4000 年古代高度文化开始之前的绝对史前时代。相对史前时代，即与那些留下文献记录的文化发展同时发展，其中一部分在其附近且受其影响，一部分则远离之，几乎未与之发生接触，部分成了后世文化民族的史前时代，如日耳曼-罗曼世界以及斯拉夫世界，一部分则直到今天依然保持着自然民族的状态——成为了永久的史前时代。

d. 史前时代发生了什么？

从根本上来讲，已有人类存在的浩瀚时空，对于我们而言是一个谜。这是一个在历史上沉默的时代，其间一定发生过重要的事件。

最初的人之形成完全是最深奥的秘密，至今我们仍完全无法企及，无法了解。诸如“渐进的”、“过渡的”之类的套话只能使这一秘密变得模糊。我们可以想象人的形成，而这一想象本身就已经失败了：当我们开始想象人最初的形成时，实际上在想象中人总是已经存在了。

人是什么？对于这一问题我们甚至没有明确且令人满意的回答。人是什么，对此我们不能给出一个圆满的答案。原因是我们对人究竟是什么并不了解，这同样属于我们“人之存在”的本质。将人如何在史前时代和历史之中形成的问题具体化，这意味着同时也对“人之存在”的本质问题的具体化。

在史前时代有两种不同的发展：人的生物学发展以及在史前时代发生的、即便在没有文字的情况下也完成了传承的历史发展。这里似乎有必要首先依据其真实性和研究方法将这两者分开：

生物学的发展可以带来可遗传的各种特征，而历史的发展只有传承。遗传性是持久的；而传承则可能在极短的时间内遭到破坏和被遗忘。生物的真实性可以从身体的形状、机能以及心理特征来理解；而对传承，则可以从语言、行为方式以及著作方面加以理解。

人类的形成经历了数十万年的漫长岁月，在此期间，“人之存在”的基本特征必定作为生物学上可遗传的特质被固定了下来，它们直至今天依然存在。相反，在历史时期，人并没有经历任何可证实的生物学上的变化。我们“并没有掌握丝毫迹象，它们可以表明，在能够进行科学控制的历史时期，新生儿的先天素质发生了变化”（波特曼）。

这两种思考方法以及与之相适应的现实——生物学的和历史的——是不可能同时发生的。表面上看起来，一种发展，即人-历史的发展是另一种发展，亦即从生物学上成为人的延续。我们称之为历史的东西，似乎跟生物学上的发展没有关系。

但事实上，“人之存在”还是生物性和历史性的紧密结合。我们在做出概念上的区分后，马上就出现这样一个问题：历史的因素会带来哪些生物学上的后果？哪些生物学的现实是历史可能性的原因？

人自身的生物学，如果取得成功的话，也许会以某种方式和其他的生物学区分开来。

但生物学的发展和历史的变迁之间如何相互作用，整体上对我们而言又是高深莫测的。我们在历史中，在我们自身的存在中，在史前时代和在自然民族那里拥有引人瞩目的事实，从这些事实中，我们提出了关于通向它们的道路的假设。这些尝试奠定了问题的基础，但对这些问题的回答也许直到今天都是完全错误的。

鉴于（生物学的和历史的）双重史前时代，我们来看一下，人的哪些特性能够引起我们的关注。

1. 人的生物学特性

人与动物的区别是什么？回答是：直立行走，大脑的重量，与之相适应的头盖骨形状以及隆起的前额，手的发育，无毛性，只有人能够笑和哭，等等。尽管从形态学来看，人应当归于动物学生命形式的范畴，但人在身体方面也许已经具备了独特性。人的身体是其灵魂的表现。人体有其独特的美。但人体的这一独特性至今在客观上不具有说服力，并且在概念上不能明确予以证明，或者说原则上是不可能的，它只出现在个别的现象中，不能对此做出整体判断。

最可能的情况是：动物们为了完成一些特定的任务，无一例外地发展了它们的器官，以适应特定的、限制它们生存的特殊环境。正是这一器官的特殊化使动物在某些特殊能力方面超过了人类。但是，这一优越性同时又意味着狭隘性。人避免了其器官的这种全面特殊化。因此，尽管每一个单个的器官都处于劣势，但似乎可以通过非特殊化，通过其中蕴藏的可能性获得优势。他们的劣势迫使他们，而他们的优势又赋予他们能力，使他们有意识地走上了一条与所有动物截然不同的道路，以此来实现他们的生存。正是借助于自我的意识，而不是他们的身体，他们做好了适应所有的气候和地带、所有的情况与环境的准备。

如果人早在其起源时，就必定是一种避免了任何最终固定化的生物，那么即便他们与动物相比有其弱点，但却通过思考和精神获得了优势。正是由于没有发生器官的特殊化，人才保持了适应其环境形成的无限可能性，在此工具代替了器官。正是由于人（跟动物相比）是脆弱的，他们才能够通过自由进入精神的自我转化进程中，进而达到难以预见其后果的升华。人没有像动物一样，只是一如既往地重复无止境的生命的自然循环，而是有能力创造历史。自然只是将历史作为无意识的变化过程，按照人的尺度来衡量，历史是无限缓慢、不可逆转的变化过程。人和所有其他的生命一样，只是在进行着重复的自然存在（这在一目了然的历史时代中是保持不变的）的基础上，获得了历史，并将历史看作是通过自由的行动以及精神的创造来实现的快速变化。

在生物学上，我们可以注意到这样的事实，虽然它们似乎可以将人同动物区别开来，但却停留在并非特殊的人的层面之上。例如：

有一些生物学上的病理倾向，只有人才会有，但所有的人种都会出现精神病。

一些性格特征，如一种奇怪的恶意行为，并非所有动物的共性，但可能存在于一些猿类的身上。在黑猩猩身上似乎具有乐于助人、折磨他人的欲望、聪明和愚蠢，特别是人的特性等生物特征。也许在这个意义上也存在着生物学上的人的特性。我们的冲动和倾向的基础可以达到生物学的层面，有时它会像陌生者一样出现在我们自身之中，让我们大吃一惊。

所有这一切都不是专门针对人的。波特曼是第一位尝试通过生物学的方法从根本上来探索“人之存在”的特殊性的学者！[7]

例如波特曼注意到下面的情况：新生婴儿跟其他哺乳类动物不同：他的感觉器官是发达的，其脑重量和体重大大超过了猿类，尽管如此，比较而言，新生儿依然是早产的，也就是说他是完全无助的。他不能站立，也不能行走。人在其生命的第一年，要求各种机能的成熟，而这些机能在其他哺乳类动物那里早在分娩前就成熟了。人在生命的第一年已经来到了世上，虽然按照新生动物的标准，他还必须在子宫内成长。例如，人的脊柱通过坐和站才形成了S形。这是怎样形成的？是通过本能的冲动以及对成人的模仿，是成人的关心和激励促成的，无论如何人体迈向成熟的第一步也同时取决于历史决定的环境。在生物学自身的发展中，精神已经起到了一定的作用。人在其生命第一年中的经历和体验也许会对他以后的人生具有决定性的重大意义，在这一年中他经历了基本机能在生物学上的成熟，而这些在动物那里却是在胚胎状态下获得的。

简而言之："跟所有较高级的动物不同，人在后天获得了他们特有的存在形式，其与各种颜色和形式，与其他生物，特别是与人本身保持着一种'自由'、开放和丰富多彩的关系"，而动物却一生下来就具备已经形成了的生命形式。

因此对于波特曼来讲，人的独特性并不在于身体在形态学和生理学上的明确性。仅仅描绘出从类人猿下颌的轮廓，经由早期人类以及尼安德特人的下颌外形，最终到现代人突出的下颌这样的进化进程，是不足以证明人的特殊性的。

确切地讲，重要的是应当从总体上来看人的生存方式。"我们在人身上发现了一种非常特别的生命形式。尽管其中很多是与动物的身体构造以及行为举止相符合的，但整个人在细节构造方面与动物还是完全不同的。我们身体的每一个部分，我们的每一个行动，都是这些特殊性的表现。我们虽然没有给它起名，但我们会尝试在人生命的所有现象中细致地描绘出这种独特的存在方式。"

如果我们想要理解人的生物性，那么这种理解不能停留在单纯的生物学意义上。可以肯定的是，用生物学的手段是不可能从整体上去认识人的，不过，人所有的真实性，同时也是生物学上的真实性，"生物学上的"意思是：我们可以通过分类的方法，对所有动植物的生命进行研究。但对人而言，"生物学上的"的意义更广，亦即它包括了把人同其他所有生物区别开来的东西，以及在人身上的无数相同和类似的生物学特征形成对比的东西。

既然人的生物学现实和精神现实不可能相分离，那么，我们就不能把人首先理解成一个能够进化的动物种类，而精神是后来的某一天添加给他们的新东西。在生物学的范围内，人必然在起源时，在生物学意义上就已经和其他所有的生命有所不同了。

人们试图把人的生物特性解释为驯化的结果，因为动物的情况与此相类似，由于人的驯化，它们改变了自己的本性。不是人创造了文化，而是文化造就了人。撇开文化从何而来的问题不论，仅仅从生物学的观点来看，驯化产生效果的事实在总体上来讲并不存在。波特曼强调了几个关键点：

（1）人的脑重量在增加，这与已经确定的驯化规律相反，动物在驯化时其脑重量是不断减少的。

（2）人走向性成熟的过程被大大地延迟了——而被驯化的动物，其性早熟却是规律。

（3）人结束了动物每年都有的正常的发情期，这被看作是人被驯化的标志。但这一现象同样出现在野生的灵长目动物那里。“在这里，我们看到的很可能是灵长目动物的特征，这一特征更可能是文化生活的前提，而不是结果。”

（4）人的无毛性。这虽然失去了毛发的保护作用，但也增加了皮肤的感官能力。

特别是，尽管在人那里也出现了驯化的结果（例如龋齿及其他），但它们并不能决定人的特性。

追溯到史前时代，根据人的基本构成的不同，可以把人区分为几大人种：白种人、黑种人以及黄种人。作为在历史中相对稳定的要素，他们必定是从相当漫长的史前时代产生出来的。

所有人种本身又都是混血的，是在选择和转变中不断变化的“人之存在”的形式。从一开始，各主要人种之间就有混血。在印度，白种人与黄种人之间的混血，达到了相当高的程度，以至于几乎找不到当时移住到此的白种人的纯种后裔。在古代，白种人和黑种人的混血儿很少见，而近三个世纪以来却变得更常见了。白种人与印第安人的通婚导致了人口的大量繁殖。

纯粹的人种永远只是一种理想的类型。严密隔绝、一成不变、没有混血的人种被证明是在任何时代都不存在的，它只是一个临界表象，创造了孤立、纯粹的人种存在的前提条件。此外，史前时代似乎证明了，有些人种今天已经不再存在。史前时代表明，并不是一个原始人种演变成了所有的人种，也不是几个基本人种的差异构成了人的整体发展的明确起点。我们将视线转到不断变化的各种形态的汪洋大海之中，在那里鲜明的界限只是表面现象而已，它们只是虚假的存在，是瞬间，而不是永远和绝对。没人知道，也许永远也不可能知道，在不可估量的史前时代，人的来源及其变动究竟怎样。

2. 历史的成就

我们对历史创造的瞬间一无所知，不了解人类形成过程中的精神步伐，我们所知道的只是结果。我们只能从这些结果来进行推断。我们探询本质的东西，它们在史前时代使人成为拥有自己所创造的世界的人类。我们探询，在危险和冲突的情况下，人出于恐惧和勇气完成了怎样的发明创造，两性关系如何形成，人对生和死、对父母的态度如何。下列几点也许属于这些本质的东西：

（1）**火和工具的使用**。在我们看来，若没有这两样东西，生物似乎不可能进化成人。

（2）**语言的形成**。动物通过无目的的表达而进行相互间的沟通，人与动物的根本区别在于,只有人在语言中意识到对象物形成和可传达的所指意义,这涉及到所想和所说。

(3) 人创造的自我压抑的方式,例如通过禁忌。人类本性并不只是成为自然,而是要通过技能来进行创造。人类本性是他们的创造性。

(4) 群体和共同体的形成。人的共同体从根本上来讲,不同于受本能支配的昆虫群体。与高等动物的群体构成及其所存在的主从关系不同,人的共同体是建立在自觉的意义基础之上的。

对人而言,直到国家形成之前,他们的社会生活似乎仍然是一种特有的现象:通过男人们的团结来克服性嫉妒。而在动物那里,要么只是暂时性的群体,它们在每个发情季都会分裂,要么是通过大多数成员的无性性,例如蚂蚁,而得以长久存在的群体,只有人才能够在不放弃他的性的前提下,产生由男性伙伴组成的团体,从而使充满紧张和激动的历史生活成为可能。

(5) 打上神话烙印的生活。包含在神话中的诸观念如何给生活打上烙印,这些观念又如何影响生计、家庭、社会、劳作、斗争,其中的来源是无法看清的。这些观念允许有无穷的解释,无穷的可提升性,同时也拥有存在意识和自我意识,提供了安全感和确实感。在历史之初以及之后,人就生活在这样的一个世界中。从历史上来讲,巴霍芬的构想在证据方面也许是成问题的,作为文献传承也是无效的,但不论在基本特点方面,或许还在很多内容方面,它们都触及到了本质的东西。

e. 史前时代的整体观点

在无法确定的时代和时期中,人类遍布了全球,他们分散在各自限定的区域内,无限地分裂,但其中却包含着广泛的统一性:难以察觉的人种繁殖,语言和神话的形成,技术发明和迁徙的悄悄传播。这是一个巨大而缓慢的过程。所有的一切都是无意识的，尽管已经是人为的，但依然是依附于自然的事件。

人不再关注他人的联合，而是自己建立了联合体。他们相互了解、相互关注。他们在斗争中融合了分散的状态，形成了新的更加广泛的统一体。这是向历史的过渡，历史最终的开始始于文字。

史前时代是一个巨大的现实——因为人在其间出现了——但它是一个我们从根本上不了解的现实。但是，如果我们通过认识我们从何而来，来探寻我们人究竟是什么这个问题的答案，我们就不能沉迷于史前时代之谜。这个谜有理由吸引我们，——并且由于我们的无知，它也不断让我们失望。

f. 全人类共同属性的问题

我们作为人是否属于一个整体？关于这个问题，史前时代能够通过断定人是一元还是多元的起源而给我们提供答案吗？

人类存在着多种多样的人种。这些人种是一个种族的分支，还是从以前人类的生命那里独立发展而来，从而导致人的多次出现？所有事实都支持人的一元起源，而反对人的多元起源：

首先，在美洲没有发现古代人的遗骨，这一事实给了我们提示。一定是亚洲人在史前时代的晚期，从北部通过白令海峡到美洲定居的。尽管印第安人种显示出强烈的个性特征，但无论如何，在这块大陆上似乎并没有人种的真正起源。

其次，支持一元起源的是所有人种在生物学上的能力，他们在种族之间繁衍后代，具有繁殖的能力；如果我们把人与最高等的动物相比较，所有人种的生命基本特征在精神上的一致性，也证明了这一点。相比于人和其他最陌生的人种之间的差距，人和动物之间的差距要大得多。鉴于人与动物之间的差距,所有人之间存在着最亲近的亲缘关系。我们之间的巨大分歧,性格差异,因相距遥远以至于无法理解,在致命的敌意中断绝相互间的关系,精神病或者纳粹集中营中那令人恐怖的、无声的崩溃,所有这一切都是我们忘记了原本的亲缘关系而造成的痛苦,或者是我们再也找不到实现它的途径。但是,为了逃脱人成为动物或某一种动物的状态,人实际上逃避到了自我欺骗之中。

关于人的一元还是多元起源,我们要做出经验上的判断是不可能的,因为我们对人的生物学起源一无所知。因此,人的起源的统一是一个理念,并非可经验的现实。

对上述所有论据的答复是:人类之间的相互关系从本质上来讲,并不是由其动物学的形态构成的,而在于他们能够相互理解,他们都拥有意识、思想和精神。人之间有一种最亲近的亲缘关系,而人跟最亲近的动物之间存在着一道深渊。

因此,我们不能从以经验为基础的研究中得出结论认为,人属于一个整体,人存在着一致性。即便这样的研究给我们提示,我们也不能用它来反驳人的整体性和一致性。人的起源究竟是一元还是多元,最终这并不十分重要。我们在此讨论的是对人的整体性的信仰,它成为了"人之存在"的历史性信仰,而将人与动物分离开来的深渊成为了同一性的前提。

从这一对人的同一性的信仰发展出了一种意志。人在某种程度上意识到自己,并且意识到其他的人不再只是自然,不再只是手段。他将体验自身的本质看作一种应然。这种应然渗透到了他的现实中,好像变成了人的第二本性。但它完全不像自然法则那样确实可靠。人类同类相食的现象已经消失,但随时都会再度发生。种族灭绝以前发生过,在人们认为不可能再度发生的时候,它又以空前的规模发生了。"人之存在"的先决条件是人的一致性,它在自然法则和人权的照亮下,总是遭到背叛，又总是反复提出要求。

因此，我们在对最遥远的人的理解中，获得了人类特有的满足，以及将人当作人来看待的要求，就像伦勃朗画一个黑人，或像康德所表述的那样：绝不能把人只看作一种手段，而永远要把他看作自身的目标，并以此来对待他。

第四章　古代历史中的高度文化

a. 概要

在地球表面的三个区域，几乎同时产生了最古老的高度文化：首先是公元前4000年开始的苏美尔-巴比伦世界、埃及世界以及爱琴海世界；其次是诞生于公元前3000年的前雅利安人的印度河文化（它与苏美尔人有关联），这里的首批出土文物将重见天日；第三是公元前2000年（甚至更早）的中国太古世界，我们只能通过回忆以及少量可怜的遗物来捕捉这个古老世界的不确定的微弱光亮。

跟史前时代相比，古代历史时期的氛围一下子变得不同了。那不再是一个沉默的世界，人们用书面文函相互进行对话，只要我们理解他们的文字和语言，他们也对我们说话，他们用建筑物说话，社会组织和国家制度的存在是大兴土木的前提，他们用艺术作品说话，虽然我们对其所蕴藏的含义感到陌生，但我们却对这种形式感兴趣。

但这些高度文化缺乏一种精神革命，这种精神革命奠定了我们新的"人之存在"的基础，我们已把它看作轴心时代，并且进行了具体的描述。我们可以将古代文化与墨西哥和秘鲁的美洲文化相比较——虽然它们要晚数千年才达到其鼎盛时期。尽管轴心时代在其之前，但美洲文化同样缺乏轴心时代所带来的一切。只不过在源于轴心期的西方文化出现前，它们就消失了。

在从大西洋经过非洲，再由阿拉伯延伸到亚洲腹地的荒漠地带，除了许多小绿洲外，还有两大河谷：尼罗河流域和两河流域。在这两个区域内，人类的历史可以依据文献和大型纪念碑的连续记载，追溯到比地球上任何一个地方更早的时候。在这里我们可以看到公元前3000年左右的情况，可以从遗迹中推测出更早的历史。在中国，我们几乎无法回溯公元前2000年的历史，直到公元前1000年，才有了清晰和详尽的遗存。印度的出土文物向我们展示了公元前3000年具有高度文明的城市——但它们仍处于孤立的状态，暂时难以看出它们与后来从公元前2000年开始的印度有什么联系。在美洲，一切都要晚得多，都是发生在公元后。考古发掘证明了欧洲在史前时代的存在，它在公元前3000年开始拥有独立的文化，但这并不包括对我们来讲从根本上在起着作用的独特外貌的重要性。仅仅因为这里是我们自己的史前时代所在地，我们才为之所动，才对此感兴趣。

希腊人和犹太人熟知埃及文化和巴比伦文化的晚期情况，他们生活在这些文化的周围，自此以后，产生了西方对这些文化的记忆，但只是在今天，才通过考古发掘和语言的理解，把它们几千年来的进程直观且真实地反映到这些记忆中。我们对印度河流域文化的了解，完全是通过最近几十年来的考古发掘，这是在印度人记忆中完全消失的文化（其文字符号至今尚未被破解）。中国文化传统将其自身的基础理想化，认为这一基础早在公元前2000年以及更早的时候就奠定了。实际上，通过考古发掘，仅在少量的遗迹中可以看到这一点。

b. 哪些事件开创了历史？

我们询问：哪些明确的事件代表了历史的开端？或许下面的事件是最重要的：

（1）尼罗河、幼发拉底-底格里斯河以及黄河的治水和灌溉组织任务，迫使中央集权化、官僚制度和国家的形成。

（2）文字的发明是那种组织的一个必要条件。（据赫罗兹尼）苏美尔人大约在公元前3300年，埃及约在公元前3000年，中国大约是在公元前2000年（字母文字是在公元前1000年由腓尼基人发明的）创造了文字。问题是，文字的发明是否可以追溯到唯一的源泉（苏美尔人），或者是否是在几个地方独立产生的。文字对于管理而言是必不可少的，它使笔杆子阶层占据了举足轻重的地位，成了知识的贵族阶层。

（3）各民族的形成，他们感觉自己是一个拥有共同语言和共同文化以及共同神话的统一体。

（4）后来产生了从美索不达米亚开始的世界帝国。通过统治所有周围的国家和游牧民族本身来阻止游牧民族对文明国度的不断进攻，这一任务是世界帝国产生的原因。（于是产生了亚述人和埃及人的世界帝国，最后是波斯人建立的崭新形态的帝国，之后也许是以波斯帝国为典范的印度人在那里建立了他们的帝国，再后来是中国人建立的帝国。）

（5）马开始用于牵引战车或是当作坐骑，是这些已经得到发展的高度文化发生转变的一个重要因素。马的登场使人从土地的束缚中解放出来，获得了更广阔的空间和自由，马所提供的新颖优越的作战技术赋予人一种统治的精神，它融合了对马的驯服和驾驭、骑士和征服者的勇气以及对动物之美的感觉。

这些开创了历史的事件引出了更深层次的问题：当人从非历史性进入历史的时候，他遭遇到了什么？人的本质中导向历史的因素究竟是什么？同史前时代相比，历史进程的基本特征是什么？我们希望从人的内在本质中寻求答案。我们想要认识的并不是外部的事件，而是人的内在变化。

在历史之前，进行着一个主要由人和自然事件共同分担的生成和自我变化的过程。从单一的事件到历史的飞跃也许有以下的特点：

(1) 通过意识和回忆，通过精神收获的流传，使人从单纯的当下解放出来。

(2) 通过具有某种意义和规模的合理化及技术，使人摆脱其为了满足和维护自身的生命需要，而对身边环境产生的依附。

(3) 人类的榜样以统治者和圣贤的形象出现了，人们目睹了他们的行为、成就和命运，从而迈出了从自我意识的愚昧状态以及对鬼神的恐惧中解放出来的第一步。

虽然历史的后果是状态、知识、内涵在其表现之中的不断变化，但我们体验到，一切事物间的关系，传承的内在联系，以及普遍的交往是可能的，同时也是需要的。

人实现飞跃的原因是什么？当他这样做时，他既没有想到，也没有意识到，在他身上会发生什么。在他身上发生了一些事情。人并不像其他生物那样，拥有既受到限制，同时又是完善的特殊性，人具有无限的可能性，他没有、也永远不可能获得完美的存在方式。从起源时就赋予人的一切，像历史的种子一样，必定在史前时代就萌动了，当历史开始时，它以强劲的力量破土而出。

我们可以把这次导致历史的“人之存在”飞跃理解为人遭遇的一场灾难；人的堕落、外来力量的入侵，一些不可理解的事情出现了；所有导致历史的一切，最终毁灭了人；当一个也许壮观的烟火出现时，历史就是一个将之毁灭的过程；当初发生的事情，会被推翻重来；人最终会回到史前存在的极度幸福状态。

或者，飞跃是“人之存在”的伟大恩赐，人实现了飞跃，这是他伟大的命运，是他通往前所未有的体验以及推动他走出不完善的状态，获得升华的道路。人通过历史成为超越自己的存在。只有在历史中，人才得以把握其崇高的使命。没有人知道，历史会把人带向何方。甚至灾难和困境都有助于人的飞跃。只有在历史中，人才成为真正的人：

(a) 人从一开始，就流动着赋予他本质的可能性的河流。但只有进入了历史运动之后，这些可能性才变得丰富、完整、公开，它们才能得到阐明、检验和提高，它们被丢失，被想起来，并且重新得以提升。这些可能性需要合理化，而合理化自身根本不是第一性的要素，而是起源和最终目标公开性的媒介。

(b) 随着向历史的飞跃，人意识到了无常。世间的一切都有其特定的时间，并且必然要消亡。只有人知道自己的死亡。在对这一临界状态的反抗中，人感受到了时间的永恒，感受到了作为存在现象的历史性，以及时间的流逝。人的历史意识和他对永恒的意识变得一致起来。

(c) 历史是单个人的不断往前推进。他们呼唤其他人跟随他们。凡是听到并且理解他们的人，都加入到了这一前进的运动之中。但历史同时依然是单纯的事件，在此之中诸如那些呼唤是徒劳的，历史是一个不断下降的过程，并不是跟随他们就行得通的。似乎巨大的重量一再使所有的精神飞跃陷于瘫痪。民众的强大力量以其平庸的特性，窒息了所有一切与他们不符的东西。民众之中的任何东西，如果未能获得实现民众存在的空间和理由，没有唤起民众的信仰，那么它就必定要消亡。历史是一个依然未得到解决的大问题，它只能由现实自身而不是由思想来决定，历史在其飞跃之中是否仅仅是非历史状态下的瞬间，抑或是深度的突破？这一深度同样以无穷灾难的姿态出现，将在危险和不断的失败之中,在整体上导致人的存在的显现,而人在其无法预见的飞跃中把握自己以前所不知道的可能性。

c. 古代高度文化之间的共同点和差异处

共同的特点——大规模的组织、文字及书记阶层的重要性——导致了人的出现。人尽管拥有了精致的文明,但依旧处于蒙昧状态。而技术合理化的特殊形式与这一缺乏真正自我反省的蒙昧状态又是一致的。

在庞大的共同体之中,存在的感性形象束缚了一切,并将之困于绝对的秩序之中。这个人们说出来并且遵循的真实存在是没有问题的。除了少数几个让人感动的萌芽之外(这些觉醒的征兆并没有结出果实),人的根本问题被埋没在具有魔力特征的神圣知识之中,而没有让永不停息的探究将其挖掘出来。在埃及,特别是在巴比伦,有关正义的思想产生了强有力的萌芽,但并没有明确地提出有关其意义的问题。仿佛在问题提出之前,答案就已经存在了。

这种状况和发展的相似性促使我们寻找其共同的原因。在所有的时代,工具和观念慢慢地传遍了地球表面。我们总是在寻找传播新东西的中心。在这个意义上,人们做出了这样的一个假设,亦即幼发拉底河的苏美尔人具有基本的、世界性的意义,从他们那里,具有决定性的影响传播到了埃及和中国。但是,这样的范围尚未得到证实。人们提出了在亚洲存在文化中心发祥地的可疑的假设——大约是在西库尔斯坦和里海周围——地球当时处于一个湿润的时期,那里是一个繁荣的文化区域,而当气候干旱起来后,人们便向四面八方迁徙。因此产生了跨越整个亚欧大陆,从中国到埃及的各种文化。不过,如果我们的眼光仅仅关注史前时代的深渊,那么我们就找不到这一假设的基础,这一基础需要以令人信服的经验来予以证实。

不过或许共同的东西会有共同的基础，因此对我们来说，有关史前时代的亚洲腹地的想象是完全不确定的。这是整个亚洲漫长的、共同的史前时代，从亚洲来看欧洲仅仅是一个半岛而已。

但是，各种古代高度文化之间的差异同样是显著的。我们感受到作为整体文化中的每一种精神都是独特的。在中国只有神话的萌芽，从一开始就有着适中的宇宙秩序观，以及具有自然人性的生动的自然观。在两河流域，有类似戏剧性中的坚强与力量，从早期《吉尔伽美什史诗》(*Gilgamesch-Epos*)中的英雄那里能感触到悲剧的精神。在埃及，通过强制性的平均劳动而对内心深处关于人生乐趣的喜悦进行掩饰，这是一种具有庄严崇高风格的情感。

语言的差异性深入到了精神的根源。汉语跟西方语言在结构上，不仅表现在词根上，有着根本的不同，以至于我们根本无法想象它们是从一个共同的原始语言发展而来的。但如果存在这种原始语言，那么导致这一不同性的过程会相当漫长，以至于史前时代末期的充满活力的中亚文化完全不可能成为语言的共同起源。

这些高度文化与其后继者的关系也是不同的。对希腊人和犹太人来说，这些高度文化是另类的和陌生的，他们知道它们，把它们保存在记忆中，他们用敬畏和赞叹、随后也带着轻蔑的眼光看待它们。后世的印度人根本不知道他们的古代文化，他们将它们彻底遗忘了。轴心时代晚期的中国人，在古代高度文化中看到了他们自己连绵不断、没有断裂的过去，他们没有处在新时代的感受(除非这一时代被看作是衰微的时代)，他们将过去看作是在创造性的幻想中展开的、具有神话性质的、理想化形态的典范。

然而这些古代高度文化缺乏真正的历史运动。在最初非凡的创造之后，随后的数千年是比较而言在精神方面并不活跃的时代，但那是一个不断从中亚向外迁徙的时代，是征服与变革的时代，是各民族灭绝与混合的时代，以及不断重建那些古老的、由于灾难而中断的文化的时代。

因此，对这数千年历史的描述，尽管充满了各种各样的事件，但它们尚不具备对“人之存在”具有历史决定性的特点。

第五章　轴心时代及其结果

我们把轴心时代的特征首先拿出来，并且放在了书的开始部分。因为对于我们来讲，轴心时代的观点对于我们理解普遍史的历史场景具有至关重要的意义。

如果我们从事哲学史的研究，那么轴心时代为我们提供了研究我们自己思想最丰富、最富有成果的领域。

我们可以将这一时代称作两大帝国时代之间的间歇期，这是为自由而间歇的时代，是为了最清醒的意识而做深呼吸的时代。

a. 轴心时代的世界史结构

轴心时代将成为引领人类进入世界历史背景的酵素。对我们来讲，轴心时代是明确衡量各个民族对于人类整体的历史意义的尺度。

各民族面对轴心时代伟大精神突破的态度，使他们之间出现了最显著的区别。我们可以做如下的划分：

(1) 轴心民族。这些民族在延续自己的过去中完成了飞跃，这次飞跃对他们来说，仿佛是第二次重生，通过这次飞跃，奠定了人的精神本质及其真正的人类历史的基础，他们是：中国人、印度人、伊朗人、犹太人、希腊人。

（2）无突破的民族。尽管精神突破对于普遍史来讲具有决定性的意义，但它并非普遍发生的事件。有些古代高度文化的伟大民族，他们早于或者与那些实现突破的民族同时存在，但却没有参与突破，尽管他们在时间上是一致的，但在精神上却没有受到影响。

在轴心时代，埃及文化和巴比伦文化虽然明显属于晚期形态，但依旧繁荣。这两者都缺乏改变人的反思；它们没有在轴心民族的影响下经历质变；它们对其所在区域之外所发生的精神上的突破不再做出反应。最初它们还作为轴心时代的先行者，保持着原先的样子，它们在国家和社会生活的秩序、建筑艺术、雕塑和绘画及其神秘宗教的形成方面，都获得了辉煌的成就。但此时，它们慢慢走到了尽头。它们在外部屈从于新兴的帝国，在内部也丧失了自己古老的文化，这些文化流入了波斯文化，后来又归于萨珊文化和伊斯兰教（在美索不达米亚），或通向罗马世界和基督教（后来从属于埃及的伊斯兰教）。

埃及文化和巴比伦文化具有普遍史的意义，因为犹太人和希腊人在观察它们、学习它们、脱离它们乃至超越它们的过程中成长起来，创立了西方的基础。后来，那些古老的文化几乎被遗忘了，直到我们的时代才被重新发现。

我们虽然为这两种文化的卓越所感动，但由于它们缺乏精神上的突破而造成了深渊，使我们对它们感到很陌生。跟埃及人和巴比伦人相比，我们同中国人和印度人更加接近。埃及和巴比伦的庄严、崇高是无与伦比的。但直到新时代突破以后，我们才开始熟悉它们。我们在极小的萌芽中看到了令我们惊叹不已的预见，特别是在埃及，仿佛突破马上就要开始了，但之后并没有发生什么。

这是对我们关于人类史的观点具有关键意义的根本问题：将中国和印度与埃及和巴比伦相提并论，它们的根本区别仅在于中国和印度延续至今，抑或是中国和印度通过参与了轴心时代的创造，自己迈出了从根本上超越那些古代高度文化的伟大步伐？我重复一下已经说过的话：埃及和巴比伦可能与早期的中国以及公元前3000年的印度河流域文化是并列的，但它们在整体上是无法同中国和印度相提并论的。中国和印度与西方具有同等地位的原因，并不在于它们延续到了今天，而在于它们实现了突破。我们简单地来看一下对这一问题的批判性讨论：

这是一个陈旧的论点，即与西方相比较，中国和印度没有真正的历史。因为历史意味着运动、本质的变化以及新的开端。在西方存在着完全不同的文化延续，起初是古代近东文化和埃及文化，之后是希腊-罗马文化，接下来是日耳曼-罗曼文化。在那里，地理中心、活动区域以及各民族进行着不断的改变。相反，亚洲的情况持续不变，它改变着自己的形象，在灾难中沉没，又在永远不变的相同基础上重建。这种观点导致了这样的概念，即在印度河与兴都库什山脉以东具有非历史的稳定性，而以西却被看作是历史的运动。两大文化区域之间最深的分界线处于波斯和印度之间。埃尔芬斯通勋爵（黑格尔曾引用他的话[8]）说，欧洲人可能在到达印度河之前还相信，他们还在欧洲。[9]

我认为，这一观点的起因是18世纪时中国和印度的历史状况。勋爵看到的是他那个时代的状况，而绝非中国和印度的全部内涵。那时两个国家已经走在了下坡路上，并且到达了一个低谷。

印度和中国自17世纪以来发生的衰退，对全人类来讲不也具有巨大的象征意义吗？避免重新陷入亚洲的根基，这难道不是决定我们命运的问题吗？中国和印度已经脱离了这个根基。

（3）随后的诸民族。所有的民族都可以划分为：建立在突破世界基础上的民族,以及与突破没有关联的民族。前者是历史民族,后者是自然民族。

在获得突破的世界中进入新兴大帝国政治组织者是马其顿人和罗马人。他们精神上贫乏的原因在于,突破的经验没有触及到他们灵魂的实质。因此,他们虽然能够处在历史的世界中,在政治上征服、掌管、组织、传承和保存文化,拯救文化遗产的延续性,但并不能促进或加深对突破的体验。

而北欧诸民族的情形却不同。和巴比伦与埃及一样,北方同样很少发生伟大的精神革命。北欧诸民族在原始的状态下沉睡,然而,当他们遭遇轴心时代的精神世界时,他们用北欧人特有的精神行为和我们难以客观把握的本质(黑格尔将此称之为北方的气质)获得了独立的实体。

b. 突破之后的世界史

自轴心时代以来,两千年的时间过去了。帝国统治世界并不是最终的结果。帝国崩溃了。在所有的三个地区,先后出现了诸国纷争的时代,破坏、民族迁徙和短暂征服的时代,那是创造随即就消失的、最高度文化的新时刻。新的民族在这三大文化圈纷纷登场,在西方有日耳曼人和斯拉夫人,在东亚有日本人、马来人、暹罗人,他们各自创造出了新的文化形态。但他们是在与传承下来的高度文化的对抗中,通过对它们的继承和改造而得以实现的。

日耳曼人共同参与了一千年以前开始的"人之存在"的革命,此时他们才开始其精神上的世界使命。从他们与这一世界发生关系的瞬间起,他们就在今天仍身处其中的欧洲的日耳曼-罗曼世界中开始了一场新的运动。历史上又开始了一次独特的现象。在古代没有能力做到的,现在得以实现了。“人之存在”的紧张关系的极端状况，临界状态的光亮，在突破时代开始的一切，在古代晚期几乎沉寂了下去，现在又以同样的深度，也许是在更广阔的范围内得以实现。尽管突破不是首次，也不是由源自自身的经验实现的，而是他们原本与轴心时代文化相遇的结果，现在他们感到这些就是他们自身的传统。人究竟能成就什么？于是开始了一次新的尝试。

与中国和印度相比，西方的新开端似乎更加扣人心弦。在精神世界的延续之中，这一延续对某些时代来讲是微弱的，一系列完全不同的精神世界出现了。金字塔、巴台农神庙、哥特式教堂，这些作为历史的延续性而出现的不同现象并没有在中国和印度出现。

不过亚洲是谈不上什么稳定的。和我们的民族大迁徙时代一样，中国和印度沉寂了几个世纪之久，在此期间，似乎一切都在混乱中消失了，为的是之后产生一种新的文化。同样在亚洲——在印度和中国——也有文化顶峰与政治中心的地理变迁，以及承载历史运动的各民族的交替。与欧洲的区别绝非根本性的。它们之间存在着巨大的相似性：轴心时代的创造性阶段，其后的变革和复兴，直到1500年，欧洲迈出了前所未有的步伐，而中国和印度当时正处于文化的衰颓期。

轴心时代的突破发生之后，在突破中形成的精神，通过思想、著作、形象传达给每一个能够倾听和理解的人，所有轴心时代以后的民族，在感觉到突破的无限可能性后，通过他们对突破把握的强度，以及突破使他们满足的深度，成为了**历史的**民族。

伟大的突破就像是“人之存在”的开始。后来同它的每一次接触都像是一次新的开始。自此之后，只有展现“人之存在”的人和民族才进入了真正的历史进程之中。不过，这种“人之存在”的开始并非隐匿的、谨慎保守的秘密，而是踏入了光天化日之下。它满怀着无限的与人沟通的愿望，把自己置于每一次的检验与考验之中，将自己展示给每一个人。但它不过是“公开的秘密”，就这点而言，只有为它做好准备的人，亦即通过它而转换成其自身的人，才能发现它。

在解释和吸收过程中，新的开端产生了。自觉的传承、具有权威性的著作以及研究成了必不可少的生命要素。

c. 印度-日耳曼民族的意义

自远古以来，各民族从亚洲向南方涌去。苏美尔人就来自北方。自公元前2000年以来，印度-日耳曼语系的诸民族迁徙到了印度和伊朗，之后到了希腊和意大利，当凯尔特人和日耳曼人在公元前1000年中期以后，再次扰乱南方的文化世界的时候，他们一度遭到了罗马帝国的抵抗，就像游牧的蒙古人遭到了中国的抵抗一样。此后是民族大迁徙时代的日耳曼民族和斯拉夫民族，接着是突厥民族，然后是蒙古人。这种各游牧民族向文化区域持续不断的迁徙运动，直到几百年前才停止。最终的结果是游牧生活方式的结束。从18世纪一直到今天，从南方来的中国农民以和平的方式迁徙到蒙古。来自北方的最后游牧民被苏联强迫定居在这里。

在这些左右了所有数千年事件的迁徙民族中，我们通常会把历史的优先地位给予印度-日耳曼语系的拥有者，这是有其理由的，但理由有限。

没有一种古代高度文化是印度-日耳曼语系的。赫梯人的语言类型受到了印度-日耳曼语系的影响，但并未随之出现可理解的精神特性。

印欧人过去和古代高度文化处于同一时代，尽管他们没有以文字、国家政权和文化遗存的方式展示出与这些文化相当的有组织的世界，但其中必然存在着一种不单单是语言共同体的世界。从中可以推测到深刻的精神内涵，例如：圣父思想、对自然的独特亲近感。

不同时代的周期性贯穿着历史，在一些时代中，往事被忽略、忘却和陷于沉没，而在另外的一些时代，这些又被重新认识、记起、重建和重复。自此以后，复兴就在各个领域贯穿着历史（奥古斯都统治下的拉丁文全盛时代、加洛林王朝时代的复兴、奥托大帝时代的艺术复兴、狭义上所谓的文艺复兴、1770至1830年间德意志人文主义运动、12世纪的梵文文学复兴——汉代的儒教、宋代的新儒教）。

不过，印度-日耳曼民族所创造的文化对轴心时代以及西方此后的几千年具有特别突出的意义。这些民族——印度人、希腊人、日耳曼人，以及凯尔特人、斯拉夫人以及后来的波斯人——具有共同之处：他们创作了英雄传说和史诗，发现、形成并思考了悲剧精神。其他民族可与之相比较的创作——巴比伦人的《吉尔伽美什史诗》、埃及人对卡叠什战役的记录、中国人的《三国志》——完全是另一种氛围。印度-日耳曼民族参与决定了轴心时代在印度、波斯和希腊的方式。但对于轴心时代有着本质意义的民族，如犹太人和中国人，则完全不属于印度-日耳曼民族。但印度-日耳曼民族所建立的一切都是以先前更高级的高度文化为基础，通过与先前民众的混合以及对外来传统的吸收而得到发展的。

在欧洲，北方诸民族自公元1000年与轴心时代开始接触并觉醒。在此之前，他们始终是不曾反省过的实体，因此他们的很多观点也是不确定的。这一实体与部分在轴心时代所表现出来的力量是相近的。通过这一相当晚的接触，北方诸民族才得以升华，这是或许早已存在于自身，但并不为他们所理解的原动力。在新的精神创造中，难以遏制的执拗成长为精神的反抗运动，之后成为追问和探寻的运动，或者是由坚定的自我发展成为以自我的生存为基础的自由人格。每一种紧张关系都被坚决地推向了极致，正是在这一紧张关系之中，北方诸民族才真正体验到人的意义、在世界上生存的意义和存在本身的意义，确定了超验的存在。

d. 西方的历史

1. 概况。中国和印度的历史不像西方那样具有明显的分界线，它们之中没有矛盾的清楚界限，也不是立场鲜明的精神斗争，在这种精神斗争中，各种内部力量和宗教信仰相互取代。西方所具有的东方(Orient)和西方(Okzident)的对立性，不仅仅表现在其自身与外部世界的差别，也表现在其自身所具有的对立性。

西方的历史可以划分为以下几个时代：

直到大约公元前最后一个千年的中叶，巴比伦和埃及的三千年的发展进程。

从公元前最后一个千年的中叶到公元后第一个千年的中叶。在这一千年的历史中，西方以轴心时代的精神突破，以及犹太人、波斯人、希腊人、罗马人的历史为基础，有意识地建立起来了。

大约在公元1000年的中期，罗马帝国在东西两部出现了分裂，随后，在经历了大约五百年的空白期后，罗曼-日耳曼民族的新的西方的历史产生了，它开始于公元10世纪左右，至今延续了大约一千年。在东方的君士坦丁堡，其帝国和文化一直延续到了15世纪。它通过与欧洲和印度的不断接触，形成了今天地处西亚的东方。

在这数千年的发展进程中，西方并不惧怕断裂和突变，果断地迈出了自己的步伐。它将极端性引入了世界，这样的规模不论在中国还是在印度都未曾发生过。尽管在印度和中国，导致多种语言和民族的分化也许并不少，但在那里，这种分化并没有在斗争中成为彼此生动展现的基础，没有成为一个世界的历史结构，在这个世界中，特殊的形态产生了一种能量和结果，恐怕要摧毁一切。

2. 基督教轴心的意义。对西方的意识来讲，基督是历史的轴心。

以基督教教会形式存在的基督教也许是迄今为止最大和最高的人类精神的组织形式。其宗教动力和前提来自于犹太教(从历史的眼光来看，耶稣是一系列犹太先知的最后一位，并且意识到是这些人的延续)，其哲学的广度以及思想的启发力来源于希腊精神，其组织的活力和支配现实的智慧则来自罗马精神。以上的因素形成了一个无人规划的整体，一方面它是罗马帝国不同信仰调和世界中令人惊叹不已的复杂的最终结果，另一方面它是由新的宗教和哲学观念所引发的运动(其最重要的代表是奥古斯丁)。这个教会证明自己有能力把有矛盾的要素合在一起，吸收至那时为止最高的理想，并以可靠的传统来保护它所获得的东西。

但从历史上来看，依据基督教的内涵和现实性，它是晚期的产物。人们把基督教看作是未来的基础和起源，这就导致了在西方的历史观中产生了有利于古代晚期现象的观点——在印度和中国也发生过类似的观点变化。在整个中世纪，凯撒和奥古斯都比梭伦和伯里克利，维吉尔比荷马，亚略巴谷的丢尼修和奥古斯丁比赫拉克利特和柏拉图更受到尊重。后世向真正的、起源性轴心的回归从来都没有在整体上进行，而只是部分的重新发现，例如在中世纪有了对亚里士多德和柏拉图的接受，新教运动使先知宗教获得了更新，通过18世纪末的德意志人文主义获得了对希腊精神的重新体验。

西方基督教的方式不仅在精神上，而且在政治上对欧洲产生了决定性的影响。我们用比较的方法来揭示这一点。自公元3世纪以来，大的教义宗教成为了形成统一的政治性因素。从224年起，伊朗宗教就成了萨珊帝国的支柱，从君士坦丁大帝起，基督教就成为了罗马帝国的支柱，自7世纪起伊斯兰教成了阿拉伯帝国的支柱。与文化交流相对自由的古代世界(即人文主义的世界)相比,此时的中世纪的文化交流跌入了深渊。同时,这一时期的战争也成了宗教战争,如拜占庭帝国与萨珊帝国之间,拜占庭帝国与阿拉伯人之间,其后西方国家与阿拉伯人之间,以及后来的十字军战争。在这个已经改变了的世界中,拜占庭帝国的基督教与其他教义的宗教并没有多大差别。它或多或少是一个神权政治的国家。西方的情况却不相同。在这里,教会具有相同的要求,但由于得不到满足,因此教会进行战斗,这不仅是为了展开精神上的生活,更是为了对抗世俗权力而获得自由的一个因素。基督教在这里促进的正是教会敌人的自由。伟大的政治家们都是虔诚的。他们不仅要实现一时的权力政治,而且要以伦理和宗教来实现生活秩序和国家形式,这种意志的力量是中世纪以来西方自由的主要源泉。

3. **西方教育的连续性**。尽管有特殊的断裂、破坏和表面上的衰落,但西方教育从来就没有丧失其连续性。至少数千年来一直存在着理解形式和思维模式、词汇和惯用语。凡是在与过去有意识的联系中断之处,总会有某一个事实的连续性得以残存,并在后来有意识地重新接续到以往的传统上。

中国和印度始终在延续着它们自己的过去,而希腊却超越了自己的过去,在延续着陌生的、东方的过去,北方诸民族则生活在地中海世界的文化连续性之中,这些文化最初对他们而言是陌生的。西方用同化、加工和改变的方法,在继承先前的异域文化的连续性中,通过各自的起源性,形成了自身的特点。

西方是在基督教和古代的基础之上建立起来的,这两者首先是以某种形态在古代晚期传递给了日耳曼诸民族,然后再反过来一步步地回溯到圣经宗教以及希腊精神的本源之中。

自西庇阿时代以来,人文主义成了教育意识的一种形式,它经过变换贯穿了直到今天的西方的历史。

西方为自己创造了两种普遍的结晶：罗马帝国和天主教会，教育由此获得了生命的延续性。这两者构成了欧洲意识的基础。尽管这一意识不断受到分崩离析的威胁，但每次在抵抗外来威胁的重大行动中又重新形成，尽管这种形式并不可靠（例如在十字军时代，在受到蒙古人和突厥人威胁的时代）。

但是，教育和传统形式的大一统的倾向，并没有像中国的儒教在很大程度上所发生的那样，使精神生活趋于静止的枯死。在西方仍有不断的突破，在突破中，欧洲的各民族交替地拥有其创造性的时代，正是从突破中，整个欧洲获得了生命力。

人们将意大利文艺复兴以后的时代，理解成是对古代的革新，将德国宗教改革后的时代，理解成是对基督教的重建。事实上，这两者的确成为了对世界历史轴心最透彻的重新认识。但是，二者都是并且首先是新西方世界的原始创造，在获得这种重新认识之前，它们已经投入了不断增强的力量。1500至1830年间的世界史时期，西方以大量非凡的杰出人物、文学和艺术的不朽作品、最深层的宗教原动力，以及在科学和技术领域的发明创造而闻名。这一历史时期是我们自己精神生活的直接前提。

第六章　西方的特异性

在过去的数个世纪中，欧洲的历史意识将所有前希腊和前犹太的文化都看作是与自我相异的，并把它们贬低为单纯的历史前奏。它把地球上存在于他们自己精神世界之外的一切，都归于民族学的广泛领域，并将他们的创造收藏于民族学的博物馆里。但这种很久以前就被纠正了的盲目性，却包含着一种真理。

早在轴心时代——从中国到西方存在着最大的相似性，之后才发生了大文化圈之间的分离——区别已经存在了。尽管如此，和我们现代的世界相比，我们可以发现，直到公元1500年左右，大文化圈之间依然存在着一种相似性。

但在过去的几个世纪中，一种在本质上全新的独特事物出现了：科学及其在技术上的后果。自有记录的历史以来，没有一个事件像科学一样从里到外彻底改变了世界。科学带来了前所未有的机遇和危险。我们生活了不到一个半世纪的技术时代，也只是在过去的几十年中才获得了完全的支配地位，这一支配地位现在已经增强到了我们无法预料的程度。我们只能部分地意识到这些非凡的后果。从现在起，整体生存的新基础不可避免地奠定了。

科学和技术的起源存在于日耳曼-罗曼诸民族。这些民族借助于科学和技术实现了历史的突变。他们开始了真正普遍意义上的全球规模的人类史。只有那些民族——他们掌握了西方的科学和技术,并承担了这些西方的知识和能力可能对人性造成的危险——才可能在决定人类命运方面发挥积极的作用。

如果说西方创造了科学和技术,那么人们便会问:为什么这仅仅在西方而没有在其他两大世界发生呢?西方在轴心时代是否可能已经存在某种独特性,而这种独特性只是在最近几个世纪中才产生了这些影响呢?那些最终在科学中得到展示的东西,是否在轴心时代就已经出现了萌芽?西方有某种特殊性吗?只在西方出现的崭新的、从根本上发生改变的发展,可能建立在一种更全面的原则之上。这一原则是不可能被理解的。但也许存在一些提示,能使我们意识到这种西方的特性。

(1) 仅仅从地理上而言,就存在着巨大的差异。与中国和印度封闭的大陆地域相比较,西方的地理环境极具多样性。丰富的地理分布情况:半岛、岛屿,沙漠和绿洲地区,地中海气候带以及北部阿尔卑斯山世界,相比较而言更长的海岸线,与此相对应的是民族和语言的多样性。这些民族和语言在重要的历史事件和文化创造中交替发挥着作用,并以此创造了历史。西方的国家和民族展现了自己独特的形象。

我们接着可以用一系列的特征来概括西方的精神特性。

(2) 西方认识到了政治自由的理念。在希腊产生了一种自由,尽管只是短暂的,它却未在世界上其他任何地方出现过。自由的人们结成了兄弟联盟,来反抗宣称能使各民族幸福的极权组织的普遍专制。希腊城邦国家因此奠定了西方所有自由的意识,不仅是自由现实的意识，同时也是自由思想的意识的基础。在这一政治意义上，中国和印度并不了解自由。

从那时起，我们西方历史闪出了一道光芒，并贯穿了一种要求。6世纪以后是一个伟大的转折点，希腊思想的自由、希腊人的自由、希腊城邦的自由出现了，随后在希波战争中，自由经受了考验，达到了虽然短暂，但最鼎盛的时期。它不是普遍的教士文化，也不是俄耳甫斯的神秘教理和毕达哥拉斯派的理论，而是自由国家的形成所造就的希腊精神以及给人类带来的巨大机遇和危险。自此以后，世界上便存在了自由的可能性。

(3) 从未停息的理性精神为自身保留了一贯的逻辑思维以及经验事实的说服力，这必定使得任何个人无论何时都可以信服。跟东方相比，希腊的理性精神已经包含着一种奠定了数学并完成了形式逻辑的一贯性的特征。随着中世纪的终结，现代的理性精神变得和东方所创造的东西完全不同。在这里，科学研究迈上了一条永无止境的道路，它在整体的永不完善中，以批判的方式寻求着事物的最终结果。人们期待通过法治国家的法律决策，在社会的交往中追求对生命的总体预测的极限。在经济活动中，精准的计算对每一步都有着决定性的影响。

不过，西方也因此清楚而沉重地感受到了理性的界限，它并没有在世界的其他任何地方出现。

(4) **人格自我存在的有意识的内在性**在犹太先知、希腊哲学家以及罗马政治家那里获得了永远的、权威性的绝对性。

不过，这也有可能使西方脱离自然和人类共同体的基础——自诡辩家以来——进入虚无之中。西方人在最高的自由之中，感受到了自由在虚无中的界限。正是在最明确的自我存在之中，西方人体验到了自我被赠与(Sichgeschenktwerden)，正是他们在作为单纯自我的错误认定中，认为能够归于其自身的东西，就好像人是发端和造物主一般。

（5）西方人反复面临这一不可回避的现实世界。

西方和其他伟大的文化一样，认识到了“人之存在”的分裂：一方面是野性的生命，另一方面是非尘世的神秘主义；一方面是非人之人，另一方面是圣者。不过，西方并不接受这样的分裂，它努力寻找通往塑造世界本身的道路。它并不只是凝视着理想王国中的真理，而是要去实现它，通过理想使现实本身得到提高。

西方以其独特的紧迫性认识到了塑造世界的需要。它感受到了这个世界的现实意义，也就是说，从世界的内部和外部来完成认识、感知、实现的无限的使命。这个世界是不可以忽略的。西方人是在这个世界之内而不是这个世界之外证实了自己。

因此，西方人就可能用这样的方式来体验世界的现实性，即以无法解释的深刻意义来认识毁灭。悲剧的东西同时成为了现实和意识。只有西方懂得了悲剧。

（6）像所有文化一样，西方实现了一种普遍者的形态。不过对西方来讲，这一普遍者既没有使确定的制度和观念凝结成僵化的教条，也没有形成种姓制度和宇宙秩序下的生活。西方不论从何种意义上来讲都是不稳定的。

在西方，突破普遍者的是“例外者”，而这正是产生西方无限活力的动力。西方给例外者留出了空间。它容忍每一种完全新颖的生活和创造，但之后又能从根本上摧毁它们。“人之存在”达到了绝非所有人都能达到的高度，也许谁都达不到这样的高度。不过这些高度像发光的路标一样，给西方提供了多重维度的方向。西方之所以永远的不安宁、永远的不满足和追求尽善尽美，其根源就在于这种多维的方向性。

因此，在表面上看似偶然的情况下，产生了看似不可能的可能性，例如：当犹太人无能为力地处于交战的帝国之间，被强大的、无力反抗的帝国所俘虏，在政治上走向灭亡时，犹太人的预言宗教产生了。同样，处在世界政治权力的边缘的北方文化和冰岛人的思想观念在反抗国家的管制中蓬勃发展起来。

（7）现在，西方通过包括伊斯兰教在内的圣经宗教，以对信仰真理的独占要求，重新发展出了一种极端的精神，这是与西方的自由和无限的流动性相反的。这一独占真理的要求，只有在西方才作为一种贯穿历史的要求而出现。

但其后重要的是，尽管这一要求独占真理的能量使人得到了提升，但这一要求同时被数量众多的圣经宗教和派别，以及国家和教会之间的分裂所束缚。对这唯一统治权的要求，与以其他形态出现的相同要求发生了冲突，这不仅导致了宗教狂热，同时也引发了持续不断的对世界的探寻运动。

正是由于并不存在一个唯一的政权，而国家和教会之间却相互竞争，要求拥有全部的统治权，双方只有在有妥协必要的时候才放弃这种要求，恰恰由于它所造成的持续的精神和政治上的紧张关系，才给西方带来了高度的精神能量、自由、不懈的探索、发现、经验的广度。这与所有的东方帝国——从拜占庭到中国——的一致性和相对缓和的紧张关系，是有差别的。

（8）西方处在一个始终按照普遍者行事，却不被任何普遍者所包围的世界中。在这里，例外得以突破，并作为真理而产生作用，而历史信仰中对信仰真理的独占要求，将普遍者和例外者双方都占为了已有，在这种情况下，这种紧张关系必然会把人带到极端的界限。

因此，西方具有坚定性的特点：即追求事物的终极性和最充分的清晰度，将它们放入非此即彼的选择之中，从而使人们对基本原理有了意识，并且在内心最深处设立了阵线。

这种坚定性在具体的历史紧张关系中得以显现，在西方，几乎所有一切起作用的东西都被卷入到各类的紧张关系之中，例如基督教与文化之间,国家和教会之间,帝国与各国之间,罗曼语系的国家与日耳曼语系的国家之间,天主教与新教之间,神学与哲学之间,都存在着紧张关系。绝对的、永久不变的场所是不存在的,任何要求西方人这样做的可能立即就会遭到质疑。

(9) 这一充满着各种紧张关系的世界也许同样是这一事实的前提和结果,即只有在西方才存在具有如此丰富个性的独立人格,它从犹太先知和希腊哲学家,经由伟大的基督教徒,一直延续到 16 至 18 世纪的人物。

西方历史中最后也是最重要的一个因素,是在永远无法完成的运动中,人格的爱以及无限的自我审视。在这里,开放、无限的反省以及精神内在性的标准产生了,它们首先使人与人之间交往的完整意义以及真正的理性的地平线放射出光芒。

西方认识到了其自身的现实。它并没有造就一种占支配地位的人的类型,而是产生了很多种以及相互对立的类型。没有一个人会是一切,每个人都在世界中,他不仅需要与他人相互联系,也需要同他人相互分离。因此没有人可以要求整体。

第七章　东方与西方(清晨之地与傍晚之地)

如果我们把发生在中国、印度和西方的三种历史运动并列的话，那我们便忽视了欧洲人习惯给予自己的优先地位。在前面一个章节，我们对欧洲的自我意识，通过其特征进行了诠释，没有一个欧洲人能够摆脱这种意识。

只有欧洲的发展通向了技术时代，这让今天全世界都具有了欧洲的面貌。此外，理性的思维方式也变得无所不在，这似乎证明了欧洲的优先地位。虽然跟欧洲人一样，中国人和印度人也认为自己是真正的人，并且理所当然地坚持他们的优先地位。但即使所有的文化都将自身看作是世界的中心，它们的情况似乎也并不相同。因为似乎只有欧洲用它的成就证明了自己的卓越。

西方从一开始——自从希腊人以来——就是在西方和东方的内在对立性之中构建起来的。自希罗多德以来，人们就意识到了西方和东方的对立，这是永远以崭新的形态出现的永恒的对立。正是由于这一意识，对立才变成了真正现实的东西，因为只有人认识到了一件事物时，它才会在精神意义上成为现实。希腊人建立了西方，不过是以这样的方式,亦即只有当西方不断地将眼光投向东方,在与东方的争辩中,理解并且脱离东方,从东方接受各种元素并改造成自己的文化,与东方进行斗争,双方交替获胜,只有在这种情况下,西方才得以存在。

这并不是简单的希腊人和野蛮人之间的对立。从本质上来讲,这有点像是中国人、埃及人和印度人在面对其他民族时的想法。当西方从东方分离出来后,东方在政治和精神权力中依然具有同等重要、令人惊叹的力量,是西方学习和对它具有诱惑力的地方。

我们可以将这种对立理解为所有精神自我分裂的一种形态。精神唯有在对立中意识到自我,在斗争中发现自我,它才能存活,开始运动,结出硕果,并获得飞跃。然而,我们面前的对立是历史性的,我们无法根据其内涵,用一种普遍的形式来表达它,也不能用有限的规定来详尽阐述其内容。它就像一个贯穿了诸多时代的深邃的历史之谜,在形形色色的更改中,最初的对立性,历经几个世纪,依旧保持着活力。

希腊人和波斯人,罗马帝国分裂为西罗马帝国和东罗马帝国,西方和东方的基督教,西方与伊斯兰,欧洲与依次划分为近东、中东和远东的亚洲,都是对立所具有的连续的多种形态。在对立中,各种文化和各民族之间既相互吸引,又相互排斥。这种对立始终是欧洲构成的要素,而东方只是接受了欧洲的对立面,并且从自己的角度理解欧洲。

*

现在,客观的历史分析尽管揭示了西方在世界形成过程中所起的主导作用,但同时也发现了它的不完善和欠缺之处,因此,西方对东方的提问仍然是新的和富有成效的:我们在那里能找到哪些弥补我们不足的东西?我们错过了哪些在那里可以成为事实和真理的东西?我们为自己的优先地位付出了哪些代价?

尽管追溯到最遥远的过去,西方拥有最悠久的、可靠的历史记载。

但地球上没有哪个地方比两河流域和埃及的历史更为悠久。在过去的几个世纪中,西方将其特征赋予了整个世界。在西方的历史及其创造中,有最丰富和最清晰的轮廓,有崇高的精神斗争,有大量活生生的、看得见的伟大人物。

从这里出发,我们可以提出这样一个普遍存在的问题:西方在科学、理性的方法论、人格的自我存在、国家政权以及具有资本主义特征的经济秩序等方面所取得的成就,在东方有它们的萌芽吗?我们接着寻找与西方具有同一性的东西,并且想知道,它为什么没有在东方展开过?

我们受到这种观点的影响,即我们在亚洲根本认识不到什么新的东西。我们已经了解了那里的一切,它们只不过是用另外的方式强调了一下而已。欧洲人的自我满足感可能导致了他们把这一异域的世界仅仅当作怪物来看待——也就是说,在那里所思考的问题,我们考虑得更清楚,抑或无可奈何地认为,我们只能理解我们固有的东西,而不是起源于东方的东西。

在欧洲一切领先的情况下,西方失去了什么?只有当我们提出这个问题的时候,亚洲才对我们变得至关重要。在亚洲存在着我们所缺乏、但又与我们密切相关的东西!我们从那里获得的问题,停留在了我们自己的心灵深处。我们为我们自己所创造的、有能力做到的,以及已经实现的一切付出了代价。我们还没有走上"人之存在"的自我完善之路。亚洲是我们必不可少的补充。有些东西在我们身上隐藏和掩埋得如此之深,如果我们没有看到这个最初对于我们而言是异域文化的折射,我们永远不会意识到这些东西,即便我们只能靠重新认识自己来理解它,但我们也许还有能力来重新认识它。由于蛰伏在我们身上的东西萌动了,我们可以通过在其中扩展我们自身来理解它。于是,中国和印度的哲学史就不是我们业已存在的哲学史的一次多余的重复,也不仅仅是一个我们可以从中研究有趣的社会学影响的现实,而是直接关系到我们自身的东西,因为它告诉我们人的潜力,并将我们带入了与另一种"人之存在"的真实起源的关联之中,这一"人之存在"不是我们的,但也有可能是我们的,它是在历史存在中独特的不可替代的东西。

*

作为世界史的欧洲文化圈是呈封闭状态的,这种理所当然的观念被打破了。我们再也不能忽视伟大的诸亚洲世界,把它们看作是永远静止的非历史民族。世界史的范围是全球的。如果缩小这一范围,那么人类的画面就会变得不完整和不确切。但如果我们关注亚洲的大小及其影响力,我们就会轻而易举地为其不确定的观念所欺骗:

与极小的欧洲相比,亚洲拥有巨大的空间。从时间上来看,亚洲似乎是所有人类产生的根基。亚洲是不可估量的,它因其辽阔的幅员和众多的人口而强大,它持久而缓慢地发展着。

希腊文化似乎是亚洲的一种边缘现象,欧洲因为早期的决裂而脱离了亚洲母亲。这就产生了这样的问题:这一决裂是何时何地、以何种方式进行的?存在欧洲重新沉迷于亚洲的可能性吗?沉迷于它的深度以及无意识的低水准?

如果西方产生于亚洲的根基,那么它就是一次释放人性潜力的巨大的冒险行动,它首先隐藏着这样的危险,即西方在精神上丧失其基础。其次,如果西方获得意识,它就不断存在着重新陷入亚洲的危险。

但是,这一重新陷入亚洲的危险,今天会在改变和毁灭亚洲的新的技术条件下得以实现,届时西方的自由、人格的理念、西方范畴的宽阔、清醒的意识都将被抛弃。取而代之的是永恒的亚洲特色的残留:专制形式的生存状态、非历史性与非抉择性、宿命论精神的安定化。亚洲的影响将是具有普遍意义的、经受得住考验的和持久的存在,它也包括了欧洲。凡是从亚洲产生又必定重回亚洲的样式都是短暂的。

但是,这些与西方的没落景象形成对比的画面,或许在瞬间是显而易见的。但事实上,它们是不真实和不公平的。

中国和印度三千年来的现实,恰恰如同西方一样,想从那个不确定的亚洲地基中显现出来。这种显现是一个普遍的历史进程,而不是欧洲对亚洲的独特姿态。它发生在亚洲本身。这是人类及其真实历史的道路。

我们从亚洲得到了一个神话般的原则。当我们把这一原则看作历史现实,而进行现实分析时,它却土崩瓦解了。我们不能把欧洲-亚洲的对立在形而上学上予以实体化。否则,这一对立便面临着恐怖的前景。作为一种神秘的语言,这种原则只有在做出决定的瞬间,才能起到密码的作用,而只有当这一密码作为一种缩略的符号,服务于具体的历史和精神上某些清醒的东西时,它才获得了真理。不过,亚洲-欧洲是伴随整个西方历史的一个密码。

第八章　再论：世界史概览

在我们转向当代之前，我们再来看一下历史向我们展示的它的整体构成。整个历史分为三个连续的阶段：史前时代、历史、世界史。

（1）漫长的史前时代包括人的形成过程、语言和人种的形成以及历史文化的开始。它将我们引入“人之存在”之谜，引向地球上人类的独特意识。它向我们提出了我们的自由问题，这个问题必然与一切事物的根源相关，并且是我们在这个世界的任何地方都是无法遇到的。

（2）历史包括了中国、印度以及与欧洲相连的近东五千年来所发生的事件。只有中国和印度，而不是地理上的整个亚洲，可以与欧洲相提并论。

在以下的这些地区首先产生了古代高度文化：苏美尔文化、埃及文化、爱琴海文化、前雅利安人的印度河文化和黄河文化。

之后，由于征服而出现了进一步的文化发展。征服者对原始文化的吸收，征服者与被征服者之间的相互影响，决定了文化的发展。中国、雅利安人的印度，巴比伦人、波斯人、希腊人和罗马人都经历了同样的历程。

与这些地理上相对而言狭小的区域相对比，在墨西哥和秘鲁存在着孤立的文化过程。直到欧洲人的世界大发现之前，在地球各处都生活着自然民族，他们拥有丰富多彩的原始文化。

（3）今天开始成为现实的世界和人类的全球一体化，开启了地球上真正的普遍史，即世界史。它的最初阶段始于地理大发现，并在本世纪真正开始。

以上三个阶段的划分在本质上是不同的。第一个阶段如果不是一个假设的领域，那我们就只能把它理解为无数的、各种各样的人以及多种多样的自然现象的并存。其中必然存在着共同的财富和思维方式，这种共同性源于人的天性的共同本质，从本质上来讲并非历史的产物。那些宏伟的构想，诸如人类的起源，各民族的分散以及遍布全球，在自欺欺人的意识中产生的对多重起源思想的遗忘，所有这一切，要么是巧妙的象征，要么是假设。

第二阶段的划分是通过把代表历史上的轴心时代的突破置于中心位置来实现的。运动朝向并且从轴心时代而来。

第三阶段在本质上还属于未来。为了展望未来，我们要追溯过去的那些特征，它们就像是对未来的估计或者准备：追溯历史上发生的大一统（诸帝国），追溯古代和近代全世界伟大的人物。这些具有丰富内涵的人物根本不是空虚的“人之存在”的理解中心，而是完全从自己的民族之根中产生出来的“人之存在”的形象，故而他们能够通过他们的存在和语言向人类讲话。

三个阶段进一步细分如下：

（1）在第一阶段，所有发生的一切类似于无意识的自然事件。史前民族和非历史民族（他们直到灭绝或者成为技术文明的材料之前都是自然民族）事实上属于共同的语言和文化圈。他们在无声的运动中扩展开来，我们只能在他们的结果中确认他们。人与人之间直接的和有意识的接触,大都局限于最狭小的空间,在绝对的分散状态下得以实现。通过文明成果的传播,人与人之间实际的接触超越了广阔的空间,部分遍及了全球,但缺乏对人的认知。

在史前时代,已经存在着文化进程。这一有时被认为是特殊的进程,发生在历史的文化中,似乎在其萌芽时就已经被认识到了。不同的是,它们没有成为历史,它们在与历史民族的接触中,很快便崩溃了,尽管它们在有限的范围内取得了惊人的成就,但它们仿佛受缚于人的自然生存的基础,一直有滑落到这个自然生存中去的危险。

自然民族的文化传遍了整个地球。任何一个民族,都有其独特的精神,甚至矮小人种,如布须曼人,还有北方诸民族,如爱斯基摩人,非常辉煌的还有波利尼西亚人。

墨西哥和秘鲁的美洲民族完全可以与巴比伦和埃及相提并论。

(2) 第二阶段,少量的文化大发展已经展开,尽管它们之间偶有接触,但它们彼此并驾齐驱。这是彼此相隔离的历史。

这些历史进程的统一仅仅是一个理念。并非一切都能得到广泛的认识和产生影响。相反:最卓越和最重要的创造只局限于狭小的区域和短暂的时期。它们繁荣、衰落,似乎在很长的时间里,也许是永远被遗忘。文化传统的传承并不可靠。尽管文化领域的一切似乎都进入了一种传达的连续性之中,它们传播、存在,但不久就陷入到衰退和停止的边缘。

而在地球上特定的、相对较小的区域内,出现了从精神意义上来讲、整个人类历史的普遍性空间,在这个空间里,人们所思考的以及与他们相关的一切都得以显现。

文化的发展分为不同的阶段。我们可以看到,在若干个世纪中,从最初的繁荣直到晚期最终的衰落,这样的顺序贯穿了整体的文化进程。我们看到了典型的代代相传的顺序,它们一起构成了大约一个世纪(传播、达到鼎盛、衰退）。我们或许也可以看到一个施本格勒式的千年进程。

但其中始终存在着进一步的运动。并不存在持续的衰退期，没有无穷尽的“没有文化成果的生活状态”，也没有最终的僵化。即便是在中国和印度，也一再有新的、原始性的创造得以突破。

尝试从整体上来领会历史的进程是徒劳的。如果我们看到从巴比伦经过希腊和罗马到达北方的历史进路，我们会说，历史的进路是从东方通往西方，并且预测，这一进路会按照这个规律通往美洲。而在印度，历史的进路却是从印度河流域（早期吠陀时代），经由中部地区（奥义书时代），到达恒河流域（佛陀及其时代），也就是说是从西方通往东方的。并且这样相反的运动同样存在于西方，只有在有各种限制的有限的世界中从特定的角度来观察，这样的纲要才是正确的。

近东-欧洲的世界相对于另外两个世界——印度和中国——是一个相对的整体。从巴比伦和埃及一直到今天，西方是一个内在统一的世界。但自希腊时代以后，这一西方的文化大陆被分成为东西两部分。因此，旧约圣经、伊朗-波斯的本质以及基督教属于西方——与印度和中国相区别——却是其中的东部。在印度和埃及之间的地区尽管一再受到印度的影响——这是一个具有独特的历史学魅力的中间地带，但那种对普遍史简单明了而且正确的划分，却并不适用于这一地区。

(3) 在第三阶段，整体的统一开始形成，在空间的最终统一下，是无法超越这个整体的。统一的前提是现在所达成的普遍交往的可能性。这一阶段形成的不是历史的现实，而是未来的可能性，因此它不是经验研究的对象，而是通过对当下和我们自己处境的自觉来予以构想。

*

这一现状是由欧洲创造的。它是如何产生的呢？

西方的历史发生的重大事件和飞跃，使西方的历史在一系列彻底的变革中，呈现出了分裂的、不断创新的形态，相比之下，在印度和中国尽管也发生了运动，却给人以统一的印象。

有时，西方如此深深地陷回到了它的基础中，它看上去几乎像灭绝了一样。公元700年左右，如果有来地球旅行的天外来客，他也许会在当时中国的京城长安找到地球上精神生命最高级的场所，在君士坦丁堡发现稀奇的文物；而欧洲的北部地区对于他而言，就像野蛮的地区。公元1400年左右，欧洲、印度、中国的整体生活在文明上达到了相近的水准。不过，自15世纪以后所发生的事件，欧洲发现了世界，并给世界打上了欧洲的印记，这就产生了这样的问题：这是因何而产生的？欧洲拥有什么新的、独特的东西，能使这一发展得以实现？它实现这一发展的步骤是什么？这些成了全球史的根本问题。因为在西方所发生的唯一一次断裂，其对全世界的影响，是它的结果成就了我们今天的情景，而其最终的意义至今依然是不清楚的。

导致产生断裂的主要步骤是：犹太人的预言宗教把人们从魔法和现实的超验中解放出来，而这样的一种彻底性是在地球上的其他地方从未发生过的，尽管它只能在历史上有限的时刻，在极少数人的身上发生，却在《圣经》中为所有后来能够理解的人留下了启示。希腊人创造了分辨的明确性、人物造型的雕塑艺术以及理性的一贯性，这些都是在世界上的任何地方都没有达到的。基督教实现了对最外在超验的认识，印度和中国也同样达到了这一步，但不同的是，基督教将这一实现束缚在内在的世界中，由此也在基督教塑造世界的任务中产生了持续的不安。

但巨大的断裂实际上却发生在中世纪以后。上述的那些步骤以及对它们的回忆可能是先决条件。断裂本身是一个新的、伟大的谜。它绝不是一个显而易见的、直线式的发展。当从中世纪末期的唯名论中产生了现代科学的初级阶段，马上或同时就出现了巫术的狂欢。当人类创造了科学与技术，赢得了对自然力的支配以及对地球的征服时，人在现实中所产生的变化，却与这些明显的成就形成了可怕的对比。

将历史的整个过去和依然模糊不清的未来相分离，是直到 19 世纪才最终开始实施的步骤。一次又一次地出现这样的问题：是什么像世界的塑造者一样，造就了欧洲的特征？这种东西我们也许从一开始就可以察觉到，它屡次显现出来，之后似乎又有所衰退。在唯名论者之后发展起来，自 15 世纪之后在全球得以普及，自 17 世纪以来产生广泛影响，在 19 世纪最终得以确定的究竟是什么？

*

欧洲在 1500 至 1800 年间所创造的精神财富——米开朗基罗、拉斐尔、列奥纳多、莎士比亚、伦勃朗、歌德、斯宾诺莎、康德、巴赫、莫扎特——使科学与技术相形见绌，它要求与两千五百年前的轴心时代相提并论。在这以后的几个世纪中真的能够看到一个第二轴心时代吗？

差异是异常显著的。第一轴心时代的诸世界的纯粹和清晰、自然和清新还没有再次出现。一切都处于严格的传统的阴影之下，动不动就陷入了歧途，尽管如此，那些伟大、孤独的人物还是在此之上获得了令人惊叹的成功。因此，这个第二轴心时代拥有第一轴心时代所不具备的可能性。因为第二轴心能够接受各类经验，继承各种思想，所以它从一开始就具有更多样的意义和更丰富的内容。正是在分裂的状态之中，才使以往从来看不见的深奥的“人之存在”变得明显起来。因此我们可能会把第二轴心时代放在首位，因为它在西方教育的连续性方面重新开启了新的源头，同时站在前人的肩膀上往前展望，它获得了更大的规模和更非凡的深度。但我们必须把它放在第二位，因为它没有独自依靠自己的根源生存，它忍受和容忍不寻常的歪曲和颠倒。它是我们直接的历史基础。我们时而与之进行斗争，时而与之亲密无间，我们无法像观察第一轴心时代一样，同第二轴心时代保持冷静的距离。不过最重要的是，它纯粹是一个欧洲的现象，因此它就不能要求第二轴心时代的称号。

对于我们欧洲人而言，这些世纪是思想内容最为丰富的时代，它为我们创造了不可或缺的教育基础，为我们的观点和洞察力提供了最丰富的源泉，但它并不代表人类和全世界的轴心，并且，它以后也不可能成为这样的轴心。当精神-心灵上已经开始衰退的西方，和精神-心灵处于低点的中国和印度相撞时，欧洲人登场了，他们用其在科学与技术方面的成就创造了一个完全不同的轴心。

*

19 世纪末欧洲似乎统治着世界。人们认为这是最终的局面。黑格尔的话似乎证实了这样的看法："欧洲人进行了环绕世界的航行，世界对他们来说是一个球体。凡是未在他们统治之下的，要么是不值得他们去费力，要么是注定将由他们统治。"[10]

自那时起世界发生了多大的变化！由于接受了欧洲的技术和欧洲的国家要求，世界变成欧洲的了，而这二者又成功地转过来反对欧洲。作为老欧洲的欧洲，不再是占世界统治地位的因素。如果欧洲不能在最后一刻联合起来、使自己变得足够强大以保持中立，如果一场新的世界大战将整个地球带入毁灭的风暴之中，欧洲在美国和俄国面前就会相形见绌，欧洲就会退出政治舞台，欧洲的命运取决于美国和俄国的政策。

尽管欧洲精神也渗透到了美国和俄国，但它们不是欧洲。美国人(虽然有欧洲的起源)有新的自我意识，以及在他们自己土壤上的新的根源，尽管没有找到，但这是他们的要求。俄国人在东方以及他们同各欧亚民族的混合中有着自己的历史基础，他们的精神源于拜占庭。

中国和印度今天还不是占主导地位的大国，但它们的重要性在增长。大量的人口和深厚的、不可替代的文化遗产将成为人类的一个重要因素，它们和其他所有被迫卷入“人之存在”巨变中的民族一起，寻找着自己的出路。

第二部分

当下与未来

第一章　绝对之新：科学与技术

绪论

我们所寻求的历史哲学的整体观，应当让我们领悟我们自身在整体历史中的状况。历史的观点可以帮助我们澄清当下时代的意识，它指出了我们自身所在的位置。

只有按照世界史的标准，我们才能看到两个世纪以来我们所取得的成就，它们构成了我们时代深深的转折点。这一转折点就其结果的丰富性而言，是我们在过去五千年的历史中所获知的东西都无法比拟的。

现代欧洲的科学与技术，是真正新颖的、从根本上来讲完全不同的东西。它是完全独立的，不仅与亚洲的产物没有可比性，甚至对希腊人来讲也是陌生的。回过头来看，迄今为止的历史全貌展现了一种连续性、统一性，其最后的壮观画面呈现于黑格尔的历史观之中。现代技术的出现将改变这一切。因此，直到公元 1500 年左右，亚洲和欧洲还极为相似，只是在最近几个世纪，它们之间才产生了巨大的差别。

要明确地认识现代的科学与技术的全新特征，绝非易事。因为这一明确性对于理解我们的当下——我们在精神、物质上的机遇和危险——是至关重要的，我们必须通过与过去的比较，尽力来简明阐述这一全新的特征。这需要我们费一些周折。

I. 现代科学

放眼世界史，我们可以看到人类认识发展的三个阶段：第一阶段是完全的理性化，这一点是以某种形式为人类所普遍具有的，它伴随着“人之存在”而出现，作为一种“前科学的科学”将神话和巫术理性化；第二阶段是希腊的科学，以及与之相并列的处于萌芽状态的中国和印度的科学，这是一种已经意识到逻辑和方法论的科学；第三阶段是现代科学，它产生于中世纪末期，自17世纪以来具有决定性的意义，并从19世纪以后得到充分的发展。无论如何，自17世纪以来，现代科学将欧洲区别于所有其他的文化。下面，让我们来具体描述一下世界史中现代科学的独特性。

在认识的范围、内容的丰富以及方法的多样性上，现代科学的情况是以往所有的历史所无法比拟的。这一现代科学的历史呈现出了一幅取之不尽、用之不竭的景象。自开普勒和伽利略以来，通过运用数学理论而取得的对自然科学的认识，是最显著的新要素，其在技术上的成果，产生了巨大的影响。但这仅仅是更全面的认识进程中的一环。多次的航海发现导致了首次环球航行，并断定了向西航行要减去一天的事实。这只是发生在四百年前。在此之前，人类从未在真实的意义上认识到地球是一个球体（并非单纯的推测），于是第一个地球仪产生了。在宏观的世界里所取得的经验，同样适用于眼前的事物。维萨里以前所未有的研究热情，通过对尸体的解剖，揭示了人体解剖学。列文虎克借助于显微镜，观察到水滴中微生物的活动。伽利略用望远镜看到了从未见到过的行星和卫星。自18世纪以来，多处的遗迹发掘使那些已经消失和被忘却的历史现实得以再现（庞贝），使所有的文化得以重现（埃及和巴比伦），满足了施里曼对荷马时代真实性的向往。对文字和语言的成功破译，使我们可以听到生活在数千年前的人的声音。通过考古发现，史前时代成为无可置疑的现实。我们今天对早期希腊、近东和埃及历史的了解，甚至比希腊人本身还多。历史的视野已经扩展到数千年前的过去，地球史展现在我们面前，深远的星空打开了其无穷的空间。现代世界仿佛让所有的领域都产生了科学，它们虽然彼此独立，却源于共同的精神。自然科学产生于画家和建筑师的工作室，地理学诞生于航海，经济学则由于国家的利益而发展：所有这些科学的原动力都源于实用的目的，但不久就转向了对事物本身的兴趣。在神学方面，出现了对《圣经》的历史性批判。

这一无限扩展的画面让我们提出了这样的问题：在这一规模空前的现代科学中，是否包含着本质上崭新而独特的特征？

a. 现代科学的特性

科学具有三个必要的特征：通过方法论获取的知识、绝对的肯定性以及普遍的有效性。

当我意识到了方法，通过它获得了知识，也就是说，能够解释并且说明知识的范围，我才获得了科学的认识。

只有绝对肯定的认识，才是科学的认识。通过这种方法，我也能认识非确定性、可能性或不可能性。

只有知道什么是普遍有效的，才能获得科学的认识。因为这种认识能被每个人的理解力所获知，因此科学的认识才得以传播，并保持其原来的意义。一致性是普遍有效性的标志。如果经过很长时间，所有思想家的意见尚未取得一致，那么普遍有效性就会受到质疑。

不过，从以上的标准来看，早在希腊的科学之中就存在着科学了，尽管对它的纯粹性的强调是至今尚未完成的使命。那么除了保持上述的三个特征之外，现代科学还有哪些特征呢？

1. 现代科学在精神上具有普遍性。任何事物在持续的存在中都不能逃脱科学的慧眼。在世界上发生的任何事件，无论是自然的事实、人的行为和所发表的见解、人的创造和命运，都是观察、调查和研究的对象。甚至宗教和任何权威也都被加以探讨。不仅每一个事实，并且所有的思想可能性都成了研究的对象。提问和研究没有任何限制。

2. 现代科学从根本上来讲是未完成的。希腊人不了解科学发展是无止境的，即使是在短期内取得实际进展的数学、天文学和医学领域。希腊人的研究，本身具有这样的特点，亦即在一个完成了的体系内进行操作。这种完成了的性格，使希腊人既不了解对知识的普遍愿望，也不知道去寻求真理意志的爆发力。希腊人自诡辩时期以来，一方面仅仅有对一些基本怀疑的反思，另一方面，他们只获得了对特殊事物的认识，并且泰然处之，即便修昔底德、欧几里得、阿基米德取得过辉煌的成就。追求极致，突破知识的一切最终形式，以及不断地从根本上修正一切知识，这种激情促使科学向前发展。因此，突破时快速更新的知识，和实际保留下来的知识一起，成了新的构想的环节。人们有了假设的意识，即每次研究的出发点。因为这些前提会成为更全面的前提的基础，并使原来的前提相对化，或者当存在的事实与这些前提一道在不断增长和深入渗透的认识之中向前推进时，所有存在的都将被克服。

这一始终未完成的认识就其意义上来讲，指向恒久的存在以及由认识所揭示的事物。但当认识无限地前进时，它却没有能力从整体上来把握存在的永恒性。换句话说，认识虽然是借助于现实存在者的无限性而指向存在的，却从未达到存在，这一点是通过自我批判而认识到的。

由于从本质上来讲，认识的内容是开放的，并且不可能是封闭的（这与希腊宇宙观正相反），所以，从科学的这一意义上来讲，认识是无限发展的，并且具有进步思想的意识。因而，科学具有令人鼓舞的意义，但之后又会突然感到毫无意义：如果永远达不到目标，所有的工作只是为后代营造的阶梯，那这一切又是何苦呢？

3. 现代科学对**任何事物都不会无动于衷**，它认为所有的一切都值得去了解，它关注每一个最个别和最细微的现象，关心它们的自身存在。我们总是惊讶地看到，现代欧洲人专注于他们以往所轻视的事物，只因为这些事物在经验上是真实的。与此相反，希腊的科学却无情地反对现实，他们偶然地抓到了一些典型、类型、形式以及使他们忽略绝大多数事实的既成知识，并且受这些东西的操纵。这同样适用于对实证对象过分精细的审视态度，例如在希波克拉底的一些著作中所表现的那样。

这种对每一个对象、偶然事件、丑陋或美好事物的全身心投入，植根于一种无所不包的自我意识之中，其内心不安宁，而外在却是确定无疑的。万事万物必须并且应当被了解，没有什么可以被排除在外。

因此，所谓的现代是能够从事于一切可以体验的事物的广度，以及为世间发生的一切所愉悦的多重深度。

4. 现代科学致力于研究最个别的事物，寻求它们之间的**全方位的联系**。它尽管无法把握存在的宇宙，却能领悟所有科学的宇宙。诸科学的统一性观念使人们不再满足于任何零星的认识。现代科学不仅是普遍的，而且是为了寻求从未达到的、科学的统一而存在。

每门科学都是由其方法和对象所决定的。每门科学都是观察世界的一种视角,没有谁能够把握整个的世界。每门科学所涉及的仅仅是现实的一小部分,而非现实,也许是所有现实的一个方面,而非整体的现实。世上有分门别类的科学,而没有涉及整个现实的一种科学存在。因此,所有科学都是特殊的、专门的和专业的,但每门科学都属于没有界限的、必将相互联系起来的世界。

诸科学之间是如何相互关联的,在什么意义上它们构成了宇宙?

从否定方面比从肯定方面更容易认识到这一点:诸科学的统一性并不存在于通过它们而认识到的现实的统一性之中。它们并不是在整体上符合整体的现实。它们并没有通过不断地接近真实性而形成等级秩序。它们并没有形成可以支配所有实体的统一性体系。

尽管人们不断尝试,综合所有的知识来形成新的世界观,但这都是徒劳的。对现代科学来讲,这样的世界观是荒谬可笑的。它是希腊宇宙观继续发展的产物,是对真正认识的阻碍,也是哲学的错误替代品。建立在各门科学基础之上的哲学,尽管有着不同的起源和不同的目标,但只有今天才真正实现了其纯粹性。

从肯定的方面来看,诸科学间的相互关系表现为:

诸科学间的相互联系存在于认识的形式之中。所有的科学都具有一定的方法,它们在范畴之中进行思考,其专门的认识具有说服力,但同时也被各自的前提和对象的界定所局限。

此外,各门科学通过其成果和方法而相互支持,并通过它们之间的关系而产生了科学的各种关联。科学之间相辅相成。一门科学成了其他科学的材料。

在追求普遍知识的主观冲动中,诸科学获得了共同的基础。

通过贯穿于特定认识领域的指导理念,表现出了一个不确定的统一的理念,作为对所有现实的、可供思考事物开放性的要求。所有的科学都是一条路径。这些路径相互交错、分离,再度重新结合,而并不显示其终点。但所有人都想步入其中。

诸科学通过其使用的范畴和方法而进行分类，同时又相互关联。研究的无限多样性以及统一的观念处于紧张的关系之中，驱使着一方从一个领域走向另一个领域。

在现代的认识中，知识的系统性特征所导致的并不是世界观，而是诸科学的体系问题。诸科学的体系是变动的，它在可能的秩序中是多样的、开放的。但这一体系本身也永远是个问题，没有一种知识形式和知识会被忽略，这是科学的特点。

从诸科学统一的理念中产生出了所有知识的相互联系，客观上而言，对这一联系的努力探求是显而易见的：

作为有力的推动力，教科书记载了诸科学的这一系统性（并非完善的知识体系，如果那样的话，科学便从现代水准堕落，回到了希腊人那里）。

各种资料、参考书、原典、博物馆以及实验室等组织，为研究者提供了所有可供使用的知识。

大学成了无所不包的科学活动的实验场。

5. 提问的彻底性，这在现代科学中上升到了极致——但它有一个要求，即在具体的认识中来实现彻底性，而不是略过具体的认识，只在最终的普遍性中来完成。反对表面现象的思维（始于古代天文学），并不是为了陷入空虚，而是要以更好的、出乎意料的方式来把握这一表面现象，敢于实现一切。物理学借助于非直观的数学来处理难以想象的事物，就是一个实例。

现代科学有能力从已经完善和整体化了的知识中不断解脱出来，从而有可能对新的假设进行尝试，尽管这种尝试像在现代物理学中一样，最初极具矛盾性。这一尝试的空前自由，有可能达到一定的高度。以往的每个问题都被重新质疑。对以前所忽略的条件重新提出疑问。

在对认识准备的构想中,尝试最大胆的假设条件。

6. 人们可以尝试将现代科学的特定的诸范畴及其作用作为其特征来看待。

例如,无限被理解为二律背反的原因和精细分化的问题,而它最终总是表现为思维的失败。

再如因果范畴,它不像是在亚里士多德那里,在整齐限定的因果关系的方式中达到对现象的概括,并且在整体上予以最终的说明,而总是在限定的、特别的问题提法之中达到真正的调查。在希腊人的思维中,对问题的回答来自思考和说服力,但现代科学认为,它来自调查和不断深入的观察。在古代的思想中,调查仅仅意味着一种深思,而在现代则意味着行动。

但现代科学的特征既非范畴、亦非对象,而是在强调范畴和方法时的普遍性。数学的、物理学的、生物学的、阐释学的、思辨的可能性,似乎每一形式都曾尝试过,每一对象都被利用过。其结果是获得了一个可无限扩张的范畴世界以及一个相应的开放的范畴学说。

问题是范畴和方法的恰当性,而不是哪一个更优越。在涉及现实问题的场合,可以通过经验本身得到可靠的确定。而在思辨是恰当的场合,思辨以对其意义的自觉来予以完成。避免混淆二者,是至关重要的。

7. 在现代世界中,科学的态度能够从全面的理性出发,对所遇到的一切随即提出质疑,进行探究、考察和思考。这一态度并不是科学的教条主义,无需坚信任何结果和原则,它与所有的宗派、信仰和信念团体保持距离,以便在科学领域保持可认知空间的自由。

科学的态度将必然的已知与必然的无知区别开来,它希望和认识一起,通过对知识的意义和界限的界定方法,而获得这一知识,它寻找不受限制的批评。科学的态度反对日常谈话的大概性,它追求限定之物的明确性，以及对理由阐释的具体性。

一旦科学成为了真正的科学，人的真实性便受到了科学性的制约。因此，科学是人类尊严的一个要素，具有照亮世界的魅力。然而在精神交流中，非科学的盲目、毫无自知、狂热以及不加批评的主张，这些都是科学所认识到的痛苦所在。科学识破了生命中的谎言。“敢于认识”(sapere aude)就是科学的勇气。

在任何地方通过自身的研究而具有科学性的人，无论在何处都能够真正地理解科学的事物。尽管在整体上还不具备科学的态度时，也存在着专家们的专业工作以及实际的成就，但如果没有亲自参加科学活动，那么他所理解的科学性就是不可靠的。

b. 现代科学起源的问题

为什么会产生新科学，我们也许可以从多个视角来加以阐释，但最终都不能得到完全理解。它就像所有的精神创造一样，是一个历史之谜。

将新科学的产生归结为北方诸民族的天赋，这样的回答是毫无意义的。这一天赋恰恰只是科学成果的表现，而没有其他的迹象，因此这样的说法仅仅是同义反复而已。

近几个世纪以来，许多条件以独特的方式交织在了一起，从而使新科学的产生成为了可能。

我们可以指出社会学的诸条件：国家和城市的自由，贵族和新兴市民阶层的闲情逸致，男人们尽管贫穷但受赞助者的支持而找到了机会，大量欧洲国家的瓦解，自由迁徙和移民的可能性，列强和个人之间的竞争，十字军以来欧洲与异域文化的广泛接触，教会与国家之间的精神斗争，所有列强在关乎信仰问题、法律问题时对权利承认的要求，特别是在精神斗争中对确保政治主张和利益的要求,作坊中的技术课题,通过书籍印刷增加了交流和讨论的可能性,使传播成为了可能。在科学的发展中,似乎所有的一切都在相互促进,并必然会获得机会:为了技术的使命而对地球表面的破坏,引发了考古和史前考古的偶然发现。贪婪和冒险的欲望使全球所有的地域得以发现,最终才进行纯粹客观的研究之旅。教会的使命是为了发现异域民族和文化的心灵,深入他们的精神,因此基督教传教士有时成为中国和印度精神在欧洲的传道者。技术的发展无意中产生了服务于其他目的的手段,从活版印刷到无数的器械,它们在几乎所有的科学中,都导致了更为精确的观测,确定了事实,重建了遗失的东西。个人的业余爱好,就像是由一个怪念头点燃的热情,起到了帮助认识的作用,特别是通过特殊的收藏(例如苔藓类植物),通过专门的技艺和体育竞技等手段。所有存在的一切,很多人方方面面的工作,似乎都通过有意或无意的方式,一同参与了从本质上来讲认识的未知目标。令人惊讶的是,在完全不同的条件下,意大利、德国、英国和法国研究者的出现。来自偏远角落的研究者,在自己的权利和意志的基础之上,选择了他们的使命和道路,并奠定可能产生的新精神的基础,由此便产生了这样的问题:为什么在欧洲会一再出现这样的人,他们相互独立,而又彼此相遇?为什么他们在西班牙,后来在意大利,很长时间在德国又没有出现?

社会学的研究可以发现其中的一些关联性。让我们来进一步探寻可能导致近代科学的各种动机。

经常有人说,现代科学起源于权力意志。对自然的支配、能力、收益,"知识就是力量",自培根以来就是普遍适用的。他和笛卡尔描绘了技术未来的构想。它不是用来帮助对抗自然的粗暴力量,而是对自然法则的认识。自然是通过服从而被征服的(Natura parendo vincitur)。真正的认识是产生对象的认识,并以此来保留认识:"我只认识我所能做的。”能力的创造意识使这一认识备受鼓舞。

在对现代知识的解释中，有两类情况需要加以区分。其一是，在技术意志和对事物的征服之中所表现出来的权力意识，是以能力的获得为其目的的。其二是认识意识，它的目的是要认清自然过程。研究者就是询问证人的人（康德）。这是纯粹的认识意志，同样没有技术的目的。

人们认为，以上两者都具有攻击性。因为这类认识尚未适应于技术的力量，并不是对真正的、充满爱的认识的观想、献身以及顺应，而是面对存在者的战斗和征服，随之从中产生了恰当的应用。

从伟大研究者的精神态度，即他们独有的对必然性的感受，我们就可以发现以上的解释是完全矛盾的。顺应自然曾经是自然研究者的一种伦理。他们不过想知道，自然在做什么，发生了什么。因为与攻击性和权力意志不同，这一知识的意志，亦即认知者的自由，不是盲目的，而是在清楚之中煎熬着、忍耐着、生活着。这是一种权力意志，它并非作为统治的意志，而是作为内在的独立性而存在的。这种求知者意识的自由，恰恰能够纯粹地把握作为存在的真实符号的事实性。与可理解性、近似性、不固定性，最终是随意性所不同的是，必然和普遍知识的伦理中所包含的并非攻击性，而是寻求明确性和确实性的意志。

特别是通过实验而进行的研究被看作是具有攻击性的。与单纯的观察不同，在理论的构想和验证的更迭之中，通过实验而获得的洞见不仅是可靠的，同时也更加深入地探究了无意识的自然事件的法则。这里的动机不是攻击，而是对自然的探究。

然而现在，现代科学所取得的成就可能被误解和滥用。因此，本身非历史性的、始终处于突变的权力意志和破坏意志，也在言论、行动和应用方面抢占科学，使它富有攻击性。结果总是在这种情况下，科学迷失了方向。

最令人感到毛骨悚然的例子是对人体的实验。没有本人的理解和同意，是不允许在人的身上进行实验的，因此危险的实验只能由研究者在自己的身体上来进行，这一做法并非产生于科学本来的意义，而是源自人性和人权的准则。

两千年前的一位印度国王曾在一名罪犯身上做过实验，大概的情形如下："把一个男人活着放入大桶内，用盖将桶封上，再用湿的兽皮盖住，在上面涂一层厚厚的黏土层，然后将之放入烤炉内，点上火。就这样。当我们知道此人已死时，就拉出大桶，用力砸开，揭开盖子，我们谨慎地朝里看，想知道我们是否能够感受得到有生命的灵魂溢出，但我们并没有观察到有生命的灵魂溢出。"这与纳粹分子所进行的人体实验相似。这样的做法与现代科学毫无关联，而是属于对科学的滥用，这一滥用同样适用于人所创造的一切，也适用于科学。

用非历史的权力意志来说明，和以历史来决定动机是不同的。如果没有在圣经宗教中具有历史根源的精神状态和动力，现代科学的形成也许就是不可想象的。将研究推向极限的三个动机似乎缘于圣经宗教，具体如下：

（1）圣经宗教的伦理要求不惜任何代价的诚实。诚实借助于圣经宗教而达到顶峰，同时也被带入所有的问题之中。上帝要求的对真理的追求，不允许把认识看作游戏，看作高雅的消遣，而是要将之视为一种在认识之中看到使命的严肃态度，这种使命是关乎一切的。

（2）世界是上帝的创造物。希腊人将宇宙看作是完美、有序的，是合理、合法的，也是永恒存在的。而另外的观点则认为，宇宙之中除物质外什么都不存在，是不可认识并且不值得去认识的。但如果世界是上帝的创造物，那么世间的一切作为上帝的创造物同样是值得认识的，不存在不需要被认识和了解的事物。认识就像是对上帝思想的深思。即便是在虱子的肠子中——用路德的话来说——作为造物主的上帝也是当下的。希腊人停留于封闭的世界观，停留于他们所想象的宇宙之美和他们所思考的整体逻辑的明晰性；他们或者把一切都归于一个等级和顺序的图式，或者通过演绎推理将所思所想包括在相互关联之中，或者他们将世间万物理解为永恒的合乎法则的事件。不仅亚里士多德和德谟克利特，即便是托马斯和笛卡尔[11]也都遵从于希腊人对于这种使科学陷于瘫痪的封闭状态的推动。

新的冲动则完全不同，它要无限制地对所有的创造物开放。这种冲动催促着去认识这一现实，而这一现实与迄今为止所发现的秩序和法则都是不相符的。在逻各斯自身之中已经产生了促使其不断失败的强烈冲动，但并没有牺牲其自身，而是以新的、扩大了的、更加充实的姿态重新赢得了自身，并继续这一无法满足的无限的进程。这一科学是从逻各斯中产生，但逻各斯并未将之封闭在自身之内，面对非理性时保持着开放，并通过屈从于它而渗透到其中。在理论构想和实验经验的设计之间持续不断——从未停止过——的相互作用中，就是一个简单且伟大的例子，也是由于点燃逻各斯和非理性之火而发展出的这一普遍过程的象征。

对于这一新的认识冲动来讲，世界不完全是美的。这一认识既面向美，也面向丑，既面向善，也面向恶。不过最终有效的结局是：一切皆为善（Omne ens est bonum），也就是说通过上帝创造物得以存在。但是，这一善不再是希腊人看得见的、满足于自身的美，而只是作为上帝所创造之物存在于对当下所有存在物的爱之中，因此也存在于对研究的真实意义的信赖之中；有关神所创造的一切世间的知识，人们在无穷的追问以及不断向前的研究的不安之中，在面对真实的深渊面前保持沉静。

已被认识的和可能被认识的世界存在，作为所创造的存在，不过是第二级别的存在。因此，世界本身是没有基础的，它的基础在一个他者那里,在造物主那里。世界的自体并非封闭的,因此它也不会对认识封闭。世界的存在永远不可以理解为终极的、绝对的现实,它总是指向一个他者。

造物思想使得被创造物作为上帝的创造而令人喜爱,并且使得以前从未有过的对真实的接近成为可能。但是,这一思想同时产生了对存在的最大距离,因为这毕竟只是所造的存在,而不是存在本身,也不是上帝。

(3) 对于人来讲,世界的现实性充满了恐怖和惊愕。"世界原本如此",必然可以确信为是人追求真理的意志。如果说上帝是世界的创造者的话,那么他似乎应该为他的创造物负责任。为上帝辩护的问题,在约伯那里就成为了在知识之中认识神性与承认世界的现实性之间的角力。这是一场反对上帝又拥护上帝的角力。只有信仰消失,角力才会终止。

这一上帝及其无制约的对真理的要求,并不期待通过幻想来把握。他拒绝了那些想通过诡辩的思想安慰和告诫约伯的神学家们。这个上帝要求知识,而知识的内容似乎一再对上帝本身提出指责。因此,一方面要求认识的胆量,对无条件认识的要求,同时在他面前又感到胆怯。仿佛同时听到了一种对立性的东西:上帝的意志是无限制的探究;探究即是对上帝的服侍——探究也是对上帝的冒犯;并非一切都应当被揭示。

这一角力是在与从事研究的人反对自我,反对最爱和最渴望得到的东西,反对理想和原则斗争时结合在一起的:这一切必须得到检验,经受新的考验,或者得以转化。如果上帝不能忍受从现实的事实状况中产生的问题,那么人们如何真正地去信仰他,如果放弃了人对上帝的幻想,那么对上帝的寻求会变得多么艰难,因此真正的研究意志就是与自我的愿望以及期待角力的过程。

这一角力在研究者反对自身的论点的角力中得到最后的体现。科学的人具有决定性意义的特征是，他们在研究之中寻找对手，最热切地寻找那些通过具体且明确的思想对一切提出质疑的人。表面上看来自我毁灭的东西在这里被创造出来了。当人们避免或根本拒绝讨论时，当人们的思想被局限在相同观念的范围内，当破坏的攻击性转换为外在的不确定的老生常谈时，那么这便标志着科学的失落。

c. 现代科学的倒转和任务

只是在近三个世纪以来，在世界各个地方的研究者的合作下，科学起初是经过缓慢以及飞跃式地发展，其后便得以迅速地、持续性地展开，并成为了不可回避的命运和机会。

科学在今天被普遍地传播和承认；每个人都认为自己得以分享它。但纯粹的科学和明确的科学态度又是极其少见的。大量的科学成就被简单地接受了；专家们的各种能力尚未参与到普遍的科学性之中去；科学与非科学的因素混合而成了广泛的思潮。不过，真正的科学性，普遍的认识态度，可靠的方法论批判，纯粹的、探究的认识，这些在我们当今的世界中只是倒转的错乱中一条细细的线索而已。

科学并非是轻而易举就可以获得的。绝对多数的人对科学可以说完全无知。这是我们时代的意识的断裂。科学仅为少数人所特有。科学是当今时代的一个基本特征，尽管它具有真正的本质，而在精神上却是无力的，因为大多数的人并没有踏入科学之门，而只是强占了技术上的成就，或者是通过提问学到了可以学到的一些教条的东西。

在我们的时代中，科学享有非凡的威望。人们期待从科学那里得到一切：透彻地认识所有的存在，并且在任何危难之中都能得到救助。这一错误的期待是对科学的迷信，接下来的失望又导致了对科学的蔑视。那种对人可以知道一切的神秘的信任，是迷信，对此拒绝的经验又导致了对知识的蔑视。这二者都与科学本身没有关系。因此，科学尽管是时代的标志，它却是以非科学的形态出现的。

导致这一错误认识的途径如下：在研究中我们将对世界认识的可能性作为前提。因为如若没有这一前提的话，所有的研究都将毫无意义。不过这一前提可以有双重的含义：其一是对世间对象物的认识可能性，其二是对作为整体世界的认识可能性。只有第一个前提是正当的，但要知道对世界的认识能进行到何种程度，也是不可知的。相反，第二个前提并没有正当性。其之所以错误，是由于它显示出了根本的困难，若我们不在内容方面对研究加以限制的话，那么它就会展现知识的局限，或曰界限，作为唯一封闭的整体世界不仅是不可认识的，而且从无可反驳的可思性和可经验性来说，世界对于我们来讲根本就不存在。当我们看到对世界整体的认识可能性的错误前提在事实情况方面导致研究失败时，上述的界限就更加明确了。对谬误的洞悉绝非易事。谬误是作为想象的哲学而被纳入现代科学之中的，并且是从笛卡尔以降得以实现的。因此，将现代科学的意义和界限加以清楚地把握，依然是我们今天伟大且紧迫的使命。

那种认为世界在整体上和原则上可以认识的错误的科学观点，产生了下面具有诱惑力的结果，即认为人们从根本上来讲早已认识了世界。于是出现了这样的观点，认为只关涉到善良的意愿，从今往后只需要在认识的基础之上为人类建立世界机构即可，这一机构可以使人类获得福祉和幸福的永久状态。因此在近几个世纪中一种新的现象进入了历史。人们的意志，不仅要在世界上，在从总体上来讲无法估量的人的各种状态范围内，通过认识来有意义地帮助自己，而且要通过整体的认识（那些被神化了的科学家假定掌握了这一认识），仅仅以理智就将整体的世界整理得秩序井然。

这一典型的现代迷信期待着科学做它所做不到的事情。它将科学对事物想象的整体认识看作是终极的认识。它既不去认识获得科学成就的方法上的途径，也不去了解科学成就各自的适用界限，就毫无批判地接受这些成就。它将一切真理和一切现实都理解为能为我们的理智所支配的。它对科学绝对信任，并毫无疑问地服从科学的权威，而这一权威由专家们的正式机构来执行。

但当人们对科学的这一迷信变得失望时，人们随之会反戈一击，排斥科学，并且会诉诸感情、本能和冲动，将所有的祸患都归咎于现代科学的发展。如果迷信期待着不可能的事情发生时，那么这些失望就是不可避免的。正确的机构不可能成功，最好的计划归于失败，人的各种状况已出现了灾难，由于人们坚持对终极进步的期待，灾难的程度令人感到越来越难以忍受。尽管现今的医生能力的增长是空前的，但他们既不能治愈所有的疾病，也不能阻止死亡，从象征意义上来讲，借助于科学究竟哪些可能的东西得以保留下来了？人一再遇到其自身的界限。

在这一情景下，关键在于获得那真正的科学，它既清楚地了解能知道的东西，又明确地意识到其界限所在。只有这样，才能避免对科学的迷信以及对科学的憎恶这双重的谬误。在时代的变迁中保护、深化科学，并由越来越多的人将之实现，这些究竟能否实现，对人类的命运来讲具有决定性的影响。

上述的担心不能轻率地对待。因为真正的、包罗万象的科学是与心灵深处的历史限定结构结合在一起的。科学的基础极其脆弱，绝对不可能有可靠的持续存在以及保证世世代代存在的基础。这一科学产生于错综复杂的动机的混乱之中，略去其中任何一个，科学自身就会瘫痪或空虚；其结果是，在整整几个世纪的现代世界中，作为整体的科学的态度之实现的科学，一直很少，并且也许会变得更少。在物质世界的形态之中，以及在全球都在谈论的“启蒙”的世界观的变化之中，其结果所产生的压倒性的喧嚣，并不能蒙蔽这样一个事实，科学看起来似乎是最熟悉的东西，实际上也是最为隐蔽的东西。现代人本身根本不知道科学是什么，根本没有体验过科学的动力是什么。即便是研究者本人，他们在自己的专业领域进行着他们的发现，他们由其他的力量推动着无意识地短时间的向前进，他们也经常在他们的行为中暴露出来不知道何谓科学，他们只在狭小领域内是专家。现代哲学家谈论科学，好像他们很懂似的，结果使之落入了历史上短暂有过的世界观的谬误之中，甚至像黑格尔这样伟大的哲学家对这一科学也一无所知。

Ⅱ. 现代技术

今天我们全都共同意识到了，我们正站在历史的转折点上，而在一百年前人们还在将之比作古代世界的没落，之后人们越来越深刻地感受到这一巨大的厄运不仅是欧洲或西方的，而且是世界的。这是技术时代，它的所有后果是使得人们在过去几千年来习得的劳动方式、生活形式、思维方式和象征物荡然无存。

费希特、黑格尔和谢林的德意志观念论将他们自己的时代解释为最深刻的历史转折点，确切地说这是透过基督教轴心时代的观点所做的解释，它已经导向了终极的转折点或终结。这是傲慢不逊的精神自我欺骗。现在我们可以以比较的方式明确地说：当下并非第二轴心时代。与轴心时代形成最鲜明对比的反而是一个导致了精神、人性、爱和创造力贫困的灾难性事件，在这一点上只有一个东西在跟以往一切所做的对比中具有独一无二的重要意义，那就是科学和技术的产物。

但是，我们时代的伟大之处究竟是什么呢？我们理解发现者和发明者的喜悦，我们同时把他们看作从根本上来讲是匿名创造过程的链条中的作用者，在整个链条中一个环节适应其他的，在其中的参与者并非作为人，并非在无所不包灵魂的伟大之中起着作用。创造性突如其来的想法，能忍耐且顽强的努力，在理论常识方面构想的胆识，凡此种种尽管其地位崇高，但从整体上来看其作用仿佛是精神本身被拖进了技术的过程之中，甚至连科学也服从于技术——并且代代相传加强了这一事实。这也说明了，为什么一些自然研究者在他们的专业领域之外令人惊讶地愚蠢，如此众多的技术人员在他们的任务之外完全一筹莫展，这些任务对他们自身来讲绝非具有终极的意义，这也是在这一逐渐成为非人性世界中幸福秘密丧失的原因。

我们寻求我们时代的相似之处的话，就会发现我们并非处在轴心时代，而是处在一个另外的技术时代，对发明工具和火的使用的时代，我们并没有任何的传承，而当人在整体上借助于猛然一击时，却获得了自身全新的可能性条件。之后漫长的岁月，仅仅是重复和扩充的时代，从根本上来讲保持原样的时代已经过时了。因此，在过去的一个世纪乃至今日，在人性的各个方面，以往从未有过的狂热意识空前高涨。因此，历史并没有给我们留下可以跟我们时代的事件相比较的东西。正因为此，今天我们会误解我们自身，在技术上将自己看作是地球上独一无二的神圣造物主，——或者将自己看作是陷入空前的精神丧失之中。历史上没有任何的东西能够衡量我们自己。

如果一个新的轴心时代能到来的话，那它只能在将来，就像是第一轴心时代最终使得人的生活根本区别于所有的动物性，是发现人的生活基础的时代，是普罗米修斯时代，它很晚才会到来。这一也许会即将来临的新的轴心时代，它将是包括全球在内的唯一的现实，现在就在我们面前是不可想象的。在幻想之中首先认识到新的轴心时代，意味着要去创造它。没有人会知道，新的轴心时代能为我们带来什么。

*

技术是通过科学的人来支配自然的过程，其目的在于塑造人类生活，减轻人类困境的负荷，并使其赢得令人满意的环境形势。自然通过人的技术而具有何种外表，以及人的技术程序又如何反过来影响于人，也就是说，人的劳动方式、其劳动组织及其环境形成如何改变了人自身，这是历史中的一条基线。

但直到现代技术出现，才使人感觉到作为人的厄运的一切。与几千年来相对稳定的技术状态形成对立的是，自 18 世纪末以来发生的技术革命以及由此而产生的人类生活的整体革命，这一革命的速度时至今日依然不断提升。卡尔 · 马克思是以其恢弘的文笔首先认识到这场革命的人。

人对自然的依附通过现代技术的新形式而显露出来。通过对自然控制强有力的增强，自然以从前未曾预料到的方式，威胁要征服人自身。自然通过在技术方面劳作的人而形成的自然，才确实成为了"人之存在"的暴君。人在技术上所创造的作为自己的自然——在这一第二自然之中存在着窒息而死的危险，面对尚未被克服的自然，人在其不断的肉体辛劳之中，能够比较自由地显现其存在。

技术已经造成了人在其环境中日常生活方式的根本改变，迫使劳动方式和社会走上崭新的道路：通过大量生产，通过将社会全体的生活方式转变为了在技术上已经完成了的机械构造，将整个地球变成了一个唯一的工厂。因此人丧失了他的每一块地盘，这已经发生并且正在发生。人成为了没有家乡的地球人。他失去了传统的连续性。精神已被降低为为了实用的功用而进行的习得和训练。

这一转变的时代首先是具有毁灭性的。在我们生活的今天已经不可能发现正确的生活方式了。在个人的自我意识之中能够支撑其真实的、可靠的东西，很少来自于这一世界。

因此，个体或者为对自我的深刻不满所控制，或者以自我忘却的方式牺牲自己，其结果是将自己变成机器中的一个功能，不去思考其生机勃勃的生活方式，生活方式变得非人化，听之任之，丧失了过去和未来的视野，萎缩到狭隘的当下中来，其自身并不忠实，所要求的所有目的都没有任何个性并且是具有实用性的，这些都是在毫不怀疑的、没有检验的、静止不动的、非辩证的、易于改变的伪确实性的引诱之下得以实现的。

不过，如果谁要将不满作为惶恐不安保存在自身之中的话，那么他就会不断地欺瞒自己。他不得不戴着面具生活，并且会根据情景与跟他交往的不同的人来更换这些面具。他毫无例外地在说“似乎怎样”，他无法达到真正的自我，因为他带着所有这些面具，最后根本不知道，他究竟是谁。

如果人们没有立足的地盘，如果没有对真实自我存在的回声，如果不再有真正的敬仰，因为面具和外壳并不能产生敬仰，而只能使偶像化的崇拜成为可能，如果人们不是通过从自己的生活方式中流露出来的自我存在的隐蔽要求而使自我感到振奋的话，那么这一恐惧不安会走向绝望，而这些在克尔凯郭尔和尼采那里都以预言者的方式体验过，并以最为敏锐的表达阐述了这一时代的到来。

伴随所有这一切发生的是历史的断裂，是对过去的破坏和淹没，在规模上在过去几千年历史中从没有类似的现象发生，并且是无与伦比的。如果与最初的火的点燃和工具的产生相类比的话，那么原子能的发现实际上跟火的发现很类似：既蕴藏着非凡的可能性，又潜藏着巨大的危险。但对这个已经开始的时代我们一无所知。正像那时一样，人类从头开始，或者他们在强有力的毁坏之中无意识地葬身于坟墓之中。

鉴于人依赖于技术将能成为什么这 问题的重大性，技术也许是理解我们今天状况的主要议题。人们完全无法低估现代技术的突然来临及其对所有生活问题直接产生的后果。人们在盲目性之中，在习以为常的历史性思考中，对这一事实固守着与过去事物相关的错误连续性，并将我们的生活方式与以往的生活方式作错误的比较。每当考虑到我们的时代中历史上的平行现象时，必然会问及这样一个问题，我们是否考虑到了现代技术所造成的根本差异。那么在比较之中，在人之中一再重复的东西，以及人类永久的根本状况，自然就会越来越清晰。问题是，什么没有受到技术转变的影响，或者对抗技术转变而重现其基本要素。

因此，以往仅一般性的描述和主张，现在可以作更接近、更明确的理解。我们想首先讨论在任何时候都属于人的生活部分的技术和工作，之后通过比较借助现代技术和工作直观地把握这一重大事件的深层内涵。

a. 技术的本质

1. 技术的定义

作为手段的技术。技术是为了达到某一目的，通过各种手段的置入而出现的。诸如呼吸、运动以及营养的摄取等直接的日常活动，还不能叫做技术。只有当这些机能不再健全时，人们有意识地做准备去纠正它们时，人们才会说到呼吸技术，等等。技术的本质特征如下：

理智。技术的根据是理智性工作，是与可能性的预感和推测相关的估量。它以机械论的方式进行思考，并将一切转化为数量和关系。归根结底，它是合理化的一部分。

力量。技术是一种能力，就技术的目的而言，其处理方式是外在的。这一能力是制作和支配的能力，而不是创造和产生的能力。

技术以自然力对抗自然力，通过自然间接地控制自然。这一控制的基础是知识。正是在这一意义上人们说：知识就是力量。

技术的意义。控制自然的力量只有通过人的目的才有意义：使生存条件更加容易，减少为了谋取物质生存前提而进行的日常辛劳，赢得闲暇和舒适。“技术的意义在于面对自然时的自由。”技术应当将人从其对自然的动物性禁锢中解放出来，这些禁锢使他们陷于困顿、威胁和束缚之中。因此，技术的原理是为人的使命服务的，是在物质和力量方面有目的的行为。技术人员并非单纯地接受已发现的事物。他们是为了人的目的而观察事物的利用价值，并且寻求作为有效形式的与这些目的的特殊性接近的形式（德绍尔）。

但是，技术的意义并不满足于此。技术在工具制造方面对手段的依附性，从属于统一的观念，这一统一是在其自我封闭之中不断扩展的、在人的环境形成之中产生的。动物发现其环境，它们对环境的依附是无意识的。人自身对其环境尽管也有固有的依附，但他们能超越自己的环境，而创造出了无限制的环境。人生活在自然环境中，同时也生活在由自己创造出来的环境中，这是其“人之存在”的标志。人不仅通过从困境中获得解脱，同时也通过与其相关的美、适当性以及所创造的形式，在创造之中发现自我。人在拓宽其环境的同时，也在增长其现实性。

技术的种类。人们将创造动力的技术与创造财富的技术区别开来。人利用例如通过训练动物、通过风车和水车而获得劳动力，创造财富的技术却是通过如纺织、制陶、建筑和医疗手段等独特的技术来实现的。

德绍尔解释说，技术不仅继续创造了达到预设目标的手段，而且产生了一些发明创造，在发明的时候没有谁能够意识到，它们能继续成就什么，例如乐器以及活版印刷术的发明。在此，技术的创造同时可谓是一把打开人的行为空间的钥匙，因此人可以借助于此扩展其本质，并可能展开其新的发现。

我们将技术毫无例外地定义为以产生有用的对象和效果为目标而作用于物质和自然力的操作过程。只有在类比之中，同样在所有其他有计划的能导致规定和机械的反复可能性的过程之中，我们才谈及技术，因此我们在诸如人的关系组织、制度的实施以及身心的自我治疗的情况下，使用“技术”这一词语。

发明和重复劳动。技术的规则是那些人们可以习得、统一地传授和应用的东西。作为学说的技术指出了达至目的的实用方法，也就是说首先是符合实际的情况，其次是避免多余的活动，以经济实用的处理方式仅仅使用那些必要的东西。技术存在于由人发明的行事方式和形成物之中，它能在后来实现任意反复的可能性，并且实现数量的增加。

因此，在导致技术发明的创造性行为和仅仅重复相同的发现进行大量生产而付出的劳动之间，存在着本质的差异。

滑离。如果技术的意义在于为了人的此在目的而使环境形成统一的话，那么滑离就无处不在，在此工具和行为的手段性便独立自主，终极目标遭到了忘却，手段本身便成了目的，成为了绝对。

如果在日常工作中，在某处作为技术的动机和视野的整体意义丧失的话，那么技术就会在崩溃之中变质为无限的多种多样的行为方式，它对劳动者来讲毫无意义，并且成为了对生命的掠夺。

通过练习的方式能够学习到的、属于技术行为本质的东西，一旦成为了自我欣赏的例行公事的话，那么它不再是对生活的丰富(也就是说通过确保自己生活的基础以及为社会的服务)，而是使生活的意义变得贫乏。精神上的努力是服务于提升意识的不可或缺的手段，如果没有这样的努力的话，那么工作本身是不充分的。人便陷入了毫无自觉或丧失意识的状态。

2. 技术内部的巨大历史断层

自从有了人以来，技术便作为人对工具的使用而存在。我们的历史回忆所能到达之处，技术从那时就一直存在，它建立在原始人自然的物理学基础之上，在手工和武器使用中，在车、锹、犁、船的使用中，在畜力、帆和火的使用中。在古代高度文化中，特别是在西方，高度发达的机械学成为了移动巨大的重物、建造建筑物、筑路和造船、建造攻城用机械和防御性机械的手段。

不过以上所有这一切的技术仍在一个相对来讲适度的范围之内，对人来讲还是一目了然的。所作以及所发生的都是通过人力在畜力、拉力、火力、风力和水力协助下成就的，而这里的一切依然是在自然的人世间范围之中。自 18 世纪末以降情况变得完全不同了。那种认为没有什么地方在技术发展过程中发生过决定性的飞跃是错误的。在这里这一飞跃发生了，并且是以整体人的技术生活方式得以实现的。在经过数个世纪之后，人们已经开始进行了一些尝试，在梦想中建构一种技术主义和技术政治的世界观，并且最初缓慢且零碎地造成了科学的各种前提，这使得 19 世纪实现的新技术世界超过了所有的梦想。我们询问这一新生事物究竟是什么？这无法被归于唯一的原理之中。

最明显的例子是机器的发明，做功机器自动生产出消费品。过去由作为工匠的人来做的事情，现在由普通人来完成。机器会进行纺、织、锯、削、压、铸等工种的工作，从而生产整个的物件。过去每天必须由一百个工人费力地吹出几千个瓶子，现在一台制瓶机每天可以生产两万只瓶子，而只需要为数很少的几名工人操作机器而已。

为此同时也设计出了为做功机器提供动力的机器。蒸汽机的发明是转折点（1776 年），其后是电动机（发电机 1867 年）成为了一般的动力机器。能源从煤炭和水力转化而来，并且被输往了各处。数千年来独占权威地位的古代机械学今天要面对现代唯能论的挑战。古老的机械学仅能在人畜肌肉的力量、磨房的风力和水力方面提供有限的动力。而眼下新生的动力却是以往的数千倍，起初看来似乎是增至无限的动力,现在则在人的支配之下。

只有建立在现代精确的自然科学基础之上,这一发展才成为可能。现代科学所带来的认识和可能性,对早期的机械学来讲是完全陌生的。特别是电学和化学的发展成为了实现新技术不可或缺的前提。那些起初不可见的,只有通过研究才能展示出来的东西,给人带来了几乎是无限的能源,这些今天在整个地球上都在使用着。

不过,为了使这些发明从闲暇时的或在高贵奢侈的游戏中获得提升,使其在经济方面获得实现,从而使这些发明成为人类生活的因素,为此需要一个进一步的前提。现代经济自由——这一自由已经不知道奴隶为何物了,并且允许自担风险的自由竞争——给勇敢的企业家提供了机会,去尝试难以想象的以及对大多数人来讲不可能出现的事情。为此,这首先是服务于金融信用制度,这一制度有能力集中高额的资金,而这在以往连最富有者也不曾有过。其次是由自由劳动力形成的劳动组织,在“劳动市场”上可以得到任何所需工效的劳动力,企业主可以根据确定下来的合同工资计算出可预测的支出部分。一项可以预见的法规属于企业主和劳动者双方,它强迫双方遵守合同。

这样西方便在19世纪产生了企业主之间的技术-经济战斗,在战斗中古老的手工业除了必不可少的剩余部分外全遭毁灭,一切在技术上没有什么用处的手工业都被无情地予以消灭。在这种状况下,即便是最好的思想也暂时会失败。而另外一面却取得了不可思议的成就。在这一进程之中发生了通过成就来予以证明的选择。凡是不能够完成事业所要求的企业主便宣告破产,或从他的位置上下来。至少在这一段时间内——在企业创造的开始——进行了对最有能力者的选择。

在现代技术的世界的形成之中,下列的三个因素是不可分割的:自然科学、发明精神和劳动组织。这三个要素的共同之处是理性。三者之中的任何一者都不可能单独实现现代技术。三者中的每一个都具有自己的根源，因此这也是独立走自己路时产生的问题源泉：

（1）自然科学在没有考虑到技术的情况下产生了它的世界。有一些杰出的自然科学发现，至少暂时是与技术没有关系的，有很多也许永远是没有关系的。即便是其自身在技术上可以运用的科学发现，也绝不是可以不加考虑地加以应用。科学发现需要技术的创造性思想，才能使之变得有用。如此的创造性思想使得莫尔斯发明了电报。在科学与技术之间并没有可预见的关系。

（2）发明精神即便没有特殊的现代科学，也能做出杰出的贡献。原始的各民族所做出的成就令人惊异——如澳大利亚土著所发明的投出后如不中目标能飞回原处的飞镖，以及中国的大量发明（例如瓷器、漆器、丝绸、造纸、印刷术、罗盘、火药）。但同时令人惊讶的是对当时辛苦和传统的工作方式的固守，而对我们来说最简单、最容易想到的机械方面的发明是会有所帮助的。好像是正常的漫不经心将人束缚在了不适当的方法上了。与这些传统的束缚形成对比的是，自近一个半世纪以来在所有的领域都出现了大量的发明，这些发明好久以来就处于可能的范围内，并且根本不需要任何现代科学，例如取暖炉、长燃炉、集中供暖、厨房器皿以及其他很多家庭用品，如检眼镜等医疗器械。对于另外一些发明来讲，现代的认识是其前提，尽管在实施方面旧的方法完全是可行的：对大部分流行病的防治，在手术中施用的麻醉和无菌处理。传统对于生命的麻木不仁，以及对不舒适和不适宜的方式所采取的忍耐态度，在我们的时代似乎已经被发明精神所克服。

此外还有作为独特现代因素的发明的组织化。发明不再是在某些地方由个人偶然做出的了，技术发明已经陷入了无数人参与的运动过程。少数原理方面的发明活动有时也会产生新的冲击。大部分的发明是在已经存在的发明的继续发展之中，是对原来的发明的不断改良和进一步利用。一切都变成了无名的。个人的成就在整体的成就中消失殆尽。因此在相对较短的时间内,可以产生完美的形式,如自行车、汽车。

在技术上的可利用必定也要在经济上有益。不过这样的发明精神要从上述的束缚中独立出来。借助于伟大的推动力,发明精神开始了第二世界的创造。发明精神所创造的只是在一定限度内的技术实现,它为在自由竞争中的经济利益或者拥有独裁权力的意志创造了空间。

(3) 劳动组织成为了一个社会和政治的问题。如果生产不仅仅是奢侈品,而是由机器生产出所有人日常的大量必需品,这就造成了大多数的人被卷入生产的过程,进入了由机器产生的劳动方式之中,人作为了机器的一部分。如果几乎所有的人都成为了技术的劳动过程中一部分的话,那么劳动组织便成为了对人性提出的疑问。因为对人来讲终极的目的是人,并不是技术,技术应服务于人,而不是人服务于技术,因此在现代技术的基础之上开始了一个社会学的-政治的进程,在其中现代技术疯狂地追求将最初的状况颠倒过来,为了使人作为劳动力任意从属于技术和经济的目的。

为了理解这些要求的意义,有必要对劳动的本质进行具体描述,首先从总体上来讲,其次是在技术进入之后的变化之中来阐述。

b. 劳动的本质

借助于技术而实现的一切,在每一个时代劳动都是必要的。凡是在有人劳动之处,便会使用技术。技术的种类决定了劳动的方式。技术的改变也改变了劳动。技术的根本变革同时也引起了劳动的彻底改变。

直到19世纪的技术革命才使得技术和劳动都成了问题。以往技术和劳动二者从未像自这个时代以来如此多方面地、如此彻底地予以讨论过。

那我们首先就具体描述一下，19世纪以来的劳动是什么，它一向又是怎样的。只有依据这一尺度我们才可以认识到在新的技术世界中劳动的特殊性。

1. 劳动的定义

劳动能够以三种方式来予以确定：

劳动是体力劳动。

劳动是有计划的行为。

劳动是人区别于动物的根本特性：它造就了自己的世界。

第一，劳动是体力劳动。它是紧张的努力，例如肌肉劳动就会导致疲劳和筋疲力尽。在这个意义上来讲，动物跟人一样劳动。

第二，劳动是有计划的行为。它是有意图和目的的行为。这一努力是为了想要获得满足需求的手段而希望达到的。这种劳动已经将人同动物区别开来了。

动物直接通过自然满足其需求。它们发现满足其需求的一切都是现成的。而人只有通过有意识和有计划的媒介才能满足其需求。这一媒介是通过劳动完成的。对这一媒介来讲，尽管人在自然之中发现了材料，但并非原始的材料，而是经过加工的原料才适合满足其要求。

动物的本能使得它们为了生存而耗尽生命，并使得周围一切消失殆尽，——而劳动却造就了工具，生产出了持久的东西：物品和劳动成果。工具使人脱离了与自然的直接关联。工具在改变对象时，也坚守着避免破坏它们。

天生的机敏对于劳动来讲是不够充分的。个人只有通过学会普遍的劳动规则，才能变得熟练。

劳动同时是肉体的和精神的。脑力劳动是更为困难的。经过练习可以学会的、几乎可以无意识地进行的劳动是容易得多的。我们乐意从具有创造性的劳动逃到无意识的劳动，从脑力劳动逃到体力劳动。一直到有朝一日，一个学者在研究中没有达到预期的目标时，他的意见依然是专家的意见。

第三，劳动是"人之存在"的基本行为。它将自然存在的世界转变成为了人的世界。这是人与动物最根本的区别。人当时的总体环境的形态，是通过共同的劳动无意或有意地创造的世界。人的世界，人生活于其中的整体状态，从中产生了共同的劳动。因此，这一共同的劳动随时都要求劳动分工和劳动组织。

劳动分工：一个人并非能做所有的事情。特殊的技巧是需要的。受过特殊训练者能比没有受过训练的人更好、更多地生产出这一类型的产品。此外，并不是每一个人都拥有供每种劳动使用的工具和材料。因此在团体中的劳动随即导致了劳动分工，因为多种的分工对劳动来讲是必要的。

人根据其劳动的种类而相应地被区分为劳动阶层。阶层根据人的教育的类型、习惯、观念和名誉，将之划分为农民、手工业者、商人等。于是发生了将人固定在其劳动类型上的过程。

劳动组织：凡是有劳动分工的地方，就需要合作。只有当我成为了相互尽义务的社会中的参与者的时候，我所做出的特殊成就才有意义。劳动只有在劳动组织之中才有意义。

劳动组织的一部分是其自身无计划地通过市场而发展起来的，一部分是通过劳动的分配而有计划地发展起来的。社会的整体究竟是由计划还是自由市场来组织，这在本质上决定了这一社会的特征。

因为在有劳动分工的场合，产品就会从直接的消费品转化为商品，它们必然会被交换、投放市场或被分配。在此，抽象的价值标准是绝对必要的。这一标准就是货币。用货币换算出来的商品价值，或者是通过市场的作用而自由展开，或者是通过有计划地固定价格而加以命令。

社会的结构和人的生活乃至其所有末节都是由劳动的种类及其分配来决定的，今天这是再明显不过的事实了。黑格尔已经看到了这一事实，马克思和恩格斯以其划时代的洞察力传播了这一思想。

这一劳动和社会的紧密联系，在多大程度上成立，并且在多大程度上通过其他——如宗教和政治上——的原因，其意义受到制约或限制，这特别地属于历史学-社会学的研究范畴。

增强这一联系的作用，使之成为人的历史中唯一原因的主张，肯定是错误的。不过，这一观点自马克思、恩格斯以来已经被尝试过，它基于这样的事实，亦即在我们的时代这一联系具有了比以往所有能感受到的更加重大的意义。

劳动分工和劳动组织尽管与现代社会中我们生存的本质结构有关系，但对于所有劳动者的意识来讲，具有决定意义的依然是，如何进行劳动，劳动的目的是什么，有什么意义，以及如何将这些纳入劳动者当下的意识当中去。在对于这些问题的讨论之中，显然是以这样的前提为基础的，亦即人的需求体系，吃、穿、住等决定着劳动。这一说法是对的，但阐述得不够详尽。

劳动的愉悦并不是单纯地在运用肌肉过程中或在机敏熟练上的快感，而是受到参与我们的环境创造的意识的制约。劳动者在其创造物的映射之中意识到了其自身的存在。劳动者心情的喜悦来自于对共同创造的存在形式的体验意识，以及对恒久之物的建设意识。

不过在劳动之中还可能蕴藏着更多的东西。黑格尔谈道："宗教的劳动创造出了虔信的善业，而这一善业并非由有限的目的来确定……在这里这一劳动自身便是祭礼……作为纯粹创造和持续不断的劳动其自身就是目的，因此永远不会完结的……"这一劳动的范围"从舞蹈的单纯身体运动到非同寻常的、巨大的建筑物……所有这些劳动都属于牺牲的范畴……这一活动完全是一种奉献，不过这不仅仅是纯粹外在的东西，而是内在的主体性……在这一生产之中，牺牲是一种精神的行为，是一种努力，作为特殊的自我意识的否定，坚持在内心之中以及在想象之中为了活生生的目的，而在外部创造出直接经验来”。[格洛克纳新编的20卷本黑格尔去世一百周年纪念版《黑格尔全集》(G.W. F. Hegel: *Sämtliche Werke, Jubiläumsausgabe in zwanzig Bänden*, neu hrsg. von Hermann Glockner, Stuttgart and Bad Cannstatt: Friedrich Frommann-Holzboog Verlag, 1927－1940.)第15卷《宗教哲学讲演录》(*Vorlesungen über die Philosophie der Religion*, 1928)，第248页及以下。]

这就是由黑格尔指出的而今天几乎被忘却了的劳动的意义的多种可能性。将劳动的内容划分为满足生活必需品和奢侈的要求，是肤浅的。劳动的意义比这要宽泛得多得多。在这样的观点下，奢侈所意味的是，所有满足生命必需的必不可少的形式和财物，正是在其自身蕴藏着的本质的东西：人是如何造就了世界，他们将世界看成什么，人在世界中意识到自我以及存在本身，意识到超验以及原本的天性。

以上完全是对劳动的简单的概述。现在我们再回过头来看一下，现代技术带来了哪些断层。

2. 现代技术断层以后的劳动

(1) 技术节省了劳动，但同时也增加了劳动。技术是以节省劳动为其目的的。用机器代替了人的肌肉，用自动的装置代替了一再重复的紧张的思考，从而进行工作。发明者唯一的功绩是节省了肌肉和理智的努力。在这一技术的实现之中有着这样一个界限，亦即仍然存在由人一再重复所付出的劳动，这没有办法由技术来替代，因此以前没有出现过的新的劳动成为了必须。机器必须一再被造出来。即便将来机器几乎可能成为独立之物，也必然在某一个地方经过人的劳动来使用、看管以及修理它们，此外，还需要筹措消费的原料。劳动被转移到了其他的场所。劳动是被改变了，而不是被取消了。总有些地方保存着技术无法废除的古老的、折磨人的劳动。

因此，尽管技术减轻了劳动的负担，但它也带来了新的生产的可能性，通过其成就唤起新的需求。在其中需求在增长，产生了新的、增加了的劳动。并且技术首先是以战争武器的方式产生的毁灭性手段，它偶尔一次通过强制最大限度地生产出大量的武器，之后再通过强制重新开始将一切投入混乱状态和废墟之中，从而将对劳动的要求提高到最大限度。

技术在面对我们今天的现实时真正地减轻或减少了劳动，这从整体上来看，是有问题的，或者我们可以反过来认为，人通过技术使其力量最大程度地得以耗尽。不管怎样，现代技术首先给那些在其中一同参与的人们带来了劳动量的巨大增加。尽管如此，在技术的可能性中确实包含着减少肉体破坏性劳动的原则，并且正是通过现代技术产生了使人从体力劳动的负担中解放出来的观念，从而有利于人在闲暇之中展开其各种自由的可能性。

(2) 技术改变了劳动。与发明创造性的卓越形成对比的是非创造性应用的依存性。发明产生了闲暇、灵感和不屈不挠的精神，而应用则要求重复的劳动、适应、可靠的精神。

在技术劳动的实施方面，看管和操纵机器得到了积极的评价；这种劳动发展出了一种守纪律的、慎重的、反省的精神态度；有意义的行为和能力产生的愉悦，使得对机器的爱成为可能。与此相反的是，对于很多在传送带旁一再重复操作的人来讲，他们给予劳动的自动化以否定的评价；这一毫无内容、除了会使人疲劳的劳动，只有对于那些生来迟钝的人还不至于成为不可忍受的负担。

黑格尔已经看到了，对劳动来说经由工具到机器的飞跃而出现的后果。首先是惊人的进步：工具依然是一个迟钝的物件，我只是在形式上劳动着，并且将自身变成了物；因为人提供了力量。与此相反的是，机器是一件独立的工具，人用机器欺骗大自然，人让自然为他们劳动。

不过，这一欺骗在欺骗者那里报了仇："由于人通过机器让自然为他们工作，因此他们无法取消劳动的必要性……人们使得劳动脱离了自然，但又不能将自然看作是活生生的东西而予以专注……给人留下来的劳动，其自身变得越来越机械化，劳动越是机械化，其所具有的价值就越少，他们就必须更多地以这种方式劳动。""劳动变得越来越没有价值，……个人的熟练技巧无穷地受到限制，工厂劳动者的意识会降低到最大程度的麻木不仁；劳动的单个种类与整个无限群体的需求之间的相互关系，完全是无法估量的，取而代之的是盲目的依赖关系，以至于一次没有直接关系的工作程序常常会使得一个阶层的劳动突然变得碍事、多余并且无用了，因为这些人的工作能够满足其需求。"

(3) **技术强制采取某种重大的组织形式**。只有在具有相当规模的工厂之中，技术的目的才能完全地、经济地得以实现。这个组织必须要有多大规模，是要由各个工厂的生产特别来回答的问题。但进一步的问题是，大规模的组织究竟应当有多大才能有利于其有益的大量发展，而不至于造成自由市场的垄断地位，在法律的规定之外在多大程度可以考虑有计划地建立一个全面的世界工厂，在那里所有一切相互适应，在每一领域都不会过多或过少地进行生产。

在上述的两种情况下，单个的人依赖于大规模的组织以及他在其中所占据的地位。正如机器制造没有给个人的劳动带来快乐一样，在拥有自己手工工具的个人自由以及为私人订货单生产的自由也宣告结束。绝大多数人再也不能明了自己劳动的目的和意义了。人的尺度被违背了。

对机器和劳动组织的劳动双重依赖性，使劳动重又成为了一类机器，造成的后果是，人自身似乎成为了机器的一部分。新的劳动单位具有创造性的发明者以及组织者成为了少见的例外：他们依然在从事机器的制造工作。与此相反，越来越多的人必然成为机器的零部件。

不过技术化从对自然的加工，逐步扩展到建立在整个人的生活之上，到对所有事物的官僚的指导，到政治，乃至游戏和娱乐，这一切只有在延续已经习惯了的生活方式中才能得以实现，不再来自创造的愉悦。如果不能通过技术组织的行为重新将人的余暇填满的话，人们便不知道做什么好了，那他们就没有办法从神志昏迷和梦想状态中恢复过来。

如果跟往昔的生活尺度相对照的话，作为机器一部分的人的生活有如下的特征：人被迫背井离乡，失去了土地和家乡，为的是在机器旁得到一个位置，而分配给他们的房子和土地本身也跟机器的类型一样，是转瞬即逝的，可以替换的，不是风景，不是唯一的家。地球表面明显地呈现出机器的风景。人的生活在关乎过去和未来时，其视野非常狭隘，人失去了文化传统，并且丧失了对终极目标的追寻，人仅仅生活在当下；但是，这一当下变得越来越空虚，它越少由记忆的本质所支撑，便会越少地孕育着已经发了芽的未来的可能性的种子。劳动仅仅变成了紧张和匆忙的努力，在浪费了精力之后是精疲力竭，两者都是缺乏沉思的。在疲惫倦怠之中，除了冲动性，对享受和感觉的需求外，没有其他。人们靠着电影和报纸生活，收听新闻，看图片，到处都生活在机械性的习惯之中。由技术生产的消费品的增加，使得大量的人增长到似乎无穷的程度，无论如何，我们的时代已经在短时间内使地球表面上生活的人口增长了数倍。

人成为巨大的机械装置的一部分的转变，是在通过所谓的测试而得出的对人的解释中显示出来的。人们试验个人变化多样的品质，并且将人按照数量和重要性进行分类，在此基础之上将人分成集团、类型和等级。作为个体的人是抗拒将自身转变为可交换的物质的，是反对将自身通过贴标签而予以分类的。但是，整个世界的事物进程迫使人们选用这一选择技术。这一场合的选择者本身也是人。谁来选择选择者呢？选择者自身也成为了机械装置的一部分。他们机械地操纵装置，并进行测试。

这一被拖入对人来讲陌生的机械装置之中的意识，由一位二十二岁的美国空军中尉表达了出来，他是由于驾驶轰炸机的杰出功绩而获得了最高的勋章，在招待会的采访中他说："我是地狱中一架大机器上的一个齿轮。对此我越是思索得多，越是感到自己仿佛自出生之日起就是一架、另一架机器上的齿轮。每当我开始做事，做我想做的事情的时候，会有一件比我大得多的东西来到我面前，把我推到后面的位置。这并不令人愉快，但确实如此。"

c. 对劳动和技术的评价

对劳动的评价

自古以来就存在着对于劳动的矛盾评价：希腊人蔑视所有的体力劳动，将之看作为庸俗不堪的事情。一个完整的人是贵族，不劳动，有闲暇的时间，从事政治活动，参加竞技比赛，上战场，创造精神产品。——犹太人和基督徒在劳动中看到了对罪恶的惩罚。人被从伊甸园逐出，他们承受原罪的后果，必然在累得满头大汗时才能吃上面包。帕斯卡尔强调了这一观点：劳动不仅是一种负担，而且是对人的真正使命的偏离；劳动显示了世间营生的空洞，造成勤劳忙碌的假象，诱使精神涣散，并掩盖了本质的东西。不过新教教徒却在劳动之中看到了巨大的恩赐。弥尔顿描绘了人从伊甸园被驱逐后获得的拯救；亚当和夏娃不久便擦干了眼泪：

辽阔的世界展现在他们面前，
任他们选择栖息的场所，
神的旨意做了他们的向导……

天使米迦勒对亚当说：

现在只要在你的知识上加上行动……
然后你就不会不心甘情愿地离开这座伊甸园，
你在心中拥有一个更加有福的天堂。

加尔文教派在劳动的成果中看到了被上帝选中的印记。世间职业的义务概念，后来即便独立于宗教也是作为宗教的设想而得以存在下来。劳动的喜悦以及劳动的赐福，劳动的尊严以及将成就看作是人的价值的尺度都在这块土地上发展了起来。加尔文教派既认同这一要求："不劳动者不得食"，同时也注重精神上的赐福："去劳动，而不绝望。"

在现代世界中，劳动普遍受到肯定。不过当劳动完全成为了人的尊严，作为人的本质的称号的话，那么对劳动的双重观点便显现出来了：一方面是在劳动者的理想之中，另一方面是在真实且平常的劳动情景之中，而在后者，人通过劳动方式和劳动制度遭受异化。

从这一双重性中产生了改变人的世界的冲动，借助于此，人在创造自我整体世界中发现劳动的合适方式。那种错误的、与自身异化的、剥削的、强制的劳动方式必须要克服。黑格尔所说的就是这样的尺度："人自身在活动和劳动中得到满足，这是主体的无限权利。"［格洛克纳新编的20卷本黑格尔去世一百周年纪念版《黑格尔全集》第11卷《历史哲学讲演录》(Vorlesungen *über* die Philosophie der Geschichte, 1928)，第

50页。]

如果人们仅仅只能看到一种劳动的话，那么就会将劳动的问题与“人之存在”的尊严、要求和义务的相互关联错误地予以简单化。通过特殊劳动的效应，通过参加分享产品生产的程度，通过各种劳动组织、管理方式、命令和服从的方式，通过劳动者能感受得到的共同氛围和团结的精神，实际上，劳动在其类型的多样性中是极其不同的。

为了人的尊严而对劳动状态的变革任务，因此既不能使用唯一的原则来解决，也不能将这一切统一起来。作为这些任务已经意识到了以下几点：在一定的物质条件下具体完成劳动的改变，从而使劳动更加人性；改变劳动组织，从而使每一个劳动者加入支配和从属的方式都与自由保持一致；改变社会，从而使产品分配更加合理，根据每一个人的成就，或仅仅是作为一个人，确保其作用。

通过技术引起的劳动与生活方式的变革，这些问题已经初具雏形。对于现代劳动的评价是无法与现代技术的评价分离开来的。通过现代技术，劳动的负担重又增加了新的分量，但这也许有着新的充实的可能性。

对现代技术的评价

自百年以来，技术或被赞美，或遭唾弃，或以恐怖的眼光被看待。

在19世纪，一方面存在着发明家创造的热烈愿望，另一方面也存在着劳动者愤怒地毁坏机器的现象。

在最初的狂热中存在着至今一直被固守着的意义，并且最近由德绍尔做了说明：通过人的创造性而实现了塑造人的环境的理念，作为按照神的形象创造的人，发现了永恒的创造理念，并实现了类似于第二自然的这些理念。因此，“技术的精神”绝不单单意味着一种手段，而是指对预先确定的人的适当且真实环境的全面实现。于是产生了一个自主独立的世界。技术不仅仅是外在的生活条件，而且充实了内在的精神生活领域。“不将一种变革世界的力量作为借来的目的之手段性来看待”，这样的意识对这一热忱来讲是不可能的。

如果德绍尔遇到了真理的话，那么作为由人从技术精神本身创造的完全崭新的环境就正在产生的过程之中。在当下的危机中，古老的已遭毁灭，而新环境的形态尚未被发现。在创造的过程中，整体呈现出无政府状态和毁灭的混乱，新的形态正在萌生。关于人类生活环境的新观念可能存在于具有现代特征的新技术之中。技术的发展也许不能无限地进行下去，而是朝着一个终结的方向发展，这一终结会使得一种新型的尽善尽美作为人类生活的物质基础。

有另外一种观点是与这一理解方式相反的：技术之路并非通过支配自然而使人从自然中解放出来，相反地是对自然和人自身的破坏。对生物的杀戮进程导致了最终的整体毁灭。伟大的人物在一开始面对技术时便被恐惧所攫住，这是具有预见性的真知灼见。

跟以上两种极端的观点相比还有第三种观点。它所主张的是技术的中立性。技术就其自身而言既非善，亦非恶，却被用于善和恶。技术本身既没有尽善尽美的观念，也没有恶魔般破坏的观念。二者均来自人的另外的根源，正是这些根源才赋予了技术以意义。

发明的精神还没有麻痹，对技术的普罗米修斯般的狂热就几乎消失殆尽了，这似乎已经成为了今天的特征。对技术孩童般的冒险的喜悦已经消失，或者说转移到了更原始的人那里，他们刚刚接触到技术，了解并学会技术。

不过，技术时代的目标和重点既不清晰也不确定，在通过这一时代的途中，肯定首先要发生那些毁灭的过程以及含糊的改革，这我们从以下单个的情况来予以讨论。

1. 远离自然和对自然的新的接近

人从其已存在的、单纯的“自然”环境中撕裂开来。人之形成的第一步是通过其自身而实行的“驯化”。不过这直到一百年前依然在身边明显地可以看到一个真实的环境，一个整体。

现在一个新的环境将被创造，在其中必然无论如何要有一种“自然环境”——作为非独立的和相对的环境——以一种根本不同的意识来自我重建。

在技术的行为中，制作是最为本质的东西。这一目的以及实现这一目的的技术装置占据了意识的中心地位，相反已存在的自然的东西却退居到了暗处。我们在技术行为面前看到的自然，是机械的自然，是通过研究而意识到的看不见的东西(例如：电)，借助于这些我们可以在机械环境的永久范畴内间接地进行操作。

没有学会这一知识，而只限于使用的人——开关的操作，电车的驾驶——只能进行原始的操作，完全不知道在他们面前究竟发生了什么。因此，人能够在与自然没有任何关系的情况下使用具体的技术——至少在某些领域是这样，而在以往时代的机械学的自然技术却要求练习以及通过身体的熟练来达到。

然而，赋予技术的自然在很多领域要求对自然的适当接近。许多的技术设备对身体的特殊灵敏度有要求，从打字机一直到汽车，要求更高的如驾驶飞机。但这几乎总是单方面的、特殊的，并且是极端的技巧，身体的忍耐力，而不是肉体生命整体全面的训练(这有点像骑自行车者与步行者的区别)。此外，与技术设备打交道是需要知识的。在这一场合，为了每次都去发现适当的攻击点，并由此达到目的，为了直接去面对装置的故障，从业余爱好者的小打小闹，到方法论上的一目了然以及有效的修整，实践的本质要素在于利用技术在知识方面的技巧。

因此，技术能够使生活在其中的我们这些人，为了不加思考地机械地使用技术，或者完全脱离自然，或者以可知而不可见的方式将我们带到被探索的自然面前。

不过，技术不仅使我们接近以物理学范畴探索的自然，而且通过技术产生了一个新世界，并形成了人在世界中生存的新的多种可能性，而由此蕴含着对自然的重新接近。

(a) 首先是技术产物的美：运输工具、机器和以技术手段生产出来的日用品已经达到了功用上完美的形式。在技术制作中，实际上产生和创造了第二自然。问题是，技术上的成功产品的美在哪里。这一美不仅合乎目的性，而且完全恰如其分地适应"人之存在"。这一美很少表现在多余的图案和装饰之中，相反这些看上去是丑陋的，而是让我们感受得到完全符合目的的形成物的绝对必要性，这一必要性首先纯粹在人工所造的东西中表现出来，然后作为生命的无意识产物被再认识（就像是认识动物和植物身体结构一样）。答案就在事物自身之中，这似乎是通过谋求永恒的、预先确定的形式而被发现。

(b) 此外，技术能够极大地扩展真实的观察。通过技术我们可以看得到微小的和巨大的事物，而这对于自然的感受来讲却是关闭着的。显微镜和望远镜都是非自然的产物，却开启了一个自然的新世界。借助于交通手段，技术使人几乎无所不在；他们可以到任何地方去——如果不是国家、战争和政治设置障碍的话——，在那里埋头于他们经验到的、看到的以及听到的事件。通过图像和声音在自家的房子中就可以获得当下的记忆，而这以往在不充分的和错误的观念中，仅仅以可怜的或离奇的方式展现在我们的感官面前，或者根本没有进入知识的领域，留声机和照相胶片使得对以前发生事情的回忆成为了眼前。观察的可能性在各个方面都变得空前精细和丰富。

(c) 最终产生了新的世界意识。自从现代交通和通信事业的建立，我们对大地的空间感觉就是整个地球了。地球就在眼前，每天它充满了来自世界各地的新闻。地球上的力量和利益的现实交错，使得地球成为了一个整体，并且是一个封闭的整体。

因此，在技术世界会出现"人之存在"的新的可能性，对技术特有的喜悦，在扩大的世界体验方面的技术成就，将整个地球以及在具体经验中生存的所有因素当下化，从而为人轻而易举地掌控物质世界奠定了基础，进而达到对高尚的纯粹体验。不过所有这一切今天依然是少见的特例。

重新接近自然和万物除了熟练之外，还要求人的自主，人借助于自己的理解力深入到与自然相疏离的领域，从并非直接的存在的整体中创造了当下。精神是具有决定性的因素。

埋没于无思想、机械装置的空洞的功能之中，在自动化里变得肤浅化，在消遣中丧失自我，无意识的增长，神经亢奋的过剩，对人来讲这样做会简单得多。

2. 对技术界限的错误判断

对技术的尊重取决于人们对它的期待。明确的尊重是以技术的限度作为前提的。

人们有时会从教条的自然知识出发将错误的限度置于技术之上，例如就在半个世纪之前，飞行乃至飞艇有时被宣布为是不可能的。人通过认识所达到的对自然的掌控，实际上是难以估量的。幻想设计出了非凡的东西，它不受绝对不可能的限制——将来在煤和石油矿藏消费殆尽后，原子能的技术利用能够提供代用品，一直到有计划地炸毁地球，以及用于宇宙飞船。尽管我们有理由认识到了永动机是不可能的，但发现一种实用的、永不枯竭的能源的源泉还是可能的。但技术可能性的广阔空间并不能使我们对技术的界限产生迷惑。技术的界限存在于所有技术实现的前提之中，而这些前提是人永远无法掌控的。

（1）技术是手段，需要指导：在天国之中并不存在技术。技术致力于使人摆脱强加给他们的困境，首先使人通过劳动保存其肉体的生存，其次出于并非强加给他们的困境，使其有能力将自己的生存扩展到由其自身设计的环境的无法预见之中。

技术上的发明创造是服务于需求的，是由需求引导，并且因此根据其用途而予以评价。尽管在发明之中也存在着实用性之外的动机：创造一种以前从来没有存在过的东西的快乐，而这一快乐也是需要付出一些努力的。在这种情况下，发明者能够去制造而无视其实用性。因此出现了巴洛克时代的自动机械和玩具。不过对发明的选择以及因此而最终决定性的引导仍然是从实用性出发。技术发明者原则上并没有创造新的要求，尽管他们通过满足欲望而使这些要求得以扩张和多样化。目标是已经存在的，并且多半是自明的：减轻劳动量，促进消费品的生产、大量生产。技术存在的理由，是通过这些实用性来回答的。

技术的界限是，它不能独立地为其自身而存在，而是作为一种手段。基于这一认识，技术的意义是含糊不清的。因为技术没有设置任何目标，它处于善恶之彼岸或先于善恶而存在。技术既能帮助人们获得幸福，亦能造成灾祸。技术对二者来讲是中立的。正因为如此，技术才需要指导。

这一指导是否能从对整体自然环境的生存适当性中产生？从发现本身以及扩大的需求中产生？这些问题的目的在于事物过程中未知的，但也许是很有意义的东西，仿佛一项计划在变为现实，——或者也仿佛恶魔强占了技术。我们很少相信事物无意识的过程。对技术的指导不可能从技术本身中寻得，而必须从有意识的伦理之中获得。人自身必须重新回归指导。他们必须清楚地了解自身的需求，检讨、并将这些需求分级。

(2) 技术局限于机械论、无生命的以及普遍的东西：技术所掌控的总只是机械的理解。技术将其对象转化为机械论，因此转化为机械装置和机器。鉴于这一机械可能性所取得的完全出人意料的巨大成功，似乎在技术上一切都是可能的。这样便发展出了技术是无所不能的错误期待的基本立场。不过这些技术上的绝对化是对现实的错误判断，现实所要求的在各处都要超出技术，尽管所有的行为都是以技术作为其前提的，机械论似乎只提供了骨骼而已。对于自然所应当采取的态度是保护和培育，对于人则是教育和交流，而精神作品的产生，发明创造本身是不能按照技术的规则来完成的。认为这一切应当通过技术予以实现是错误的，它们只能从具有生机的精神中得以创造。甚至绘画、文学、学术都是以技术为其手段，如若仅仅作为技术的产物，那将是空虚的。

技术的界限在于局限于无生命的东西之中。支配技术制造的理智，也只适用于无生命的、广义上的机械装置。因此，技术只能像对待无生命体一样对待生命，例如在农业化学之中，现代的培育方法以及通过激素、维生素来尽量提高牛奶的产量，等等。技术化的栽培(例如现代花卉业)与中国几千年来的历史上的栽培方式，也存在着令人惊奇的区别，技术化的栽培从打破纪录的角度出发，努力达到的是引起轰动的、极端的效果；在工业产品与有生命的艺术品之间同样存在着差别。

通过技术而生产出来的产品具有普遍性，但没有个性。尽管在某一历史创造过程中，技术也能用来生产唯一的东西。但技术是以生产同一类型和大批量产品为其目的的。技术的界限通过其与普遍性的关联，以其普遍传达的方式，而为所有的民族所接受。技术与文化的前提没有关联。因此，技术本身是无表现力的、非个性的、非人的东西。虽然在发明的“精神”和特别的形态之中，依然能感受得到超出纯粹技术的东西，但作为理智产物的特征，使得技术局限于同质的理智之中。

(3) 技术总是与受限制的材料和动力相关联：技术在作业上需要

材料和动力。只要这些材料和动力对人来讲数量是有限的，如煤、石油、矿藏，消耗殆尽便不能恢复了。终究会有这么一天，在新的能源没被发现之时，资源会枯竭。人们会想到原子能，但却不知道，我们从中获取原子能的矿藏在多大程度上能支撑得了。

通过地球表面可以获得的能源大都是有限的，并且一旦枯竭就不会重新获得，此外尚可考虑的是太阳能的可能性。太阳能目前已经间接地通过有限的、但本身可持续获得的水力得以实现。是否可以直接将太阳能作为能源来加以利用，是重复使用未来技术中的一个未解决的课题。人们可以进一步考虑更深、更广地钻入到地表以下去寻找能源。

实际上能源尚未枯竭，人类的地窖依然是满满的。但可以推算得出——对煤和石油来讲——终结之日是在从历史上来看相对短的时期内。

不过，如果所有对技术来讲必须的能源消耗殆尽的话，尽管到那时技术时代将终结，但“人之存在”并不会因此而停止。届时人口数会重又变得很少，就像是在至今所有历史时代能够做到的，在没有煤、石油，没有现代技术的前提条件下生活。

(4) 技术受制于人，并且通过人的劳动而得以实现：人必然愿意准备着听候吩咐。人通过“人之存在”所要求的东西，是至为关键的，当技术的界限达到之时，人不再愿意生活下去，或者他们以生命作为赌注而进行抗争。其后在这一场合的技术机器在其运作中或被扰乱，或遭破坏，或者在将“人之存在”作为设定的前提条件下予以重构。

(5) 技术也许会受到其发明的过程、可能的目标的限制，并且由一个终结而决定：随着时代的推移，伟大的新发现层出不穷，这些新发现似乎使我们的认识在之前就达到了相对完美的状态，并且造成了意想不到的另外的新的发明组，成为了这些发明组的前提。柴油发动机、无线电曾经是此类的新开端，现在原子能似乎成为了新开端。当世间所有一切为人所利用之时，这些新发明的推动力便达到了一定的限度。至今为止，从整体上来讲，技术已不断增强、迅猛地前进了一个半世纪多的时间。如果从本质上来讲达到了终结的话，那么仍然会通过将整个的地球表面变为唯一的一个应用场，而获得数量上的巨大提升。

技术发明的可能性会完结或终结，对此都提供不出什么证据，但有一切暗示和可能性存在：如果我们将1939年以前美国、英国、德国、法国、俄国的新发明的规模来进行比较的话，就会发现其中有巨大的差别，我们可以说，在某些地区停滞不前，而在另外的地区则如火山爆发。在某一人群中的状况、机会以及共同的“精神”扮演着如此重要的作用，以至于当这一精神轻微地被毁坏的话，整个的发明事业就会处于危险的境遇之中。也许技术本身会有对人来讲不利的反作用力：通过技术而被征服的生活给科学技术的发展带来了幻灭的前提，这一发展至关重要的是与自由的精神性紧密相连的。在19世纪的大发明家和企业家与今天有组织的、愈来愈不知名姓的技术推进过程之间，现在已经明显可以看出存在着巨大的差异。在军事机密的研究和发明中开始对阻止公开性进行研究，这可能是技术终结的症候，特别是在涉及到研究领域中难以预测的范围中。

3. 对技术魔性的认知

“魔性”一词并非指魔鬼在起作用。魔鬼并不存在。这一词所指的是由人创造出来的，而又违反其本意的东西；对整体生存产生后果的不可抵御的东西；一种琢磨不透的反抗；仿佛是秘密发生的事情；非公开的事情。

有预见性的人们在没有真正认识技术世界之前，很早就对它感到了恐惧。牛顿通过对人类世界几件即将来临的灾难本能的察知，使精密的自然科学产生了震撼，只有从这一震撼出发才可以理解歌德对牛顿的宣战。J.布克哈特无法忍受火车和隧道，不过还是使用它们。那些被机器剥夺了手艺从而失业的人们，毁掉了机器。

与此形成对照的是对进步的信仰，这一信仰在新的自然认识和技术中只期待着福祉。它是盲目的。因为这一信仰只看到了技术之中的滥用，而这种滥用似乎能够被识破并且有修正的可能性，它没有看到技术之中更深层的潜在危险。这一进步的信仰错误地判断了进步局限于知识和技术之中，而“人之存在”的整体进步在这里是不可能的。今天所谓的技术魔性已经是昭然若揭了。下面让我们用几句话从我们现在的讨论中总结一下出乎意料的颠倒现象，这些从技术方面来讲是反人类的。

劳动量的增大导致了劳动者的机械化和自动化。对劳动的限定，并不是在对自然的顽强加工中减轻辛劳，而是使人转化为机器的一部分。

劳动所需设备的机械化，便随着复杂化、扩大化以及必要的协同作业，促成了一个组织，它不仅在程度上超过了以往所有的组织，而且是根本不同的，因为慢慢地整体的人类生活——还不仅仅是特定目的的部分领域——都被引到了这一组织中来。

技术性的思维方式蔓延到了人的行为的所有领域。这一思维方式的革命进入了各门科学之中，明显的例子是在医学的技术化、自然研究的工业化以及有组织的活动方面，愈来愈多的科学在类似于工厂的产物中进行。如果要获得预期的成功，那么这一事业是要求技术的组织的。

由于作为机械劳动的生活形态将社会转化成为了唯一的一部大机器，变为了包括整体生活的组织。埃及的官僚制度只是经过罗马帝国才成为现代官僚国家的先驱。想要起作用的一切，必然要依据机器的样式来予以设计，也就是说，它必须要获得精确的、强制的，与外在规则相结合的特征。最大的力量来源于最伟大、开发得最为完善的机器。

这一机械化的后果产生了机械强制性、可计算性以及可靠性的绝对优势地位。与此相反，所有心灵上的以及信仰上的东西，只有在对于机器的目的有用的前提条件下才允许得以存在。人自身也变成了被有目的地予以加工的原材料。因此，以往人是所有一切的核心和意义所在，现在则变成了手段。人们允许带着人性的面纱，得到支持这样去做，并且在言谈中以此作为头等大事，不过凡是这一目的所要求的地方，人性都会受到极端的破坏。强大的力量伴随着强大的肆无忌惮。因此，文化传统只要是在其绝对要求之中，就会被毁灭，而人们就像是一盘散沙，正是由于其丧失了历史的根源就越容易被利用。对生活的情感在机器之中区分了私人生活与职业生活。但这一私人生活自身变得空虚起来，即便是闲暇也变成了机械化，消遣变成了另一类的劳动。

技术的运作机制跟以往不同，能够强制众多的人，而这在从前完全是不可能的。例如通过无所不在的新闻报道使得最初的思想解放转变为了通过控制新闻来控制一切。国家意志可以通过媒介的系统在任何时刻穿越最遥远的地区，深入至每一个家庭中产生作用。

技术使得每一个人将其对生活的维持依附于所建造的装置的机能之中。在这一装置失灵的时候，舒适的生活一变而退回到了以前都想象不到的、巨大的困顿之中。此时人们受装置的支配程度，要大大超过自然之中的农民生活。没有更多的存储了。[12]

*

有一点是无疑的，亦即技术正处于以人的整体劳动生存状态改变其自身的状态。人再也不能摆脱从其自身产生的技术。同样确凿的是，技术不仅带来了难以估量的机会，而且也带来了无法预测的危险。

技术已经成为了一种可以独自裹挟其他往前走的力量。人首先落入其中，还没有注意到，它已经发生以及如何发生的。今天谁敢说，他已经看透了这一切！只有看透了技术，才能克服技术魔性。产生灾难的根源也许是可以为人所控制的。例如，市场的组织实际上可以救济暂时的物资匮乏，之后是转移到重建自由市场，而不是以市场的崩溃为终结，如果是这样的话，那么就没有可供分配的了。不过，在每一种计划中重又隐藏着未曾预料的“魔性”的可能性。对技术灾难的技术控制只会徒增灾难而已。绝对的技术政治从其自身方面来讲是不可能的。

将通过技术自身克服技术的使命看作是从整体上可以解决的方法，这是通往灾难的一条新路。对狭隘认识的狂热，为一种臆想的技术形态而放弃了真正技术的可能性。但问题在于，人怎样才能对主宰他的技术予以重新掌控。人的命运取决于为了自己的生活而掌控技术的后果的方式（这一生活大到整个社会的秩序，小到每时每刻每个人的行为举止）。

*

技术的所有要素都与出自其他诸根源的各种相互关系相连，为的是给予当代人这样的意识：在今天理智的光亮之中，使人们意识到了一种无能为力的阴森可怕的过程，这一过程是从人自身的行为出发以无情和强制的方式产生的。

当代人既看透又没有看透这一切，为了在中途阻止灾难，他们希望现在能将技术和理性的一切掌控在手中。

从整体上来讲，由于没有看透这一技术的事件，它可能不仅仅是厄运，而且是任务。对幻想的勾勒同时就像是对人性的要求一样，希望成为其主宰。作为个体的人的所有可能性都应当停止下来，默想要从地球上消失吗？人是否拥有一个起源，它最终使得所有的技术成为其制约下的条件，而不是使人变成为技术的奴隶？

技术的现实在人类史中产生了巨大的断层，它成立于人类生活的机械化和技术化之中，尽管我们身处其中，但其最终的结果如何，任何空想都是无法预料得到的。

无论如何，以下的观点是显而易见的：技术仅仅是手段，其自身并无善恶之分。这要看人想从中得到什么，技术出于什么目的而服务于人，人将技术置于哪些条件之下。问题是，什么样的人强占了技术，人通过技术最终展示自己为何种的人。技术与如何去实现它是没有关系的，作为独立的存在，它拥有空虚的力量，对目的来讲它是手段的胜利，是最终使得目的丧失了活动能力的胜利。技术是否可能从人的意识中脱离开来，在怪物的手中发狂，或者地球连同上面所有的人仅仅成为唯一的一家巨型工厂的原材料，将技术的整体看成是一座蚁山，会将所有一切变成自己的一部分，就像是无内容的事件其生产和消费的循环依然在空转着？理智认为这是可能的，而我们“人之存在”的意识却始终坚信：这一事态从总体上来讲是不可能的。

并不是思想独自就能成为技术的主宰者的。现在和未来的几个世纪中要对世界史做出抉择，人的生活在全新的条件之下，在何种形态中才可能发挥其各种可能性。至今为止人类实现其理想的所有历史上的尝试，都要直面这样一个问题：现在这对我们来讲还有什么意义，它们如何能够重复自己，如何能经受得住考验。

哲学思考必须看到这一现实。这一现实尽管只能产生思想、内在的态度、价值判断以及个体的可能性，但这些个体会成为事态发展中无法估量的重要因素。

第二章　世界的当下状况

绪论

我们对过去的记忆是漏洞百出的，而未来又是模糊不清的。只有当下能变得清晰起来。因为我们完全在其中。但正是我们置身其中的当下最让我们捉摸不透，我们只有在获得过去和未来的充分知识时，它才能变得清晰起来，因为过去拥有着当下，而在未来之中包含着当下。我们希望具有我们时代状况的意识。但这一状况包含着隐蔽的可能性，只有当这些可能性得以实现的时候，它们才能变得显而易见。

我们历史上崭新的、首次出现的具有决定性的状况是地球上人类的真正统一。对于人来讲，地球成为了一个由于交通技术而被控制的整体，它比以往的罗马帝国还要“小”。

自从400年前的发现时代发展一直引向了今天的瞬间。不过一直到19世纪末历史对我们来讲，本质上仍然是欧洲的历史。这以外的世界对于当时的欧洲意识来说，是殖民领土，仅有次要的意义，成为了欧洲猎获物的来源地。列强一直在寻求为自身获得更广大的领土，正是在当时的这一过程中，无意地奠定了今天依然在展开的世界史的基础。在第一次世界大战中，欧洲以外的这些区域已经介入了。然而，其结局仍然是一场欧洲战争。美国再次退出。直到第二次世界大战，地球上所有的国家都投入了兵力，予以了足够的重视。东亚的战争跟欧洲的战争一样严峻。事实上，这才是第一次真正的世界战争。作为唯一一个整体历史的世界史开始了。从这里我们可以将至此之前的间歇期的历史看作是分散地区相互独立的尝试，看作是人的可能性的多种多样的起源。现在整体已经成为了问题和任务。历史因此发生了完全的改变。

目前十分重要的是，不再有局外者的存在了。世界成为了封闭体，地球整体的统一已经到来。新的危险和机遇得以显现。所有重大的问题都成为了世界性的问题，现在的状况成为了人类整体的状况。

a. 当下状况之特征

1. 大众成为事件的决定性因素

所有以往的历史与今天相比较是在相对稳定的状况下发生的。农民阶层代表了人口中的大多数，即便是在灾难性的政治事件发生时，他们的生活方式也完全维持不变。他们构成了人口中的非历史性的实体。在历史时代中总在重复发生的农业危机带来过各种动荡，但从根本上没有改变。社会状况的变迁缓慢，在让人感到恒常不变的社会整体的内部，影响到个别的阶级和集团。人们即便被迫忍饥挨饿，对于他们的自我意识来讲，也要在恒定不变的秩序中保持相对安全。人们忍耐、顺从，生活在能够照亮一切的宗教信仰之中。

今天的情况完全不同了。社会的各种状况处于不可阻挡的运动之中，而这一运动成为了有意识的。整个地球上所有的人从他们自古以来传承下来的秩序和意识形式中摆脱出来。安全的意识愈来愈少。大众也变得愈来愈统一。所有人都学习了读和写。没有这些技能，他们就不能获得知识，不能获得表明其意志的语言，就没有办法发挥其影响力。

大众成为了具有决定性的因素。尽管个人比以往更加无能，但作为其一员的大众，“我们”似乎获得了一种意志。

但是，这一意志不可能起源于匿名的大众。它是由宣传所唤起和控制的。大众需要观念和口号。得有人告诉他们，他们到底想要什么。但大众必定要为别人向他们作指示做好准备。政治家、思想家、艺术家、作家，如果他们想有所影响的话，他们必然要求助于大众的力量。我们绝不会预先知道是哪种力量。领导者的特征是通过他们诉诸人众的冲动、尊重以及热情来实现的。领导者在大众中引发的刺激，也反作用于他们自身。因此领导者自身必须是什么样的人，他们必然如何反应，都是由大众决定的。如果他们不是统治大量奴隶的独裁者的话，那么他们就是大众意志的代表。

但是，大众[13]是一个可作多种解释的概念。大众或者指人口的数量（并且作为此，每个时代都是如此），或者是瞬间的表达方式以及在紧急的状况下人们在暗示作用下的行为（并且作为此，它们会突然出现或重又消失），或者指多数的、平均水平的更差的层次，他们的存在通过巨大的压力来决定一切（并且这是在一定条件下历史状况的体现，绝不可能是永远的下层）。

要区分大众与民族：

民族是在秩序之中成员化的，对其生活方式、生活样式以及传承有着自觉的意识。民族具有某种实质的和品质的东西，它处于一个共同的氛围之中，从民族之中来的个人的个性，同样也是通过他所具有的民族的力量体现出来的。

相反,大众却是非成员化的,意识不到其自身,单调乏味并且数量众多,既缺乏特性又缺少传统,既没有基础又空虚无聊。大众是宣传和受强烈影响的对象,他们不负责任,生活在最低的意识水平上。

在人们没有固有的世界、没有来源和根基的时候,他们便会变得可供支配,并且可被替换,这时就产生了大众。这是作为由技术造成的后果,今天正在不断增加的范围内发生:视野的狭隘化,短视并且缺乏对过去有效回忆的生活,无意义的对劳动的强制,闲暇娱乐的消遣,作为生活的神经亢奋,在爱情、诚实和信赖假象下的欺骗,特别是青年人的背叛以及由此而造成的玩世不恭。凡是卷入此中的人,便不再能保持自尊。在貌似朝气蓬勃和顽强反抗的情况下,这一道路经过绝望而走向忘却和冷漠,走入了人的共同生活的状态之中,它是作为能够利用、取代、驱逐的一个沙堆而存在的,它可以按照数量和可计算的、可以通过实验来确定的特征来予以操作。

个人同时是民族和大众。不过在作为民族和大众时,他的感觉是完全不同的。形势迫使他成为大众,而作为人又坚持要他属于民族。我们可以通过下面的比喻具体地说明之:作为大众我渴望普遍的东西,渴望流行、电影,并且只渴望今天,作为民族我需要真实性、不可替代性、活生生的演出以及历史上的当下;作为大众我在狂热之中为站在讲台上的明星喝彩,作为民族我在内心深处体验超越生命的音乐;作为大众我想到的是数字、积累、平均化,而作为民族我想到的却是价值的等级和划分。

要区分大众与公众:

公众是民族转化为大众道路上的第一步。他们是诗歌、艺术、文学的反响。当民族不再以统摄性的方式生活在共同体中的时候,大量的公众会成长起来,虽像大众一样令人不可思议,却处于精神活动的自由竞争的开放性之中。当作家自由的时候，他为谁写作？今天他不再为民族写作，也不仅仅为大众写作。如果作家幸运的话，他会招揽并赢得自己的公众。民族拥有伴随着其生命的长盛不衰的经典，而公众却在变化，他们是没有个性的。不过，在公众存在的地方，那里的社会是会有活力的。

今天，从民族到公众和大众的转化是无法阻挡的。形势迫使事物的进程通过大众而得以实现。不过大众并非最终确定之物。它是"人之存在"解体之中的生活方式。在大众之中，每一个个体仍然是人。问题在于，从个人的以及内心的世界出发——这些今天被看作"私人的"，常常被认为是傲慢的被轻视的对象——在何种程度上才能产生新的萌芽，才能最终导致产生脱离大众生活方式的"人之存在"的复苏。

我们能够在过去的顶峰上眺望过去。我们看到的仿佛是，在大众生活方式的广阔基础之上，很少有历史的信息传达给我们，只有高度的精神创造才能创造真正的历史。在贯穿时代的真正的历史的延续性之中，人们大声相互称作朋友或敌人，这便是个人的生活和影响。然而，每一个个人都有属于他的团体，人们倾听着发自个人的声音，个人也听从人们的声音，人们对于个人来讲是重要的，个人有自己的朋友圈，有着其在语言和精神传统形态中的民族，有着其公众。

今天，这一团体不可避免地成为了由大众决定的世界。只有被大众吸收的东西才能得以保存下来。历史之路今天必然要经由大众，或者似乎只有这样才能达成。社会教育会使大量的人走上精神贵族之路，这事实上是每一个时代都会发生的选择作用，这会产生没有世袭权力和特权的事实上的新贵族阶层，社会压迫和政治暴力的废止可能会使反抗和否定的思维方式消失得无影无踪，大众因此首先被控制住。

在自由竞争中学校所进行的选择，总还是由社会不公正存在的不断得到改善的人的状况，朝着社会更加公正的方向发展，能够在不断的紧张状态之中,开辟通往更大自由的道路。

倘遭拒绝,可能会在没有根基的大众生活方式中产生不堪设想的恐惧。如果谁想产生效果的话,那他必然要与大众同行。有些人假定,大众被催逼到何处,真理就应当对此有所了解,并且据此而行动。但是,作为此类的人群是没有个性的,他们没有知识也没有欲望,他们没有内容,只要迎合了他们一般的心理冲动和狂热,他们就愿意成为他人的工具。人群很容易丧失其自觉意识,陷入仅仅只为了改变的心醉神迷之中,追随着那煽动者,直至地狱。无理性的大众与统治的暴君之间的交互作用的各种状态都能够产生出来。不过,在大众自身之中对求实精神进行理性的竭力获取也是可能发展出来的,这一竭力的获取发生在诸多状态一步步的变化之中,没有谁可以从总体上予以统观,但在其中有如此之多的理性存在着,有秩序的生活、自由的劳动以及自由的创造,其可能性是难以预测的。

一旦以往仅局限于上流阶层的事物在大众自身之中成为了现实,诸如教育、个人生活和思想的培育、学习的能力以及在精神中赢得一部分的能力、反思和斟酌的能力。在人们既相互批判同时彼此又团结一致的极为紧张的关系之中历史地去发现理性,如此,世界便登上了历史之顶峰。

不过,今天巨大的危险是:以往所有历史事件对"人的存在"的本质鲜有影响,而现在这一本质似乎正在受到影响,并且其核心受到威胁。处于一切之中的非坚固性提出了这样一个问题,亦即现在人在知识和技术基础之上,从其本质的起源出发,将如何成就其存在。在此,这一形势迫使我们走上不可避免的大众之路。

2. 传统价值的解体

以往各种宗教是与社会状态的整体联系在一起的。宗教既是从社会状态中产生，反过来又从其自身的立场对社会状况进行辩护。当时每日的生活方式都根植于宗教。宗教很自然地被理解为无所不在的生命空气。而今天宗教则变成了一种可供选择的事情。它在不再充满着宗教氛围的世界之中得以保留下来。不仅各种宗教和教派并列，而且由于这一单纯的事实而对自身产生了怀疑；今天的宗教本身已经变成了略过生活其他部分的特殊生活领域。传统的各种宗教对于越来越多的人而言，变得不可信：几乎所有的教义与对绝对真理的独占要求之中的启示都不再有人相信。大多数的基督徒过着非基督教生活的事实，是不可能不予理睬的异议。能按照显而易见且确信无疑的真理来进行的基督教的生活，这在今天以极具魅力的典范性存在也许是真实的，但不再可能为大众而存在了。

轴心时代以降，在所有思考和写作的时代之中，就存在着怀疑。但眼下信仰的解体不再是怪癖的个人和小范围的事件。它已经在全民之中发酵。——如果说在每一个时代人们都准备失去其信仰的话，那这一背离还总只是处于狭小的空间之中。在过去的时代，在劳动条件和生活条件下，人们在与宗教的连接下具有安全感。但技术时代的条件有助于在退化为大众的全民之中爆发虚无主义。

今天，随时准备失去信仰受到了作为对科学误解的精神运动的推动，——这是从大众方面产生的误解。培根的话被证明是正确的：一知半解导致了无信仰，整体的知识才有信仰。

我们时代不断增长的信仰的丧失带来了虚无主义。尼采是其预言者。他在灾难的范围之中首先看到了虚无主义，揭示了其全部的表象，其自身作为时代的牺牲品而忍受着度过了这一切，他以巨大的努力寻求克服虚无主义的可能性，却是徒然。

以往以分散的方式开始的无能的虚无主义，却变成了支配今天的思维方式。自轴心时代以来的整个传统都将丧失，亦即从荷马到歌德的历史都被遗忘，这在今天似乎都是可能的。这让人感到好像是受到了“人之存在”没落的威胁，无论如何，人会在这样的条件下成就什么，这既是难以估量的，也是难以想象的。

今天有一种哲学思考的魔力风靡世界，这一哲学思考在虚无主义之中认识到真理，在肯定所有的强硬和残忍之中，在一种所谓的纯粹的现世人文主义中，呼唤人们在毫无慰藉和希望之中达到一种奇特的英雄的存在。这些只是对尼采思想没有创造力的模仿，却失去了尼采超越意志中极具魅力的紧张关系。

但是，人是不能容忍虚无主义的基本态度的。在普遍丧失信仰的状况下，人宁愿沉溺于一种盲目的信仰。如此的信仰是一个巨大的替代品，它很脆弱，同时会再次突然放弃；它会抓住最奇怪的内容；它似乎可能是单纯运动的空洞信仰。它将自己说明为是与自然和世界史一体的感触。这一信仰将一切确定在救世的纲领之中。它将自身隐蔽在伪科学的整体观、马克思主义、精神分析以及种族理论之中（它们的科学要素很少纯粹地暴露出来，同时又是不容怀疑的）[14]。

有关这一信仰的解体我们可以举例来描述一下一些典型的现象：

在意识形态中思考。意识形态意味着思想或观念的复合体，为思考者提供对世界的解释，并将他们在世界之中的状况作为绝对真理描绘出来，在各种对思考者当下有利的意义方面，他们为了辩护、掩盖、回避的目的，进行了自我欺骗。因此，将思想观点理解为意识形态就意味着揭露出了错误和丑恶。将思想命名为意识形态，便是一种非真实和非诚实的非难，并且也因此成为了最强烈的攻击。

我们的时代既产生了意识形态，同时又认清了它。但从黑格尔到马克思和尼采，在这个意义上所赢得的深刻洞见，已经成为了在中断交流的唇枪舌剑中残忍的武器。这种攻击的方法是针对与自己不一致的敌对者的所有观点。但那些将人们所信仰、所思考、所设想的一切作为意识形态而予以抵制的人，正是他们在解释的方式方面自己常常为最顽固的意识形态所着魔。

自我反省的极大冒险行动，所有诚实的条件，已经在意识形态学说之路上得以蜕化变质。从心理学上来讲，无疑已经发生了无穷的颠倒、压抑、遮掩，并且作为整个阶层的类型而获得了社会学意义，例如在市民阶级时代有关性道德方面的不诚实，经济成功的自我辩护，特权阶层方面对现状维持的合法性。但这一对伪善本身的揭露方式是完全必要的。如果说我们的时代从克尔凯郭尔和尼采所达到的高度，已经在所揭露的思想中将被揭露的思想推向了极端的话，那么这一行为就不再是什么揭露了，而变成了恶毒的攻击；不再是批判性的探究，而是强烈的影响；不再是经验上的具体化，而是某种程度具有说服力的单纯看法。因此，深入至真理之中的认识方法已经陷入了心理分析和庸俗的马克思主义的低谷之中。当在其中被揭露的思想本身变为教条的时候，那么真理就完全地失去了。一切都是意识形态，并且这一命题本身也是意识形态。没有剩下什么。

但是，今天意识形态形成的范围也许真的特别大。因为在绝望之中会产生对幻想的需求，在私生活的乏味之中会产生对轰动事件的向往，在无能的状态之中会产生对更无能者施以暴力的愿望。

人在此如何以其卑鄙行为安慰自己的良心，他们给出了下面的例子作为论证的理由：

如果国家开始进行公开的犯罪，就意味着：国家是罪孽的根源，我自身也是一个有罪的人，我服从国家的命令，哪怕这些命令是罪恶的，因为我并不比国家好到哪里去，也因为国家要求国民尽义务。但这一切对于如是演说者是有益的，他一同参与，并且是受益者，他以变了形的面目显示其痛苦，但这并非真正的痛苦，而是表情而已。他利用有罪性来作为对其良心苛责的减轻。

一个人参与恐怖事件的行动，并且说：生命本身是严酷的。国家的、信仰的、未来最终的自由和正义的世界崇高目标都要求严酷。如果有谁严峻地对待对他来说并没有什么危险的、他所喜爱的严酷的话，这就证明了他自己的严酷要求的真实性是虚假的，这其中实际上掩盖的是其无条件的生存意志以及权力意志。

当那些恐怖的事件发生之时，人是在欣赏偶然的、有利的情形时意识到自身的虚伪性的。现在人们想看到，人自身不准备做的是什么，自身不愿意去体验或忍受的是什么，以及自身不可能成就的是什么。人们追求牺牲者。人们对牺牲的可能性几乎兴奋异常，好像他自身已经是牺牲者似的。人们攻击其他人，因为他们没有成为牺牲者。人们醉心于那些表面上与他们所追求的形象一致的人的命运，但他们自己从来不愿意成为这些人。这一对意义的颠倒走得如此之远，以至于人们后来将此作为典范，并且成为了反对周围环境的慷慨激昂者，作为同时代的人自身几乎注意不到这些，特别是他自己不去这样做。

我们不再继续列举了。此类确切的说明可谓不胜枚举。传统内容的解体显现在对揭露的这一思想类型的普遍化上。时代发明了有关其行动的理论。不过这一理论自身不久就成为了增强邪恶的手段，而这正是它要与之作斗争的。

简化。朴素是真实之物的形态。简化则是取代了朴素而出现的暴力性。朴素具有无限解释的可能性，是一个小范围的世界，是充实且活跃的。简化在性质上是有限的，就像是一根人们可以操纵傀儡的线，是不可发展的，是空洞、僵硬的。

我们的时代是各种各样的简化大行于世的时代。标语口号、一切都可解释的普遍性理论、粗俗的反命题都取得了成功。当朴素结晶成神秘的象征物之时，简化却求助于伪科学的绝对性。

源自否定的生活。在信仰不再是生活内容的基础之时，那就只留下了否定的空洞。在一个人对自己不满的时候，当然是其他人的过错。如果一个人什么都不是的话，那他至少是一个反对者。人们将所有的祸害都推到了一个鬼怪身上，其名称或者从历史形成物中借用而来，就像是它曾经展示过的理论认识一样，一切归咎于：资本主义、自由主义、马克思主义、基督教，等等。或者这些作为个别的形象都无能为力时，他们会成为替罪羊：所有的过失都是犹太人、德国人等犯下的。

在无法理清的罪责的相互关联性之中，罪责或者在因果关系中或者在责任中扮演着重要角色，人们会不假批判地将罪责归咎于并非他自身的唯一确定的他者。而这一切都只取决于对其否定和攻击的表现手段。在此，精神上的各种概念成为了旗帜和标志。词汇被作为伪币来使用，在颠倒的意义上来使用，并且以往依附于这些词汇上面的感情依然存在（自由、祖国、国家、民族、帝国等）。就这样，通过宣传的诸多方式强词夺理地毁坏了语言，最终的结果是人们不再知道这些词究竟意味着什么。人们的讲话成为了无法确定的一片混乱，只能总是表达否定、反对，从来没有源自对现实的肯定。

b. 当下状况是如何产生的

危机的理由不能被理解为单一的原因。在历史变迁的物质和精神相互关系的无线网络之中，我们只可能具体描述一下具体的线而已。所有整体或单一原因的解释都证明是错误的。

我们甚至不能从总体上了解一个时代的事实，只能或多或少地知道这一时代本质的特殊现象。我们对此认识得越多，对我们的意识来说，整体之谜就会越大。

眼下技术时代的断层来得特别强烈。人类生活没有哪一方面不受触及的。从技术时代所获得的一切，并非是由技术时代所引起的，而是它的一种变异。但我们必须谨防将人的事物复杂的经过单独归因于这一单一因素。在技术之前的很长时间这些影响就已发挥作用，各种各样的运动在进行，从中产生了今天的精神状况。技术如何发挥作用，如何被接受，是由于今天的精神世界、由于技术遇到的思想和生活方式而发生的。

技术世界无疑带来了巨大的危机。马克思和恩格斯能够直截了当地获得一种让人能够猛然领悟的认识，是因为他们看到了这一新的东西。然而这一新的东西绝非精神上新的"人之存在"。这其中隐藏着巨大的混淆视听。

人们谈论新的人的意识、新人、精神的创造、真理和救济，他们看到一个光辉的未来，但是此类谈论首先只是实现了所谓白纸状态（tabula rasa）而已，这是不断增大的意识的丧失。那种没有内容的想法，通过宣传被高调变成了观念。因此跟随着伟大的迷误者们，世界变成了小型模仿者、顺从的阴谋家的舞台，这些人不知道区分真假、善恶，他们仅仅起到服从权力的工具的功用。

或者人们谈到信仰丧失是技术的后果。技术使得所有的人脱离了他们的土地，将他们从一切安全中夺走，似乎将他们放入一个真空之中，抢走了他们呼吸的空气以及心灵的空气，除了在机器运行中可利用的东西外，其他什么都没有留下。

不过，尽管在技术时代中所发生的一切都是由技术的结果促成的，但它有完全不同的前提条件。在世界技术变革的很久以前，冲我们而来的精神运动便开始了。17世纪末的启蒙运动产生了巨大的变革，法国大革命、德国哲学的观念论的多义的危机意识和完善意识，这些都是迈向我们的、独立于技术之外的步骤。

启蒙运动：信仰丧失或为了启蒙运动的结果，因为人们知道得太多，读到危险的书籍，受到新闻界语言的日常影响，因此他们不再相信宗教了。对外来文化和各种宗教信仰世界的发现，通过比较造成了对自己信仰的怀疑。但这条道路并非必然导向信仰丧失。只有一知半解和误解的启蒙运动才会导向虚无，而完全的、无限制的启蒙运动才使人们第一次聆听到了起源之谜。

启蒙运动乃是信仰丧失之原因的命题，使得从基督教发展而来的精神发展的辩证法，由基督教的各种动机驱使而进一步引向一种极端的对真理的阐明，其结果是这一宗教从其自身的力量产生了对自我的叛逆。但这一道路并不再度意味着必然导致信仰的丧失。在这一充满痛苦和危险的改造过程中，尽管各种教条的立场遭到摈弃，但对圣经宗教的改变还是可能的。

法国大革命：这一事件既使现代的危机得以体现，又使其处于运转之中，法国大革命至今仍然是充满着不同意义的解释的对象。

康德受到了这次理性尝试的感动，他一直坚持着自己的观点，从来没有撤回过他对法国大革命最初的高度评价："这一事件不再会被遗忘。"与此相反，柏克从最初的瞬间就像是一位令人憎恶的批评家一样，对此有敏锐的认识。他们之中有一位在这一事件中看到了 18 世纪非凡的精神发展和努力的完成，而另一位却在这一事件颠倒的倾向中看到了败落和破灭，这是一场 18 世纪不仅没有完成，而且被掩埋起来的厄运。

法国大革命是在封建制和绝对君主制的地盘上发展起来的，作为一个本质的现象，它并非普遍的欧洲进程，而是局限于这一类型的区域。瑞士或英国的精神就没有受到法国大革命的影响。

但是，在封建地盘上的法国大革命具有一种意义双关的现象，因为尽管它要求自由和理性，却给专制主义和暴力留有空间。它在两个方面决定了我们的思维：一方面为了每一个人的人权和自由，正确地与镇压和剥削的罪恶勾当作斗争，另一方面是错误的观点，即认为作为整体的世界能够建立在理性之上，而不是借助于暴力以理性来改变历史的责任、权威、价值的秩序。在其中，法国大革命破坏了自由和责任的理性统一，一方面留下了独裁，另一方面是暴力。

以狂热的方式在没有地盘的理性信仰中建立起来的世界，并非现代自由的源泉，自由毋宁说是在英国、美国、荷兰和瑞士有其延续的地盘。就这点而言，尽管法国大革命的发端是英雄的精神高扬，它却是现代非信仰的表现和起源。

哲学的观念论：德国观念论的哲学——特别是费希特和黑格尔——带来了哲学自我意识的增强，了解上帝的本质和意志的所谓整体知识，在一切领域都失去了惊异，因为他们似乎认为自己拥有绝对真理。此类的假信仰必然会转变至信仰丧失。尽管这一哲学在特殊之中展开了永恒的观念，是人的思想的天才显露；其思辨的伟大是不容置疑的。但这一哲学对世界的怀疑是合理的，只不过这一怀疑错误地扩展到了所有德国哲学之中。在这里，天才的傲慢与迷误变成了空前的诱惑。凡是享受这一饮料者，都会陶醉于其中，成为信仰破灭的促进者，通过精神上的高级焰火而造成信仰丧失，而信仰是客观冷静的前提。

不过，即便是这些事实——启蒙运动、法国大革命、德国哲学的观念论——也不足以充分说明我们的精神状况。它们自身所显现的常常是危机的最初现象，而不是危机的原因。信仰丧失是如何产生的，仍然是人们渴望了解而又不能充分回答的问题。在这一问题中包含着通过正确回答而克服信仰丧失的希望。

如果对历史过程的某些形而上学的解释，以及与之相关的对于我们状况起源的解释是正确的话，那么这一追求就没有任何的希望。一个完全丧失的时代，是本质丧失的结果。最后用克拉格斯的一个命题来设想永不停息的整体事件：在19世纪的80年代，地球的本质已经脱离了这一星球。

然而本质丧失这一不清晰的观念似乎是不能被接受的。它并非洞见,而只是用来比喻一种极端悲观主义的见解。如此的见解与其说是一种澄明,毋宁说是一种遮蔽。但是,一种未被认识的整体事件的观念不禁一再从我们这里产生。只是它既非类似生物学进程的自然事件,亦绝非具体的、可理解的事件,甚至不是一种本质事件,而是统摄,尽管我们置身其中,但并不认识它。这是我们可以深化却无法解开的世界史之谜,如果我们不愿意将我们认识可能性的诚实,以及我们本质和意愿的自由,我们选择和决定的自由,出卖给次要的观念的话,那么我们就不应当在其设计之中屈从于将这一谜题想象为一种在整体上的所谓必然性。

跟任何一种所谓的整体知识相比,我们情愿选择简单的观念(但在其中同样提供不了解决问题的关键):人之中有不变的恶,它总是导致没有意义的战争,但其遍及全球的分布范围以及破坏的强度,今天在数量上都有增长,这一破坏的结果也引出了文明和精神的衰亡现象。

人们无论是从经验的因果关系、精神的理解,还是形而上学的解释方面进行尝试,都不可能对危机和信仰丧失的起源问题予以充分的解答。

c. 总结

全人类的所有古代文化被卷入了共同的毁灭或创新的潮流之中,这一事件的重要性直到近几十年才为人们所意识到。我们这些上了年岁的人,在儿童时代还完全生活在欧洲意识之中。当时对于没有在历史中了解印度和中国的人来讲,这两个国家是陌生的、处于原始状态的独自世界。那些对本国政治不满,或在经济上处境很糟的人才移居国外。世界当时是开放的。

早在1918年高延[15]关于中国的著作中有下列几段话[《天人合一》(Universismus)[16]]作为一种全新的东西，给我以很深的印象："天人合一的体系使得中国精神文化的发展达到了顶峰。唯一能够削弱它并促使其衰败的是健全的科学。只要在那里科学认真培育的时代会到来，在中国的整体精神生活中无疑会发生彻底的变革，从而必然使中国或者其内在联系四分五裂，或者经历新生，而此后的中国不再是中国，中国人不再是中国人。中国自身并没有第二套体系来替代旧的体系；因此旧体系的崩溃必然会造成解体和混乱的后果，总之，如果人类丧失了道，在他们最彻底地实现自己神圣教义的定理时，灾难和衰亡是不可避免要发生的……如果它在世界的秩序中是被限定的话，那么残酷的毁坏做法就会继续下去，中国古代天人合一文化的日子便也屈指可数了——不过还是祝愿这数以百万计民众的末日至少并非由于外国的影响而落入不幸的毁灭之日。"

早在技术时代出现的同时以及更早的以前，在地球上普遍发生了精神和心灵的衰退，这是一种奇怪的世界现象，这一衰退今天也成为了欧洲的现象。当中国和印度自17世纪以来已不断在走下坡路时，欧洲在当时的确还曾有一段在精神上繁荣的时期。在这些民族被欧洲的战争技术征服的时候，它们的精神文化处于没落状态。欧洲所遇到的不是鼎盛时期的，而是几乎将自身忘却了的中国和印度。

直到今天才有了人类的真实的统一，其原因在于没有一个地方发生的重大事件不会关系到所有人。在这一情况下，欧洲人通过科学和发明所产生的技术革命，只是精神灾难的物质基础和诱因而已。至于已经开始了的再熔铸的成功，高延1918年对中国的论述：再熔铸之后，中国不再是中国，中国人不再是中国人了，也许适用于所有的人。在这个意义上，欧洲也不再是欧洲，欧洲人也不再是欧洲人了，他们的感受是跟高延时代一样的。然而那将是新的中国人、欧洲人，其形象是我们还不能预见到的。

从作为时代转折点的我们历史状况的那些经验来看，我们的视线一再回到过去。对于这一问题：以往曾经发生过如此彻底的变化吗？我们的回答是：我们现在并不了解普罗米修斯时代所发生的事件，当人通过工具、火、语言第一次赢得世界之时的情况。在历史时代之中最大的转折点是我们已经谈到过的那个轴心时代。如果我们现在进入了"人之存在"的新的、根本的变革之中的话，那么这一变革就不是对轴心时代的一次重复，而是在根源上不同的另外的事件。

首先从外部来看：我们的技术时代并非像以往发生在轴心时代三个相互独立的世界中的事件那样，仅仅是相对普遍的，而是绝对普遍的，因为它是遍及全球的。它不只是在意义上相互关联、事实上相互分离的事件，而是在不断的相互交往中形成的一个整体。今天，普遍性的意识已经得以实现。这一普遍性给"人之存在"带来了另外的抉择，这是与以往任何时候所发生的事件都不一样的。因为所有的以往转折时代都是局部的，能通过其他地点或其他世界的其他事件来予以补充，在其失败的时候，还是有通过其他运动来对人进行救济的可能，而今天所发生的事件全都是具有绝对的决定性意义。再也没有置身其外的什么了。

但是，从内部来看其中涉及到与轴心时代显然完全不同的东西。以往是充实，今天则是空虚。如果我们意识到这一转折点的话，那么我们就会知道我们只是在准备阶段而已。我们现今仍然处于真实的技术和政治改造的时代，而不是一个永久的精神创造时代。我们宁可将我们大规模的科学发现和技术发明与发明工具和武器——亦即最初使用家畜和马匹的时代相比较，而不是孔子、老子、佛陀和苏格拉底的时代。然而我们正在迎接崇高的使命，重新将"人之存在"从其起源中予以塑造，我们觉察到了这是涉及到命运的问题，我们如何能够怀着崇信之心成为真正的人,这一点在今天变得越来越强烈地回顾这些起源的倾向中显示出来。我们产生的深层原因,那被二次形成物如成语、因袭和制度等所掩盖的本来面目,重新又可以表达自己了。我们来自何处,在这一自我理解的过程中,人类伟大轴心时代的镜子也许可以再一次从本质上对今天予以证实。

第三章　未来的问题

能包括人的事物整体的历史观，也将包含未来在内。因此才出现了在创世到末日审判之间的基督教的世界史图景。

即便这一基督教的世界观并不可信，但其中仍包含着真理。因为对未来的放弃意味着以往的历史图景是最终的，并且已经完成了的，因此是错误的。没有一种哲学的历史意识是不具备未来意识的。

但是，未来是不能研究的。我们只能对具有实在性、已经发生的事情进行研究。不过，未来隐藏于过去和当下之间，我们在真实的可能性之中观察、设计未来。事实上，我们在任何时代都是由未来意识所支撑的。

我们不应当允许这一未来意识在我们愿望和意识的空想中自由驰骋，它首先是通过对过去的研究，其次是以纯粹的对当下的理解，为未来打下坚实的基础。重要的是，我们在今天的斗争中，并且通过斗争而感受到更深层面的斗争，在其中“人之存在”自身成了问题。

那么，仅仅有对过去存在的历史学客观性，而与当今的斗争无缘，这一方式已不再适用，我们需要的是当下同样成为历史意识的起源与目标。

不过从过去来看当下,跟从当下来看未来是具有决定性意义的。未来的观念指导我们如何观察过去和当下的方法。

但是,预测的历史学思想决定了我们的行为。为忧虑和希望所震撼的灵魂使得我们具有了敏锐的目光。或者我们抑制所出现的可能性的图景,并允许事物任其发展。

*

我们来具体回忆一下以往预言的几个例子,其真实的内容已经得到了今天的检验,在个别情况下是令我们毛骨悚然的预言。自 18 世纪以来,未来成为了有意识反省以及凭借经验想象的对象。从那时起一直到今天,未来就成为了一个伟大的主体。

在 18 世纪,在从灵魂丧失和滥用权威解放出来的过程中,在科学和技术最初取得空前的成就之时,在财富增长之际,很多人为这一成功而欢呼雀跃,仿佛成功得到了保障,一切都会越来越好。他们的生活并不为未来担心。

法国大革命改变了这一切。不断增长的对未来的悲观主义贯穿了整个 19 世纪。

歌德早在 1825 年就已经看到了即将来临的机械的世纪:这是一个为有能力、头脑敏捷、精明能干的人准备的世纪,即便这些人的天赋没有达到最高程度,但他们还是感到优越于大众。可他也预感到了某种不祥:我看到了这一时代的来临,上帝不再给予人类什么快乐了,他为了新的创世不得不再一次打碎人类的幸福。

托克维尔在 1835 年写道(《论美国的民主》,1836 年吕德尔德语译本[17]):

因此,终有一天可以看到北美住上1.5亿人口。他们彼此平等,同属于一个大家庭,出于同一来源,具有同样的文明、同样的语言、同样的宗教、同样的习惯、同样的民情、同样的思想方法和同样的肤色。其他方面尚难断言,但有一点是肯定的,那就是世界上将出现一个丰富的想象力也无法想象的全新局面。

当今世界上有两大民族,从不同的起点出发,但好像在走向同一目标。这就是俄国人和英裔美国人。

这两个民族在神不知鬼不觉之中壮大起来。当人们的视线只顾他处的时候,它们突然跻身于各国之前列,而全世界也几乎同时承认了它们的存在和强大。

其他一切民族好像已接近它们发展的自然极限,除保持原状而别无他图,但这两个民族却在不断壮大。其他民族不是停滞不前,就是历尽千辛万苦地前进。唯有这两个民族,正沿着一条还看不到止境的道路轻松而神速地前进。

美国人在与自然为他们设置的障碍进行斗争,俄国人在与人进行搏斗。一个在与荒野和野蛮战斗,另一个在与全副武装的文明作战。因此,美国人的征服是用劳动者的犁进行的,而俄国人的征服则是靠士兵的剑进行的。

为了达到自己的目的,美国人以个人利益为动力,任凭个人去发挥自己的力量和智慧,而不予以限制。而为此目的,俄国人差不多把社会的一切权力都集中于一人之手。前者以自由为主要的行动手段,后者以奴役为主要的行动手段。

他们的起点不同,道路各异。然而,其中的每一民族都好像受到天意的密令指派,终有一天要各主世界一半的命运。[18]

布克哈特在其1870年出版的《世界史的考察》(Weltgeschichtliche

Betrachtungen,根据首次印刷的维尔纳·凯基版影印本,1941年伯尔尼,第218页)一书中也写到了未来:

> 无条件的服从将取代理智的判断而占上风,整体和单一将取代个人和多数而占上风。
>
> 单纯的生存重新再一次地取代了文化成为了问题……
>
> 国家重新开始对文化特别地行使支配权,并且会根据自己的鉴赏力以各种方式重新定位文化。也许文化自身会向国家来询问,国家究竟想要怎样。
>
> 最初人们以最严厉和持久的方式被提醒,工作和交往并非人的生活中最主要的事情。
>
> 对学术研究和思想的传达以及对艺术的经营,也许一大部分都要死亡,所幸存下来的,需要付出双倍的努力。
>
> 强烈的符合目的性将成为生活的主导类型。
>
> 今后的战争为了保证这些事态的恒久化,而着手去做其余的事情。国家自身将呈现出如此的相貌来,从长时段来看,其他的政治意识无法支配它。
>
> 从自由的理想方面而产生的任何一种反应将得以实现,但只能借助于超人的力量和努力。

1872年他在一封信中写道:“现在军事必然会成为所有生活的典范,……在国家和行政机构中,……在学校和教育制度之中。最为奇特的事件与劳动者有关;我有一种预感,暂时听来还完全愚不可及,但这一念头完全是挥之不去的:军事国家必然成为一个巨大的制造商。那些拥挤在大车间之中的人群,不能永远听天由命地生活在贫困和贪欲之中;与擢升相关的是悲惨境遇的确定限度和监督限度,每天身穿制服，在响声震天之中开始和结束，这是从逻辑上来讲必然要来临的事情。”[19]

尼采勾勒出了时代和未来的图景：对所有的生活来讲，机器都产生着影响及其示范性；大众的出现以及拉平到同等的水准；这一生活的虚伪性，其中所有的一切都是伪造的，没有什么再是真实的东西；心醉神迷替代了作为生命要素的思考——“上帝死了”。虚无主义正在到来：“长期以来我们整个的欧洲文化的一种紧张关系的痛苦每过十年都在不断增长，并且朝着灾难发展：惶恐不安、极其仓促；就像是一条想要达到终点的河流，不再有思考，而是对思考的恐惧。”

尼采以荒诞的构思描绘出了在未来的末期时的人类图景：

> 这时，大地变小了，使一切变小的末等人在大地上跳着。他的种族像跳蚤一样消灭不了；末等人寿命最长。
>
> 我们已发现幸福——那些末等人说着，眨眨眼睛……
>
> 偶尔吸一点毒：可使人做舒服的梦。最后，吸大量的毒，可导致舒服的死亡。
>
> 他们还干活，因为干活就是消遣。可是他们很当心，不让消遣伤身体。
>
> 没有牧人的一群羊！人人都想要平等，人人都平等：没有同感的人，自动进疯人院。
>
> 从前全世界都疯狂。最精明的人说着，眨眨眼睛。
>
> 他们很聪明，所有发生过的事情，他们都知道：所以他们嘲笑的对象没完没了。
>
> 我们已发现幸福。那些末等人说着，眨眨眼睛。[20]

自此以后，未来蚂蚁般生活的图景常常被描绘出，在这样的人的生活中，人们通过卫生制度、每时每刻的规定、对所有事物的定量分配，从而在一个整体计划化中能够获得他们的幸福。

*

以上悲观主义的幻想招致了18世纪以来受进步思想影响的今天的流行性观念的反对，这些是未来的壮观景象，人们将生活在和平、自由和正义之中，生活在世界秩序之中，在其中自我不断上升的各种力量形成有效的平衡，谁要是不满的话，这些对未来救济的不确定的景象就会成为指导。

进步思想的根源在科学和技术之中，也只有在这里才有其真实的意义。但这也导致了令人忧虑的各类问题：科学研究所能展示的，正像技术能力一样，也许从原则上来讲是包括在一定界限之内的？问题是，今天处于鼎盛时期并且成果丰硕的科学，是否在接近终结，首先是不再向前发展了。科学在以后是否会在新的条件下重新开始，或者科学的成果会在大体上仅仅予以保存，然后也会丧失其一部分，直到成为具有技术产物和传统思维方式的自动机械，以便满足生活上必要的运作。在这里，所有的预测都是徒劳的。人们所能做的只是像自半个世纪以来一再发生的那样，去设计一个有趣的、其前后一贯的乌托邦而已。

另外一个问题是：终究会有一天人们将感到地球的狭窄？在他们面前不再有出路，不再有什么远方，在涉及到空间和物质方面，人们只能在一定的范围内转圈而已。

甚至对于仅仅维持人类全体的生存的预测，也是令人怀疑的。如果能达成这样的一种世界秩序，在那里从外部来看尽管没有蛮族的威胁，却面临自然资源枯竭的深渊。自然的受限制的可能性不久就会使历史进入一个新的局面。依据当下的消耗量，煤炭在千年后，石油会更快，铁矿资源在二百年后便会告罄，而对于农业生产来讲必不可少的磷会更快速地枯竭。长期以来我们从中制造出原子能的铀矿还有多长时间能够用尽，目前还没有计算出。精确而又详细的计算无论如何是不可能的。不过无忧无虑地浪费我们的资源无论如何会在可预见的时间内，使得我们的能源彻底终结的预言成为可能或极有可能。

人类是否会重又减少到五千年前的人口数，或者发现了新的出路，在人的灵魂依附性和精神特质的历史性现象和彻底性的变革中，这些灾难的降临是否能够发生，我们并不能预见，但有一点是明确的：之后人类将再也没有安定的状态了。

*

在我们所处的时代中，在生物学的基础之上已经提出了大量的预测。有关特殊种类的观察，想象的生命总进程已经转移到了人身上，在此基础上预见了人的没落，因为人们只有用生物学的规划和繁育才能阻止这一进程。当时在生物学思想中日趋流行的整体观即其出发点。

因此人种混杂被认为是灾难性的，而人种的纯粹性被认为是具有高贵价值的前提。如果历史完全能够对此类的东西说明理由的话（生物学的理由根本不涉及种族，而在实际上局限于个体特征的遗传关系，这一点不容易理解），那么它所展示的是相反的部分。

因此，从前在对具有精神病家庭的臆想的一次性观察基础上而认为人类在发生着普遍的堕落过程。任何一个对所指的更详尽、更清晰的限定早就被驳斥过了。

同样人又类比动物的驯化结果，在其驯化过程中他们变得软弱、放纵，因为有秩序的社会为他们消除了所有的困难，而以往他们是在克服这些困难中才成为真正的人的。正如在野鹅那里，是在配偶具有某种品质的前提下，在战胜了各种阻力之后，才为以后的生涯而缔结“婚姻”

的，是为了养育和保护子孙后代，而家鹅却随意配对，它们把对后代忧虑的事情交给了饲养的人，它们自己的任务仅仅是“毫无选择地、没有节制地摄取营养，并且生育后代”，因此，驯化了的人也产生了退化。但这样的一个比较是错误的。

如果以上所涉及到的是人类进程的整体的话，那么所有那些通过“种族”、“遗传”、“退化”、“驯化”来限定的忧虑都是站不住脚的。这些忧虑的意义是非常有限的。这些理论比其本身所具有的危险，其危险程度更是无法比拟(是从这一理论的非真实性中产生出来的见解)。这就仿佛是通过涉及到对客观自然过程的掩盖，在这些可以理解的忧虑之中，真正的忧虑从其自身找到一个出路，从根本上来讲人们还是能够通过一些手段来纠正那些值得怀疑的作用的。

*

不过世上出现了一种完全另类的对人的未来的忧虑，而这在以前从来没有出现过。这是对“人之存在”自身的关切，这在布克哈特和尼采那里已经预示来临，人有丧失自我的可能性，人类部分是由于不显著的原因，部分是由于巨大的各种灾难而陷入低水平和机械化之中，陷入没有自由和内涵的生活之中，陷入毫无人性的阴暗的邪恶之中。

人能成为什么，这一问题在今天几乎是突然一下透过一项非同寻常的现实而显现了出来，它就像是一切极端事件的象征展现在我们面前：纳粹集中营[21]及其拷问，最终是对几百万人所进行杀戮的毒气室以及焚化炉，相应地在其他极权主义国家也有类似现实的报道，即便通过毒气室而直接进行集体杀人的事件仅仅发生在纳粹那里。深渊已经开始显现。我们可以看到，人能干出什么来，尽管不是根据一开始就做出的整体计划，而是进入了一个不断加速的怪圈之中。参与者被卷入了这一圈子之中，他们中的大多数根本不知道或不想知道，他们在不停地前行之中所遭遇或进行的事情。

人的肉体尽管还活着，却似乎可能会消灭他们。这不禁产生了与精神病进行比较的想法。很恐怖的是，永远不能没有不诚实以及与总是将世界看作是和谐化的观点相适应的事实，人会因此变得疯狂。我们的自然基础是这样，在我们活生生的躯体那里，在我们之间，交流中断，眼看着其他人陷入了疯狂。但我们并不因为这样的临界现象而有罪责感，也不存在精神传染病流行的危险。在集中营中所进行的丧失人性的一切并非自然的作用，而是人自身的行为，并且这也是可能具有普遍意义的。这意味着什么呢？

人——在恐怖政治状态的条件下——能够变成谁也预想不到的东西。除非有谁在其中丧命或幸存下来，否则的话我们只能从外部观察在那里究竟发生了什么。对单个人能做什么，他们是如何忍受的，又做了什么，他们是如何走向死亡的，这些都构成了他们的秘密。仅从外面看到的这些现象，就仿佛已经失去了"人之存在"的意义：这在集中营的积极分子们那里几乎是确信无疑的，成问题的是那些备受折磨者，他们比每个由于受到肉体折磨而害病者遭受了更多的和不同的痛苦，我们也在害病的时候成为了可怜的生物。

这些之所以能够发生，是以行动的欲望作为准备的前提的（他们中的一大部分是从囚犯自身选出的），这种准备早在实现之前大约就存在于被社会遗弃者的生活之中，存在于可信赖的官僚的表面上的善意之中，存在于市民阶层的平静生活之中。在我们回顾这一系列的事件并且觉察到以上的事实时，这让我们特别感到恐怖。这一准备是无知的、信仰丧失的实现，是在没有意识到虚无主义时信仰的消失，是没有根基的生命，或者是由道貌岸然的习俗操纵的表面上安全的傀儡的生命，它可以直截了当地在集中营中对生命进行操纵。

那些每一分钟都处于强制状态下，其生命在备受煎熬的被动性之中的人们，成为了这一压迫的反射装置，这是只有我们这个时代才能发明出来的技术-操作的处理方式，人们所经受的严刑折磨比我们认识到的以往所有时代都要强烈得多。

集中营的现实，这一在施刑者和受刑者之间循环过程中的相互作用，这一丧失人性的方式，预示着未来的多种可能性，这些可能性面临着一切都可能消失的危险。

在研究了一番集中营的报道之后，我们简直不敢再谈论什么了。其危险之强烈远胜于原子弹，因为集中营威胁到人的灵魂。完全绝望的意识很容易侵袭到我们。如果我们相信人的话，那么这还不是最坏的。那么从这些现实中所产生的毁灭性的预言，看来绝对不再是没有可能的了。

那些在集中营中经受一切恐怖的灾难的个人，尽管不能阻止他们成为遭受肉体痛苦的悲惨生物，却拒绝别人攫取他们灵魂的任何部分，他们尽管不是全然无伤，却保持着人的灵魂的完好无缺，他们有勇气固守着自古以来对人的信仰。

面对所有未来的前景，我们敢于做出以下的断言：人是不可能完全被丧失的，因为他们是作为“上帝的形象”创造的，而不是上帝，但他们跟上帝之间有着常常被忘记，又难以觉察到，但从根本上来讲难以扯断的纽带。人根本不可能终止其成为人。灵魂的沉睡、心不在焉、自我的忘却都是可能的。但在历史的进程中，人根本不可能变成猴子或蚂蚁，在当下也不能变为反射的装置，除非在恐怖的状态下，人被置于这一临界状况，只要他们作为个体的东西还没有死去，那么就可能从临界状态中重新回归到自我。人将变为猴子、蚂蚁和反射的装置，这些就像是可怕的幽灵，威胁着我们，有时就像是梦魇一样压迫着我们，这其中所展示的是我们的“人之存在”想从噩梦中冲出去的意愿。

但是，“人之存在”的未来并不能像自然一样从其自身生成。人在今天以及每时每刻之所作所为，他们所思考、所期待的，将同时成为掌握在他们手中的未来的起源。唯一的机会在于意识到这一恐怖的事件。只有最明晰的意识能够对我们有所帮助。那种对于未来的恐惧也许能够阻止未来的到来。可怕的遗忘绝不容许发生。已经发生的事件引起了人们的不安：这一事件可能不断出现，可能蔓延出去，可能征服整个地球。我们应当保持这种不安，它能够转化为积极的忧虑。

对可怕事件的恐惧，被压抑到了软弱无能的意识之中去。人类在寻求这些可怕的事物，以掩盖其自身。人变得漠不关心了，但正是在不安的背景下，人类才走向其目标。如果我们考虑它，那么它仿佛是不可避免的；我们可以看到一切，并且包括自我的没落。这将使"人之存在"变得有人性的以及使生命具有生命价值的一切中止。事态还没有发展到那一地步。只要灾祸还没有降临，我们将不去考虑它。

软弱无能的意识能够将历史的过程理解为自然的过程。我们在希望消灭作为自由人的自身时，也就摆脱了自己的责任。但是，在历史的过程与精神疾病的过程之间是有着根本的区别的。精神疾病是一个自然的过程，人们也许某一天能以自然的手段来对付它，而在此之前毫无抵抗能力地忍受它。然而人类的这一条道路却取决于人自身。也就是说个人是没有防御能力的，只有在集体之中才能战胜危险。但每一个个体都感觉得到，他的意志的自愿性是参与到集体之中去的。因此，对忧虑的反推力会成为更加强烈的忧虑：这取决于人，取决于每一个人，取决于决断；忧虑不应该是必然，也不必然是如此的，这并非是不可避免的。所发生的一切，只是一个警告而已。如果将之忘却的话，那便是犯罪。我们应当不断地回忆起这一切。这些事件的发生在以前是可能的，这说明在任何时候都是可能的。只有认识它才可能阻止它的发生。

在这里危险是存在着的：没有去认识的意愿，将之忘却，甚至不去相信这样的事件的存在（还是有人否认集中营的真实性），接下来便是机械化地、顺从地做好行凶的准备，最终是在最近处和当下使自己平静下来的漠不关心，以及在所谓必然性前的听天由命和软弱无能的被动性。

但是，人只有通过在世间与邪恶的力量作斗争才能抗拒未来的各种威胁。人仅仅能够掌控源自其自身的危险，如果他们有良好的意愿的话，他们就有希望得到热情的帮助。人只能在自由的宪法之中行事，在其中权利可以可靠地反对任何威胁人之自由的东西，这意味着会沿着法律秩序的道路，形成世界的秩序。

*

没有什么预言是无害的。不论它真实抑或不真实，都会从考察的预言变为唤醒的预言。人认为可能的东西，会推动其内心的态度及其行为。以正当的忧虑去发现危险，是人的自我主张的先决条件，而错误的空想和掩饰，都将使人面临堕落的深渊。希望和忧虑推动着人往前走。鉴于从平均水平来看人的麻木不仁，为他们所有安心于错误而担忧是应当的。不仅仅是个人受到威胁而产生的不安，而且是关心“人之存在”的巨大不安——这也许是从前者而来——能够救助人类。下面让我们具体看一下不安的意义。

今天，一种无与伦比的不安在人类之中弥漫。这种不安具有模糊性，根本不是一种什么类型，既肤浅又很快重新被忘记，既深刻又热烈，既隐蔽又公开，它处于生命的或生存的层面，它似乎同时又是一切。

在民主的国度里，不安是由于危险和安全的不确定性、自由的过渡性而造成的，而在极权主义的国家中，不安则是由于恐怖引起的，这种恐怖除了顺从和合作外，没有其他的机会。

如果不安终止于虚无主义之中，那么就存在着这样的可能性(因为只要我们相信人，那么隐藏着的“人之存在”的萌芽就没有被根绝)，人就像是正在灭绝的生物，无意识地将自己耗尽在生命的激情之中。只要存在着不安，人仍然有机会找到超越不安的方式。

人在不断变化的状态和情景之中，凡是能够运用自己主动行为的可能性的场合，就能够在先验构成的自由的自我意识基础之上战胜不安。凡是人被迫顺从并且在盲目的顺从之中获得其比较有保证的职能的场合，不安会相应地降低为不断在起作用的强迫顺从的推动力量。

但是，也许所有人共同的不安正在人类之中弥漫。令人恐怖的经验（比如集中营），即便能很快地被人遗忘，但也会留下看不见的恐怖。

不安是值得肯定的，它是我们希望的根基。

*

那些至今为止用来展示对人的事物有预见意义的讨论，其进程取决于人自身。不过对这一进程来讲，在预见思想中的态度，是具有决定性的。

当一个人将自己的意愿以一种预见的形式表达出来的时候（希特勒说："如果有一场战争的话，那么这将是欧洲犹太种族灭绝的时刻"），这并不是什么预见，而仅仅是其意志的宣告而已。

但是，没有任何参与到实现人的意志中来的有关未来的陈述，不是或者不能变为共同起作用的因素。这样的陈述能使人趋向某物，或使人吓退。特别是，所谓有关未来的知识是导致其发生的因素。

如果有谁确定地认为未来要发生战争的话，正是通过他的确信帮助了战争的发生。如果有谁确定地认为是和平的话，就会无忧无虑，并且无意地将我们推入战争。只有那些看到了危险，片刻也不会忘记的人，才能以理性的态度行事，并且尽可能地去驱逐这一危险。

在未见分晓之前个人是否能经受得住，或者自己逃入确定性之中，这对于事态的进程具有决定性的意义。人对于未来思考的尊严，既在于对可能性事物的谋划,也在于与此相同的建立在知识基础之上的无知,而未来的基本原则是:人们不知道,今后还将发生什么。在我们的生命中,令我们振奋不已的是,尽管我们对未来一无所知,但却能干预其实现,并且出乎意料地看到它展现在我们面前。如果我们能知道未来的话,那么这便是我们灵魂的死亡。

当我们错误地相信事情在整体上会发生某一特殊过程时,如果这不是我们所希望的话,它会使我们丧失活动的能力,而如果这是我们所希望的话,它通过最终成功保障的确定性,即便是在失败的状况下,也会促进我们的行为。但在这里也是以不真实、内心的狭隘、虚假的傲慢作为代价的,由此而取得的所有这些成功——成功只要暂时出现——就会剥夺高贵的精神。

所有以上的叙述绝对没有摒弃预言的意思。只是预言应当保存其意义:预言开启了可能性的空间,为计划和行动提供了出发点,将我们带到最广阔的视域之中,以可能性事物的意识提升了我们的自由。

我们所有的行动都依赖于我们对未来的期待,为机会和可靠性的观念所左右。这一切在认为是可能的空间中确定了人们行动的目的。

但是,只有当下是真实的。未来的绝对确实可能会剥夺当下。未来救赎的预言可能会使我们将注意力从我们拥有的当下转移开来。

我们只有通过承担对当下的责任,才能对未来负有责任。

*

在以下的讨论中我们并不想构想未来的图景,而是思考当下的趋势,这些趋势只表明对未来的追问。我们希望在事件尚未解开的组织中找到具有决定作用的现象。在世界史的视域中,本质的现象是什么呢?

在今天,有三种趋势遍布全世界。这可以概括为以下的三个词:

社会主义、世界秩序、信仰。

第一,大众急迫要求秩序。社会主义显示出了公正的大众组织要求。

第二,空间的全球一体化急迫要求在和平的交流中来予以实现。这看来只能在世界帝国和世界秩序之间进行抉择。

第三,在共同信仰本质中的传统支点丧失的结果,急迫要求我们向人的真正信仰的起源前进,并带着这样的问题:我们的生命从何而来,又归于何处。这看来只能在虚无主义和爱之间进行抉择。

当下人的事件和意志的三大基本倾向,是与实现人的自由的目标相一致的。对自由的讨论将成为这三大主题的先导。

Ⅰ. 目标:自由

在我们意欲的所有对立面,今天似乎只有一点是一致的:所有的民族、人、政体一致要求自由。而自由是什么,能够实现自由的要求是什么,对此马上就有了较大的观点分歧。也许人最深刻的对立是由人们对自由的意识方式来决定的。对于某些人来讲是通往自由之路,而对另外一些人来讲似乎正相反。在自由的名义下,人们希望几乎得到一切。在自由的名义下,也会走上被奴役之路。从自由的抉择中放弃自由,这对一些人来讲是最高的自由。自由产生了狂热,但自由也产生了不安。好像是,人们根本不愿意得到自由,想要躲避自由的可能性。

自从意识到西方重大的危机——1789年的法国大革命——对人的自由的忧虑已经传遍了欧洲。一流的人物已经看出了丧失自由的可能性。在黑格尔仍然平静地将世界史看作是意识的历史和自由现实的历史之时,一切人的自由都会丧失的可能性使得大受震惊的人物为之愕然。现在这一问题直接向政治和社会提出来了:伟大的人物,诸如柏克、邦雅曼·贡斯当、托克维尔、马克斯·韦伯都关注自由的问题。我们同时代的人,世界的少数思想家也都唤起对人的自由的关切,例如李普曼、费雷罗、哈耶克、洛卜克。他们是经济学家、历史学家、作家,并没有什么党派将他们联系在一起,他们面向所有的人,以便拯救唯一共同的财富,而避免终止人之成为人。

a. 自由的哲学概念

我们谈到政治自由、社会自由、个人自由、经济自由,宗教自由、良心自由,思想自由、出版自由、集会自由,等等。其中政治自由占据了讨论的重要位置。在这里,甚至在有关政治自由本质的问题上,都没有一致的回答。

如果我们将政治自由作为所有公民在整体意志决定中参与的状态,作为所有公民分享的知识和参与的行动,那么历史向我们展示的是:政治自由只在西方进行过尝试。但这大部分的实施都失败了。这些实例给我们留下了教训,在雅典和罗马的自由是如何重又毁灭的。今天欧洲和人类令人激动不已的问题是,这条道路究竟是导向自由,还是重又进入遥遥无期对自由的毁灭之中。

无论如何所发生之事取决于人。在这里没有什么可以被认为是必然在起作用的。我们人的所有行为,特别是我们的精神行为,在于在开放的可能性之中找到我们的道路。将要产生什么,这取决于我们,确切地说取决于我们每个个人,尽管没有任何一个个人能够决定历史的进程。

如果自由没有在自由的意义中保持其牢固的基础,亦即自由必然被认为是人的真正存在和行为,那么自由的政治概念就会变为表面的和颠倒的东西。我们来尝试着探讨一下自由本质的哲学说明。

*

（1）自由是对抑制我的外在的克服。在他者对我来讲不再是陌生之处，在我更多地在他者之中重新认识自我之处，抑或是在外在的必然性成为我的存在的一个契机之处，自由便产生了，人们在这些地方认识并塑造自由。

不过自由也是对自我专制的克服。自由是与内在当下的真实必然性的恰好重合。

如果我是自由的，那么我不再想要并非因为我有这样的意愿，而是因为我坚信正确的事物。因此，对自由的要求，既非由专制亦非由盲从而行动，而是源自洞见。因此，这一要求通过抛锚于万物的根源之中，而想要将自由建立在自我的根源之上。

但是，我容易弄错。专制重新确立了要求，想要拥有自己的观点，其前提是每一个观点都有其正当性，因为都会有人为之辩护。然而单纯的观点还不是洞见。自由要求克服单纯的观点。

这一克服借助于联系才能发生，联系使我们作为个人担负起与他者建立起相互关联来。自由是在社会之中得以实现的。在他者获得自由的限度内，我才能得以自由。

单纯的观点会在与最亲近者爱的斗争中得以消解，以有利于有理有据的洞见。

在共同的社会-政治状况下，单纯的观点会在承认不同观点之中通过公开观点冲突，而转化为对客观真理的意识，但这只有在对决之中才能得以实现。

自由要求以下二者：个人以自我表现出来的人之交往的深度，以及通过共同的洞见和意志形成而作用于公共状态下的自由的有意识劳动。

但绝对真理和终极自由一样，都是永远也达不到的。真理与自由一道都在途中。我们并非生活在灵魂完全一致的永恒之中，而是生活在一直没有完成的、必须成为其他的时代中。

（2）自由要求什么都不会放过。一切存在和有意义之物都应当得到应有的重视。最大限度的广阔是自由的前提。因此，自由的内容是通过两极性和矛盾性表现出来的。

每一种立场都会发展出对立的立场来。自由对寻求一切来讲都是可能的。它不仅准备着将来自外部之物仅仅作为对立面，而是将之合并在自身之中去。自由是无限开放的理性和倾听的能力，自由是在这一真正开放的最广阔意识空间之中的历史决断的坚定性。因此，自由探寻富有成效的两极性，在其中任何一极失去另外一极的话都会灭亡。

在我们受到限制而放弃两极性之处，或者在一种已经忘记了自己的界限的秩序之中，或者以党派来否定秩序的极端之中，——或者把其中一极作为整体之处，那么自由就会丧失。与此相反，如果我们以开放的方式，在对立面的紧张之中，保持着我们的可能性的话，那么我们就能从起源的状况变化中，历史地做出决断，在存在的新内容之中以令人琢磨不透的方式重又看到自由。

（3）但是，如果自由与真实事物的必然性一致的话，那么我们的自由在任何时候都是脆弱的。因为我们从未从整体并且最终确定真实的事物。我们的自由尚依赖于并非自因（causa sui）的他者。如果自由就是自因的话，那么人就成为了上帝。真正的自由在于意识到自由的界限。

作为个体的人在主体性中认识到起源的经验：我并非是通过自己而获得自由的，而是身处我知道真正能获得自由的地方，同时也知道超验的根基能赠与我什么。在我并未发生任何事情——这是与自我赠予所能获得的经验相适应的神秘的界限。因此，我们能够存在的实存只能通过与超验合而为一才能得以实现。只有在生存更加确信，自由更加明晰之处，自由才会一下子变得更加确信。

从人之自由的客观性方面来看，自由依赖于所有他者的自由。因此，政治自由不可能作为这一状态终极和确实的持续存在而存在。在这里，自由也是在途中。

(4) 自由似乎是不可能的。在两极性之中产生了选择：我在时间之中必须具体地做出抉择，我是为什么目的而活着的。我不可能是所有的一切，我必然是具有片面性的，我必然要与我同时认为是不可避免的东西作斗争。

实际上，自由是人在时间之中的道路。人从对自由的要求出发，朝着自由迈进。因此，自由是处于运动和辩证法之中的。

自由的运动通过理性的思考似乎是可能的。我们将能获悉一切的开放性称作理性，这一开放性处于知性的各步骤之中，而又超越知性。理性具有使真实的东西现前化的作用，这一作用所使用的是知性所赋予的思维形式。理性通过这一展开而寻求具有思维可能性的体系的统一。不过，此后理性同样寻求与其自身相矛盾的东西。它有一种将知性带至失败的那种界限中去的冲动。理性将自身交付给对立面，但又超越了知性，同时是连接对立面之间的力量。理性不希望任何的事物最终瓦解掉，它希望克服知性的选择性。因此，理性将它们相互连接在一起的同时，又将它们推入了最终的对立性之中：对世界与超验、科学与信仰、世界的形成及永恒存在之冥想。因此，理性是提升了的辩证法；理性通过在其终极结论之中的意识而追求事实上的辩证法。

但是，对对立面的克服只有在现实状况的具体选择中才会失败。这发生在思想不能属于其自身，而又要求在空间和时间中予以实现的所有之处。一个人只有在能决定的时候，他才是自由的。不论谁来决定，都会让他们陷入不自由的境地。以放弃各种可能性为前提而实现的自由，却限制了其自身。自由通过实现而获得其内涵，却走上了不自由之路。

*

自由决不能成为占有物。并不存在孤立的自由。因此，个人要牺牲掉其僵化、空洞的自由，而去得到那只有与其他人在一起才会获得的自由。

此类的自由只有随着人的转变才能得以实现。自由不能通过对旧态依然的人实行强制措施而得以实现，而是与时刻准备转变的人之间的交往方式密切相连的。因此，作为上述的自由是不能计划的，而是人们在具体任务得以正确执行的时候，相互之间变得自由。

将人类引向自由，也就是引导他们之间相互交谈。如果还有依然不能说出的内心的想法，如果有所保留的话，这种保留会中断内在的交流，使人退却；如果在交谈中事实上是沉默的话，仅仅是玩弄拖延和诡计的话，那么这一切就是与欺骗相连的。相互之间真正的交谈是无拘无束且毫无保留的。只有在双方的完全开放之中，真理才会在共同性之中产生。

不论是在交谈之中的小市民的抚慰，还是专制的状态，都是和真理以及与之相关的自由相对立的。这专制状态下，一种普遍的世界观对所有的人都适用，并且只允许人们在他们的空话中说这样的内容，以至于在私人的信件中也充斥着这样的话语，同样与真理和自由背道而驰的是狂热的对真理的妄执，以具有攻击性与侮辱他人的方式认为占有了真理，而运用真理的目的仅仅是为了打压其他人：这一对真理的狂热强调，正显示出其对真理的缺乏，是由于恰好缺乏相互间的谈话所造成的。

不过，真理实际上不可能作为终极者和绝对者为任何人所占有。

寻求真理总是意味着准备交往，同样也期待着来自他者的交往。真正渴望真理的人，同样也渴望交往，跟这样的人你可以完全率性地谈论任何的事情，并且他自身也能够做到，既不伤害也不保护真正愿意的倾听者。在自由的状态下为真理而斗争，是一场爱的斗争。

*

通过以上的讨论后，我们知道自由是什么了吗？并没有。不过这取决于自由的本质。为了反驳人们通过所有的命题都无法认知自由为何的指责，要意识到这一点：自由并非任何对象。自由具有作为一个在世间出现且可供研究的对象的可能性。对科学-对象性的世界认识而言，并不存在什么自由。因此，自由不能成为一个定义的概念而为人们所认识。不过，我所不能对象性地去认识的事物，却能在思维之中去领悟它，在思想运动之中达到抽象的当下性，然后我们可以谈论自由，仿佛它真的存在一般。这之中包含着误解的谜团，而这是不可避免的。

b. 权力与政治自由

在有关有追求价值者以及有理性者的理论思考中，我们轻易地就会忘记强权这一根本现实，尽管是隐蔽的方式，但它每天都出现在我们面前。强权是不可避免的。不过，如果没有强权现实的人的存在，不论作为个体的人是否意识到了这一点，如果权力自身是恶的话（布克哈特），那么问题是：强权是如何被带到了合法的位置上去的，其自身又是如何成为了秩序的要素，一直到这样的一个时刻，强权无需再显露？或者强权如何能剥离其恶的性格？

古老的历史斗争为我们提供了答案：是间于法制性和强权性之间。正义只有建立在具有指导性的理想的法律以及自然法基础之上，才是现实的。但是，这一理想的法律只有具有社会历史的法律形态，才成为可能被遵守的法律。人的自由开始于他所生活的国家成文法生效的时刻。

这一自由被称作政治自由。通过法律来统治的国家被称为法治国家。法治国家是只能通过合法的途径才能完成以及改变法律的国家。这一途径在民主国家中通过人民、人民的协作和参与,直接或间接地通过人民的代表来实现,而这些是通过定期举行的可信赖的自由选举来更换的。

当一个国家在其他国家面前拥有主权时,说明一个国家是自由的。但当我们谈到政治自由时,我们所指的人民的自由却是作为其政治状况的内在自由。

国家外在的自由可能与内在的独裁和非自由紧密联系在一起。国家外在的非自由通常会造成主权的丧失,但并不一定造成内在非自由的结果。因为如果征服国家的政治势力希望政治自由的话,那么征服国家就可以在从属国展开政治自由,乃至从属国的臣民成为具有决定性意义的政治秩序中的独立成员。

内政自由的力量尽管最初仅仅产生于一个民族的政治自我教育,这一民族并在此基础之上作为政治的国家而得到建立。从这一点出发,它可以唤醒并解放其他民族。但被解放者在政治上依然是小学生。他们必须谦卑地放弃自我创造的傲慢。

所有这一切听起来简单,仿佛只要人们有理解力和善意的话,他们就能够通过自然法和以自然法为基础的合法性,生活在理想的自由状态之中。首先,法对于每一特殊的历史状况来讲总是具体的,因此法律会随着变化了的状况而变化。其次,要使随时准备破坏法律的暴力就范,因此要用合法的指导性强权来对抗犯罪。

凡是存在暴力的地方,恐怖就会来袭,凡是由法律统治的地方,我们就生活在安宁之中。暴力是反复无常的、专横的,个人在暴力面前是无保护的牺牲品。而法律是可预计的，是有秩序的，个人的生活可以通过它而得到庇护。在合法状态之中，产生了无所畏惧、公正、自由和宁静的氛围。而在暴力的状况之下，却充斥着恐怖、沉默和隐瞒，强制和不安。在法治国家里，所占支配地位的是信赖，而在暴力国家完全是不信任横行。

信任需要确定的因素，不可侵犯的基础，它受到所有人的尊重，有点像是违法者能够毫无困难地作为罪犯被排除掉。这一不可侵犯的东西被称作合法性。

马克斯·韦伯区分了合法统治的三种类型：**传统型的**（信仰从遥远的过去以来起作用的传统的神圣性），**理性型的**（信仰法律秩序的合法性，以及由此而产生的统治），**卡里斯玛型的**（信仰个人人格的神圣性，或非凡的力量，或典范性）。统治者也可分为三种情况：通过法律来确定的**上级**，通过传统（例如继承权）而负有使命的**君主**，通过个人的卡里斯玛（人格魅力）而获得资格的**领袖**。

费雷罗提出了二者择一的选择，这或许曾是机械性的，却照亮了我们的时代：通过合法性的自由，通过不合法的专制和恐怖（其中具有卡里斯玛的领袖就是不合法的类型）。费雷罗将合法性大约看作是君主制中的世袭权，或者通过人民的大多数而产生作用的选举制。合法的统治能够在确信有人民支持的基础之上，免于恐怖地予以施行。而非法的统治在人民面前会产生恐惧，其自身的暴力又产生了其他的暴力。由于恐惧，它不得不以不断增长的恐怖政治来保护自己，另一方面恐惧也就成为了所有人的基本状态。合法性就像是魔法一样，它能通过信任创造出不可或缺的秩序；而非法性却是一种暴力，它通过猜疑和恐惧到处制造出暴力来。

[illegible]于批评，合法性的基础总是令人怀疑的，举例来讲，继承权就是[illegible]性的，因为它使傻瓜和意志薄弱者合法化；通过多数人进行的选举

也很成问题,因为它可能是由于错误和偶然被煽动起来的群众激情的瞬间来决定的。因此,所有的合法性都处在危险之中。理智太容易让人对合法性产生怀疑。不过由于在合法性和独裁制之间只能做出抉择,因此合法性是人们没有恐惧地生活的唯一途径,特别是只有在这条道路上才能纠正以往的过失。因此,人们在合法性的根源面前会有一种理智的畏惧。我们的时代将合法性视作在选举和投票之中而已。

在合法的状态下存在很多有缺陷的、不公平的以及不合理的现象,并且会无限地存在下去。被选举出来的可能是傻瓜,法律可能是错误的,并且是有害的,其效果是令人气愤的。合法性保护被选举者和法律,但这并非是绝对的。新的选举会清除一些人,新的合法决议会改变法律。以上两个方面都可以通过合法的方式进行,使得修正可以不通过暴力来实现。为了避免暴政下的恐怖政治和恐惧,合法性的意识必须要甘受其他的巨大弊端。政治自由并非仅靠纯粹的理智,而是与合法性紧密相连的。

为了不使暴力突然成为全面的统治,人们是需要合法性的。只有在合法性那里才有自由,因为合法性束缚住了暴力。哪里的合法性消失了,哪里的自由也会被毁灭。

在西方,政治自由理念的根本使命已经发展起来了(最初主要是在英国和美国,法国大革命之后,法国和其他国家又接受了这些思想,在启蒙时代这些思想又在哲学上得到了彻底的反思,例如在康德那里)。下面我尝试着简明扼要地将其中的要点列出。在内政自由意义上的政治自由有以下的特征:

(1) 只有当所有个体都应当是自由的时候,也只有在其自由与其他人的自由同时成立之时,个体的自由才是可能的。

从法律上来讲,自由个人去行使其自由意志(消极自由)的活动余地,也可以通过自由将自己与他人隔绝。而从伦理上来看,自由正是通过相互关系的开放，可以毫无束缚地从爱和理性之中产生（积极自由）。

只有在消极自由在法律的基础上得到保障的前提下实现积极自由之时，下面的命题才能起作用：当人看到了他周围的自由，也就是说，他用同样的标准看到所有的人都是自由的之时，只有在这一标准上，人才是自由的。

(2) 个人有双重的要求：保护其不受到暴力的侵犯，以及他的洞见和意志得到重视。法治国家会对前者予以保护，而民主使得获得重视成为可能。

(3) 只有通过法律战胜暴力之时，自由才能得以实现。自由在为服务于法律的权力而战。自由在法治国家中才能达成。

法律以同样的方式通用于每一个人。法律上的改变只能通过合法的渠道予以实现。

法律的效应掌控着对暴力的必要运用。因此不能在反对违法者的法律形式外，使用警察的暴力行动，这些法律形式也保护了违法者免受专横的惩处。所以也不再有特别的政治警察。

个人的自由是作为生命、财产、居住的自由而得到保证的。对这些的限制只能发生在法律确定的条件下，并且适用于每一个人。即便是干预，也要维护其基本的权利；例如不能不让一个人陈述其理由就遭逮捕，不能在一定的时间内仍不进行审讯，不能不给人提供在公开场合申诉和辩护的法律手段。

(4) 人的个体人格的不可侵犯性的权利，还包括其参与整体社会生活的权利。因此，自由的状态只有通过民主才有可能得以实现，也就是说通过所有人可能性地参与到意志形成之中而达成。每个人都有机会依据政治自我教育及其见解的说服力的程度，从而让别人感受到他的影响。

所有人都拥有在选举中通过投票而产生作用的同等的权利。投票秘密是得到保证的。通过民众集团而提出的候选人是不加限制的。政府是通过在每隔一段时间的规定期限重复举行的选举而产生的。

因此在民主之中，政府能够通过合法的方式而不是使用暴力，而有实现推翻、改变或者重组的可能性，并且事实上真的可能实现。同一批的人不间断地掌管着政府的大权，这在自由民主的状况下是不可能的。

保护所有人不受个体权力的侵害，相当于保护个体不受暴力的侵害。即便是为国家做出了巨大的功绩，也不应当将不可侵犯性的权力授予个体。人就是人，即便是最好的人，如果他不受到限制的话，也会是一种危险。因此才存在着对恒久权力原则性的不信任，所以在选举的更替中，即便是最有权势者，至少也要暂时退出一段时间。在时机成熟的情况下，并非由于人们的反对而重新放弃其权力者，他们并非人间的神明，却会受到人们的感谢和尊敬。

(5) 意志的形成将通过在相互间对话基础上达成的决定而实现。

因此，自由要求无限制的公开讨论。为了使自由能在最广泛的视野中，在尽可能完全的知识基础之上产生，自由要求公布一切可以了解的消息以及观点的理由，并且是让全体的民众都了解。因此，出版自由、集会自由和言论自由都是适用的。人们允许进行说服和宣传工作，但只能在自由竞争中进行。只有在战争中可能对自由加以限制，但这也只局限于消息的公开传达方面，而不包括观点的传达。进一步的限制要通过刑法才能实现(如保护名誉损伤、受侮辱等)。

每一个人都是在相互对话的基础之上作出他们的决定的。政治上的对手并非敌人。只有当自由准备好随时与对手合作时，自由才得以维系。除了面对罪犯之外，从原则上来讲，商谈是没有限制的，人们在协议和妥协之中寻求合作。

(6) 政治自由亦即民主，但它是由历史生成的形式和各发展阶层而形成的。它将群众统治(暴民政治)排除在外,因为这一统治一直与独裁统治联系在一起。因此,贵族阶层具有优先地位是适用的,因为这一阶层不断从全体民众那里依据他们的业绩、功劳、成就而予以补充,而民众可以在其中重新认出这些人来。贵族既非阶级,亦非阶层,而是政治精英。精英的产生是通过教育、考验和选拔来予以实现的,其中只有一部分可能会有意地加以操控,这是自由民主的前提。民主的要求是,任何精英都不可能被固定下来,以指望他们成为独裁的少数者。政治精英必须要控制在通过自由选举而永远得到掌控的考验之下,这样统治者的交替和复归,复出或最终的隐退才能得以实现。

(7) 选举的指导和政治精英的培养是由党派来充当的。在自由的状态下,必然会有多党存在,至少也要有两个党。"党"(Partei)一词从概念和语义上来讲,表示"一部分"。一个政党的极权主义要求是与自由相抵牾的。因此,自由的党派希望其他党派的存在,而不是希望彻底消灭这些党派。那些一时处于劣势的党派构成了反对派,但它们不论何时都共同承担着整体的责任。它们考虑到的是这样一个时刻,亦即随着选举结果的改变,它们会接管政府。一个有效的反对派的存在,是在自由状况下不可或缺的标志。

(8) 民主政治运营的技术是与民主的生活方式紧密相连的。一方如果没有另一方的话,必定是要失败的。只有当民众的自由意识不断处于敏感的状态,为了关心保护自由,与一切破坏自由者作斗争,一种政治自由的状态才能因此得以维系。人们清楚地知道,为了赢得自由,不论是在历史的进程之中,还是在全体民众的自我教育之中,应当付出何等的代价。

没有自由,民主是不可能实现的。民主必然有意识地与自由紧密相连。不然的话,民主就会落入暴民政治和独裁政治的魔爪之中。

(9) 政治自由使得人的所有其他的自由成为了可能。政治的目的是以人的存在秩序为其基础,而不是作为人的生活的绝对目标。因此,政治自由同时包括两者:追求自由的热忱,以及关系到直接目标的冷静思考。为了使得秩序能够赋予人以最大限度的自由,法律的秩序必须限制在生存的必要事物之中。如果其他诸动机介入到了自由政治之中的话,那么自由的政治就变得不再纯粹。政治的不纯粹就会成为非自由的源泉。

(10) 政治自由状态的特征之一是政治和世界观的分离。在不断增长的自由的限度里,宗教的(教派的)和世界观的斗争都会从政治中予以排除。

政治所涉及到的是所有人的共同问题,关系到与信仰的内容无关的生存需求,在这样的生存需求中,所有人都能相互理解,其结果是通过秩序、法律和契约给予他人以活动的空间。

问题在于,从哪里开始才不是人共同的东西:世界观、由历史特定的信仰、所有这些特殊的倾向都应当有其活动的余地。不过其中共同的一点仅仅是为此他们需要有活动的余地。

在人身上有一种欲望,即认为自己的生活方式是唯一真实的,感到与自己不一致的生存之道会受到谴责,是一种损害,并进而憎恶之。并由此产生了一种倾向,亦即将自己的生活方式强加于所有其他人,让整个世界都尽可能按照这一方式来塑造。

由这些倾向养育出来的政治,会渴求暴力,并且会增强暴力。这一政治除了蛊惑人心之外,它不倾听,不协商,而是去征服。

不过,从人的自由意志之中产生出来的政治,造就了趋于自我满足的自我克服。其目的局限于生存需求上,他们愿意给予所有人的可能性以活动的空间,这些可能性并不以所有人共同的必不可少的东西为敌。除了对那些渴求暴力的人不宽容之外,这一政治能容忍所有的人。

它走上了一条较少暴力的持续之路。

这一政治建立在想要自由的信仰基础之上。信仰的内容可能是完全不同的，不过有信仰者的共同点是其所认为的，在涉及到人类社会里各种状况和事件中的正义和合法性时，所应当具备的绝对的严肃态度。只有虔诚的人才有能力达到谦虚精神中的伟大，达到在伦理-政治行为中的可靠性。

由于政治仿佛涉及到"人之存在"的底层基础，涉及到"人之存在"，确切地说所有其他都依赖于它，——因此关涉到投入的责任与热情，不过政治并没有直接触及到内在自由、信仰和精神等高级财富。对于这些来讲，政治仅仅提供各种条件而已。

举例来说，基督教是信仰的问题。基督徒可以作为信仰者选举任何一个党派，也可以属于任何一个党派，只要它所涉及的是世俗事物的话，基督徒也许可以投共产主义或资本主义、共和制或君主制的票。因为对世俗事物的处理方式，并非根据《圣经》信仰自身而来，而是从教会规定的其信仰现象的特殊性而来。基督徒唯一不能期待的是邪恶。作为政治化的基督教，再作为信仰的话，就会很成问题了。

因为将政治热情限制在其冷静的原本意义方面，只有源自信仰的热情才是可能的，虔诚的基督徒已经创造了自由的现代世界这一观念。信仰并不能形成政治的内容，而是政治的基本观念。

作为政治缰绳的信仰世界观对于自由来讲是灾难。因为对真理要求的排他性的主张会强制向整体发展，从而走向独裁，走向废除自由。在政治自由的各种状况之中，按照世界观予以划分的政党，本能地会遭到人们的抵制，并且实际上不起什么作用。世界观的信仰运动是政治自由的敌人，因为跟那些为信仰而战斗的人是无法进行讨论的。而在政治上，起决定作用的是所有人之间的相互讨论，学会为了解决生存的问题而与别人友好相处。生存的问题使得所有的人把信仰、世界观以及利益的分歧结合起来。

(11) 自由得以维持的前提是成为自然天性的共同生活的伦理:对秩序和法律的理解力,人类自然的交往方式,对别人的体谅和乐于助人,永远尊重他人的权力,在涉及到纯粹的生存问题时,不会不同意准备妥协,不压制少数派。在这一伦理之中,所有在自由状态下的有效党派在意见方面都能取得一致。在保守派和激进派之间,在坚持统一的共同因素中,依然存在着团结一致。

(12) 自由受到成文或不成文的宪法保护。不过并没有坚持自由的绝对可靠的机构。因此,在自由的状态下,人们所忧虑的是要去保护作为不可侵犯的根本性的东西:自由本身、人权、法治国家,甚至也反对暂时的多数。这一不可侵犯的东西必须同样不受选举和表决决定的影响。当选举多数一时忘记了其共同政治自由的基础时,必定要有一些主管机关在起作用(在经过一段充分的时间差后对决议进行重新思考,公民投票,法庭对决议的合宪性进行审议)。不过这些机关只有在与人们的政治伦理相一致时,才会切实有效。只有通过这两者,才能阻止民主遭到民主手段的毁灭,自由遭到自由的废除。无论如何,表明长久的、真正的民意的切实之道,既非民主运营技术的抽象的、绝对的适用,亦非机械的绝对多数自身。即便这些民主运营技术多半是有效的,仍然需要受到限制,特别是在人权和自由受到威胁之时。在极端化的情境之下,必须以放弃各种原则的方式来拯救原则。

不应当以宽容对待不宽容,除非这一不宽容仅仅是作为无害的、私人的乖僻来看待,如果是这样的话,可以听其自然。不应当有破坏自由的自由得以存在。

(13) 一种终极的、能够令所有人满意的民主的政治自由状态并不存在。如果对个体的限制超出了确保机会均等的保护限度,如果不是为了防止明显的不公正而使自由竞争受到限制,如果人天生的不平等以及通过劳动创造的业绩没有获得相当份额的权利，如果很多的公民在其生活的范围内，在国家的法律中不能重新认识到作为社会基础的正义的话，那么就总会出现紧张的局面。

民主意味着每个人依据其能力和业绩而得到承认。法治国家意味着对这种机会的保护，以及依据形势和经验对这一法律保护进行改变的必要性，但不能使用暴力，而是以合法的形式予以改变。

正义的意志永远不能得到完全的满足。鉴于政治自由的各种危险，这一正义的意志能够容忍大量的这类危险。政治自由总是要付出代价的，常常要求对自我的放弃，放弃自我的克制，以及忍耐。只要为正义而进行的斗争在法律上是可行的，即便这一斗争是持久的、并且常常是以失败而告终的，丧失政治条件的正义，并不会让自由本身受到任何限制。

在事态的进程处于决定性的情况下，由民众方面来进行的选举是绝对必要的。形式上的民主——自由的、平等的、秘密的选举权——就其自身与其说是自由的保障，毋宁说是对自由的威胁。只有在上面所描述的特征的前提下——共同生活的道德伦理，在完成具体任务的相互对话中的自我教育，对基本权和人权的无条件的捍卫，对待信仰的严肃态度的基础——自由才是可靠的。形式上的民主，尤其是在其缺乏自我教育的准备时，自上而下地突然强加于民众的情况下，不仅会造成暴民政治的后果，并以独裁政治的结果而告终，并且会在此发生之前，民众们根本不知道他们要选什么，这样就为小集团意外上台创造了条件。那么政党便不再起什么作用。它们不再是民众的机构，而成为了自我满足的组织。它们选出的不是精英，而是老练的“国会议员”以及领导人精神上的屈从者。

保护民主的意义在于反对暴民政治和独裁政治，反对结党营私和盲目屈从，这是有关自由生死存亡的问题。需要用阻止性的法院来与形式上的民主的自杀倾向作斗争。每个一时占多数的绝对主权都需要受到某种稳定的东西的限制，不过那些行使职能者总是人，最终重又依赖于民众之中产生的人性以及真正的自由意志。从民主的角度来看，最终也必须重又选择阻止性法院，从而可能避免诸党派进行单独统治。

(14) 所有一切都取决于选举。我们了解对民主的嘲讽，对选举决定的轻蔑。人们很容易看到其中明显的错误和混乱，怀疑个别场合的选举结果或将多数的决议解释为荒诞不经的。

与此相对，有一点总是首先一再被指出：除非经由民众，此外并不存在自由之路。唯有极端的对人的蔑视，它也会将蔑视者自身及其朋友除外，才会宁愿喜爱独裁政治之路。这另外一条路经过个别集团的自我任命，而通向了支配奴隶之路。这些奴隶在观点方面被认为尚未成年，他们是自由的，被宣传改造，并且为布景所包围。在最好的场合下，偶然会出现人道的独裁。

民主主义者和独裁者都有求于人民。世界已经进入了这样的一个时代，任何一个想要进行统治的人，必然要选择这类的言辞。罪恶的、欺骗的煽动者，以及高尚的、为自由献身的政治家，都诉诸人民。谁能最终取得成功，只能由当时的人民来决定；这同时也是对他们自身的决定。

不过，如果最终结果应当由人民来决定的话，那么他们会做一切可能的事情，来帮助他们做出正确的决定。独裁政治发明了很多的方法，以此对政治问题的公民投票变成了公共喧嚣下的纯粹假象，以此民众了解了很多(以便可获得可利用的工具)，而丧失了判断力。民主却与此相反，尝试着去推动正当的选举，因为选举决定是民主得以保留的唯一的合法形式，以使民众真正、长久且本质的意志得以表达。

长时间地来看，获得上述民众意志的唯一的手段是对人进行整体的教育，使他们通过思考而意识到这一意志，从而唤起他们的真正意志。人不应当仅仅有系统地受到技术方面的知识和技能教育(通过这种教育,如果这些技术知识是唯一的,那么他们只会成为符合法西斯要求的有用的奴隶制度般的工具:坚信、服从、斗争)。我们要求人更需要以批判性的思维和理解为基础的教育,需要历史的和哲学的世界,以使我们成为有判断能力和独立的人。在不断得以提升的教育过程中,所有的民众都被提升到一个较高的阶段上来,从一知半解到完整的知识,从瞬间的偶发性思维到具有方法论的思维,以便于每一个人都能从教条主义提升至自由。这是多数人发展的希望,这样他们在选举决定中,在决议中,就会有意识地、自觉地选择更好者。

第二条路是大多数的人通过参与具体的任务而对民众进行实际的自我教育。因此,自由而负责任的基层管理部门对于民主伦理的产生是非常必要的。只有身旁小范围内以至生活中每时每刻都从事的事情,才能使人们变得成熟起来,让他们足以胜任在较大的乃至极大范围内应当通过民主得以实现的事情。

第三条路是选举过程本身的设立。选举的形式具有极为重要的意义:例如投票方法(个人选举或候选人名单选举)、对选举结果的评价(多数制或比例代表制)、直接选举或间接选举,等等。并非仅仅只存在一种正确的选举方式。但是,选举的方式却可能决定事件的进程。

为了维护自由以及合法性,阻止专制主义和恐怖政治,关键是要举行真正的选举。专制主义的特征是废除真正的选举,取而代之的是虚假选举,并由此对我们时代的自由意志表示虚伪的尊重。废除真正的选举相当于以往对国王的处死,意味着将民众的主权也处以极刑。对合法性源泉的根除,首先会招致最野蛮的暴力,其后是对自由的灭绝。

托克维尔对于法国大革命现象中有关服从多数方面有着深刻的理解。当我们崇拜人的理性时,我们会对理性的万能予以无限的信任,法律、制度、习俗都可以随意改变,从根本上来讲当时革命者考虑得更多的并非人的理性，而是自己的理性。“从来没有人向这些人所做的那样，显示出对共同的智慧的绝少信赖。”他们对待众人的态度就像是对待神一样轻蔑。“对于大多数人意志的真挚且具有敬意的服从，对于这些人来讲就跟服从神的意志一样陌生。自从那时起，几乎所有的革命者都表现出了这一具有双重性的品格。这跟英国人和美国人在其同胞面前所表现出来的尊重大多数的观点是迥然不同的。在他们那里，理性是自豪的、充满自信的，但从未表现出傲慢来；因此他们走向了自由，而我们所发明的却仅仅是被奴役的新形式而已”(阿尔伯特・萨洛蒙的德译本)[22]。

很久以前人们对选举就提出过异议：一张选票几乎什么都不是。因此不值得费这个工夫。这一过程破坏了人们在公共事务方面的乐趣。它降低了人们进行有意义行为的自我意识。这一主张的确包含了现代民主人士信念中的关键之处。如果说一张选票无足轻重的话，那么决定是通过所有选票的总和得出的，而其中的每一份只有一张。因此今天的信念是，我以全部的真诚和全部的责任心来投上这一票，同时我也知道，个人是微不足道的。谦虚对我们来讲是必要的，并且在谦虚之中要求做一切可能的事情。这几乎是完全无能的一票，是与这些单个人在整体上决定一切的意志紧密联系在一起的。

(15) 如果一国的人民实际上并不需要自由、权利、民主的话，那又如何是好？这显然在意愿明确之时是不可能的，而只有当为危机和狂热所蒙蔽之时才有可能发生。

不过在这里自由不断地成为了问题。对自由来讲所有的关切都是必要的。因为它是最宝贵之物，它绝不会主动归我们所有，也不会自动得以保存。只有当自由成为意识，并且承担责任之时，它才能得以保存。

因为自由总是处于守势的立场，因此处于危险之中。如果在民众之中危险不再能感受得到的话，那么自由也几乎丧失了。其优势会轻易地陷入非自由以及暴力组织之中。

（16）与自由的政治理想相对立的，正像是从现实中引出的有力的反证一样：自由被证明是不可能的。但人的自由本身很可能同样是真实体验的根源，而直到此时这些被声称的经验被宣布为不可能的。

究竟是我们出于对神的信仰以及在人的尊严得以实现的意识之中选择自由之路，并透过所有的幻灭，在无限的耐心之中坚持它，抑或是在虚无主义的热情所取得的颠倒的胜利之中，我们陷入厄运，人的本质被人毁灭，这二者是有区别的。

自由状态的决定性的标志是**对自由的信仰**。接近政治自由理想的尝试，哪怕有巨大的缺陷，也已经成功了，这就足够了。从中我们获得了面向未来的勇气。

*

如果我们观察世界史的进程的话，就会发现人的政治自由是少有的现象，可以说是个例外。人类的主要部分以及大多数时候的历史都是没有政治自由的。雅典、共和制时期的罗马、冰岛可以说是这类例外。而最伟大、影响力最强以及最强有力的例外是英国和美国。从那里开始，它们影响了大陆国家的自由观念，但也只是一部分，并且无力地、每日以审慎的态度主张着自由。

政治自由是一个西方现象。如果我们将之与印度和中国的现象作比较的话，就会发现在这两大文化圈内，自由缺乏原则，并且缺乏一个民族的连续性，是偶发的、个人的。因此人们会问道，政治自由是否是达到那一“人之存在”高度的前提。我们必然要从历史方面来否定这一问题。即便是在政治不自由中，高度的精神活力、创造力，内心深处的精神生活也是可能的。我们认为政治自由是值得追求的，因为政治自由再也不能与“人之存在”的观念相脱离了，世界史的问题在我们看来，是否就像是政治自由的观念一样从西方而来，并真正成为教育全人类的东西，抑或不是。并且我们知道了在西方政治不自由如何一再被指责为精神没落的原因。自从处于罗马第一个世纪的塔西佗和朗吉努斯以来，当人们认识到丧失了自由以及凯撒王朝的专制主义时，两位历史学家写道：精神生活只有在政治自由之中才成为可能。不过对于比较的总体观念来讲，历史的意义仍在于说明，在权力秩序最多样化的条件下，人究竟能成为什么。

权力意志和暴力时刻准备着介入。在无能为力的情况下，它们开始提出要求，首先要求减轻受到损害的生存的重荷，然后要求权力平等和自由，之后要求占有优势、得到保障，并且得以统治（总是以某些共同利益为名），最终以专横的方式行使专制。

在日常生活中，暴力与自由理性不断进行着斗争。每一句粗暴的、打断讨论的话，每一种引起愤怒的反理性的专横，每一项片面的决定，每一个不在契约精神之内以及超越自身一定权限的命令，所有这一切都是在家庭的私人氛围中，在办公室的共同工作中开始其暴力性，最终必然爆发为战争，因为人实际上在其先决条件之中已经为暴力做好了准备，并且使其自身适应了暴力。

面对权力和暴力不应当有自我欺骗。不顾现实地在理论上构建正当的世界组织，是毫无意义的。不过，即便我们注意到了这一现实，我们还是会做出错误的选择：

或者依据“不抵抗恶”的准则无暴力地生活，准备好接受一切后果，去容忍乃至丧生，而不去抗争。

或者承认暴力是事实上的生存条件，将它作为政治中的一个因素而加以利用，因而也接受暴力之恶，并去肯定政治的不可避免性。

以上两种立场从逻辑上来讲都是明确的，似乎是前后一致的，但以人所面临的使命作为标准来看待的话，却是一种逃避。因为使用暴力来服务于法律的意志，将权力控制在正义的力量之下，在政治之中呼吁加强跃进的冲动，不仅仅考虑到利益，而且通过人最高贵的力量寻求一条出路，这一意志在逻辑上根本是不明确的，不可能作为一个卓越的计划而提出。它只能在历史之中找寻到自己的道路。

固定的片面性总意味着不起作用。然而，真实的东西并不是带来综合命题的一个正确的世界组织——这样的一个正确的、最终的世界组织并没有赐给人，而真实的东西是在无限可能的世界现实中开放空间的意志自由。我们或许可以说，世间缺少一种没有成为权力的精神，以及缺少一种没有与人性的深处相结合的权力。精神变得无力，而权力则成为了邪恶。不过，在这样的紧张关系之中，毫无结果的历史之路是权力成为了法律的要素，并证明了现实生活是人的自由的根基。

我们在下面所要讨论的社会主义和世界一体问题，从宿命的观点来看，这些已经与实际权力纠缠在了一起。信仰因此具有了另外的意义。允许将自身参与到实际权力的信仰，其作为信仰早已失去了意义。作为真理的信仰只能生长于非暴力的自由空间之中。然而对于诚挚的态度来讲，信仰是具有决定性的基础，诚挚地践行并在其中支持社会主义和世界一体。

Ⅱ. 基本倾向

a. 社会主义

1. **社会主义的源泉和概念**

多个的源泉养育了社会主义思想，并促成了自百余年以来只有在相互之间才能成功地予以满足的要求。

技术要求劳动组织。作为劳动组织的机器技术大企业的方式，亦即联合作业的协同来予以操纵。

所有的人都应当供给必须的消费品。每个人都有权利要求使其自身生存成为可能。

所有人都要求正义,并且在今天能以觉醒的意识来理解、表明以及维护自己的要求。正义的要求不仅涉及到劳动负荷的方式,同样关切到可自由支配的劳动产品的分配。

今天没人能够回避这些要求。困难不在于其合理性,而在于实现这些要求的方法。

根据正义的标准否定特权,建立在共同劳动和共同生活秩序之上的每一个观念、每一倾向以及每一计划,今天都被称作社会主义。社会主义是当代人类的普遍趋势,它将劳动和所获得的份额进行组织,从而使所有人有可能获得自由。就这点而言,今天几乎每一个人都是社会主义者。社会主义的要求存在于各个政党。社会主义是我们时代的基本特征。

不过以上所述对于确定真正的现代社会主义是很不够的。尽管社会主义会从正义的原则出发思考问题,但它也同时以马克思主义(共产主义)的形态,根据人对事物过程的整体知识进行思考。以历史辩证法的方法来实现共产主义被假定为科学的必然。共产主义者自身的行动被认为是明确地在这一必然性中发生的,只不过加速了必然性的发展而已。不过,根据共产主义信仰者的见解和意图,实现共产主义的结果不仅是人本身存在的秩序正义,而且在于对"人之存在"本身的改变。人将从痛苦的自我异化的阶级划分中,伴随着从来没有出现过的自由、精神的丰富性,以及所有人团结、和谐的幸福,进入无阶级的真正本质之中。

只要科学共产主义将人的拯救建立在如它所理解的科学的基础之上,那么它就是一个典型的现代现象。除了科学之外它不需要其他的了。

根据辩证法的历史观，在通往目标的道路上要经历的过渡期，一个极其困难的时期是不可避免的。由于资本主义统治者因为阶级统治而确定的精神状态，通过资本家主动放弃，以及通过谈判而赢得新的社会结构的自由一致，和平地实现目标，被看作是不可能的。无产阶级专政是建立正义和自由的转折点。

为此，首先要求在资本主义的危机中，政权转入专政之手，其次是在科学的基础之上的计划化。

2. 权力

好像是真实和正义的思想，或必然要发生的思想，都可能是错觉。将某一思想看作是真实的思想，有可能错误地认为，其正确性自身会迫使其得以实现。思想尽管会唤起动机，但它们仅会在权力有力的现实支持的前提条件下，才能在事件的真实过程中起作用。社会主义只能通过权力才能实现，在它遇到抵抗时，权力能够使用暴力。

社会主义思想如何与权力相结合，如果利用权力，沉溺于权力，屈从于权力，对未来人的自由来讲是具有决定性的。为了在正义中赢得自由，社会主义必须联合一切力量，救人并与暴力作斗争，既与独裁者的专横作斗争，同时也与一时占多数的民众的专制作抗争。一直以来，它就只能通过合法性才能发生。

在西方发展出来的政治自由的原则处于危险之中。只有使政治自由的原则成为其自身的社会主义，才能保持自由的社会主义。只有这样的社会主义才是具体的，并且是具有人性的；只有这样的社会主义，才能避免作为行动准则、通向非自由之路的教条的抽象化。这意味着：在其中正义要求所有人的统治权，它会意外地将民众的统治权置于煽动家的手中，而煽动家马上会变成独裁者，将所有民众变为奴隶，从而建立充满恐怖的生活。在这条道路上，不断增长的恐惧迫使独裁者加强政治恐怖，因为独裁者总是生活在猜疑之中，正是通过他们的行动使得每个人都生活在恐惧和猜疑之中，因为每个人都一直处于威胁之中。

如果计划化导致整体计划化的话，那么权力会通过具有社会主义气质的基本特征成长起来，其结果并非权力为社会主义服务，而是成为了社会主义的主人。

计划化只有通过权力才有可能，而整体计划化只有通过绝对权力才能得以实现。只要法律允许随意的资本积累，形成垄断组织就成为可能，垄断组织导致了凌驾于消费者，以及垄断化企业中的劳动者和雇佣者之上的权力，因为在所有涉及到劳动的领域中，除了垄断组织外，其他都不存在了：解雇就意味着被消灭。整体计划化只有通过国家，也就是说只有通过具有绝对权力的国家，或通过其整体计划化才能得以实现，因此整体计划化比资本主义经济中任何垄断集团的权力都具有无限的优越性，这是规模巨大的权力，并且将私人生活也毫无例外地纳入其中，这是在以往的历史中所未有的。

3. 计划化与整体计划化

整个世界的英才都在思考计划化的问题。巨大规模的计划化及其实现，这些事实就在眼前。

计划化是为某一目的而做每一步安排。就这点而言，计划化从一开始就构成了人之生存。动物按照本能无计划地活着。为了在计划的多样性中找寻到出路，我们做了以下的几项区分：

谁来制定计划？或者是企业在与其他私营企业竞争中由私人发起的，其范围是某一领域获益者的联合，在于消除行业中的竞争，以形成垄断。抑或由国家来制定。国家在计划化时或者将其自身限定在通过法律而自由倡导的秩序之中，或者国家自己管理原本具有垄断特征的企业，如果国家原则上将整体计划化中的一切纳入自己的控制范围之内的话，便达到了其界限。

对什么进行计划？是个别的企业，抑或整个的经济，或者从根本上讲人生存的整体秩序。

*

现代的计划化发端于经济，至今这一领域依然是其自身的范围。计划经济的来源处于困境之中。起初，人在经济领域的合作并没有整体的计划。计划形成于劳动过程以及整个企业发生灾难性状况以及发生危机之时：如何能改善这一状况，如何拯救自身？

直到19世纪末世界经济才得以形成。以往的地方性经济只够满足地方的需求，从而是自给自足的经济（包括将不可或缺的极端奢侈品通过贸易的方式提供给少数富人），今天的情况与此相反，所有民众的富足程度不断增加，并通过交换的大量产品和原料而相互依赖。

伴随着这些新的依存关系而出现紊乱，而民众对此最初并不理解（例如小麦价格，当影响农业繁荣的价格的大起大落取决于加拿大或俄国的收成量时）。由于这种贫困，人们要求国家给予救济。所有利害关系者——他们之间在很多方面都有分歧——都要求国家给予保护。其结果是建立隔离区、关卡，开始是关税与出口管制，最终是希望极权主义统治的新的自给自足。

只要和平存在，这一事态一直不会超越一定的限度，但在两次世界大战期间却成为全面计划性的。眼下可以见到的各种可能性的对立从一定的模式来看应当是这样的：通过自由的市场交易而繁荣整个世界经济，这从整体上来讲是没有计划的，并处于理性进步的范围之内，这些构成了世界和平的前提，并以和平作为其目的。——整体上进行计划的经济看起来似乎是理性的，但实际上却伴随着不断增长的贫困，它会中断交易,或将之置于国家监视之下,仅仅将一国自身的眼前利益作为唯一的标准,这一强制的结果是两次世界大战,以及新的战争的倾向。

简明扼要地讲,某一困境是计划化的源泉。最大程度的困境、战争的困境,则是整体计划化的源泉。

处于困境之中的此类计划化的意义和公正系由下面的几点而得以转化,即国家的权力意志、防卫与征服意志,以及通过整体计划化而将瞬间的能量达到最大值。这也包括为了战争武器的生产而甘愿承受最贫穷的生活。人的全部生活被建立在了孤注一掷的好战征服上,它只能够通过掠夺他人从而抵消自己的破产。对于达到战争冒险的目的来讲比较适当的行为是:为有计划的或令人恐惧的战争确立一种永久状态。

在这一场合,于是立即出现了新的动机。由战争所强迫的绝对权力的状态,将会作为绝对统治的永久状态而持续到和平时代。最初的动机将战争看作是正常状态,而和平仅仅为战争做好了准备,在第二动机那里也许和平被看作是正常条件。但在和平时代所有人最大的幸福、正义、对自然需求的满足,都必然会通过作为永久状态的整体计划,并且同时通过绝对统治而予以实现。在此加入了以下各种错误的想法:

(1) 在诸如战争或自然灾难的困境中,整体计划化显然是获得和分配食物唯一的手段,公平地对待短缺,所有的人都得到一点,并且得到同样的份额。在这里一种异常的状况下对有限目的的有意义的做法,被转到了经济、劳动、生产、供应的全体之中,并且超出此范围转化为人的全部生活。穷困时提供救济的方式,成为了一般生活的方式。

(2) 人们认为,从其本质出发,机器技术要求全能的国家控制。不过,技术的必要的大规模组织,是有其界限的,超出这一界限其生产能力会锐减。庞大的组织会变得呆板，它们仅仅希望能维持，而不是改变，并且会在垄断化的地方对新发明采取敌视的态度。只有在通过法律指令的无拘无束的竞争斗争中，才能切实地期待发展和进步、尝试新事物、把握机会，成功产生于所有精神力量的完全适应，因为如果它们失败了的话，就会受到破产的威胁。

（3）对正义的要求所针对的是自由放任时代的自由贸易经济产生的不幸与极大的不公平。在这里，自由的基本思想因服务于利己的兴趣而被指责为在自由主义理论中造成灾难性的混乱。正如沃尔特·李普曼所展示给我们的那样，自由主义的理论将法人团体的特权（这实际上是可以废除的）与不可侵犯的人权相混淆，——将仅仅是法人有限的豁免权与自然人的不可侵犯性相混淆，——将垄断权的所有与私有财产相混淆。反对自由主义思想谬误的正当斗争，不应当成为反对自由精神的斗争。

4. 经济图景：自由竞争抑或计划经济？

在竞争和自由市场受到限制或遭受排斥的地方，才存在计划经济。计划经济从大型企业开始，例如从作为托拉斯的企业建立起垄断，然后从这里走向国家经济。

对经济来讲，人们提出这样的问题：究竟应当是市场经济还是计划经济？哪一个更成功呢：究竟是在自由竞争的、创造性的相互协调中实现所有人的理性，还是在整体计划化中由少数几个技术头脑的理性来实现所有人的幸福？宁愿在市场上冒险，在竞争中抉择，还是要通过官僚组织的任务和分配对劳动和所得进行控制？谁将成为裁判的法官，是在竞争中成功或失败的市场，还是官僚组织的重要人物所下达的命令？

在自由竞争的状况下，每个人都能因自己的成就、业绩、思想、创造而产生良好的效果，只要这些能得到公众的承认。所有人的口味、要求、意愿都会在其多样化中发挥作用。决定是由全体民众所做出的，这其中也包括少数者的存在。打破了单调性，取而代之的是无限的丰富性。特别的精神能够形成自己特殊的环境。在竞争之中发展出了推动力。竞技在任何时代都会导致最高的可能性成就。

有关这一问题的讨论最初尽管发生在经济领域，在这里整体计划化意味着消除市场，根据所聘用的人员的知识，根据其目标和兴趣，而有利于劳动、生产以及分配的统计计算和决定。与将自由的市场经济贬为利润经济相比，计划经济自诩为合理的满足需求的经济。

然而整体计划化显然超出了经济问题的范围，而间接成为了人的全部生活的指导，乃至进入精神创造的世界之中，而精神创造比其他任何的活动更加依赖于个人最为自由的首创性，并会为任何有计划的引导所窒息。在自由主义世界中，也可能由于威廉二世的趣味而从根本上来讲变成了私人的性质，尽管这一趣味通过财力和予以迎合的国家机关手段而成为了狂妄的现实，但这样的一个在更为全面的精神世界中不起作用的现实，由于其空虚而遭到轻蔑和嘲笑[23]。然而在极权主义的世界中，希特勒的趣味却决定了，到底谁可以创作，谁却不能。

优先满足其个人需求的个人选择的自由终止了；供应的多样化以及尝试着提供某一些人喜爱的东西的机会，也得以终止。例如，康德的著作只是为少数人写的，在计划经济中这些书不再起什么作用，在一个长时段内，群众的需求决定一切，此外具有决定作用的是掌权者的情绪，或者国家领袖的学说，这也会导致出版康德"批判书"的大众版。自由需求的无法估量的多样性，使得除了大众的低俗作品之外，也使得那些最好的、尚未为人所知的作品繁荣起来，因为总会有些群体相应地会应对、要求、购买这些作品。与上述情况相反，在计划经济中，商品目录要以适应群众的需求为其前提。不是人而是官僚的头脑来决定什么样的精神能够成长。

经济的整体计划化已经显示出，它不会只局限在经济领域。它会渗透到人的生活的各个角落。对经济的指导会导致对整体生活的指导，影响到通过以此产生的生活方式的结果。

当经由竞争的人的所有力量被唤醒之时，如果有谁想要依赖于事物进程中的经济自由，那么他会要求不断地废止束缚，开放国境，造成普遍的自由世界贸易。人们向往着官僚制度愈来愈少的未来图景能具有可能性。

一方面，自由主义面临着无秩序、无法预测的经济危机、劳动力的浪费和生产过剩、毫无结果的自由竞争、失业和饥饿的灾难，当技术提供繁荣的可能性时，谁都会将救济的希望寄托于整体计划化，要求一再推进权力的集中，知道一切都由一个中央指导。

针对二者择一的可能性，我们认为：这二者都是不正确的，真实者存在于排除了两个极端的中间。然而更重要的在于这两种可能性哪个更优越，这是一个根本性的决定。在作出根本性的决定后，尽管另外的一个立场会作为从属的部分而被吸收，但其结果是，这一立场却失去了其整体性。

在**自由的市场经济**中，没有哪一途径的采取是没有经过广泛的计划化的，不过这样的计划化也是有限的，并且将自由放任的要素也纳入了计划之中，以及重新建立起将竞争作为剩余的选择和确认的方法的前提条件。没有计划的计划通过法律创造了架构和可能性。

除此之外，计划化还在有限的范围内、在相对的整体之中实行，也就是说是为了排除竞争：例如公益事业、铁道和邮政，仅在数量上予以分配的原材料的开采，诸如煤矿的开采，等等。在这里，获得这些原材料的途径对于所有的人来讲都是平等开放的，而不存在对预期的买主有所选择的分配，自由也因此得以保留。

一个生产资料供应充足的国家，与遭受战争破坏的贫穷状态的国家的前提不同——问题是，在哪些方面以及在多大程度上由最庞大的组织实施的经济指导的计划化是有意义的。实用效果的最大值绝非唯一的标准。当威胁生存的苦难完全无法避免时，为了自由也可以甘受危机和经济贫穷。但在计划化之时，将在私人组织的计划化和国家的计划化的中间进行选择。如果整体的利益要获得保护的话，那么垄断企业不可避免地受到国家管制，尽管这在法律上是受到限制的。鉴于国家企业的非营利性的经验，以及在其中的劳动生产率的下降，官僚化中老一套行事方式的危险，一直存在这样一个疑问，源自对自己的企业进行自我调节管理的私人垄断企业的计划化，应当进行到何种程度才能达到国家的计划化的目标。如何避免正在消失的自然竞争的刺激，而代之以强制劳动的国家恐怖的危险，这包括剥夺罢工、迁徙自由的权利，以及排除劳动者为争取从未最终获得的正义所进行斗争的主动权，这些可能是评价的标准。

技术装置对于计划化与组织化的运作来讲是必不可少的，如果这些装置能很好运转的话，与自由竞争、法治国家以及人的自由从根本上来看是一致的。

整体计划化：它缺乏通过竞争形成的人的原动力，因此只能通过业绩竞赛而建立起一种竞争。自由竞争的原则被废除了。审判官是被指定的，而不是通过可靠的专家根据事物的性质做出的判决。与事物关系不大的某些特征却在选拔时成为了优势。自发性应当得到激发，但却仍然受到很多条件的限制。整个社会的心态转向对劳累不堪的工作懊恼不已，没有谁会对因个人的业绩使自己有所作为而抱任何希望。

在我们面前有两种倾向，如果我们要明确地行动的话，总要作为我们决策的根源选择其一：

或者我们在自由选择中面对无所不包的命运。在各种力量相互自由作用的诸多机会之中，我们相信，其中也常常产生荒谬的事情，但最终我们有机会纠正它们。

或者我们直面由人在整体上进行计划的世界，在其中蕴藏着人的精神和人性的毁灭。[24]

5. 计划化的手段：官僚制

哪里有较大的人群以有秩序的方式进行的事业，那里就会需要官僚制。只要有这样的事业，官僚制就会登场。它在古代埃及、古代世界的帝国、弗里德里希二世的诺曼人国家[25]中发挥着作用，但在希腊城邦国家中却没起什么作用。不过，现代技术为官僚制提供了空前可能性的组织和效用。现在它真的变成了极权主义。

官僚制是在办公空间中官员（书记员）的规则和指令基础之上的控制。它就像是一个机械装置一样，不过官僚制的实现却取决于官员的行为方式和思想意识。

在以下的图式说明中可以看到官僚类型的等级秩序：

理想的官员就像一位研究者一样，会几乎不停地思考着自己的事情——例如在120年前的一位高级行政官员，在临终前被问到在想什么时，他回答说：在想国家。他在自由的理解基础之上服从着命令，恪守着自己职业的意义，为官僚制尽职，生活在他必须加以决定的具体情境之中，将道德伦理和官僚行为限制在绝对必要的事物之中，不断地询问，哪里能回避这些问题，以怎样的方式行事才能迅速、明确地处理他的官僚事务，并在行动中保持人性的和助人为乐的态度。

低一个层面的是热心于职务的官员，此种官员以官僚制为其兴趣所在，其工作热情在致力于对整个营生的扩大化和复杂化，享受自己的职责，不过在服从指令方面，他们的行事是可靠且诚实的。

第三层面的官员已经失去了伦理道德——对国家的忠诚、对职业的忠诚、令人信赖的正直。贿赂和情绪成为具有决定性的因素。空虚感和无意义感占据了官员的身心。官员会变得懒散,其工作已经成为坐等减少办公时间了。谁要是热心地工作,会被认为是捣乱者。人们并非埋头于具体的事物中,而是为了做完而已。难题被搁置,而不是被解决。所有的事情都被拖延办理,或被推迟,或被推入一种错综复杂的氛围之中。官员欣赏这样的权力,作为一个在其他方面的无能者,在某些关联中却处于能决定个别人命运的地位。这一单调无聊的气氛会通过关于工作职责、公共利益以及正义的一系列空话而被人为地镀上了一层金。不过他们会将坏情绪发泄在那些完全没有自卫能力的人身上。在与民众的交往中,他们并非像企业对待顾客一样,表现出友好、乐于助人的关系,而是像统治对客体的关系。这一"官员的傲慢"的载体在交往之中毫无礼貌,毫无顾忌,阴险且以恩人自居,并乐意推延事情,让人等待,逃避一切,并加以否认。

从一种根本上来讲充满意义的,到竭力克制自身的,从由人的个性加以支撑的统治形式,到普遍得以限制和镇压的单调的机关,客观地讲,官僚制的堕落,其特征如下:

官僚制是一种手段,但它有以自我为目的的倾向。这其中关键性的一步是,官僚制从服务的工具成为了独立的存在形式。成为了独立自主的官僚制,无限的自我扩张的倾向代替了自我限制的道德伦理。

这其中的原因首先在于官方的管理性质。如果官僚制的措施酿成了灾难和混乱,成了民众的负担和代价,就不会再有取消自己错误的责任意识。与此相反,所有这一切反倒成了颁布新的、更加广泛规章的契机。相信法规的管理为万灵药,尝试着消灭自由活动空间中的自发性,以及通过具有创造性的成就表现出来的自助精神。对付困难官僚制只有唯一的解决办法:颁布新规定。这一办法意味着水平的低下,通过从官僚的屈从性发展到所有人都缺乏建设性的具体理念的屈从性。命令的复杂性，民众被剥夺了权力，这些同时又迫使民众将更多的劳动力投入到官僚制的命令实行中。最终所有人都会陷入非生产机构的繁琐职务之中。

此外还有官僚制中所有官员利益的休戚相关。这一机构不仅要存在，而且也要扩大，因为这对于其承受者的价值和地位来讲，是生死攸关之事。本应当为公众的利益服务的机构，为自己服务。这一机构要求巩固自身，确保自身的安全。

这一巩固和安全是能够做得到的，因为机构正是以其复杂性而逃脱了公众的监控。它变得不再透明，愈来愈少有人能够对它进行批评。最终没有谁会认清它，除了身处其中的官员，这些人也只关心他们自己的领域。对于这一机构来说，不仅民众方面的批评，就是最高统治者方面的批评也是攻不破的。它的生存在于雇员利益的一致性。

甚至当独裁者运用所有的恐怖手段将这一机构改造成他的工具时，这一状况本身依旧。就机关人员的氛围来看这一机构的确已经改变了，它成为了实现恐怖政治的工具。不过这也发展成为了某些个人和团体受庇护和受伤害，其中没有谁能拥有绝对的权力。通过参与恐怖政治，这一机构在其自治之中得以更新。即便是发号施令的独裁者，也必须服从这一机构的利益一致性，并允许通过他而加强了的腐败继续下去。

6. 有意义的计划化的界限

我们在谈到计划化成为问题的时候，这样的问题出现了：计划化是否应当被限制在明确的个人目标之内，以及事件进程在总体上依赖于各种力量的自由活动，抑或由计划来安顿好所有人的行动？我们是应当局限于有限的计划化，还是选择整体计划化呢？

关键的问题是：那些能通过计划而成为可能，以及不可能通过计划获得成功的事情，它们之间是否有存在界限？如果存在这样一条界线的话，它能被确定吗？

整体计划化必然建立在整体知识的基础之上。在作整体计划化之前，要先做这样的决定，是否存在一个真正的整体观，有关整体的知识，抑或根本就不存在。

整体知识似乎使对未来的构想成为了可能。这一构想成为了行动的纲领：我们愿意通过自己的行动来促进达到一定的目的，通过有意识的行动参与到事件的必然进程之中去。我们喜欢整全的东西，因为我们想了解它，所以也想积极地把握它。

但是，作为先决条件的整体知识并不存在。即便在经济领域也是如此。

没有谁能对经济事实的错综复杂的一面做出判断。我们所知道的总是简化了的某些方面。我们一直生活在一个无意造成的世界之中。如果我们在这样的世界之中以我们有限的知识去追寻我们有限的目的，便会与这些目的一道造成我们不可想象的结果。意志既不能整个地创造出这样的世界，也不知道如何认知这样的世界。我们具有培育有机生命的方法，但会通过全面干预而置之于死地，不能重新恢复它，因此由人历史地创造的现实世界，同样如此。无数实际的因素决定着经济的繁荣富强。没有任何的理智可以从总体上估量它。经济学本身是一种探究的手段，并非认识整体的一套体系。

不过我们目前所拥有的有关人和历史的知识，与有关自然和经济关系的知识的性质完全不同。这是一种不具备应用性的直观的知识。因此我们看到了文化的精神世界，去理解它们，通过研究和分析，使它们对我们来讲具有当下的意义。因此我们进一步地看到具有人性的人格的意义，在涉及超验方面，使我们将人的可能的实存当下化。但我们不能随便达到这样的目的：成就人格、创造文化、产出精神作品。我们所企及的东西总是通向这些可能性的前提或途径，而具有决定意义的是，这些可能性的实现是在无意之中完成的。还有更多：如果我们完全以自身的目的行事，而按照人的本性来讲，他根本不可能有这样的意愿，那我们在这里就毁了他，——这就好像是：不是造就一种人格，而必须是这一人格赠与我们，即便是我们的意愿和行为是有一定的意义的，但我们不断的活动仍然会成为所谓被赠予的前提。即便我们出于直观的或当下化的知识希冀进行有目的的行动，在此也会出现根本性的颠倒。只有在有限的目的范围内，我们才能通过对方法的认识和运用，有计划地达到我们的目的。而在与生命相关的事物中，情况则不同：有目的地去计划，恰恰会使其衰落。即便这是可能的，也并非是在我们有目的的意愿下，在不受干扰或毁坏的情况下达成的。

尼采说："如果人类不应当通过一种有意识的总体统治而走向灭亡的话，那么无论如何就应当发现一种对文化前提的认识，以作为全世界共同目的的科学标准，其程度超过了至今为止所有的认识。"[26]这其中包含了对所有当下的、提前的尝试所做的警告，不过这也还是一个错误，亦即假设有一种整体的认识可能作为对整体计划化据此进行指导或作为整体计划化使用手段的充分前提。由于无所不包的整体的非对象性的缘故，整体知识是不可能存在的。

*

我们坚信，从合理的方式来看，整体计划化是完全不可能存在的。整体计划化以有关自身的知识和能力的错觉为前提。在所有的计划中，重要的是，总是在具体的情况之中去观察，我们从合理的个别的计划化过渡到荒谬可笑的、具有破坏性的整体计划化的界限。因此就产生了这样的问题：有意义且有效的计划范围有多大？这一界限通过以下的事实可以从根本上予以证明。

（1）我们永远不可能知道整体，而却一直身处其中。

（2）所有的行为都会产生无意的，以及无法预料的结果。

（3）在机械和理性的领域进行计划是可能的，而不是在生命以及精神理性的领域。

尽管整体计划化是不可能的，但人们一直有这样的倾向，这其中主要有两个来源：技术的典范作用以及想象中的历史整体知识的诱惑。

*

有关整体计划化在技术方面的来源。在技术中出现故障的地方，人们会尝试着通过有目的的计划来排除这些故障。技术的发展自身取得了杰出的成就，可以通过技术重新驾驭由于技术而造成的损害。机器得到了改进，工作条件会尽可能地被布置得舒适。但在有意义的范围之外，人们会求助于值得怀疑的理性措施。

过于急速变革的危险，人们在购买和消除新的专利权时就会遇到。人们尝试着以通过对闲暇的有计划的创造，通过对居住和私人生活的组织，来对抗人的不满、倦怠和空虚。

此外还有，人们希望通过指导本身的技术化，在技术缺乏整体的指导之前采取行动：在国家社会主义之中的一个整体组织，应当通过监视和计算，通过必要的认识，可以说自动发现这些正确的道路。

因为人们通过计划化在技术领域的内部取得了如此杰出的成就，由此有一条在思想的鲁莽中的道路，能够通过技术政治思想之中的具有魅力的技术，通过技术本身来进行技术指导，从而克服一切的灾祸。这是对普遍创造能力的迷信，它要求在整体计划化的道路上前行。技术时代寻求以技术的方式来实现整体人的存在的新的建设理念。

但是，企图通过技术的方式来拯救技术之路，是不充分的，甚至会使事态更加恶化。最终的结果只是召魔驱鬼而已。

对人类存在的重建是不能够从整体上予以计划和组织的。首先人必须生活，他不能一刻停止，以便整体从头开始，他每次总是从目前的状况出发。其次，对技术的控制不能通过技术得到，对技术的克服也不能通过技术政治而得到，技术政治所表现出的最终的更多的是低水平、瘫痪以及奴役。

在技术领域界限上的自由是人本身，他不允许其自身陷入纯粹技术领域的必然的连贯性之中，而是从较深的起源中获得各种力量。人自身必须要自由地利用其机会，这里是计划和作为的界限。他在这里所能达到的，从本质上来讲是无法估量的，而作为有目的地去要求时，却恰恰是阻碍了它、破坏了它。它从未来走来，令人惊讶不已，简简单单，而又令人倾倒，超然于所有的技术之上，并在技术之前，技术包括在其中。哪里的人具有这一开放之物，哪里的人就必然会首先在开放之物中生活，去承受它，在那里他会从世界观的技术化中解放出来，从今天被认为是理所当然在起着作用的存在意识的技术术语的形式中解放出来。

*

在想象中的历史整体知识中的整体计划化的源泉：作为世界整体知识的历史哲学是通过基督教历史思想的世俗化而产生的——这一独一无二的人类史，从创世、原罪、神子的出现、世界末日到末日审判。奥古斯丁从宗教天命思想中发展而来的整体观，转化成为了概念必然性的思想，它在黑格尔那里成为了辩证的支配历史的概念，并作为辩证法的思想，与马克思主义所认为的必然性中的因果思想错综复杂地结合在了一起。最终，在历史学家的庸俗解释中，科学的因果思想，被转移到了事件的整体上来，以相信历史事件的可认识的必然性。

因为这一切是从精神世界出发得出的结果，因此认为人能从整体上把握世界，今天看来是一个很自然的错觉。在此，存在着大概的、其自身无法解释清楚的观念：事件的整体进程是必然的，这归根到底是被确定了的，我们可以通过充分的研究，在这一必然性中认识它，未来以无可反驳的必然性从过去而来，未来的进程是可以从过去之中推测出来的，不正确的预测并非建立在原则上错误的前提基础之上，而是建立在不充分的、从原则上讲可以改善并且以充分的程度而获得的见识基础之上的。

单独适当的预测似乎证实了这一根本的见解，例如柏克有关法国大革命进一步进程的预测，其正确性令人吃惊，布克哈特对于未来状况的描绘，尼采对于虚无主义的预言。不过这些都是建立在对当下所存在的一切明察基础之上而做出的适当的预言。

然而，历史的世界作为整体是无法估量的，但在单个之中充满了能被研究出来的因果关系、动机关系、状况关系、意义关系。当它们能够为我们的直接经验所认识时，那它们全都是个别的。这些认识永远也不会成为一个有根据的对整体的认识。

整体把握的错误表现在将一切事物还原为一个原则单一的因果思想中，比方说通过把一个明确的因果因素绝对化（例如历史中的经济因素），或者通过把内容上臆想为可把握的单一过程整体化（例如在黑格尔客观精神的辩证法之中）。

我们的使命是生活在历史可能性的空间之中，去理解开放的世界：人处在世界之中，而非超乎其上。我们以自己的构想，以前后一贯发展图景游戏，以从当下和过去的现实中画出各式各样通往未来的线，并以这样的尝试来照亮这一空间。但我们不会听命于这些图景、思想和构想。它们指引着的方向，依然是悬而未解的问题。将它们作为对现实认识的解决方法，这对真理和行为都是有害的。只有对可能性保持着开放的状态，我们才能保持在个别之中行为的意义。

对于这一意义的解释，与因果性的历史认识的确是不同的。在意识背后发生的事情，并且由此促进或阻止事情的发展，那么我们便以说明的方式将此联系到对于我们来讲历史得以成立的一切："人之存在"就是"自由存在"；成为真正的人，这是历史的意义。符合我们的意愿，如果我们积极地予以利用的话，那么它就会帮助我们，这是欧洲的希望。因为如果没有原本就存在的自由、功绩、罪责的话，那么左右我们命运的重大事件就不存在。

*

在人世间所有整体计划的实际活动都是与人在一起才起着作用，仿佛我们已经了解了它似的，并且期待着具有人的认识基础。在此有两种相反的立场。

人永远是相同的。人曾经是什么，他也会因此建立起社会的大厦，以便供给所有作为人而不改变其本性者尽可能多的物质和尽可能多的自由。

或者，人并非总是相同者，他们会随着自己生活状况的改变而改变，会通过他们自身而走上一条难以认识的转变之路，这一转变在世世代代的历程中在他们身上一再发生——因此社会得以如此建立，以便人能朝向真正的"人之存在"方向转变。"人之存在"的理想是计划所追求的目标。新的社会状况只有随着改变了的人才成为可能，而新人只有通过这一状况才成为可能。这就像计划者能够以无所不知的方式洞悉人世一样，就像一位艺术家能用他所得到的材料创造艺术品一样，计划者创造出人来，这是一种将人置于人之上的傲慢（在诸如尼采的超人等理论中都可以见到）。

不过，这两种立场都不真实。没有一个展示了正确的道路。我们宁愿只要由于为自由而工作的决定去生活，并将这一决定作为一个因素，但以生活在不去了解其结果究竟为何的谦虚之中。因此这也是为什么现代的问题如此急迫了：计划什么才是合理的以及可能的，计划和行动的界限在哪里？

*

如此便造成了在没有关于整体的知识的情况下而去行动的必然性，因此不知道我的行动的所有后果，同时，这一行动成为这一整体的因素，在其中我的行动希望成为真实和至善之物。

如果一个公正的世界组织不存在的话，这既不针对我的知识，也不针对可能性未来的真实性，那我必须放弃一种无意识的知性标准，这一标准是用来理解公正的世界组织、尽善尽美以及可以理解的整体的。与此相反，我们必须从每个人都有其位置的世界的整体来思考和行动。我们被包围在整体之中，必须要计划和打算，不过整体尽管是当下的，但并非作为某种可认知的东西，而是作为一种理念而存在。

因此，对未来的开放性是自由的前提，观点的广度是当下决定明晰性的前提。人会出于可能性和机会的考虑，发现正确的决定。对未来的推测恰恰不是对明确必要性的认识，而是洞悉能力和可能性的开放空间。

7. 社会主义与整体计划化

在社会主义的实现过程中，每每当撞向其界限时，只有冷静的理性才会有所帮助。举例来讲，有计划的劳动组织每次必须以及能够进行到何种程度，以及当它超出了这一界限时又是如何毁灭自由的。另外的问题是，在多大程度上正义构成了平等的条件，在多大程度上正义恰恰是任务之间相区别的条件，以及属于由任务所决定的生活方式的条件。正义并不能仅由数量和计算获得。除此之外，在数量不同的领域内，正义是一个趋于无限开放的任务。

社会主义区别于共产主义的特征在于将其最初的正确倾向绝对化，这点我们可以认识到。通过绝对化，这些倾向在实践中失去了对历史形成的日标，而却融入到了低水平之中。

如果我们对社会主义与个人主义、资本主义和自由主义进行比较的话，那么我们首先每次都会认为社会主义是正当的。在发展方向之中的选择性的唯一观点每次被绝对化之处，瞬间就会产生脱离具体的事物。代之屈从于类似的绝对化，我们更愿意每次提出这样的问题来：

对于单个个体的驾驭、命令和服从必须要进行到何种程度？公有制和私有制必须要进行到何种程度？有意义的、合理的计划化必须要进行到何种程度？对于通过人的自由创造性而对事物看不透的进程的信任必须要达到何种程度？

只要社会主义的要求是具体化的，并且是经过仔细考虑的，那么它就一直还在界线之内。只有在具体的东西从眼前消失的地方，人所幻想的幸福世界被作为可能性的前提，而要求变得抽象且绝对，此时社会主义也从一种理念变成了意识形态。它完全可以实现的要求，实际上导致了偏离了其实现。

公正的世界组织是不存在的。正义是一项永不终止的任务。作为所谓公正的世界组织的建立，正义必然会在人的计划的暴力固定化中被颠倒。因为如果自由终止了，也不可能有正义。

不过在保持开放的历史的道路上，对所有人或个别人专横的彻底解放同样完成不了这一任务。因为非正义会出现，而没有正义，自由是不可能存在的。

社会主义从其起源开始便保持着为所有人的自由和正义的理念，它避免绝对化。社会主义是每个人通过其理智可以理解的。它能联系所有的人。但当社会主义一旦成为了狂热的信仰，从绝对化中变成了教条主义和暴力，那么以上所有一切都不再可能。

社会主义在今天见识到通过所有人都要服从的必然的机构，来实现所有人共同自由的伟大任务，而人们以此种方式增进自由。这是一种特殊的情况，在历史的关联中根本的建立似乎是可能的，这是以往所未达到的程度。这一生活的秩序是时代尚未解决的巨大任务。社会主义成为了向往这一秩序的所有倾向的代言人。社会主义本来的目的只有以适度的方式才能达到，不用暴力而达到协调一致，一步步历史地前进，不再致力于追求直接的整体实现，而坠入历史必然终结的深渊。尽管以上所有的都能得以实现，但人还是没有能从其本质的深处重新发现新的方式，人依然会跌入这一深渊。[27]

我们不知道，政治自由伴随着社会主义的实现是会增长呢，还是会丧失掉。谁如果放弃整体知识的傲慢，那他就会知道，自由既不会由其自身出现，也不会由其自身得以保持。由于自由遭受到巨大的危险，只有所有人在言行上都以其整体存在随时为它工作时，它才会繁荣起来。对自由的漠不关心以及对拥有自由的自我确信，是丧失自由的开端。

自由的理念属于“人之存在”的真理。不过，我们在人之中也看到了其他的力量和自信——生活上不自由的政权。我们的理智可能会惊讶不已，自由的机会在昏暗的瞬间只能予以很低的评价。但是，当我们回忆起我们的“人之存在”时，我们的信仰会重新生机勃勃。我们会更加清醒地看到危险的人——自由的人不可能会是别的，而那些将“人之存在”的无能看作是最终的人，他们并没有理解自身正处于蒙昧的生命力或教条的野蛮重压之下。

8. 整体计划化的动机及其克服

在困境之中的不明确性导致了对整体计划化救赎的信仰。仿佛善能够从某处占优势的知识中获得，仿佛这一知识（对于科学的迷信来讲）已经存在了。对此类能救助人的知识的渴求，会以领袖或超人的形式出现，人们只需要顺从于他们，而他们会许诺做到这一切，这便导致了自己应对其负责任的幻觉，放弃了启蒙和自主思考。人们期待着从不可能之中获得全部的拯救。

众多的人将整体计划化看作是逃脱困境的唯一解救办法。对某些人来讲，不假思索地认为整体计划化是最佳的办法，已经成为了一个定见。强制性的组织将克服困境和混乱，带来幸福。[28]

然后，人似乎想用整体社会的乌托邦去掩盖在整体之中究竟发生了什么事情，为了让人们在自己能领会其目标的狭窄空间中，去完成权力托付给他们的任务。但人们有朝一日会明白如此的行为之虚妄。因为在为掩盖权力的服务中，人们只是在铸就自己的毁灭。幻觉似乎是他们取得了成功，但那些仅仅是走向自我毁灭的脚步而已。他们不愿意直面那蛇发女怪，因为人看到她的样子就会变成石头，但却完全沉溺于她。

这一并不少见的由明显的理想主义支持的整体计划化假象，如何引导人们通过自己的行动，一步一步地愈来愈深地陷入恰恰是他们希望克服的领域：贫困、非自由和无视法律，这的确令人感到毛骨悚然。不过上述情况的发生，只有当人们越过了这一界限之时，在这里，有意义的计划化转变成为了招致毁灭的计划化，在其整体上能决定的部分计划化转化为在整体上无法决定的整体计划化。

当人在世界上不是去追求具体的能够把握的目标，而是认为人能够综观整体之时，那么他们就仿佛把自己当成了上帝：他们失去了与超验的关联；人们戴上了眼罩，正是由于闭目塞听，为了一个假象而遗失了事物起源以及事物基础的经验：世界之中单纯的运动；建立起永远公正的世界组织；人失去了跃起的可能性，因为他们迷恋于恐怖与独裁的机构；他们从人类目标似乎是最崇高的理想主义出发，将之颠倒成为浪费人生命的非人性，将所有一切转化为前所未有的奴隶制；他们毁灭了人前进的所有力量；他们对追求卑劣的暴力性的失败感到绝望。

没有哪一个整体的计划会提供充分的救济。作为人并且源自人本身的可能性，这另外一种起源也必须予以展示。在这里，重要的是在形而上学基础上建立起来的在伦理道德中显现的根本态度，正是通过这一根本态度，建立的计划得以引导。对于具有决定性意义的良心的控制必须要予以阻止，这一控制不可能做到既彻底又客观，把重建的意志解放出来不可能总是引导人们进入更深的奴隶制。

*

关于整体不清晰的知识可能会引出这样一个问题：无所作为难道不是最好的办法吗？

老一套的回答是：为了生活我必须行动，无所作为是一种幻想。行动本身是历史事件的因素。

除了以上的说法外，我们听到了让人产生疑问的选择性答案：要么选择整体计划化，要么选择生活在偶然事物的狭窄空间中，要么分享自己创造幸福的人的高深认识和尊严，要么选择无意义消极状态的古怪性。

整体认识以及在此基础之上的整体计划化，实际上会产生奇特的结果：人们不再了解并且不再需要研究和思考了。在困苦之中人们产生幻觉：要么为我们的行为给予虚假的确认，因为人们在必然要到来的事物中，只有自己才被认为是安全的；要么我们为了给予绝望以理由，放弃在可能性的活动空间中的努力和无限的忍耐——在以上两种情况下，人们都处于错误的失败道路上。

与此相反，在偶然事物狭窄空间中的生活，会无意识地剥夺参与历史的意识，历史不会随着时间的流逝而终结——没有谁会知道其去向。

我们谦虚地从与这两种选择的斗争中解脱出来。我们意愿的真实性和纯洁性，是通过我们对知识和能力的界限的认知来决定的。

b. 世界的一体化

技术通过空前的快速交流使地球的一体成为了可能。同一个人类的历史开始了。人类整体陷入了同样的命运之中。来自四面八方的人们能够相互汇聚一堂。

因为比起从前的东亚对于中国，或者地中海世界对于罗马来讲，现代的交通技术更容易到达全球各地，因此地球的政治一体仅仅是一个时间的问题。一体之路似乎是从多个民族国家开始，经由大陆具有领先地位的大规模区域阶段，从而达到世界帝国或世界秩序。世界一体是由一直存在的权力意志和统治意志根据一切的历史相似性，而强迫实行的，这一意志促使当时所达到的最大的世界帝国或多或少地拥有自觉的目标，其后出于和平意志，寻求一种在世间没有恐惧却有秩序的生活。

因此，今天实际上各种地区的历史已经成为了大陆的历史。这一普遍的趋势首先开始于处于相互关系之中的大陆的各大生活圈。美洲大陆、东亚、俄罗斯帝国、欧洲-近东-非洲地区等国家和区域不再能毫无关联且漠不关心地并列存在着。它们不仅认识到相互间的存在，它们更是生活在实际的物质和精神的交流之中，抑或生活在正在提高的自我封闭的紧张关系之中。

*

绪论　轴心时代末期的历史类比

在轴心时代形成了人的自我意识。极具魅力的精神图景以及思想出现于向非神化过渡的阶段，抑或不再是幼稚的神话时代。无限的可能性在自由精神的斗争中得以发展,而这一斗争又处于被权力政治分裂了的世界之中。每一力量都唤醒和刺激了其他的力量。

不过,人借助于其蓬勃的发展,才认识到整个的苦难,洞悉到不完美以及不可能的完美性。这一目标便是得到了拯救。

理性的思维形成了,与此密切相关的是讨论,而在讨论中,一个人将问题传给了另外的人,经由代代相传产生了意识的不断增长和深化。对于每一种立场来讲,都有与之正相对的立场。从整体上来讲,一切都保持着开放。人们意识到不稳固的一切。空前的不安侵袭了人们。对于意识来讲,世界变得愈来愈混乱。

最终发生了崩溃。大约自公元前200年以来,政治上和精神上的伟大统一得以建立,教条主义的形态占据了重要的地位。轴心时代以建立起强大的国家而宣告终结,这些国家以武力实现了统一(秦始皇帝统一的中华帝国、印度的孔雀王朝、罗马帝国)。这是从国家形成的多样性到普遍性帝国——世界帝国的伟大转变,所谓的世界帝国包括三大地区为人所熟知的整个世界进程,当时它们相互之间并不了解,但这一转变却同时发生。随处可见不同寻常的转变:灵魂的自由斗争似乎已经停止在那里了。其结果是意识的丧失。在过去的轴心时代中,只有为数很少的可能性思想和精神人物,能被利用来为新的国家权威传达精神共同体、荣耀和习俗。帝国的思想在以宗教为基础的各种形式中得以实现。伴随着大众文化的低下水准以及保守贵族阶层的高雅但非自由的精神性,各大帝国的精神处于稳定且持久的阶段。连同着巨大体系和已成死灰的绝对权威,世界仿佛开始了长达数世纪的睡眠状态。

普遍性帝国都是大帝国。大帝国对于大多数的民族来讲是外来的统治者,这一点与希腊城邦国家不同,与狭隘的自治部落共同体和民族共同体也不同。这些共同体的基础是以贵族的民主形式积极参与到政治思想和行动之中去,正如它们以不同的形态存在于雅典和罗马一样。

伴随着过渡到大帝国相同的伪民主，这样的民主便告消失（在雅典随着伯里克利之死，民主在很大程度上也消失了；在罗马随着转入君主独裁制阶段，民主则完全消失）。哪里最终仅仅只是为了服从和恭顺而缺少参与政治行动的话，在这里对于个人的意识来讲，所有对其自身的统治就会变为外来的统治，至少对于帝国的大部分人民来讲是这样。

因此，大帝国形成的状况在改变的同时，人也发生了深刻的变化。政治上的无力改变了意识和生活。似乎与大帝国密不可分的专制暴力统治，使得个人重新回到自己那里，使他们孤立，降低了他们的水准。哪里没有对整体来讲实际的共同责任以及自由投入的可能，哪里所有的人就都只能是奴隶。这一奴隶状态在以往的自由时代里通过惯用的表达方式和虚假的活动掩盖了起来。从来没有这么多地谈论过希腊的自由，当自由最终以有利于帝国统治而被摧毁时，它一再为胜利者所保证。为了从希腊城邦国家中早已实际存在的各种秩序中争取更好的秩序，人们在强调其共同存在的同时，还要不断地进行内外斗争，现在在人们之中所发生的一切，已经丧失殆尽。其后，另一种完全不同之物成为了软弱无力者们的纽带，成为了他们在神的国度中、在信仰复活和救赎（基督徒）中的纽带。另外，在统治者（罗马人）中，出色地发展了在人类的普遍利益中负责任地驾驭国家的普遍意识，这是一项高度的管理艺术，建立全球权威的艺术。

这一类似性也许会给我们的未来带来一线光亮，尽管未来看起来完全不同。这一类似性同样对于希望人获得自由的所有人来讲都是一个警告。

这一一体将以何种方式呈现？如果在距当前发展不再遥远的最初结果是世界国家的话，要么它表现为通过征服而赢得的统一统治的帝国（也许它会承认许多国家的虚假主权，实际上却是中央控制的政权形式），要么表现为通过谅解和条约而出现的联合国的世界政府，为了人类的主权，各国放弃自己的主权，它将在统治的法律秩序中寻求其道路。

步入世界一体进程的动机，其一，是跟任何时代一样的、今天依然在起作用的权力意志，并且达到了极限，不达目的誓不罢休；其二，鉴于巨大的危险——迫使他们相互理解的全球性巨大灾难，大国中没有哪一个敢于冒险以武力来做出决定，对以上两个观点的超越是人类团结一致的观念。

当代所有的事物似乎都像是为了全球秩序而开始决战的预备战状态。当代世界政治正在寻求最终论争的根据，这可能是战争的方式，也可能是和平的。在这样的目的达到之前，所有的状态和权力关系都是暂定的。因此，当代似乎成为了这一全球最终秩序的过渡时期，即便是首先出现了完全相反的东西：由于极权主义的统治，地球上的交通被彻底阻断。现在我们将要更加详细地分析一下从这一过渡时期去思考未来发展的趋势。

1. 世界帝国或世界秩序

问题在于，通过什么样的方法才能达到统一的世界秩序。它可能会通过绝望的暴力方式，就好像俾斯麦所说的，德国的统一只能“通过血与铁”才能获得。抑或可能借助于相互间不断成熟的理解，通过谈判而形成的秩序而产生，这就像18世纪北美各州联合成联邦一样，为了有利于整体的主权而放弃了各自特殊主权的本质部分。

秩序的形态在第一种情况下是一种专制政体的和平稳定，在第二种情况下是在不断的民主骚乱和在自我修正时得以改变中形成的所有人的和平社会。因此当把可能性简化为反命题时，所涉及到的问题就成为了，是选择世界帝国之路，抑或世界秩序之路。

世界帝国是通过唯一的暴力而达到的世界和平，这一暴力从世界的某一处开始压制所有的人。这一帝国是通过暴力来维持其自身的。它以整体计划化和恐怖政治来组织低水准的大众。统一的世界观以简单的纲领形式通过宣传强加给所有的人。精神活动的审查和控制迫使这一世界观被写入当时的计划，而这一计划随时都可能被修正。

世界秩序除了通过协商共同决定而获得统一之外，并没有使用统一的强权。已经决定了的秩序只能通过法律固定下来的途径所做出的新决议才能得以变更。人们已经共同服从于这一程序和多数票决定权，保证所有人的共同权利，这些权利也保护当时的少数，以及处于变动和自我修正之中的人类秩序。

从某一地点而来的经由所有人的奴隶化而创立的世界帝国，是与各国放弃绝对主权而达到的所有人的世界秩序截然不同的。因此，世界秩序之路是经过自愿放弃强国的主权，来作为所有人自由的前提，才可以进入的。

哪里保留着一种并非整体的人类秩序的主权的话，哪里就也会保留着非自由的源泉：因为它必然会坚持以暴力对抗暴力。不过，暴力组织，征服以及通过征服而建立的帝国，即便其出发点是自由民主的，但它也会走向独裁。因此在罗马，它从共和制过渡到了君主独裁制。法国大革命也转化为了拿破仑的独裁。进行征服的民主，最终抛弃了其自身。与其他人能够融洽相处的民主，为所有的人建立了具有平等权利的联盟。对于完全统治权的要求产生于缺乏沟通力的自我主张。在绝对主义时代，当主权的概念被确定时，人们已经通过言行意识到其冷酷的结果。

哪里的大国对共同决议拥有否决权，哪里就会坚持要求绝对主权。如果人们全部以无条件需求的和平为其目的而走到一起的话，那么他们所服从的多数票决定的协议在他们中间就会起作用。如果要改变这一决议，就需要进一步的可能性工作，从而让其他人相信，并且以一项新的决议来废除原先的。但决不允许使用否决权和暴力。

放弃否决权和主权的动机,源自要求和平的人性。这一先见之明认识到,如果没有与其他所有人的联合,个人的权力也会失败。这一预见看到,战争中即便是对胜者来讲损失也是惨重的,战争的灾难超过了一切:在精神斗争和世界秩序的建设中能够融洽相处的乐趣,与同等价值的人们一起生活的乐趣,以及对被征服者和奴隶们的统治的反感。

随着绝对主权的废除,为了更有利于人类,世界秩序意味着废除以往的国家概念。其结果并非是一个世界国家(这意味着世界帝国),而是在协商和决定之中不断重新建立的、在法律的范围内自制的国家秩序,是一个广泛的联邦制。

*

世界秩序是内政自由状态的延续和普遍化。二者只有通过将政治秩序限制在生存问题之上才有可能。在生存的层面上所涉及的问题不是发展、形成和在整体上"人之存在"的实现,而是或者可能是所有人天生共同的东西,它超乎人的所有差异、信仰和世界观的偏差而将人们联系在一起,是普遍的人性。

自然法自古以来就想要突出这一普遍的联结物。自然法确定了人权的基础,希望在世界秩序之中建立一个法庭,通过在人类主权下所进行的有效法律诉讼的可能性,来保护个人免受其国家的暴力性侵害。

有一些原则自行产生了,这些原则对于人之为人是容易理解的(例如康德的永久和平的各项原则)。国家的自决权、平等权、主权等概念保留了其相对意义,而丧失了其绝对意义。极权主义国家和整体战争被证明是与自然法相违背的:因为在它们中间"人之存在"的手段和前提变成了最终的目的,或者因为通过手段的绝对化,而破坏了整体的意义和人的权力。

自然法将其自身限制于生存的秩序之中。它的最终目的永远是相对的生存秩序，但其出发的动机是在世界之中实现真正完整的“人之存在”——这一绝对的最终目的。

*

世界一体的时代图景是不能事先予以勾勒的，不论我们对它的兴趣多么热烈。不过，讨论世界一体的可能性和界限，也许是可能的：

(1) 所有的事件现在都从“内部”生成。对于以往的普遍性帝国来讲，外来的强国、野蛮民族的侵入一直存在着，而现在却不再有了。不论是古罗马时期的国境堡垒，还是中国的长城都不复存在(除非在大的区域内相互之间暂时封锁的过渡阶段)。世界一体将是唯一的，无所不包的，自成一体的，因此并不能随便与早期的诸帝国相比较。

如果不再存在着外来威胁的话，那么就不再需要外交政策，也就没有由于对外敌防御的需要而对秩序调整的必要性。跟内政相比，外交政策的优先原则将失去其意义，在外敌威胁减少的场合(例如在英国)以及在大帝国的时代，至少在一个短时期内(在罗马和中国)，这一原则的有效性总是在减少。

全部的生产可能会让生存条件获益，而不是以战争破坏为目的。

军事组织(反对外来侵略或者为了征服的企图)、整体计划化、暴力和非自由之间的必然关联将被打破。但作为世界帝国的恐怖政治国家，依然存在上述关联的可能性。

但是，如果人的生活发生全面的衰败，以及陷入了隐藏的无政府主义状态之时，那么整体就不再会像迄今为止那样，受到外在威胁的强迫而振作起来。

(2) 将要到来的世界秩序不可能作为完成了的整体来建立，而是以自由的多种阶段出现。这一秩序经过多个步骤才能达到。为了保证长久的和平，作为将所有人联系在一起的共同事物，只能局限于几点，但在任何的情况之下，它必须夺取所有人的主权，以有利于一个更为广泛的主权。这一主权可能被限制在几个基本的权力问题上——军队、警察、法律的制定——并且整个的人类可以通过选举和协作参与到这一主权中来。

不过，人类生活的秩序要比人类无所不包的合法性丰富得多。就像是在普遍的和平状态之中一样，它必然源自历史产生的多种秩序之中，以重建的方式，通过技术的生活条件，以多种多样的形态出现。

在最终世界秩序途中的有限秩序，将成为道德基础之上人类公共精神形成的出发点。

这一切都是在没有整体计划的前提下，即便是这一计划所包括的法律和协定适应于所有的人，也是不需要的——在本质的领域中依然是具有决定作用的自由市场经济中——在自由竞争以及精神的自由竞争之中，在自由的、特别是精神的交流之中，世界的秩序才能得以建立。

(3) 但与世界秩序所不同的是，在世界帝国中人的灵魂和精神的转变，这可以从罗马帝国和中华帝国的相似性中猜想得到：前所未有的人性的低下水准是很有可能的，像蚂蚁一样空洞无聊而又忙忙碌碌的生活，精神的僵化与枯竭，这些在经由丧失了精神的权威中得以保存，而这一权威是处于权力的等级秩序之中的。但这些危险在人之中不可能变成绝对的。在帝国的世界一体之中，将会有新的运动模式，独立化和革命的可能性，从整体挣脱到新的局部，而这些新的局部相互之间将会再起冲突。

(4) 通过一种政治形式和具有约束力的伦理道德，对于人类来讲合法的世界秩序究竟是否可能产生？这样的问题只能由在伟大的秩序中享受过一段和平和其创造性的充实时代，在未来才能予以答复。想要预先意识到这一时代，就意味着要从思想中去创造它。这是不可能的。人们对于古老真理在新世界秩序的现实中所起到作用的期望,对于这一新世界秩序的内容没有任何意义。因为未来能够在公众社会之中作为共同的伦理道德的人性,不可能产生于已经消失了的对现实的重建,只能通过对过去不可预料形态内容的重新点燃而产生。

对于建立在相互对话和决议基础之上的,作为自由的前提和结果的世界秩序是否可能的问题,或许可以这样来回答:它还从来没有存在过。但这并非可以否定世界秩序存在可能性的理由。它类似于在民主秩序中公民自由的发展,通过正义和法律来克服暴力,这一克服尽管不是常常发生的,并且总是有其缺陷的,但它实际上在例外的场合中获得了成功。发生在有限的国家范围内,从根本上来讲是可能的事情,原则上来讲对整个人类也并非不可能。不过,即便这一思想很容易理解,但实现起来却是相当困难,困难到总是有很多人倾向于认为,这是不可能实现的。

无论如何,这一历史的道路都要经过事实上强国的政治潜能,才能得以实现。

2. 强国的政治潜能

(1) 通往世界秩序之路仅仅经由拥有主权的各个国家,它们已经组织好了各自的力量,并在发生纠纷的情况下做好了军事介入的准备。它们如何通过相互间的谈判或战争脱离紧张状态,以达到相互理解,这将决定着人类的命运。

事实上这些国家的情景向我们展示了一幅世界政治局势的图景。最大的强国——美国和俄国,然后是欧洲联合起来的各个民族,其后是中立国,最后是战败国,这样的等级。后者的完全软弱无能与前者完全拥有主权形成了对比。在两者之间的独立国家,它们都或多或少地依附于大国,并且常常被迫根据大国的暗示来做自己的决定。

从世界的大局来看,民族国家的时代显然已经过去了。今天的世界强国包含了多个民族。欧洲民族意义上的民族国家,对于作为这样的一个世界强国来讲,是太小了。

今天所涉及的问题在于各民族国家共同组成世界强国的方式:究竟是由一个国家来征服,还是具有平等资格而存在的国家在国家共同体中联合起来,为此牺牲它们特殊的主权利益。这一国家共同体从国家生活和社会生活的政治原则出发,将自己重新称作国家,在其中有多种民族聚集在一起。国家意识的意义已经从民族方面转到了政治方面,从天赋的方面转到了精神的原则。不过,由于以往的幽灵今天依然继续存留在人们的记忆之中,甚至人们会更多地谈论国家,但国家在政治上却不再具有决定性事件的作用了。

今天,有因工业的发展而成为强国的大国,除此之外还有未来的强国,首先是中国,它凭借其原材料、大量的人口、才华、传统和世界形势,也许会在不远的时间段里成为解决世界政治事件的关键所在,其次是印度,就像是一块独自的大陆,通过在不同民族相传的独特的精神传统的基础之上,展示了强有力的发展潜力,不过在那里尽管展开了所有的解放运动,但实际上依然处于未开发状态。

从世界史的整体来看,今天最强大的两个国家是美国和俄国,它们所形成的历史是很年轻的。数千年发展起来的文化尽管变成了它们自己的,但相对地讲是一种嫁接。基督教传入了俄国,而欧洲精神对于美国来讲是当下的。不过如果以古老的、创造了世界的文化来比照的话,不论是美国还是俄国所独具的是无根性,这同时也是一种伟大的无拘束性。对它们进行观察,对我们来讲是颇具教育意义的,能获得自我解脱,不过也令我们惊慌不已。我们传统的遗产只有对我们欧洲人来讲才是宝贵的,就像中国和印度的遗产以另外的方式仅对它们来讲是宝贵的一样。传统的遗产,在任何的情况下都会给予所有人以自己来源

治自由的本质。

这些强大但在很大程度上依然处于消极地位的具有潜力的大国提出了一个问题：最多只有几亿人口意识到自由的民族，他们真的能够使得超过二十亿的人信服这样的一种精神，并且与他们一道进入一个自由、合法的世界共同体吗？

(3) 通往世界秩序之路是从为数极少的历史起源和在数量上将要消失的少数人开始的。世界秩序源自与市民社会秩序相同的动机。因为市民自由只在世界上的少数地方，在曾经是独特的历史过程中获得的，在这里仿佛出现了政治自由的训练，因此在小范围内预先进行过训练的东西，世界必然要在大范围内去实现。

七百多年以来在英国出现的古典政治自由，对于所有人来讲至少是具有指导性的，对于很多人来讲是政治自由的典范性发展。在这一精神-政治的基础之上，在美国又创造了新的自由。在狭小空间的瑞士，这一自由以联邦制的方式得以实现，这看起来似乎是欧洲和世界一体的可能模式。

今天，在战败的各民族中，政治自由几乎完全消失了。当恐怖组织的机关宣称它正在保护自由时，自由已经被消灭掉了。

通往自由秩序之路需要经由在尽可能多的国家中唤醒和理解政治自由。这一情形与轴心时代之后到早期世界帝国过渡期的状况并没有相似之处。这一理念和任务在当时完全没有被意识到，在那些获得统治权的强国中间，自由国家的现实是不成立的。

世界秩序在今天如果能够实现的话，那么它会从已经获得自由的国家的联邦制出发，只有当这一精神具有足够的吸引力，其他国家出于信服而追随它，并在和平之中加入法制，它才能获得成功。法制能带来自由、财富以及精神创造，带来丰富多彩的“人之存在”的可能性。

(4) 如果全球一体是通过交通而被迫得来的，那么从交通的角度来看的话，关键的要素就是全球一体感与支配感了。

几个世纪以来，英国通过海洋称霸，将从海洋开始的世界看作是海岸，这些海岸好像将一切封闭在一个统治海洋的秘密王国之中。

今天又增加了航空交通，尽管它在货运和客运的效率方面，在量上与海上交通无法相提并论，但其重要性在不断扩大，以至于从政治的眼光来看，地球在空中也成为了一个整体。

海军和空军对于全球一体来讲，似乎比陆军更加重要，尽管战争的结局最终必然会在某一地域进行决战。

受法律指挥的世界警察无所不在，很可能会通过空中运输最安全最迅速地到达必须的场所。

3. 在通往世界秩序道路上的危险

在建立一个可信的世界秩序之前，存在着充满危险的过渡期。尽管人的全部生存每时每刻都是过渡。不过，眼下“人之存在”的基础已经开始动摇了，我们必须奠定未来强有力的基础。

我们希望能够对眼前这一过渡时期的特性进行描述。这是我们紧接着的未来，以世界秩序或世界帝国开始的一切，都将在此之后。

世界秩序不可能直接得以实现。因此希望通过无聊的狂热、责骂、构想，直接促成世界秩序的实现，这些就仿佛是点金石一样。

人们能够看到通往世界秩序途中具有威胁性的危险，这要比世界秩序本身清楚得多。人们意识到每一危险之中都包含着一种克服的可能性契机。如果人能够依据其天性获得自由的话，那么在人的事物中就不再存在致命的危险了。

*

（1）不宽容：只有积极地参与者具有无限的宽容，这条道路才能得以实现。

如果人们认为是正确的认识马上想予以实施，由于失败而不再合作，顽固地终止相互间谈话，求助于暴力或准备使用暴力，这些都是灾难性的。

耀武扬威者以暴力相威胁，敲诈勒索，虽然在瞬时可能获得优势，但在长时间内将表明自己是软弱的，并且无论如何因其延长或摧毁了通向世界秩序之路而负有责任。在面对暴力之时不表现出懦弱来，不忘记使用暴力，但要将之推迟到最后再使用，这是一项特殊的任务。对于一个负责任的政治家来讲，没有理由为了自己的威信而使用暴力，没有理由发动先发制人的战争，没有理由中断协商。在任一情况下仍使用人的语言来进行协商——除非拥有暴力的一方率先打破它，现在犯罪者处于这样的状态中，而所有其他各方过去和现在都保持着耐心。

在这一场合将来会有什么来帮忙以及有什么来阻碍其发展，都是人无法估计到的。情况总是在一再变化之中。哪怕是面对怀有恶意的人和别有用心的人，都不应该轻言放弃。必须将不宽容引导到宽容上来。通过人类合法的力量，应当对每一种暴力行为做无害处理，只有这样最终才能达到我们的目的。在达到目的之前，必须慎重、宽容地对待巨大暴力的拥有者（只从其重量级就可以区分他与一般使用暴力的罪犯），其也可能成为朋友。只有当其他的人保持平静，并且不放弃任何一个微小的和解机会，这一切才能从根本上获得成功。

要求立即实现正当之事可能是错误的，下面的例子也许会说明问题：否决权本身是场灾难。但否决权的废除，要在所有参与者都做好了准备服从多数票决定的紧要关头的前提下，就像是一国之中的市民一样，他们的确从伦理道德方面已经放弃了主权。此外，还要求在每一种方式的交往中实现人在本质上的联合。在实现这一联合之前废除否决权只能是徒然的。因为如果一个强国反对多数票决定权及其执行的话，这便意味着战争。

观察到在参与政治谈判中，直到谈判公开化，这一宽容是如何找寻到语言，借此寻求道路，通过一再出现的新想法再次引发相互间的交流，这是令人激动的。而观察到在不断的相互对话中，如何反对一切理性，无视事实和根据，否决的主权毁灭了所有其他人想要建立的一切东西，这是令人沮丧的。

在历史研究中，特别是在英国人、美国人、瑞士人的历史中可以看到，人们是怎样实施宽容，克服自我，甚至在仇恨之中从理性出发与他人重归于好，并且在时代的风潮中又是如何找寻到和平转化革命者的道路，真是令人惊叹不已。

宽容、顽强的品质、坚定的信念，这些对于行动着的政治家来讲是不可或缺的。这一宽容的精神是由于道德的态度而产生的，这一态度不应屈从于人身的攻击，总是可以看到整体的事物，估计并区分本质与非本质的东西。它是在持续的警惕性中产生的，处于等待和似乎是徒劳之中：这可以用来比作狩猎处花几个小时等待的猎手，而当狐狸越过林间小道的瞬间，他必须在那一刹那瞄准、射击。这一不倦的时刻准备，不错过任何东西，时时警惕着，但不是为了哪一样猎物，而是为了一切无法预料的良机——这对于行动的政治家来讲是不可或缺的。对人的行为来讲，巨大的危险在于不宽容、倦怠、徒劳的心境。

(2) 一旦达成了独裁，不可能从内部予以废止。德国和意大利都是从外部获得的解放。所有从内部进行的尝试都失败了。这也许是一种偶然。但具体想象恐怖政权以整体计划化和官僚制的方式行事，这便表明了这部机器几乎自动地保存了其自身，一切从内部反对它的东西都将被消灭，从根本上来讲，它是不可战胜的。只要事实上的统治者毫无顾忌地使用所有手段的话，现代技术手段便赋予它以巨大的优势。去征服这样的政权，就像是牢狱犯人要征服监狱的管理部门一样，很少有机会。当恐怖政治涵盖了所有的人时，那些不愿意成为受到恐吓的恐怖分子的人,他们去杀人是为了自己不被杀害,此时这一机器便达到了不可征服的顶峰。

迄今为止这些独裁的恐怖政治的统治是局部的。如若不能从内部消灭的话,还是可以从外部予以消灭的。如果世界各民族不能将这一情况吸收到其意识和关切之中,如果他们意外地全部陷入作为世界独裁的独裁之中,那就不再有解放的存在。当人们面对独裁统治而感到自己是安全的时候,比方说所指的是那些奴性十足的德国人才会陷入独裁之中,那么这一情况所造成的危险,就得到了增加。如果其他民族陷入同样的厄运,那就不再有从外部获得自由的可能性了。在整体计划化中的全面僵化,恐怖政治所造成的稳定,会毁灭自由,并意味着走上不断增加的毁灭所有人的道路。

(3) 绝对性毁灭的危险:在通往世界国家的秩序之途中,在达到目的之前可能出现这样的事件,亦即人类可能会在这样的限度之中遭到毁灭,以至于我们几乎无法想象历史的继续发展。寥寥无几的剩余之人,分散生活在地球表面之上,然后像数千年之前一样重新开始。人们之间的联系重新被撕裂开来,技术遭到了毁灭,生命取决于那原始的局部可能性,在极度困苦的疲倦之中保持旺盛的精力,并维持自身的青春活力。如果一场战争毁灭了技术的结构,如果原材料耗尽还没有发现替代品的话,如果战争不断,而似乎变成愈来愈狭窄的地区敌对关系,就像是史前存在的持续战争一样,那么上面提到的结局就会出现。

战争的意义在历史的进程中已经改变了。以往有作为贵族骑士竞技的战争,它会依据竞技的规则进行。也有过决定问题解决的战争,它会及时地结束,而无需投入所有的组织力量。也有过灭绝性战争。

有过内战(市民战争)和诸国家间由君主或政府不顾人民的意愿或不经议会同意而发动的战争(内阁战争),作为欧洲人,仍然会在某一处保持着团结。也有相互异质的文化和宗教之间更加残忍的战争。

今天，战争通过其手段之广、后果之大而似乎有所改变。战争的意义跟以前不同：

(i) 在各个历史时代已经存在了预先形成的极端情形，这似乎已经联合到这样的程度，乃至在战争中绝不保留有缓和的趋势。希特勒的德国是第一个在技术时代彻底走上这条道路的，之后其他的国家必然紧随其后。现在，战争正威胁着我们，废除一切义务的技术时代实际上使战争变得如此不同，以至于早期在亚述人和蒙古人那里在某种程度上实行的灭绝和驱逐，实在不足以充分描述这一灾难。

整体计划化和战争之间的相互关联以强硬的手段谋求不受控制的整体战争。一方驱动了另一方。想要增强至绝对优势的权力，必然会倾向于整体计划化。因为整体计划化降低了经济繁荣，因此就使军备达到了最优值的时刻。通过国内的发展，战争被强加于国家，在持续不断的和平之中，发展将会变得很薄弱。

长期来看，财富、进步和活力是与自由相随的，然而在一个短时间内，或在某一瞬间，优势是由整体计划化以及恐怖政治的支配达成的，它能够为了毁灭性的赌博而将一国人口的所有力量组织起来，其赌注可谓是不惜血本。

世界之路似乎导向了如此的灾难，其结果之混乱与悲惨在此难以生动而形象地予以描述。对世界的拯救只有通过维护和平力量的世界法律秩序，才能得以实现，因为每一暴力行为在面对超暴力时都不会再有机会，并将它们作为犯罪来对待。

(ii) 如果战争必然要到来的话，那么世界史主要关注点就在于什么样的人会获得胜利：是仅仅依靠暴力的人，还是以精神和自由原则生活的人。战争的决定性因素是技术。因此这里是一个具有威胁性的事实：技术是可以为所有的人所利用的。并非所有的人都能发明技术，但它一经发明，连原始的民族都能很快学会如何使用，学会开机器、开飞机以及坦克。因此技术到了那些没有发明它们的民族之手，对于精神上具有创造性的民族来讲，形成了巨大的威胁。如果发生战争的话，从具有发明才干的民族的角度来看，只有通过新的发明才能赢得战争的优势地位，这是唯一的机会。

显然，有关新世界秩序的方式的决定不能仅仅通过精神上的斗争取得。但如果通过技术能够做出通往世界秩序道路的决定，那么技术在决定的瞬间能通过自由的创造精神而被带往一个新的高度，其胜利也能具有精神上的意义。如果自由的意义为愈来愈觉醒的人所继承的话，并为胜利者自身加以推动，要求自由秩序的意志充斥着参战各国，那么就可能同样通过这一新秩序获得世界的解放。

（iii）技术以作为破坏手段的原子弹形式，展示了完全不同的前景。今天每一个人都思考原子弹对人的生命的威胁：由于原子弹的原因，不会再有战争的存在。它将成为保卫和平的动机——迄今依然微弱——因为这一战争对于所有人来讲具有不可估量的危险。

实际上技术还不能造成不可预见的破坏。如果有人责难说，技术使原子获得了自由，并让它带来了破坏性的效果，那么自从人学会取火开始，技术就具有了这样的性质。普罗米修斯的思想在今天从根本上来讲并没有带来新的东西，不过在数量上将危险增加到了无法估量的地步，乃至于要思考地球在太空中化为灰烬的可能性，因此，普罗米修斯的思想现在自然也发生了质的变化。

伴随着原子弹的出现，一个与太阳一样的物质被带到了地球上。至原子弹出现为止只在太阳上发生的事情，发生在了地球表面上。

原子核分裂自动连锁反应的原理，其应用至今仅限于极其艰难地从铀矿中获得的物质。对此类的分裂可能扩展到其他元素和物质的担心，正像火放到了所有易燃物上一样，根据物理学家的说法这种恐惧是没有根据的。但并没有永远存在的确切的界限。人们可以轻松地驰骋自己的想象力：

核爆炸就像一场大火一样侵袭到更多的元素和地球上的全部物质，这并没有确切的界限。不论是有意还是无意，地球必将整个爆炸。之后我们的太阳系会暂时明亮起来，一颗“新星”（nova）会出现在宇宙之中。

我们可以提出一个奇特的问题。我们的历史仅有大约六千年的时间。为什么在宇宙和地球经过无穷的时代之后，我们的历史恰恰在今天产生了？——在宇宙的某个地方是否有人或理性存在者存在？自然进化过程中精神的出现，是否能将其作用于宇宙？为什么长久以来我们没有接收到从宇宙传来的消息？从理性存在者那里传来的消息是否在技术上比我们的先进得多？因为至今所有高度技术的发展所达到的极点是，人通过原子弹自己毁灭他们的星球，人的目的也许并非如此。难道新星中的一部分是技术理性存在者的最终结果吗？

这的确是一项非凡的任务：认识到这一危险之严重，真正严肃认真地予以对待，在持久不断的危险中展开人类的自我教育，从而排除这样的末日。这一危险只有有意识地被看到，只有它们的危险有意识地被阻止，并且使之成为不可能，才能被战胜。对危险的战胜，只有在人的道德伦理能够充分满足这一状况时才会发生。它不能将自身变为技术而获得实现，因此，人本身必然会在由其自身创造的对制度的维护和影响中变得可信赖。

或者我们是否面临一种必然性，在这一必然性面前只有缴械投降，在这里，狂热梦想和非现实要求有失人的身份，因为它们废除了人的真实性？不，即便它在世界上可能发生上千次——它也不过是一种纯粹的幻想——之后每一种新的局面都会重新提出阻止灾难的任务，确切地说是依靠所有只要可能的直接措施。由于这些措施本身是不值得信赖的，它们需要所有人的道德伦理和宗教作为其基础。只有这样才能对无条件地反对原子弹的那些措施给予支持，而这些措施只有在对所有人都适用的前提下才能发挥其效应。

不过，谁要是认为地球的灾难，就像它一直以来一样，是无法摆脱的，那么他就必须看一下在这一背景下他的生活是什么。什么样的生活会必然要有这样的下场?

这一切不过是思想的游戏而已，并且仅有一个意义，亦即将实际的危险引入意识之中，在其决定一切的、具有人的全部真诚的富有挑战性的意义之中，认清法律基础之上的世界秩序。

4. 对世界秩序可能性的反对意见

世界秩序的理念，这一欧洲理念，是有争议的。有人说，它是一个乌托邦。

人们被认为没有能力去建造一个共同的秩序。世界秩序只有通过一个有秩序的独裁者的权力才有可能。国家社会主义者们的计划，政府欧洲，然后以联合起来的欧洲力量征服世界，将世界欧洲化，这一思想被认为是好的、正确的，只是这一思想的实行者是邪恶的。

实际并非如此。那种对人的蔑视以及最终总是归于恐怖暴力的根本思想，偏偏是与这些人联系在一起的。

不过，反对的论点进一步认为，由空间、人口和原料在数量上的优势而自然形成的对世界的统治，归根到底就像是独裁者一样更多地对受歧视者动武。在一条似乎是和平的道路上，人们通过经济扩张将其意志强加于所有其他人的身上。

如果我们将这一状况与战争的破坏相比较的话，有些夸张。如果我们忘记了，从经济权力产生的不公平，从原则上来讲有和平修正的可能性存在这一事实，那是不对的。不过，事实上在此涉及到真正的世界秩序是否能够达成的问题。即便是经济权力也必须同意接受法律下的自我限制，并使自身服从于各种前提条件；如果想要把世界秩序的理念变为现实的话，经济权力也必须为这一理念服务。

世界秩序根本不是我们所希冀达到的目标——这一反对的论点继续如是认为。如果它被固定下来的话，它就可能使得所有人的知识和价值具有某种整体性，造成对“人之存在”的满足以及“人之存在”的毁灭，在愈来愈缺乏理解的宁静之中，回忆所造成的精神的新长眠，成为一种所有人希望达到的普遍状态，而与此同时他们的意识在降低，他们经历了一场转变，成为了根本不再是人的东西。

如果上述的状况延续成百上千年的话，那么所有这些也许会适应世界帝国中的人。但它却不适应世界秩序。在这些之中保留着世界秩序不安的因素。因为世界秩序永远不会完结，永远是在变化的过程之中。它在要求新的决定和行动。已经达到的状况会产生能够战胜它的新的状况，而这是无法预见的。不自满自足将会寻求到新的突破和飞跃。

这一反对的论点最终认为，基于人的本性，基于按照事物的性质不可能达成协定，裁决只能通过“诉诸天命”的战争——世界秩序是不可能实现的。人是不充分的。他们在要求占有、不关心他人方面是有罪责的；他们从秩序逃入混乱，之后进入无聊的暴力斗争；他们以“绝对必要的”要求通过中断交往而处于自我主张之中；他们处于破坏意志的冲动之中。

5. 世界秩序的观念

在对所有世界和平秩序正义和法制的可能性否定中，从对历史的观察和我们自己的意志中不断出现永不破灭的问题：和平王国中所有人共存的新秩序在某一天是否可能实现？早在人们在自己那里创立通往世界秩序的国家共同体之时，这一通向那里的道路从最初就开始了。

相关的问题只是，这一和平共同体所赢得的规模有多大，在共同体制内通过暴力解决争端成为了犯罪，并因此受到惩罚。在这样大规模的共同体中，即便也只有有限的时间以及处于不断的威胁之下，也已经有了支持法律的可靠性和信念的存在。努力将这一共同体扩大为所有人的共同体，从原则上讲是没有界限的。

因此，在历史中就像是对暴力的冲动一样，让步和妥协，相互的牺牲，不仅是出于利益的考虑，而且是出于对法律的承认，在此基础之上对权力的自我控制，这些准备是永恒的。这些态度的最大的可能性也许出现在具有贵族气质的、有节制的、有内在修养的人身上（如梭伦），这种态度在常人中较少，他们总会认为只有自己是对的，别人是错的，在那些具有暴力的人中间是绝对不存在的，他们根本不愿意与其他人协调，而是想要以强硬的手段来行事。

鉴于人的差异性，有理由对以下的观念予以怀疑：不论是在世界秩序的一体抑或世界帝国的一体中，不会再有长久的安宁，就像迄今为止在国家形成中内部一样少的安宁一样。达到永久和平（pax aeterna）时的欢呼是虚假的。被改造过的力量将以新的形式呈现。

从人的有限存在的关系上来看，人离不开基本冲动和抵抗，期待在世界之中有一种状态，在其中所有人的自由相互争斗，以至成为绝对权力，它最终能制服威胁自由的一切东西，包括人有限的权力欲、有限的利益诉求以及自我的意愿，但基本冲动和抵抗使得这一期待变得不再可能。我们必然更愿意依赖以新的形式重建的狂热。

不过，首先个人任何时候通过其自己的力量所形成的，与政治秩序共同体在历史的进程之中所形成的，有着本质的区别。个人能够成为生存，而生存能够在时代的现象中去发现其自身永恒的意义，而人的群体和人类却只能成为一种秩序，通过几代的时间才能成为历史的共同事业，空间为一切个人提供了实现其潜能的可能性和局限。但是，秩序只有通过精神才能存在，个人因有了精神才倍受鼓舞，精神同样为后代的人打上了烙印。所有的制度都依存于个人组成的人群。在这里，个人同样是决定性的因素——只要有很多或过半或绝大部分个人来支撑这一秩序——但作为个体的人，其自身也是无力的。

支撑精神的所有秩序都需要具有极大的敏感性，有充分的理由认为，眺望未来具有不确定性。幻想和乌托邦尽管是历史的强有力的动因，但并不是那些为自由和人性而创造秩序的动因。确切地讲，在设计世界秩序的可能性和不可能性时，对自由来说其自身的关键在于，我们不应当确定认识未来的图景，任何作为对目标想象的现实，都是历史必然趋向的目标，我们自己将这一目标作为我们的根本意志而予以接受，并随着这一目标的实现，历史将尽善尽美。我们除了在每一个当下找到这一当下自身之外，永远无法找到完成了的历史。

历史可能性的界限在“人之存在”中有其深刻的基础。尽善尽美的最终状态在人的世界中是永远无法达到的，因为人是不断努力超越自己的存在者，人不仅不完善，也不可能是完善的。愿意成为其自身的人类，就会把自己限制在丧失“人之存在”的自身之中。

不过，如果我们想要获得在社会生活中我们生活的意义的话，那么我们就应当把握历史中的观念，并付诸实践。有关永久和平的构想或者先决条件的构想是千真万确的，即便这一理念作为具体的理想无法实现，但它仍然是超越所有现实形态的无限的任务。一个理念既不能与可能现实的预先认识到的图景保持一致，也不可能与现实本身一致，即使这一理念就是在计划之中的意义所在。

不过，理念的基础是一种无根据的信任，换句话讲是对世间一切不会是无意义的，不可能仅仅是一种经过从无到无的无意义的混乱——这一信仰的确信，指引我们在时间的进程中通行的理念就是这一信任。对这一信任来讲，真理存在于以赛亚的幻想中，在其中这一理念正变成具有象征性的形象，所有人和谐一致的未来图景是："他们要将刀打成犁头，把枪打成镰刀。这国不举刀攻击那国，他们也不再学习战事。"（《圣经旧约·弥迦书》第4章第3节）

c. 信仰

绪论

为了真正的"人之存在"而掌控技术时代的任务，在这一时代的主要潮流中，已为社会主义和世界秩序所意识到。

不过，将社会主义和世界秩序建立在科学、技术和文明的基础之上是不充分的。这些并非可靠的支持。它们既服务于善，同时也服务于恶。人本身必须从另一个起源来生活。因此，今天对科学的信赖已经出现了裂缝：科学的迷信已经变成了虚伪的启蒙，其内容在堕落，产生了反对科学的证言。

甚至流传到我们这里的伟大精神力量也不再支撑我们的生活。人们不再完全信赖人文主义了：人文主义好像置身于我们之外，仿佛就没有存在过。

对于教会本身，大众对其再也不可能有具有说服力的信赖了；教会在恶势力取得胜利时，太软弱无力了。

但是，科学、人文主义和教会对我们来讲是绝对必要的，我们永远不会放弃这些力量。这些力量是不充分的，它们之中隐藏着邪恶的颠倒，但它们却能通过其可能性，为全体人类提供不可缺少的前提。

今天的状况要求我们必须回到更深入的起源，回到那所有的信仰都曾经以其特殊的历史形态出现的源泉，回到那当人们准备需要它时，它随时能够流淌而出的源头。当对在世界上已出现和已存在的现象的信仰无法再支撑生活时，那么就必然要对万物起源的信仰奠定一个基础。迄今为止，我们除了感受到这一任务之外，根本没有任何进展，并且我们所有人好像都在这方面失败了。

问题是，在技术时代和所有人在社会新秩序的前提条件下，如何将传统中的内容保存下来：个人的无限价值、人的尊严和人权、精神的自由、数千年来的形而上学经验？

不过，制约一切和决定一切的有关未来的根本问题是，人将如何信仰，以及信仰什么。

有关信仰，我们不能够使用有关社会主义与整体计划化的倾向和反对倾向，有关世界一体与通往世界帝国或世界秩序的倾向一样的方式来谈论它。信仰所涉及的既非意志的目标，亦非成为目标的理性的内容。因为信仰不是人们想要就能得到的，因为它并不存在于我们必须做出选择的对立命题之间，信仰是不会出现在议程之中的。但信仰是统摄，社会主义、政治自由和世界秩序在其道路上必然要由信仰来支撑，因为只有从信仰中它们才能获得其自身的意义。如果没有信仰的话，就没有源自“人之存在”的指引，而只会有堕落至想象的、臆测的以及空想的产物，堕落至教条以及其后的暴力，堕落至混乱与毁灭。很明显，尽管不论在哪里都无法讨论信仰，但也许我们还是可以以探究的方式来谈论它。我们可以围绕信仰可能性的问题进行讨论。我们会尝试这样做。

1. 信仰与虚无主义

信仰是能够掌控实际方向的统摄，即便当知性似乎是自主自立之时。信仰并不意味着一种特定的内容、一种教义，教义可能是信仰的历史形态表达；但它也可能是一种欺骗。信仰归根到底是人正在充实和行动的内容，人在信仰之中相互联结，并借助于存在的起源而超越其自身。

信仰的自我理解只有在历史的形态之中发生，没有谁能够将这一形态看作是为所有人的唯一且独特的真理，不用保持非宽容同时又非真实的态度，但在所有的信仰者中间隐藏着共同的因素。所有人的敌人，已经处于每个人之中的敌人，只有虚无主义。

虚无主义是在信仰丧失之中的沉没。作为生物一个种属的人仿佛可以直接根据本能来生活。然而人不能这样。正如亚里士多德所说的那样，人只能或多或少地会像动物。如果有人否认这点，人希望像动物一样无拘无束地靠其本性生活，那他只可能走上与虚无主义意识相关联的道路，并且因此只能与问心有愧以及毫无希望的预感相连。在虚无主义中，人通过其玩世不恭和仇恨，通过否定的思想和行为，通过缓慢的愤慨状态，显示出他是人，而非动物。

人并非单单是具有本能的生物，不仅仅是理解的关键，而且似乎是一种超越其自身的生物。人自身作为哲学、心理学和社会学研究的对象，对他的研究永远不会穷尽。人可以部分地获得统摄，并通过此他才能真正地成为他自身。如果人是精神体的话，我们将此称作理念；如果人是生存的话，我们就将此称作信仰。

人不能没有信仰地生活。因为即便是作为信仰对立面的虚无主义，也只有在关涉到可能的但是否定的信仰时才能得以存在。

今天，在通往社会主义、计划化和世界秩序的方向中所发生的事件，与人的本能，是不能成为现实的，也永远不能仅仅以及决定性地通过理性认识和人的本能而发现其意义，而是要从根本上借助于人们如何去信仰的方式以及他们信仰的内容——抑或他们在信仰的对立面如何支持虚无主义，而发现其意义？

事态的发展取决于，在我们的实践中真正应当承认哪些伦理标准，我们出于哪些起源而生活，我们爱什么。

2. 对当下状况的看法

当罗马将整个的古代世界纳入其帝国之时，它便完成了自亚历山大以来不断进行着的低水平化运动。民族习惯的结合愈来愈弱化，地区的历史传统不再支撑具有独立力量的心满意足的生活。世界从精神上被化整为两种语言（希腊语和拉丁语），以及一套浅薄的道德规范，这一道德规范对大众毫无影响，更多的是为了让享乐本身有发展的可能，而给奴隶、穷人以及被征服者带来绝望和痛苦。个人最终的真理是其自身与这一邪恶的世界相隔绝。个人不可动摇的哲学——不论是借助于教义的学说，还是怀疑论，其间的差别并不大——多数人的庇护所，但无法渗透到大众中去。哪里没有真正可以信仰的东西，哪里最荒谬的信仰就会大行其道。各种形态的迷信，各种古怪的拯救学说，云游传道士、治疗师、诗人和预言家所组成的圈子，在流行、成功和遗忘那无法估量的混乱之中，展现出偏狭的狂热、狂热的崇拜、热烈的皈依以及冒险主义、欺诈和招摇撞骗等五光十色的图景。在这场混乱之中，最不可思议的是基督教如何最终取得了优先的地位，基督教尽管并非明确的形成物，却具有无与伦比的深刻内涵的信仰，这一内容具有无制约性的真挚的特征，并且在贯穿整个时代中依然保留其特性，在它面前所有其他种类的信仰都消失了。这一事实既非计划，亦非人为使然。有计划和有目的地传播基督教最终是从君士坦丁大帝之后开始的，当基督教被滥用了之后，它已经远离了它从前深刻的起源，并且尽管到处是歪曲和颠倒，但它一再与它的根源紧密联系在一起。

在我们的时代，我们发现了一些与这一古代世界相类似的东西。但很大的不同在于：今天的基督教在当时并没有平行之处，而且绝对看不到的是今天作为解决办法的基督教能与当时新兴的、引起世界变革的基督教相比拟。因此，比较只有对特殊的现象来说才是恰当的，例如在巫师、围绕着他们形成的团体、荒谬的拯救教义方面的相似性。

*

对我们时代信仰方式的图景,可以使用完全不同的方式来予以观察。如果我们谈到了时代信仰的丧失、教会实际上的权力丧失及其微弱的作用,谈到虚无主义是我们世界最基本的特征的话,那么答复如下:这一毁灭的图景是从过去以及无法挽回的过了时的东西中依据错误的标准产生的。有人说,今天有一种从新的起源中产生的强大信仰,这是能移山的信仰。这一信仰在法国大革命中被称作雅各宾党人,他们信仰道德和暴力政治,信仰通过最极端暴力手段的理性。因此我们也将19世纪伟大的自由主义运动称作自由的宗教(克罗齐)。因此最终施本格勒宣布了获得承认的基本观点的出现,作为文化的最终阶段,具有宗教的性质,并且具有令人信服的说服力;就像印度的结局是佛教,古典时期的结局是斯多葛派一样,西方的最终阶段是社会主义。社会主义感动着现代的人民大众。

整体计划化、和平主义以及类似的东西似乎是社会的宗教。它们呈现出来的样式为无信仰者的信仰。人不再生活在信仰之中,而是生活在有关世界现实、未来以及事物发展过程的幻想之中,人们认为在其信仰中他们清楚这一切。[29]

从虚无主义的立场出发为其自身进行辩解的论点认为,人总是依靠幻想而生活。历史是幻想交替的过程。相反的观点认为,历史不仅仅是许多幻想,而且为了真理而反抗幻想的斗争也贯穿了历史。确切地讲,软弱的人特别倾向于幻想,而今天的个人比以往的任何时候都更软弱无力。不过,个人也能抓住对软弱提供的这一唯一的机会,无条件地为真理而尽力。

虚无主义者将以上再次解释为幻想。因为真理根本不存在。因此他们会终止于这样的论点：我们必须信仰，无所谓信什么，要从自己的力量中选择必要的幻觉。这意味着：我不相信它，但我们必须相信它。

如果我们从心理的层面来谈论信仰的话，而不去探寻其内容，探寻真理和客观性，那么在这里所涉及到的到处都是与宗教信仰相类似的东西：对自身真理唯一适应性的要求、狂热信仰、对其他所有事物的不理解、对要求的绝对化、牺牲的准备以及献身。

但是，心理的标记无法决定信仰的特征可以作为宗教信仰。这些标记反而具有宗教代用品和非哲学的特征。在理性的媒介之中，在为了成就科学迷信教义学而对科学的滥用中，有关世界可能的尽善尽美、可能会存在公正的世界组织等可证明为错误的思想，都被颠倒为信仰的内容。但这样的颠倒是极为强大的，它将世界交织在一起，将事物的进程归于日益增长的毁灭性危险之中。实际看来，其中并没有新的信仰内容，正相反，这一信仰的空洞似乎像是与人的自我丧失相关的概念。这一信仰的代表，除了暴力和权力外，没有什么会让他们怀有敬意，这是很典型的事实。他们不再能倾听内心深处的声音，在精神由来方面的真理起源对他们来讲不再适用。

我们再从根本上提出这一问题：没有超验的话，信仰是否可能？纯粹内在世界的目的设定能够使人就范吗？这一目标具有信仰的特点，因为其内容是具有未来性的，也就是说当下似乎是超验的，并与当下的痛苦、不相称、自我矛盾的现实形成对比。一种对目的的想象，就像是具有倾向性的某些宗教信仰一样，通过它去迷惑、安慰当下，在非存在者以及非当下之中寻找替代品？——它是否能够成功地要求人们为了幻想的未来事物而自我牺牲且放弃当下？

这　信仰的结果，其中一切魅力完全丧失，事物的透明性也与超验一起破灭，是否是人的精神和创造的堕落？——是否只剩下技巧、劳动的强化、偶然的正确解决办法、对于技术和手工技巧习得的普罗米修斯式的热忱？抑或这里的道路通向存在的新深度，这是我们看不到的，因为还没有来自那里的语言？

我们认为这是不可能的。与所有这一切相对立的其实是，人的永久根源意识，与由各种各样的历史衣裳装点起来的人从本质上来讲是一样的，他们通过其信仰的内容而与存在的基础紧密相连。人能够掩盖其自身及其起源，能够忘却自身的意识，能够将自身本末倒置。不过，人也能够再次确立自我。

这对于人来说，在任何时代都是可能的：在此在自我发现的秘密之中，深刻的存在意识在人身上发生了，存在意识需要思想，并在思想之中发现了传达的可能性，人的存在意识必然会在爱中出现，存在的内容也将从爱中得以展示。从人与人之间的相互关心、相互交谈、相互交往的态度中，产生了对真实事物的发现，并唤起了绝对者。

不断变化的表象、思想和语言，我们以此来确证永恒。这些本身不会发生改变。它们是存在着的。但没有人会按照它们的本来面目去认识它们。如果我们现在尝试着去描述永恒信仰的话，那么我们就会意识到，这些抽象的概念几乎是空洞的提示，并且这些抽象的表述也成为了历史的衣裳。

3. 关于永恒信仰的基本范畴问题

我们冒险借助于几个命题来表达一下信仰的相互关系：对神的信仰、对人的信仰、对世界可能性的信仰。

（1）对神的信仰。

由人创造出来的神的概念并非神本身。但对于我们来讲，只有通过表象的媒介——作为一种语言——才能意识到神性。这些表象是象征，是历史性的，并且总是不适当的。

人会使用任何的方式去确证超验——如果它是虚无空间的话，它可能是任何的东西，这一虚无可以突然变成充盈，以及真实的存在。

神性是起源与目标，它是宁静。那里是庇护所。

对于人来讲，丧失了超验，是不可能的，如果没有超验的话，人也就不成其为人了。

否定的言说涉及到各种概念。它建立在深刻的神性思想的当下性，或者建立在遥远的无穷无尽憧憬的基础之上。

我们总是与现实在一起生活。在象征中我们经历和把握到了超验——真正的现实。当象征在现实化中成为世界中的存在时，以及当象征在审美化中成为感情不受约束的入门时，这一现实的丧失便发生了。

(2) 对人的信仰。

对人的信仰是对自由可能性的信仰；如果在人之中这一不能化作形象的特性缺少生存的话，那么人的形象是不完整的：由神赠予的人自身，将以他们能成就什么而感谢以及责备自己。

在与我们的祖先交往之中，一直可以追溯到人类的起源，真是令人欢欣鼓舞。来自历史的回声是他们对自由的追寻，他们如何实现自由，以何种形态发现以及企图获得自由。我们在人们以往具有的能力，以及他们告诉我们的历史真实性之中重新认识自己。

属于自由的真正交往，比接触、约定、同情以及共同的利益和满足更为重要。

自由和交往，二者都逃避论证。哪里通过经验开始论证，哪里就没有自由，没有生存的交往。不过二者都产生了作为经验对象的东西，而不需要作为现象予以充分说明，并且成为自由生成的提示，在生成的过程中我们参与分享，自由本身是明晰且魅力十足的。

对人的信仰是信仰人类从自由中产生的可能性，而不是信仰在人的神话中的个人。对人的信仰是以信仰神性为前提的，通过神性人才成为人。没有对神的信仰,对人的信仰就会陷入对人的蔑视之中,丧失了将人作为人看待的尊重,其结果是最终冷漠地,以消费的、破坏的方式对待他人的生命。

（3）对世界可能性的信仰。

只有错误的认识才将世界包括在其中,这一认识在主观臆想的可知机械论或在不确定的无意识全体生命中轰然倒下。

批判性认识在其界限内所展示的,以及与在这一谜团般的世界中自我发现的直接经验相符合的一切,具有开放性、整体的无法估量性,以及取之不尽的可能性。

对世界的信仰并不意味着将之看作是安于现状的存在者来信仰,而是把握住世界上自我发现的根本之谜,及其任务与可能性。

世界是任务的场所,它自身是从超验中产生的,在世界中我们遭遇了语言,当我们去理解我们本来想要什么的时候,我们便倾听语言。

*

信仰的结果(相信上帝、相信人、相信在世界中的可能性)对于通往社会主义和世界一体的道路来讲是很重要的。如果没有信仰的话,那剩下的就只有知性、机械论、非理性以及毁灭了。

（1）源自信仰的力量:只有信仰才能使各种力量运动起来,这些力量能掌控人的动物性基本本能,克服本能的主宰地位,并将之转变为提高“人之存在”的动力:支配欲下的野蛮暴力本能,对暴力和残忍的欲望,浅薄的权势欲,对财富和享受的追求,只要一有空隙就会表现出来的性本能。

想要驯服赤裸裸本能的第一步是通过恐怖政治和产生恐惧的外在强制力,其后是禁忌的间接强制力,最终便是并非通过自身的信仰,而是源自支配人们信仰的自我行为的意义,获得了继承性的征服。

历史是人通过信仰的教化而走向自由的进程。以信仰为基础，人们拟定了使暴力屈服的法律，建构了合法性，没有合法性人们便不能信赖任何事情，人通过服从绝对命令而成为人。

（2）宽容：只有当宽容存在着的场合，世界秩序之路才能成功。不宽容意味着暴力、排斥以及征服。

不过宽容并不意味着漠不关心。漠不关心更多产生于自我独占真理的傲慢，并且是不宽容最温和的形式：隐蔽的蔑视，让其他人相信，他们想要得到的，与我是无关的。

与此相反，宽容具有开放的胸襟，它了解自我的局限，想要在不同性之中将人类结合在一起，而无需将信仰的表象和思想作为一个绝对且普遍有效的统一体。

也许在每一个人之中有着所有的可能性，但确实的总只是有限的现实。它首先是由存在的有限性限制的。其次是因为在现象的起源中是历史的多样性，通过它我们不仅保持了差异，而且同时也获得了我们的本质和绝对性。人在其现象之中绝不应当仅仅属于唯一的类型，他应当在多样性中与其自身相连。因为我们的根超出了我们历史的特殊起源，而成为了包括我们所有人在内的起源。这一起源要求无限的交往，在历史多样性现象的世界之中，这一交往就是揭示真理之路。

因此，相互之间的对话不仅对于我们政治秩序的存在问题，而且对于我们存在的每一方面的意义来讲都是一条不可或缺的途径。不过只有源自信仰的内容，才能够为相互间的对话提供动力和内容：源自对人及其可能性的信仰、源自对可以指导所有人联合的太一的信仰，以及源自对只有再变为其他自我时，才能成为我自己的信仰。

宽容的界限只有出现在面对绝对不宽容的场合。但是，每一位活着的人不论他的举止多么不宽容，在他身上都蕴含有宽容的可能性，因为他是人。

(3) 赋予一切行为以生气：在实现社会主义和计划化的道路之上，在实现世界秩序的道路之上，制度、事业、交往的规则以及行为的方式，都将依据在其中的人的类型而经历变化。他们的思维方式、信仰、性格决定了上述事项的实现方式以及进一步的后果。

知性所拟定的一切，都被设立为目标，作为被导入的手段，因为这些都是由人从事并遭受的，最终是由悟性所没有想到的动机所引导，这可能是本能和激情，可能是信仰的本能、理念。

因此，如果意识仅仅想要以局限于知性的方式存在，那么这便会成为一场灾难。意识只会以愈来愈隐蔽的方式陷入自然力之中。

信仰以批判的意识导致有限事物的自我限制：权力和暴力，知性的计划化，科学和艺术。一切都处于信仰的界限之内，通过一种并非计划的指导而蔓延到一切之中。这一指导源自一种更深刻的秩序之中，秩序在信仰的澄明之中意识到其自身。有限的事物仿佛由此获得生气，并且是以无限的当下性方式。当有限的事物不忘其有限性时，有限的事物仿佛变成了容器或语言，并通过其作用而成为了无限事物当下存在的载体。

因此，在制度中、在官僚制中、在科学和技术中，也存在着向人们发出呼吁的可能性：在以上事物理念的基础之上，在一切大大小小的转折点上，去发现把整体精神作为现象的途径，在自我限制中，从无限的事物中去创造意义和人性。政治家、官僚、研究者——通过其权力的自我限制，证明在统摄的指引下，他们全都能获得声望和意义。

4. 未来的信仰

当下的视角以及永恒信仰的范畴似乎完全不同，以至于它们之间相互排斥。这一不同使得未来的问题更加激烈：人的信仰将以何种形态出现？

首先我们听到的是极端的悲观主义的言论：在巨大的困境之中，一切都将消失，信仰也会随着文化一起消失；所留下来的只有失去理智的状态、灵魂和精神的麻痹；这一困境已经在肉体毁灭的途中。在这些命题中包含着残酷的真理。因为在巨大困境中从灵魂深处产生觉悟的瞬间——似乎是——在世界之中并未有任何影响，没有交往，或者在最亲近者最密切的交往世界中消失了。伴随着极强大困境的袭击，未来的信仰问题几乎不再起作用了。在信仰的毁灭之上，笼罩着沉默，可怕的沉默，它来自如假象一样的东西，向我们走近，不过并没有告诉我们更多的东西。

*

不过，如果在未来信仰继续存在，继续传播，并将人们联系在一起的话，那么可以确定的是：信仰的现实究竟是什么，是没有办法去计划的。我们只能准备好去接受它，以增强这一准备的方式去生活。我们不能将自身的转变作为我们意志的目标，这一转变必定更像是赠与我们的，如果我们这样生活的话，那么我们就会体验到这一赠予。因此，似乎更为恰当的是，对未来的信仰保持沉默。

不过，如果任何时代信仰都是当下的，这一命题是真实的话，那么"上帝死了"的命题作为被相信的真理就会在公众面前产生作用，这一永远的信仰不会完全熄灭。之后这一信仰的剩余或萌芽会寻找自己的语言。并且哲学能够设想这一空间，在其中这种语言是可能的。这一语言来自以下两个动机：

(1) 谁在信仰着，那么他就会爱他一再遇到的有信仰的人。就像是自由所追求的是让它周围所有的人变为自由一样，信仰追求的是让所有的人达到其历史的信仰。并非强制是有意义的，亦非强加于人，有意义的是通过一再能够唤起超验的语言，去引起人们的注意。在信仰之中我们之间无法给予决定性的援助，而只能相互遭遇。如果超验是有效的话，那么它只能以自我存在帮助个人。不过，在相互间的对话中我们能够互相激励，并从在每一个个体所埋藏的东西出发予以发挥。

(2) 即便计划的工作从来不能产生一种信仰，它却能够从信仰之中为了信仰而设计出或许可能创造出多种可能性来。

*

精神的进程与人类的命运要经过所有的人，这对于未来来讲是不可避免的。所有的人没有吸收的东西，不可能有很多的机会被保留下来。就像是每一个时代一样，崇高的发展和具有创造性的东西，都是贵族性的。但这些的基础以及由精神产生的与一切相关的单纯的东西，必然会在大多数人的意识之中变为现实，抑或必然作为未说出口的要求而做出妥协。

跟以往任何时候相比今天具有重大意义的是，人们学会了读和写——以往他们是昏睡和不起作用的大众，现在也真的能够进行阅读。很多个世纪以来，《圣经》是每个读者从小到老阅读的书。为了阅读各类散漫的读物，今天似乎这一传授和教育的方式在绝大多数人中消失了。各类报纸，其中有很高的精神水准的以及由当代最优秀的人物撰写的文章，这些对每一位当代人来讲都是绝对必要的，但当这些成为了那些读完就忘类型的报纸读者的唯一读物的话，那么它们就成为了危险。未来什么样的读物会控制人们的生活，成为对人教育的内容，是无法预见到的。

因为这要看所有的人而定，如果他们真正能够充满内心的话，而不是仅仅确立了虚构的构成物，那么这些面向全体民众的努力对于决定未来就具有首要的地位。这一虚构的构成物，由于没有在心中扎根，在真正的灾难中马上会破碎，就像是法西斯主义虚有其表的构成物那样，曾经叫嚣着被肯定过、被承认过，也存在过。

*

通过**教会**的革新能够成就什么，没有谁会知道。我们能够看到从教会信仰中而来的力量，以感动人的绝对命令的个人形态出现。但我们今天看不到伟大的，具有广泛影响的，在整体上令人信服的现象。

教会的信仰表现在表象、思想、教义之中，并成为信条。教会的信仰可能丧失其根源，并能将特殊的内容与客观化看作同样的东西，其后必然会减退。不过信仰需要这一外壳同样也是为了保存传统。

多数人似乎依然信仰一种与明确的现实相关联的方式。当所有其他一切在大众之中似乎都不能扎根之时，希望谋求凌驾人民之上的权力同时为所有人提供帮助的制度，因此总是求助于对感性的实在与确定的信仰教义的期盼。

与此相对的是与教会没有关系的信仰方式的改变。领悟到自我自由的人，以一种容易表达的普遍的内容，任其信仰悬而未决，这在其历史性之中，在其个人生活的决断中，是具有决定作用的。他检讨自身，并使自身保持着开放，将全部历史遗产的权威作为自己的基础。问题是，第一次教所有的人读和写，并且也许可以提供一个愈来愈好的思想教育的时代，不仅由此提供一种自由信仰的新的可能性，这一信仰在陈述之中并不固定，同时不会使真挚性和绝对性软弱无力。只不过，这样的信仰方式，在任何时候在大多数民众中都没有引起过反响。

因此，这一信仰方式被持有教义学、教条学、制度化信仰方式的神职人员蔑视为私人的和软弱的，而神职人员的信仰方式具有属于强有力组织的权力感，它们在世界上是有效的，并且有时会在更广泛的范围内具有全能的形象。然而——大众毕竟是由纯粹的个体构成的，也就是说个人无处不在起着作用——这一信仰方式对事件的进程具有决定作用，不管它有没有用，哪怕是以迷信的形式，蕴藏在其中的是当人直面神而活着的时候，在崇高的精神发展中以及从作为人之为人的起源中所重新认识到的东西。

*

如果由于不能够为人们做出好的预测而对今天教会及其应变能力产生怀疑的话——也许这是非常错误的，那么这样的怀疑绝对不是针对圣经宗教而言的。很可能的是，未来的信仰将继续在轴心时代的基本立场和范畴中运动，圣经宗教同样源于轴心时代：因为对于总体的历史观来讲，起源时代那几个世纪在精神上的优先地位是非常伟大的，因为科学与技术以及从它们之中产生的内容，是无法与那一起源中的崇高信仰内容以及人性相提并论的，因为现代思想的崩溃已经不能够从其自身的起源中提供任何有内容的东西来克服起源，因为对深刻真理的直接把握并没有新的形态出现，并且即便是出现了新的形态，如果其中没有保存以往的内容的话，它也不能够宣称是新形态。

因此今天剩下的有可能是，在对圣经宗教的重建之中进行转变。

与时代的倾向——分离、封闭、集团的狂信化（这符合由整体计划化的观念产生的封闭的界限）——正相反，树立在伟大单纯真理基础之上的联合的倾向。

但是，谁还能够在个别情况下揭示出，今天哪些从根本上已经渐渐死去，哪些还意味着徒劳地执着于已经失去的事物，何谓本源的东西，何谓能够支撑生活的东西！

不过，我们西方的“人之存在”的未来决定，最终会取决于与我们信仰有关的圣经宗教，这一点似乎是确实的。

*

如果我们认为，圣经宗教变革的可能性不再可能成功的话，那它似乎已经在僵化的教派中渐渐死去(而不是像以往一样,穿着防御的外衣生机勃勃地穿过不同的时代),因此干脆会在未来的政治灾难中破灭,由于人不会停止作为人而存在,其起源中别的东西也会显现。这一新的、对我们来讲难以想象的东西,会使圣经宗教消失为单纯的记忆,就像希腊神话对于我们今天的人来讲那样,甚至这一记忆也会丧失。圣经宗教就像是儒家学说一样长期以来一直在起着作用,儒家学说今天遭遇同样的境遇和问题,却没有古代埃及的宗教一样久远。

这一新的东西不会通过建立世界帝国强制力的关联作用而获得生命,它只能通过外在的机会才能获得实现。它如果真能感动人的话,那么类似于一种新的轴心时代必然会临近。那么人类的解放就会展现出,在精神斗争的交往之中,在伦理绝对性的紧张之中,在从神性中了解启示的新过程的快乐之中,会产生什么。

我们可以进一步思考:在未来的几个世纪中,也许会出现一些人,他们庄严地面对着轴心时代的起源,宣告由我们时代的知识和经验充实的真理,这些真理是真的被信仰过,并且在生活中被经历过的。人会再次以极其真挚的态度去体会“神究竟是为了什么”这一命题的含义,并再次认识使人对生命着迷的灵魂(Pneuma)。

期待这些以神的新启示形态出现,似乎是错误的想法。启示的概念只属于圣经宗教。启示已经发生,并且完成了。启示的思想是与圣经宗教紧密地联系在一起的。在我们现代世界的光亮之中,一个以新的神启要求而出现的预言也许总被看做是发了疯,或者被看做是错误的预言,作为迷信,这一预言会在几千年前发生的一次伟大真实的预言前消失。不过,谁又会知道呢?

这类新的启示无论如何都会仅仅以僭越以及暴力的专一性而变得不真实。由于信仰的真理因其历史现象的多样性而发生,其原因在于通过愈来愈深入的交往而产生的这一多样性的自我相遇,这些数世纪以来的洞见和经验,是无法被取消的。这一经验在其根源之中是不可能有误的。

然而,鉴于极权主义的世界帝国以及与之相应的极权主义的信仰真理的可能性,留给从轴心时代到今天,从中国到西方生活着的个人、无数的个人,唯一的希望是坚守哲学思考之河流,尽管它可能变得很狭窄。与超验相关的人,从最深层的内心产生的既摆脱国家,又摆脱教会的独立性,是人的精神自由,这一自由会从与伟大的传统进行对话中获得勇气,正如它数千年以来在邪恶的过渡期中有时所表现的那样,它成为了人最后的避难所。

如果人们认为,世界一体没有信仰一体将不可能形成的话,那么我敢于断言与此相对的观点:只有当多样性的信仰内容在其历史交往中保持自由,而没有客观的、普遍适应的信仰内容来统一它们时,世界秩序(这与世界帝国不同)中普遍的东西才可能对所有的人具有约束力。与世界秩序相关的所有信仰的共同点,只有每个人都要求在世界的共同体中,在生存基础的秩序化中,唯有在这之中信仰才有可能借助于精神的和平手段,得以展开。

也就是说,我们决不能期待着神以独有的方式宣告适合整个人类的新启示。完全不同的东西也是可能的。也许我们能够期待,借助于今天看来可信的预言所显现的类似于启示的东西(用这一词语我们以过去的范畴不恰当地表达未来),之后会使用多种存在的形式,抑或通过智者和立法者(再次用轴心时代的范畴来表达),使人有可能上升到乐观的、无私的、敏锐的纯粹"人之存在"那里。在我们之中有不足之处,就像是等待和准备一样的东西。如果哲学不想成为虚伪的话,那么哲学是没有完成的,并且它自身要意识到这一点。我们徘徊在未来的黑暗之中,防御着真理的敌人,没有能力放弃自己思想的无知去顺从强加的知识,不过,当完成了的象征以及深邃的思想再次照亮生活之路时，重要的是要准备好去倾听、去观察。

在此，哲学思考无论如何做出了重大的成就。它以思考的方式抵挡荒谬、虚伪、颠倒、对历史真理的独占要求以及盲目的不宽容，这是值得的。哲学引导我们沿着这条路前行，进而到达爱在现实交往之中赢得其深刻性的地方。其后，借助于交往的成功，哲学可以在这一爱中，向源自历史起源差异性的最遥远者，指明将我们联系在一起的真理。

今天可以感受到每个人的重要性。有谁愿意在真实的人开放的、未被组织化的，同时也不可能组织化的共同体中生活的话——这一共同体以前被称作看不见的教会，那么他今天实际上作为个人与其他个人结合在一起分散在地球上，这是一个能经受得住每一场灾难的结合，是一种无须任何契约和特定要求固定下来的信赖。个人生活在完全的不充足之中，不过这也是在共同的不充足之中，他与其他人一道顽强地在世界之中而不是世界之外寻求正确的道路。这些个人彼此相遇，相互鼓励和激励。这些个人拒绝将古怪的信仰内容与虚无主义实在论的实践相结合。他们知道，委托给人的任务是要在这个世界之中实现的，人有可能完成它，并且这一实现的可能性并非仅仅唯一的一次机会。但每一个人都必须知道，他所处的位置以及他工作的意愿。每个人都仿佛由神性而获得委托，并为了无限的开放性、真正的理性、真理和爱及其忠诚而工作、生活，而无需国家和教会所特有的暴力，我们还必须生活在其中，但我们希望去反抗国家和教会的不足。

第三部分

历史的意义

绪论　历史考察的意义问题

普世史观对于我们来讲意味着什么？我们愿意将历史作为一个整体来理解，是为了理解我们自身。对于我们来讲历史是记忆，我们不仅要懂得记忆，并且要借助于记忆而生活。如果我们不想化为虚无，而想获得“人之存在”的话，历史是奠定了的基础，我们与这一基础紧密相连。

历史观创造了从中能够唤起我们“人之存在”意识的可能性。历史图景是我们意愿的一个因素。我们如何思考历史，决定了我们可能性的限度，或者借助于内容支撑着我们，或者也引诱我们偏离我们的现实。即便是在可信赖的客观性方面，历史意识也并非仅仅是无关痛痒的事实内容，而是我们生活的要素。如果为了政权而利用历史进行宣传的话，那这无异于是有关历史的谎言。从整体上对历史加以确信，是重大任务之中的真挚态度。

我们或者可以通过对离我们的内心很近的伟大事件的观察，了解我们历史的根基。我们靠曾经存在的而成为了我们自身，这些今天依然是我们的榜样，我们在其上飞翔。伟大的人物生活的时代，于是变得无关紧要。一切的原因似乎都取决于一个唯一的、永恒的有效层面。历史遗产仿佛是以非历史的、当下的方式呈现在我们面前。

或者我们可以在事件的时间顺序中有意识地、历史地发现伟大的事件。我们询问何时、何地的问题。整体是经过时间的过程。时间被划分。每一个时代并非是全部的,而时代却有其独自的伟大事件。过去有其意义的高峰和低谷。存在平静的时代,在这样的时代之中永远不变的状态似乎可以一直存在下去,他们感到自己是最终的。同样也有转折的时代,在这样的时代之中革命相随,在极端的情况下这些似乎可以渗入到"人之存在"本身的深处。

*

因此,历史与历史意识本身也在变化。在我们的时代,历史意识由危机意识而决定,这一危机意识自百余年以来在缓慢增长,今天作为几乎所有人的意识而弥漫开来。

对黑格尔来讲,欧洲世界早已显露其日薄西山的景象。"密涅瓦的猫头鹰要等黄昏到来,才会起飞"——他是如此理解他自己的哲学思考的,不过还没有意识到哲学的没落,而是认为其尽善尽美。

在克尔凯郭尔和尼采那里,危机意识在思想上达到了顶峰。至此之后,有关历史转折的知识,在以往意义上历史终结的知识,以及"人之存在"本身根本变革的知识向四处弥漫。

第一次世界大战之后日暮途穷的不仅仅是欧洲,而是世界上所有的文化。那是人类的末日,是没有一个民族以及没有一个人能够幸免的一场重熔——这可能是毁灭,也可能是重生——这可以明显地感觉得到。这还不是末日本身,不过有关末日可能到来的知识弥漫着整个的世界。人们在恐慌的惊愕之中来经验这一预料到的末日,或者在泰然的沉静中对它进行解说,有时从自然主义-生物学方面,然后将之作为形而上学-实质的过程来阐释。而在克拉格斯、施本格勒或阿尔弗雷德·韦伯那里，氛围是完全不同的。但是，其中历史上前所未有如此规模的危机的现实性，却是不容置疑的。

在这一危机意识之中，历史观能够帮助我们理解我们自身以及我们的处境。

有一样东西——似乎是——能够永远承受得住的："人之存在"自身及其在哲学思考中的自我反思。即便是在没落的时代——历史展示出——崇高的哲学依然是可能的。

从普世史观而来的对自我理解的意志也许是这一能承受得住的哲学思考的表达方式，它寻找着自己根基之时，并非预言式的，而是以信仰的方式，并非神情沮丧地，而是倍受鼓舞地展望未来。

*

我们不可能将我们的历史记忆向前推进得足够深和足够远。作为整体的历史之意义，也许我们最容易从历史的界限聆听得到。体验这些界限，要跟非历史的东西相比较，要跟历史之前和之外的东西相比较，为了更加深入、更加完善、更加广泛地把握历史，那么我们就需要深入到具体的历史事实之中去。

但是，对历史整体意义之追问并未有最终的答案。这一问题以及以批判性的方式为了寻求答案而不断加强的尝试，有助于我们反对快速获得的假象知识的错误结论，这一知识瞬间又会消失，反对那种仅仅是诽谤自己时代的倾向，时代是很容易被诋毁的，——反对那种导致全新建立的要求，这是从现在开始要拯救我们的创新，并将从柏拉图到黑格尔或尼采的整体发展作为克服的反对意见而予以提出。其后，自我思想的意义在贫困的内容之中获得奇异的提升（模仿尼采极端但有根据的意识状态）。但这一夸张的否定态度以及对虚无的召唤，并非自我的真实。在做斗争的轰动效益之中，人们只能过着精神的假象生活，直到耗尽自己的精力。

*

在历史中只有物质的基础，并且只有同一的反复出现，周期性的因果关系，这些是历史中的非历史因素。

在单纯的事件潮流中，真正的历史事件具有独特的特性。它是通过权威以及在其中通过记忆与过去发生关联的连续性，而获得的传承。它是在意识上发生的意义相互关联中的现象变化。

在历史意识之中，这一独一无二的自我是当下的，它是我们无法通过普遍价值来充分说明其重要性的个体，是在时间上消失其形态的本质存在。

尽管历史事件早已泯灭，但却在时间中得以永存。它是存在的特征，去成为历史，并非持续贯穿所有时间之中。因为与纯粹事件中普遍形式和法则仅仅作为历史的材料重复自我的情况不同，历史是在其自身之中超越时间、消灭时间、永远把握的事件。

为什么特别是历史？因为人是有限的、不完善的，并且是无法完善的，他必须在贯穿时间的变化之中认识到永恒，并且他只有在这条道路上才有可能。人的不完善及其历史性是同一件事情。人的界限派出了某些可能性：世界上并不存在理想的状态。并不存在公正的世界组织。不存在完人。不变的终极状态只有倒退至纯粹的自然事件中去，才有可能。由于在历史中永远不完善的存在，历史就会永远的不一样。历史不可能由于其自身而终结。它只会由于内在的失败或宇宙的灾难才会走向毁灭。

但是，在历史之中什么是真正的历史事件依然是一个问题，这一问题促使我们在历史事件中完成其具有永恒意义的任务时去找寻到它，不过我们依然不可能从总体上，并且终极地对历史现象作出判断。因为我们不具备具有审判作用的神性，而是为了获得历史事件的一部分而展开自己作为历史意义的人，因此，我们愈是吃惊地寻求着历史事件，我们就会愈加理解它们。

*

历史是曾经的事件，同时也是有关这一事件的意识，是有关历史的历史和有关历史的知识。这一历史仿佛为各种深渊所包围。如果它坠入其中任一深渊，那它就不再是历史了。对于我们的意识来讲，历史既可能被纳入其自身之中，亦可能被突出。

第一，历史具有与其他实体、自然和宇宙相异的界限。在历史的周围是存在者一般的无限空间。（第一章）

第二，历史通过个别东西的单纯实在和仅仅在不断流转事物的变化而具有了内在构造。它因一般者与个体的统一才成为历史，但正因为此，它展示出的个体完全具有无法取代的意义、一种唯一且一般的东西。历史是作为实现存在的过渡存在。（第二章）

第三，历史通过这一问题而成为一个整体的理念：历史的统一因何而发生？（第三章）

历史以外的自然以及作为历史的火山一般的基础：在其消失的过渡存在中出现的实在；想要从无穷的分散之中寻求获得永远成问题的统一；有意识地认识这些深渊，增强我们对真正的历史事件的感受。

第一章　历史的界限

a. 自然与历史

我们可以想象得到，人类史仅仅可以作为地球上生命史的极微小的一部分。与动植物史相比，人类史是非常短暂的(这是最晚的可能情况，不过如果说从第三纪就有人类似乎不太可能)，从时间上来看，动植物史完全占据了地球的历史。我们所知道的六千年传承下来的历史，跟数十万年长的非历史性的人类史相比较也是非常短暂的事件。

以上的看法并没有错误。不过，在其中真正历史的东西并没有出现。因为历史本身并非像自然一样，而是存在于自然基础之上的，自然在历史之前无穷时代的存在，今天依然存在，并且支撑着我们的一切。

我们尽管谈到了自然史和人类史，二者在时间的进程之中成为了不可逆转的过程，但这二者在本质上和意义上是不同的。

自然史并没有意识到其自我。自然史是一个其自身并不知道的单纯事件，它首先被人认识。意识和意图并非这一事件发生的动因。

按照人的尺度，这一自然史经历了非常漫长的过程。依据人生活的标准，它引人注意的方面更多的是相同事件的重复。在这个意义上，自然是非历史性的。[30]

因此，当我们以自然事件的类推方式来观察历史本身时，我们习惯了的自然范畴式思维，就将我们诱入歧途：

(1) 我们描绘出了一幅具有无限去来、没落和反复的景象，——在无限的时间中对于所有事物来讲，都是机会，却没有贯穿于时间始终的意义。在如此的想象中，是没有真正的历史的。

(2) 生命的过程产生了作为动物的一个种属的人。同其他动物一样，人遍布整个地球表面，但并非所有生命形式都是这样。

(3) 从整体上来看，人类是一个生命的过程。人类生长、繁荣、成熟、衰老、死亡。但这不仅仅可以被想象成人类独一无二的发展过程，而且也是相继和并存的人类文化的反复、多次的发展过程。从原始人类的无形材料中产生出来的作为历史主体的各种文化，具有合法的进程，具有生命的各阶段，具有开始与终结。各种文化仿佛是有机体，它们从肚子的根源中获得生命，它们相互之间毫不相干，但在相互的接触之中而得以改变，或干扰。

不过，这些通过自然事件的范畴而遭到束缚的观点，并没有揭示出真正的历史来。

b. 遗传与传统

我们人既是自然同时也是历史。我们的自然在遗传中得到了显露，而我们的历史在传统中得以表现。作为自然的存在者，向我们显示了数千年来通过遗传获得的稳定性，它与我们遭受危险的传统形成了对照：意识可能会堕落，数千年来的精神遗产并非我们可靠的所有物。

历史进程会由于对在历史上获得的东西的遗忘和消失而中断。由习惯和不再有疑问的信仰的生活方式和思维方式产生的几乎是无意识的稳定性，是在日常社会关系的整体状态中每天形成的，似乎是在深处固定下来的，仅仅会由于那一整体状态得以改变，这一稳定性也会发生动摇。于是，日常生活从传统中解脱，从历史中产生的道德伦理终结了，生活方式崩溃，产生了绝对不可信赖性。孤立化的人成为了非历史的日常生活之堆积的任意大众，作为人类生活的这种生活充满了忧虑和不安，他通过自身的生存而被遮掩，他既是开放的也是隐蔽的，平平淡淡地过着日子。

总而言之，我们作为人并不是通过遗传，而总是通过传统的内容才成为自身。在遗传方面，人实际上拥有一些不可摧毁的东西，而在传统方面却拥有绝对可能丧失的东西。

传统追溯到史前时代的深处。传统虽然包含了生物学上一切不可遗传的东西，却是“人之存在”的历史实质。

漫长的史前时代，短暂的历史，这一区别可能意味着什么？

在历史的开端存在着从史前时代获得的仿佛是“人之存在”的资本，它不是可遗传的生物学实体，而是历史实体，是可以发展或挥霍的资本。它是真正地存在于所有思想之前的东西，它不可能被制作，也不可能有意识地被创造出来。

这一实体经由在历史之中发生的精神运动，首先得以实现，并且变得清晰了。在这一运动之中，这一实体经受了种种变化。也许在历史之中会出现新的起源，它们会再度作为现实，最重要的例子就是轴心时代——的前提条件。但这一切并未在整体的人之中，而只是在个人的顶峰处发生，它们昌盛一时，重又被遗忘，被误解，遭遗失。

历史有一种要从实体的诸前提中，从准确的纯粹思维的传统中解放出来的倾向，仿佛可以从这一非实质的理性中能够产生什么似的。

这是颠倒方向的启蒙，它不再澄清任何事物，而是导向虚无。

c. 历史与宇宙

为什么我们恰巧生活在无限空间的这一场所——在宇宙中将要消失的一个微尘之上，就好像是在一个偏僻的角落，完成我们的历史？为什么在无限的实践之中恰恰是现在？是什么事件造成了历史的开端？对这些问题的无法回答使我们意识到这是一个谜。

我们似乎在宇宙之中是孤立的，这是我们生存的根本事实。在沉寂的宇宙之中，只有我们是能说话的理性的存在者。在太阳系的历史中，出现了至今为止极为短暂的状态，人在地球上在这一状态中展开并获得有关其自身以及存在的知识。只有在这里才能发现自我理解的内在性。我们至少不了解任何其他内在事物的事实。在无限的宇宙之中，在一个极小的行星上，在几千年短暂的时间里，某种东西出现了，它仿佛是统摄一切的，是本真的东西。这一在宇宙之中什么都不是的场所，在这个行星之上，存在因人而觉醒。

不过，这一宇宙是统摄的存在者之秘密，我们在这之中，从它中间，通过它而成为目前我们的样子，并且人对其自身的由来也不理解。这一作为整体的秘密只向我们展示了通过天文学和天体物理学的探究的无生命事件的重要方面，这一事件以惊人的范围突然对于我们来讲不再有意义，好像是房间中被闪耀的阳光照亮的一小团尘雾。宇宙必然会比可研究的重要方面更加深远，比开始显露自己的，亦即比从自身产生的我们人类的-历史的启蒙更加深远。

然而，对于地球上的生存来讲，又走向了另一个深渊。随着作为整体星球的四通八达，空间的道路关闭了。直到那时，人能够到处漫游，迁徙到未知的远方，并且能在这一远方的背景中生活，当远方驱使人往前行的时候，人的脚步可以无限地进入其中。现在我们生活的家园得以关闭，我们准确地知道其大小，可以为计划和行动而对生活进行整体把握。但这一整体被彻底隔绝在宇宙之中。由于这一处境的当下性，人的世界仿佛浓缩在了地球上。人的世界之外是一个在精神上似乎是空虚的宇宙空间，这一空间对于人来讲似乎是永远不可能进入的，通过隔绝所剩余的仅有涉及到其自身的自我理解的现实。在宇宙之中，这一隔绝是历史的实际界限。直到今天仅有空洞的想象以及无法实现的可能性，徒劳地以这样的问题越过这一界限：在世界之中别的场所，同样也有生命和精神、有理性的存在者存在吗？

人们对于这一问题的否定性答案为：

(a) 不可或缺的生命诸前提是一个偶然，因为宇宙几乎是真空的、极寒的，充满着彼此间相距遥远的炽热物质。在我们太阳系的其他行星上，要么生命不可能存在，要么仅以低等的植物生命的形式出现。在其他太阳系的星球上虽然也可能存在着地球的特征，这并不能绝对排除，但由于众多的偶然条件必须凑集在一起而形成这样一个结果，这是不可能的(爱丁顿)。

(b) 通过犹太-基督天启宗教产生的深刻解释，人的特殊性格具有唯一性；神的创造是唯一的，人是神按照自己的形象创造出来的；不可能有很多的“世界”(基督教和黑格尔都如是认为)。人通过启示在其渺小和伟大之中理解自己，人由于天生的倾向感觉自己是中心和独特的，既是启示又是天然的倾向导致了这一结果。

对于这一问题人们同样给予肯定性的答案：

(a) 尽管这可能是偶然，不过对这一在无限的世界中同时发生，在时间顺序中发生的偶然却提供了充分存在的余地。在银河系几十亿个太阳中间，以及在我们的银河系之外无数的星系中间，与其相结合的偶然能够多次出现完全是有可能的。

(b) 在所有的时代，人都设想，除了自己之外，世界上还存在着其他理性的存在者：魔鬼、天使、星神。人的周围全是诸如此类的他们的神话亲戚。世界不是空虚的。随着世界变成了无生命物质的机械程式的同时，这一空虚达到了极限。在世界之中，只有人具有意识，能思考，能完全沉浸在回忆之中，这是不可能的。这一巨大的世界仅仅是为了人而存在的吗？我们甚至不能理解地球上所有与人有关的生命。每一个生命都是为自己而存在的，因而地球漫长的历史就有过没有人类存在的时期。

(c) 如果人不是独立的存在，人们也许会说，在经历了无穷尽的年代中，对于世界上任何具有精神的生物来讲，都有机会来获悉他们在世界之中的存在：世界也许早已为某处所"发现"，宇宙中永久存在的传达共同体会将新展开的理性生命随即吸收。不过，从世界之中走向我们的仅有无生命之物。

不过我们可以做同样好的回答：我们不断为这一传达的射线所包围，就像是为无线电波所环绕一样，如果我们没有接收器的话，根本注意不到这些射线的存在。我们尚未取得很大的进展，来不断接收那些通过宇宙传播的射线，这些射线属于一个早已确实的宇宙共同体。而我们在地球上才刚刚起步。觉醒的瞬间已经开始了。我们为什么在某一天没有发现，世界之中实际的语言究竟是什么，首先无需理解地去接收它，然后就仿佛像是破译埃及象形文字一样去译解它，直到我们持续不断地听到宇宙之中的理性的存在者向我们进行传达，并变得有能力进行答复时？

所有对这一空想生动而形象的描述，就像这一空想本身一样是空洞无物的，——就像是几光年的距离会对可能的交流所产生的后果那样。

至今为止，所有的这类思考只有一个意义，亦即保持可能性的敞开，并让人感受得到他们在地球上的隔绝状况。只要对于我们来讲，在宇宙中没有理性的存在者的真实性的痕迹，就什么样的结果都不会出现。我们既不能否定这一可能性，也不能估算这一实在性。但我们可以意识到令人惊异的，并且总是令人不安的、让人感动的事实：在无限的空间和时间中，在这个小小的星球上，人只在六千年以来，或者在三千年以来的连续的传统中，才在我们称之为哲学思考的问题和知识中获得自我意识。

这一思想意识和在其中以及贯穿"人之存在"的非同寻常的历史现象，作为一个整体，是宇宙中转瞬即逝的现象，是完全崭新的，是刹那即灭的，是刚刚开始的——但从其内部来看却又如此古老，仿佛它一直以来都统摄着宇宙似的。

第二章　历史的基本结构

人的历史通过自己的存在方式而从其余的世界中被突出出来。在各种科学之内有一种独特的认识与人的历史相适应。在这里我们选取历史的两个基本特征。

a. 一般者与个体

如果我们用一般的法则（因果关系、形态学法则、辩证法的必然性）来理解历史的话，那么我们依靠这个一般者永远也不能获得历史本身。因为历史在其个体之中完全是一次性的事件。

我们称之为历史的东西是外表的，它发生在一个特殊地方的空间和时间之中。不过所有的现实都是如此。从原则上来讲，自然科学尽管可以依据一般的法则认识所有的物质事件，却不能认识诸如为什么在西西里岛上出现了堆积的硫黄，且根本无法认识物质在空间的实际分布情况。自然科学认识的界限是个体化的实在性，这只能被描述，不能被理解。

在空间和时间中定位，成为个体，所有现实的这些标志，都不足以识别历史之中的个性特征。能够重复的个体，能够被他者替代的个体，可以作为一般者的实例，所有这些都不是历史。要成为历史，个体必须是独特的，不可替代的，唯一的。

这一唯一性的样式对于我们来讲只存在于人及其创造物之中，仅仅存在于与人相关的所有其他的现实之中，并成为人的手段、表现以及目的。人还不是作为自然的存在，而是作为精神存在的历史。

在历史中，我们容易理解作为我们自身的自己，但在我们的本质之中，不再容易理解作为研究对象的自己了。尽管我们也能作为自然、作为一般者的实例、作为实在的个体而成为我们自己的研究对象。但在历史之中，我们作为自由，作为生存，作为精神，作为决断的真诚态度，作为全世界的独立性而与我们自身相遇。在自由之中突然转变的秘密，在人的意识之中存在得以显露的秘密，在自然中没有向我们说出的，在历史中向我们说出了。

*

我们的理解力倾向于将明确思考和想象的东西看作是存在本身，仿佛是想在所认为的东西之中去拥有存在；因此在历史中的个体也只有在涉及一般者之时才为我们所思考。

但是，个体尚未是具有历史性的，因为个体在其时空中的场所被冠以现实的名称；在个体之中出现的普遍的东西，尽管以一般的法则、典型形态以及普遍适用的价值而出现，但它尚未是具有历史性的；每次当我们认为在这种一般者之中看到了历史性的东西之时，便落入了一个陷阱之中。

确切地说，历史性的东西是唯一的、不可替代的，——尚不是单单实在的个体，而是被真正的历史性个体所渗透、所消耗、所改变，——尚不是被作为一般者的容器或一般者所代表的个体，而宁可说是首次使这一普遍者富有活力的现实性。真正的历史性个体，是与一切存在者的起源有着密切关联的自我存在者，它在其意识的基础之中确信无疑。

历史性个体只有在爱以及在爱之中产生的观察力和敏锐力那里才能得以显现。唯一的个体在完全当下的爱之中向被爱所引导的求知欲无限开放。所展现个体的各个现象既不可预见，也各不相同。作为历史性的个体，它是真实的，但对于纯粹的知识来讲，其自身同样是不存在的。

与个体相结合的存在基础，同时可以感受得到对历史性个体的爱。在被爱个体的无限性之中，世界得以显现。因此，真正的爱通过其自身的拓展和增强，而扩充到所有历史性的存在物之中，爱从而也成为了在其起源中的存在本身。如此，就像是存在一样，这一唯一的巨大的个体，在世界之中如何具有历史性的，在爱的直观中就变得显而易见了。不过，这只有在个体对个体爱的历史性之中才会得以显现。

历史性认识的特殊性是与历史性的存在相适应的。历史研究为实际的理解创造了前提，通过这些前提以及前提的界限，我们可以领悟到研究本身不能领悟到的东西，能在研究主题的选择、在区别本质和非本质事物方面得到其引导。在我们认识对象的道路中，总是有关一般的东西，而研究在其界限处所展示的是不可替代的历史中的个体，不再是什么一般的东西。对这一个体的认识，使我们在一个超越了认识之上，但又只有通过认识才能达到的层面上同它关联起来。

我们以历史的特殊方面造就了我们自身，它使我们前进至一个整体的历史，而不是一个唯一的个体。所有历史性都根植于这一广泛的历史性的基础之上。

b. 历史的过渡存在

在历史之中，自然每时每刻都还是当下的。现实支撑着的是自身的重复以及持久不变，它像是所有自然一样，仅仅是缓慢地、无意识地在变化着。不过，哪里如果出现精神的话，哪里就会有意识、反省、不停息的运动，它们出现在与其自身相关联的、在其自身之中进行的研究之中，在可能性的永不封闭的、开放状态之中。

无与伦比的唯一性愈是明确，同一的反复可能性就愈少，历史就愈真实。一切伟大之物皆为过渡期的现象。

如果历史是存在的启示的话，那么历史中的真理无时无刻不是当下的，并且是完成不了的，因此它总是在运动之中。当人们认为真理成为了永久占有时，那么它便丧失了。运动愈是彻底，愈是从更加宏大的深处显现真理。因此，最伟大的精神作品就是在时代的界限过渡中产生的著作。下面举几个相关的例子。

希腊悲剧便处于由神话向哲学的过渡期。悲剧诗人依旧从传承下来的古老内容与材料中创造了神话，并运用形象使之更加深刻，尽管他们在根源性的观点中已经开始了质疑和阐释。他们提升了神话的内容，并处于神话的内容消解的道路上。因此，他们是意义最为深远的神话形态的创造者，同时也作为无所不包的真理的神话终结者。

埃克哈特的神秘主义既符合教会信仰，又具有新的自由理性的起源，因此如此无拘无束且果敢决然。神秘主义并没有堕入破灭性的游戏之中，这样的游戏具有无责任的荒谬性；神秘主义没有破坏性的冲动；神秘主义由于那些思想没有界限、视野最为开阔的人们的可能性而存在，它开创了既通往最深刻洞见又瓦解传统的道路。

从费希特和黑格尔到谢林的**德意志观念论**的哲学处于从信仰到无神性的过渡期。歌德时代在对精神所有深远理解的四射光芒中经历了一种审美的宗教，以往基督教信仰的内容养育了这一时代，而这一内容在后继者那里却被遗失掉了。

类似地也应当从过渡期来理解柏拉图或莎士比亚或伦勃朗。在这个意义上，过渡期是整个时代——首先是公元前六百年到前三百年的轴心时代的几个世纪。

不过，过渡期是永远存在的。过渡期变动的深刻使得存在和真理获得最高度的清晰。这一过渡期减弱成为虚假的持久状态，使得意识和时间感一道下降，使人陷入反复的浅睡和习惯成自然的状态之中。

精神史上最伟大的现象是作为过渡期的变迁，它们同时是终结和开端。它们成为了仅在其历史场所从起源上来讲是真实的中间存在，之后它们便成为了在记忆中不可替代的形象，但也是不可重复和模仿的。人的伟大似乎是以类似的过渡期作为前提的。因此，人的作品虽然以永恒的形成物超越了时间，然而对于后世的人来讲，它绝不等同于真理，即便我们自身的激情为之燃起，由于它而心动不已，我们也不能与真理成为同一。

我们希望在历史中某一处看到完成了的真理，以及从存在的深处而来的鲜活生命。但当我们认为我们看到这些时，我们便陷入了幻觉之中。

浪漫主义将史前时代想象成与神共同生活的“人之存在”巅峰，除了可供解释的痕迹之外，对我们来讲上古并没有流传下什么，仅仅是令我们不安的沉寂。那时是真理。在真理之光熄灭之时，我们捕捉到了最后的残光。如果从这里来看的话，那么整个的历史就像是丧失了最初的资本。不过，经验的研究在发现远古的遗物之处，并没有发现对这些梦想的确证。那些远古时代是野蛮的，人完全是依赖其他，并且被迫放弃一切。通过精神以及可供传达的东西，“人之存在”才为我们所理解。

不过，即便是在我们所熟知的历史知识以及实际体验的现象结果中，没有什么地方会存在绝对的尽善尽美（除非是在艺术之中，不过在这里是游戏和象征的场合）。所有伟大的事物都是过渡期的现象，这是依照其意义和目的而对永久存在的记载。在托马斯的体系和但丁的诗篇中所完成的中世纪的精神创造物，依然源自整个的信仰，是对思考瞬间的形象写照，是对已经完成和不可恢复的遗失之物的写照。在过渡期，人们依然生活在旧时代的世界之中，却已经处于新时代的威胁之下，世界行将覆灭，人们设定对世界的理念——因为理念永远不是现实——却永远会得以确立。

人类的持久存在是不可能的，也许在人们期望如此时反倒最不可能出现。存在通过真理而变得有意识，真理是时间中的现象。正是借助于这一在无法停留以及消失之中的显现，时间性获得了内涵。因此，本质的重复是从当下的起源中在与以往的真理相交往中产生的生命，是作为一切事物唯一起源的道路。与此相反的是空洞的重复，是在模仿之中对一现象的纯粹重复，而没有从自己的起源中经历转变。进步仅仅存在于知性的知识之中，而知性的知识是一场运动，其自身是既能使人深化也能使人浅薄化的一个纯粹的机会，它也是在时间之中不间断运动的一个因素，而这并非是从运动本身的意义上来讲的。

在历史中，人能够进行回忆，并且因此能够保存作为未来因素的东西，这在历史中只是一个本质性的事实。对于人来讲，时间获得了历史性的唯一意义，而存在的本质却是同样事物的不断重复，它在非常漫长的时空中变化着，只不过是无意识的，其中的缘由我们所知甚少，抑或全然不知。

永恒的事物，不论是有秩序还是混乱，贯穿时间的持续事物，时间对于这些事物是无关紧要的，也随即丧失了其历史的内涵。

不过，本来真理的所有现象都与其起源以及持久紧密相连，持久并非时间的持续，而是消除了时间的永远。我遇到的这一真理仅仅是在当下，是在自我的过渡中，而不是在对过去现象的理解、模仿以及同义反复之中。

即便是过渡期，每一次也都是特别的，具有历史性的。问题是：什么样的过渡期恰好使得这一存在的启示成为可能？鉴于过去的伟大过渡时代，我们才有可能获得提示。

历史的根本特征是：历史完全是过渡。本质上持久的东西并非历史所独有，所有持久的东西仅仅是历史的基础、历史的材料以及历史的手段。其中还包括下述的观念：历史、人类迟早要有一个终结，就像它们曾经有过开端一样。这后者既是开端又是终结，它实际上离我们如此遥远，以至于我们感觉不到它的存在，不过一个使一切黯然失色的基准却从那里产生了。

第三章　历史的统一

绪论

人的历史性马上就成为了多样的历史性。但这一多样的历史性受制于对太一的要求。这并非意味着对历史性要求的排他性，这一排他性是唯一的且支配其他所有一切，而必然在与多样性的历史事物交往之中，作为太一的绝对历史性，为了意识而产生。

它是人类史的统一，似乎一切有价值和有意义的事物都与之相关。不过，我们如何去思考人类史的这一统一呢?

首先，经验似乎做出了反对统一的判断。历史各种现象无限地分散。有很多民族、很多文化，而其中每一种又是由无数独特的历史事实构成。地球表面上所有能够生活的地方，就有人居住，并且展示出特殊的现象。好像有多种多样的文化并存，它们并列或相继发生、消亡。

如此来看待人，就意味着像是对植物王国的多样性一样对人进行记述和分类。人是多数者中的偶然性，是作为某种典型特征的“人”的种类，他像所有的生物一样，在可能性的活动范围内，显示出偏差来。然而这些人的自然化使得原本的“人之存在”消失殆尽。

因为尽管人的现象是分散在各处，但本质的东西却是人彼此相关联。他们无论在何处相遇，他们之间都相互关注，相互反感或同情，相互学习，相互交流。他们在相遇时，仿佛在其他人身上认识到自身，同时又独立于那个当作自我来认识的他者。在这样的相遇中，人认识到，他无论怎样特殊，都与太一相关联的所有其他人有关，尽管人既不拥有也没有认识到太一的存在，它却以觉察不到的方式引导着人，或者在瞬间以压倒一切的狂热侵袭着人。

如此看来，在历史的分散之中人的现象是一种走向太一的运动——人的现象可能起源于某一根基——无论如何，人不是用多样现象的分散来展示其终极本质的一个存在者。

a. 表明统一的事实

1. 人类本性的统一

有关历史上的“人之存在”我们有以下通俗的观念：人从本性上来讲是一个整体。在特定环境下的每一时刻，人实现了其力量、才能、冲动的各个部分，而其他部分却未被发掘。不过，既然人在潜能上总是相同的，那么随时所有的部分被开发也都是可能的。人的各个部分不断变化地展开，并不意味着性质的不同，而只是表现不同而已。作为共同具有的各种可能性不同程度的发展，对人的所有现象的概括，首次展现了全部的“人之存在”。

有关人类本性在数千年的历史中是否得以改变，或者在这一段时间中人类是否在本质上保持不变的问题，回答是，不存在任何的事实可以证明这样的改变。确切地讲，我们应当通过对已经存在事物的选择来理解所有的变化。在基本素质中长久和不变的东西，由于不断变化的选择，每次都能够在完全不同的方向中出现。任何时候都是那些个人本性适应这一社会及其状况的某些条件的人，能够卓然出众，取得成就，并且取得优势地位。社会各种状态的特性便通过促进各种人类本性而显现。随着状态的改变，选择也在改变，并且以往被隐藏着的天性，长期被抑制，通过否定性选择而数量锐减的性格，现在得以显现。在总是各不相同的条件下，便随着不同的选择，相同本质的东西也以不断变化的形式得以揭示。

不过，应当去反驳这一思考过程，亦即人性的整体无论以何种方式都不可能被看作是人类本性。没有人等同于或能够等同于所有人，这不论是在现实中，还是在有关人的想象建构中，都是不可能达到的。

进一步提出的反对理由是，生来赋予的个人本性的不同是根本存在的。特别是鉴于在幼年时代就已经得以显现的本性和性格特征，人无法逃脱的本性的必然发展显而易见。正是通过这些本性和性格特征，造成了人的本性之间差别的鸿沟。

以上通俗的观念和异议，从总体上来讲包含着正确的东西，不过它们还没有充分触及到人的核心。

*

为了达到在历史上所显示的“人之存在”的统一，必然要超越生物学、心理学的考察层面。

使我们相互间的理解性以及我们彼此归属成为可能，唯有发生在人的永恒本质的统一之中？人们不断对这一统一性产生怀疑。因为在全部历史中，人的知识、意识以及自我意识在变化之中。这之中有精神潜力的出现和衰颓，有疏远，乃至最终的不理解。尽管如此，其中还有统一性吗？无论如何，这一统一性可以作为无限制的理解意志而存在。

如果不能从生物学方面去理解这一统一性，因为其意义根本不可能在生物学中被触及，那么它一定会另有其他的基础。起源所意味的并非源自某一根源的生物学本性及来源，而是更高起源的作为统一性的“人之存在”。这一根源只有在象征之中才能变得具体形象：通过神性以神的形象以及原罪创造出人的思想。

这一将我们整体的人联系在一起的起源，要求我们相互合作，让我们同样程度地以统一性为前提，并不断寻求它的存在。这一根源本身，我们既不能知道，也不可能见到，它不是在我们面前的经验现实的存在物。

反对统一性的意见认为，正是通过先天的、显著的提示为依据，在生活之中，各个个人和各个民族的性格似乎天生便有根本的差异，它们相互排斥。只要这一异议观点想要将人的本质的差异性归于使人分离的不可逾越鸿沟的终极根源，就会知道它是虚妄的。尽管在这一差异性的现象中我们极度地感受到了隔绝的深渊，尽管在不同的本性间发生了斗争，人们之间冷漠不已，但人们之间潜在的联系在一起的因素依然是巨大的，它们潜藏在深处，是不可能被忽略的。统摄超越现实，处于限定一切的现实之上。在新的条件、新的状况下，究竟会唤起什么，是永远不能预测的。没有谁可以为一个人划定界限，好像是他能够预计到这个人将来能成为什么人，以及不能成为什么人。各民族和各时代更不可能最终被限定住。作为一个整体赋予各民族和各时代的特性绝非是绝对处于支配地位的，因为随时都有其他的可能性存在。对于个人或小范围能够成功的事情，绝不需要普遍地予以采纳，不必成为整个民族及其文化的特征，却属于民族的本质部分。正如在埃及的阿门内莫普的智慧和信仰一样，阿里斯塔克的天文学（哥白尼式的宇宙）在希腊是没有影响的。崇高的成就常常就这样受到冷落、不解、孤立，仅仅是由于当时特殊的偶然原因而获得徒然的声誉，或者由于误解和颠倒而产生影响。除了在一个狭小但却辉煌的精神潮流外，我们大可质疑柏拉图之在希腊、康德之在德国的真正影响。

*

如果人真正具有历史性的话，那么人在生活中走向统一性的基础，就不可能在生物学起源的统一性之中，而只能是更高的起源，这一起源使人直接摆脱了神性的控制。起源的这一统一性并非真实存在的状态，而更是历史性本身。这点可以通过以下几点予以说明：

（1）在其变化的过程中，人的统一性并非其持久特性的静止统一，而仅仅是通过交替的方式而实现的特性来实现的。人通过并非其自然本质的运动而成为了历史中的人。作为自然的存在者，人在其各种变异的间隙之中获得其相应的本性，而作为历史的存在者，人会从自己的根源出发超越这一自然现实。人必然要以这一起源为基础，力求获得联系一切的统一性。这是一个假设：如果没有这一统一性的话，理解就不再可能，在本质不同之物中，就会迥然各异，也不可能了解历史。

（2）在每一个个体的人的表现中，是一种在特定现实中的相互排斥的性格。作为个体的人，不可能将他从得以实现的本质不同的起源中统一起来，诸如圣者和勇士一般。

人，也包括个别的人，从其起源来讲具有一切的可能性，而在现实性之中，则是以个体的形式出现。不过，在其中人并非限定的部分，而是具有历史性的，是其自身的起源，在联系一切的历史性基础的意识之中，他转向了另外的历史性起源。

个体的人永远不是完美无缺的，永远不是一个理想的人。完美无缺的人原则上并不存在，因为他所存在以及所实现的一切都是可以重新被突破的，并再度得到了突破，因此是未完结的。人并非完成了的、尽善尽美的存在者。

(3) 在历史中,那些不可重复和替代的一切在一次性的创造、突破和实现中得以显现。因为不能从因果关系来理解这些创造性的步骤,不能将它们作为必然的结果予以导出,与其说它们是单个事件的发生过程,毋宁说它们更像是来自另外源泉的启示。不过,一旦它们存在,便奠定了以后人性的基础。从这些创造性的步骤之中,人获得了其知识和意志、其典范和反面形象、其标准、其思维方式、其象征物及其内心世界。这些是通往统一性的步骤,因为它们同属于一个相互理解的精神,并面向全体。

2. 普遍的东西

人类的统一性以令人印象深刻的方式显现在这样的事实之中,亦即在整个地球上一再出现的宗教的、思维方式的、工具的以及社会形式的相似性基本特征。尽管人在整体上具有差异性,但其相似性还是很大的。心理学和社会学的事实是在所有地方可以进行比较的,人们可以确定大量的规则性,这些规则性在心理学和社会学方面展示出了"人之存在"的基本结构。不过,正是通过对共同事物的观察,不论是从人的特殊本性,还是从历史的状况和事件来理解,不一致的东西也才会变得清晰了。如果我们将视线投向普遍的东西,那么我们就会在本质的事物中找到一致之处,就会理解依附于地点和时间的作为局部的特殊性。

但是,恰恰是这一普遍的东西不能构成人类的真正的统一性。正相反,如果我们将视线投向具有启示性真理深处的话,那么我们就会在特殊之中找寻到历史性的伟大之处,而在普遍的东西之中所能发现的只有一般者、非历史性的恒常不变者,仿佛是真实以及正当的东西中的水分一般。

倘若在相距最远的文化间存在着"人之存在"基础的共同所有物的

话，那么很多的东西恰恰让我们既觉得惊异，又觉得重要，在人们认为找到了完全普遍的东西的地方，实际上总是出现了偏差，——在某处是人所特有的，而在另一处则是欠缺的，完全普遍的东西总也具有抽象的特性，一种单调性。

依照普遍的东西的尺度，单纯的特殊化可能恰恰就是历史性的实现。人类的统一只能根植于这些历史特殊性的相互关系之中，这些特殊性在本质上并没有什么偏差，而更多是积极的根源性内容，并非一个一般者的例子，而是人类全面历史性的一个环节。

3. 进步

知识和技术能力方面的进步不断发展，一步接着一步往前走，人类所获得的成就也以同样的方式传递，并成为了所有人的财富。因此，不断增长成就的一条路线贯穿了个别文化和所有文化的历史，但这仅限于非个人的、普遍有效的知识以及意识能力。

世界史在这一领域中可以作为上升线的发展来予以理解，尽管在其中存在着倒退和停滞，但从整体上来看却伴随着个人及各民族为之做出贡献的财富增长，从本质上来讲，这些财富对于每个人来讲都是容易获得的，也会成为所有人的财富。我们历史地观察到这些进步的各阶段，并处于当代的最高点。不过，这只是整体中的一条线而已。“人之存在”本身、人的伦理道德、其善良和智慧并没有进步。艺术和诗歌尽管是所有人都能理解的，但并非全体所独有的，而是与达到独一无二的具有卓越高度的民族及其时代紧密相连的。

因此，在知识、技术以及人的新的可能性前提方面，进步是存在的，而在“人之存在”的实质中却不存在。实质性的进步遭到了很多事实的反驳。达到最高水准的民族毁灭了，被劣等民族所征服。文化为野蛮人所破坏。最高级的人的类型被大众受压迫的现实从肉体上予以消灭，这在历史上是一个基本现象。没有思想的人口增长着，最大限度发展的平均值仅仅通过其整体的存在，不经战斗便胜过了精神水平较高者。在诸如狡诈和残暴可望得到可持续利益的环境中，不断有那些卑劣者进行逆淘汰。我们更容易倾向于这样的判断：所有的高尚者走向灭亡，所有的卑劣者得以延续下去。

与这些一般化的概括相反，即便要沉默数个世纪，乃至更长久，但历史依然会指向伟大事物的回归、伟大事物的回响。不过这一持续的存在是多么的脆弱，多么的成问题，多么的靠不住。

人们说，这些不过是挫折，只是偶然的破灭而已。从长时间段来看，实质的进步还是可信的。不过无论如何，这些偶然性、这些破坏恰恰处于显著的位置上，是巨大的基本历史事件。

人们说，事物不必保持其至今的样式。为了对抗偶然性与盲目性，应当由我们来更好地引导促使事物步入进步的进程。但在"人之存在"自身成问题之处，在人们根本不知道对象，无法作整体判断，不能控制的场合，这些只是人能够创造一切、能够进行培养的乌托邦式的想法而已。

人们说，毁灭是罪孽的结果。如果我们仅仅是赎罪，并表明自己生活在纯洁之中，那情形就不一样了。实际上这是自古代先知们以来的告诫，——但我们不知道，世界秩序之善行将以何种方式、何时以及如何从合乎道德的纯粹生活中产生出来。我们也许无法否认这样的现实，道德上的善行绝不能带来其自身的成功，——行善的目的也不是为了获得成功。不过，承受成功及其后果的道德上的行善，仍然是唯一巨大的机会。

进步大概能实现可知事物的一体性，却不是人类的统一。普遍适应且无论在何处被发现都在其无限的进步中保持始终不变的真理，这只有在科学和技术之中才会出现，这一可以普遍传达和转让的真理，仅仅是求助于知性而已，并非人类的统一。这一进步促成了知性的统一。它将人们在悟性之中联系起来，以使他们能够理性地相互讨论，不过他们也具有这样的能力，亦即相互间使用相同技术的武器，消灭对方。因为知性仅仅联系意识，而不是人。知性不会带来真正的交往，也不会带来团结一致。

4. 空间与时间的统一

人的统一产生于自然土地的共同性（整个地球的统一）以及唯一时间的共同性。

在历史的进程中，挫折与交往不断产生。自然赠与的多样性以及民族和国家的多样性，很长时间构成了它们之间毫无联系的存在。交通之路将它们联系在一起，使得部落合并成了民族，民族成为了族群，国家合并成了大陆，其后再度瓦解，不同民族的人们相互发现，之后重又忘却，直到所有人与一切事物之间的意识和事实联系的瞬间开始，交往——无论是在真正的实现中，或者是在斗争的断绝中——不再终止。作为在交往的统一中相互间不断的交流，人类的历史开始了。

人在几千年的迁徙过程中，很早以前便占据了除了极地地区、荒漠和高大山脉以外的地球表面。人类永远是流动的。令人惊叹不已的远征在历史的门槛前便开始了。诺曼人来到了格陵兰岛和美洲，波利尼西亚人横跨了整个太平洋，马来人到了马达加斯加岛。黑非洲和美洲语言间的关系如此密切，表明在这些大陆间不断有往来。发明、工具、观念、童话在史前时代便经历了遥远的迁徙，一方面总是在附近流传，另一方面也传到了其他的远方。长期以来保持孤立的仅有澳大利亚，也许还有美洲，即便是这两个大洲也不完全是孤立的（东亚和墨西哥的诸多类似之处令人困惑不已）。孤立并非意味着从未有过其他的人漂泊到那里，而是意味着从未感受到异文化的影响。

在历史发展的过程中，形成了各大帝国，它们暂时增强了帝国内人们之间的接触。之后帝国瓦解，交通之路遭阻断，各种关系破裂，有关他者的存在被忘却了。经常有诸如埃及、日本、中国这些民族会一时将自己与外部世界隔离，但所建立起来的围墙最终会重新被突破。

自五百年以来，欧洲人将全世界纳入了其交通网之中。欧洲人将他们的文明带到了各地，并带回来欧洲所不具有的文明财富。他们带来了家畜、经济作物、武器、产品和机器、习俗及其信仰，以及欧洲世界所有的灾难，他们取走了土豆、玉米、奎宁、可可、烟草、吊床等。是欧洲人首先产生了全球一体的意识，造成了有意识、有计划、持久且可靠的交往。

这一交往意味着人不断的共同成长，意味着对于人的意识、最终对于人的行动来讲，创造出了整个地球在趋向一致的过程中所达成的统一性。

我们在地球上的某一地点找寻不到文化发展的悠久历史中的统一性。经验的目光所及，更多的是人的分散，可以看到很多的尝试，并且是由下面的因素刺激引起的：人们以及各文化之间的接触，由于各种征服而造成的各种文化和民族的叠加所产生的发展，这些或者造成共同的水准低下，或者由于各种混合而具有杰出的意义。通过交流，事件总是能获得历史性，这是向统一性的突进，并非产生于一个根源性的已存在的统一。

通过地球表面、通过空间和时间共同包含其中而获得的统一性，只是最表面的统一，它完全不是历史的统一性。它是所有现实的共同点，而并非仅仅是人的共同点。人们只是在封闭的、由他们所占满的地球表面上并存，还不是他们的统一。只有通过交流这一统一性才会成为可能。但统一性并非交流本身，只有通过考察在交流之中发生的事件，才能获得统一性。

如果我们将目光投向地球仪的话，可以看到一条相对狭窄、并在几处断裂的地带（从地中海地区延伸到中国），在这一地带中产生了至今依然在起着作用的所有的精神事物，但并不存在在地理上的历史平等权力。

5. 多种特殊的统一

在人的事物的运动中，对我们的认识来讲存在着相互分离其后又相遇的很多条线，或者有部分条线尽管典型地一再重复，但也只是在整体中显示了个别特征，并不表示整体。

因此，存在着一组总是被限定的文化现象。几代人在典型的风格序列中，或在思想的发展中，从其起源一直到瓦解，都相互联系在一起。

存在着诸文化（作为由生活方式、制度、观念、单一信仰构成的事实上的共同世界）的统一性，——诸民族在其起源、语言、命运方面的统一性，——作为“世界宗教”的诸宗教的统一性，这些“世界宗教”于广大的区域传播在伦理道德、信仰和体验方面与超验有关的生活态度，——作为权力统一性的诸国家的统一性，这些权力统一体形成了一切其他的东西。

以上的这些统一性缺乏普遍性。它们是与其他的统一性并列的个别统一性，与各种文化相互并列的文化。许多的民族、宗教和国家并存。各文化在平静中进行交流，诸国家在斗争以及政治的相互和解中，诸宗教在传道和争辩中，它们相互间发生关系。全都在变化着，相互间转化，没有什么是最终固定的。

历史以其强大展现出了伟大而真实的统一，文化圈仿佛是作为秘密的、不使用权力而对人进行培育的扩展，诸民族作为无意识的、史前时代的运动，诸宗教作为尽管总是有局限的、但依然是“世界宗教”，诸国家作为帝国而存在。

所有这些统一性通常是相互交错、相互叠加的结果。这所有的统一性同时发生，在中国建立了大一统的帝国以后而达至高潮。文化、宗教、国家相互重合在一起。对于中国人的意识来讲，全体就是人的世界，是一个帝国，除此之外，只有边境上未开化的蛮夷，在思想上这些人已经被并入了帝国，是帝国潜在的构成。如果我们将“中央之国”与罗马帝国做比较的话，就会发现其差别是显著的。相比较而言，罗马帝国是一个暂时的现象，尽管这一帝国理念的魅力对后世的影响持续了上千年之久。除罗马帝国之外，有日耳曼人和帕提亚人，他们是真正的、从未被征服的力量。尽管异教具有宇宙性、宗教性的统一性质，但就像在中国一样，它也无法将这一统一渗透到其民众之中，其自身的出现反而使基督教同时发展，并且使得基督教突破了异教。

b. 通过意义和目标达成的统一

如果意味着统一性或暗示统一性的多样的事实并不足以构成历史的统一的话，那就有可能有另外的出发点。历史的统一就不是事实，而是目标。在太一的理念之中，在唯一的真理之中，在精神的世界中，在起初相互之间还如此陌生的所有事物间，在内容上相互关联、相互从属中，人们能够相互理解，也许能够从中产生出历史的统一来。

历史产生的意义造成了统一，这一意义赋予了如若没有它就会在分散之中变得毫无意义的事物以重要性。

这一目标是作为一种隐藏的意义而出现，没有谁认为是这一意义，但观察者尝试着将这一意义解释或理解为有意识的使命或统一的意志。作为历史目标的这一意义表述如下：

（1）人的**文明与人性化**被看作是目标。不过，除了生存秩序之外，是绝不可能清楚地予以限定的，它自身是具有历史性的。然而，作为生存秩序,合法的世界秩序是终极的目标。从分散状态阶段走出来的历史之路,仅仅经过在和平与战争中的实际接触阶段,才能通往经由法律而获得的在真实的统一中的全球共同生活阶段。这一统一能够以生存秩序赋予所有人的心灵和精神创造的可能性以活动的空间。

(2) 自由及自由的意识被看作目标。将至今发生的事情,作为一种获得自由的尝试来解释。

不过,自由是什么,其自身必然要在无穷尽之中予以展示。

经由法律而达至世界秩序的意志,没有使自由直接成为了目标,而只是使政治自由成为了目标而已,这一政治自由为人的生存提供了实现真正自由的所有可能性的空间。

(3) 优秀的人以及精神的创造、在共同精神状态下的创作、天才被看作是目标。

内心强烈的欲望是最清晰的意识。当人在临界状态下最明确地意识到其自身时,他们提出最深刻的问题,——他们找寻到了引导他们生活并铸成他们自身创造性的答案,意义的统一便产生了。这一经由"人之存在"的巅峰而达到的统一,并不存在于工具和知识的传播之中,不存在于征服的范围和帝国形成的范围之中,不存在于那种杀人般的苦行或土耳其近卫步兵训练的极端形式之中,不存在于各种制度和固定化的持续和稳定之中,而是存在于最深刻的自觉、本质的启示中光芒四射的瞬间。

这一最本质的东西可能就像是历史溪流中正在消失的点。但它也可能向酵母一样在整个事件中生效。或者它先是不起作用地保存在记忆中,准备着生效,是对未来提出的一个问题。或者它在世间曲高和寡,未被记住便转眼即逝,它只在超验面前存在。

这些巅峰向我们展示了无可替代的宝贵价值,它们以从属性为基础,我们一直以统一为前提,但又永远不能真正了解它,朝向着统一、来源于统一，归根结底，历史就是统一。

（4）人之中存在的启示被看作目标，对人心灵深处的存在的觉察，就是神性的显现。

*

以上的目标能在每一个当下得以实现，实际上——有一定的限度——实现了，它们又在不断的消失和丧失的过程中重新获得。每一代人都以独特的方式来实现它们。

但是，这并非意味着因此获得了历史的唯一目标、整体目标。未来想象中的目标反而会使我们更加关注当下，不应当错过的当下。

目标的统一绝对不可能在对意义的解释中获得。每一种表达，如果它获得了最高之目标，并坚持这一目标，但这并非是包括一切的目标，至少从这个意义来看，通过目标的统一而揭示出历史的意义，所有其他的目标都应当从一个明确的思想中派生出来。因此，如果人们希望获得所有这些想象的目标，或相信它们的话，那么它们就可能成为历史内部的因素，但它们绝不是支配历史的东西。

每一种意义都作为各种形态的被想象的意义而展现在人们的意识当下。我们人一跃而上至太一那里，而没有将意义作为我们所有的知识内容。

不过，每一时代意义会作为唯一的、无所不包的东西来认识，来相信，来满足我们的愿望。如果每一种绝对化了的意义都必然要遭到失败的话，那么新的几代人立即会通过他们中的哲学家重又寻求一种具有决定性的意义，这一意义曾支配过历史，并还正在支配着，那么这一意义如果被把握了之后，就可能作为想象的意义被吸收到自我的意志之中去，并作为指南（就像在基督教历史哲学、黑格尔、马克思和孔德等人那里一样）。

这一统一将在解释性的历史的整体观中予以说明。

c. 为整体观的思维而达成的统一

把握历史的统一，也就是说将普世史作为整体来思考，是寻求历史最终意义的对历史知识的一种渴望。

因此，对历史的哲学考察所探寻的就是将人类结合起来的统一。人们一度在地球上栖息，但他们分散在各地，相互之间并不知道，以极不相同的形态生活着，说着千余种的语言。在早先，谁要是思考普世史的话，由于受到其狭隘视野的限制，因此只能为了限制的代价来建构统一，就好像是我们将自身限制在西方，中国则将自身限制在中央之国一样。除此之外的，根本不属于历史，被认为是野蛮人和原始人的生活，那应当是民族学感兴趣的对象，而不是历史的对象。让地球上所有不为人所知的民族一步步地加入到一个整体的，亦即自己的文化中去，将它们带入自身的秩序空间中去，统一便存在于作为前提的这一趋势之中。

如果信仰要在所有的历史中预设一个基础和一个目标的话，那么思想便希望在实际的历史中认识这一基础和目标。人类史的各种构想就是各种尝试，或者是作为通过神性启示而赋予的，或者是通过理性而显现的统一的理性洞见。

在西方，神在历史中的过程：从创世，从伊甸园被逐出，先知们预告神的意志，在时代的转折点其自身显现的拯救，到达所期待的最终审判的终点，这些在神的一系列行动中显而易见。由犹太的先知们所首先想到的，其后由于奥古斯丁而获得基督教的形态，经由约阿希姆·费奥雷至波舒哀的重复和变换，经莱辛和赫尔德至黑格尔的世俗化，每一次都是为了有关一个整体历史的知识，在历史之中所有的事物都有其位置。这时，人类生活的一连串的基本原则登场了，人们在这一连串的深处领悟并说明，什么是真正的存在以及究竟发生了什么。

但是，这样一个在两千年间被信仰、被表达出的卓越的构想却失败了：

(a) 如果我认识到整体，那么每个人的存在在整体之中都有其位置。每个人的存在并非自体的存在，而是为每个人提供了一条出路。它并非直接通向超验，而是借助于使其受限制的在时间中的场所，而成为整体的一部分。每个人的存在、每一个时代、每一个民族都会失去帝国的直辖地位。与神性本源的关联，在任何时候都是整体的统摄无限性，正与此相反。

(b) 在对整体的知识中，人的现实构成的最大实体，亦即整个民族、时代和文化被作为无关紧要者，而遭到漠视。它们仅仅被作为没有价值的偶然的，以及自然发生的附带现象来看待而已。

(c) 历史并非封闭的，并不显示其起源。而对于每一构想来讲，历史却是封闭的。开端和终结是以想象的启示形式添加杜撰出来的。实际上，在这里存在着两个互不相容的基本历史观。

要么历史可以作为一目了然的整体而存在，是具有开端和终结的可认识的发展过程的统一。我自己以及我的时代便处在一个特定的时刻，将之或者设想成低潮，或者设想成迄今为止的高潮。

要么历史是事实上的存在，并且对我的意识来讲它是开放的。我坚持面向未来的态度。这是等待和寻求真理的态度，是即便已经是真理但依然一无所知，却要从未来的高度去充分理解它的态度。在这一基本态度之中，甚至过去也并未结束：过去依旧存在着，对过去的决定并非在整体上的，而只是相对最终的，这些决定是可以修改的。以往存在的东西，仍然能够有新的解释。已经决定了的事情，在新的情况下重又成为问题。以往存在的事物，再次向我们表明它是什么。过去并非躺在那里的一堆死的残骸。在过去之中所蕴藏的东西比迄今为止从中客观、理性地汲取的要多得多。思考者自身依然在历史展开的过程之中，而非历史的终结，因此他们——站在视野有限的小丘之上，而不是在具有整体视野的世界山峰之上——可以知道可能性道路的方向，却对整体的起源和目标并不知晓。

因此，历史可以被看作是一个实验场，统一消失在可能的无限性之中。持久的基本态度是在询问。静寂是整体的伟大象征，是消除了时间及其过去和未来统一图景的伟大象征，它首先只是时间中的静止点，而并非已知真理的终结。

不过，如果历史对我们来讲不是要分裂为偶然的漫漶，漫无目标的来来往往，以及许多虚假路径的穷途末路的话，那么历史的统一的理念便是绝对不可或缺的。问题只是，历史如何被我们领悟。

*

我们已经实施了一系列长长的否定命题：历史的统一是不可能通过知识予以领会的。它不能被作为人的生物学起源的统一来认识。作为地球表面的统一以及作为共同真实的时间所造成的封闭状态，只是外在的统一。包括一切目标的统一是不能得以展示的。法律的世界秩序的观念所指向的是人的生存基础，而并非历史的整体意义，其自身依然是一个问题。通过与普遍有效的真理的同一性的关联并不能理解统一，因为这一统一只与知性发生关系。这一统一不是通向目标的进步，或进入无限的增强过程。统一并非通过最清晰的意识而存在，也不存在于精神创造的高度之中。它不存在于一切事件发生或应当发生所朝向的意义之中。统一也不能作为人类整体可划分的有机体来予以观察。历史的整体不论是作为现实还是作为假象中的意义在当下都是不真实的。

如果有谁不遵循傲慢地将对历史包罗万象的理解作为统一的臆想，那么他反而在所有这些追求统一的努力之中能看到真理的特征。如果将特殊置于整体之上，那么这一特征就变成了谬误。作为暗示和标识这一特征能保持真实。

每一条发展的线路、每一个典型的形态、所有统一的事实都是历史内部的简化物，如果想在它们的整体性中看清历史的话，那么它们就变得荒谬了。重要的是要去把握这些发展线路、形态和统一的多样性，不过我们要对超出这一切的东西保持开放，正是在这超出的部分这些先行发生了，对人以及任何时候都是“人之存在”整体保持开放，“人之存在”承载着一切，无所不包，在其中不论多么辉煌壮丽的现象，也永远只是其他现象中的一个而已。

*

仍然存在对统一理念的要求。我们面临着作为使命的普世史。

(a) 至少仍然存在对全世界一切人的事件进行的“概观”。在分散的个别化与本质的集中化之间的选择，两个极端的看法都是不能被接受的，而是在寻求适切的、具有建设性的整体的历史的秩序。即便对历史的统一的每一个构想总会在知识上造成极度无知的感觉，但在统一的理念之下秩序之路依然是可行的。

(b) 然后，这一统一也得到了整个地球封闭性的支持，其作为活动的空间和地盘是一个整体，是能够掌控的。此外统一还获得了同一时间纪年确切的支持，尽管这也仅仅是抽象的。再进一步，这一统一还得到了人类起源单一性的支持，他们是同一种属，这是表明了共同起源的生物学事实。

(c) 历史的统一的本质在于这样的一个基础，亦即人们在普遍能够理解的同一精神中相遇。人们在一个包罗万象的精神中相互发现，尽管没有谁能综观这一精神，它却可以包容一切。在有关唯一的神的表述中，统一找到了自身最确定的方式。

(d) 统一的理念具体表现在无限可能性的意识之中是当下的。对考察的开放性增强了这样的要求，亦即世间一切事物通过其自身而获得意义，并仅仅通过其存在之事实而关切到一切事物。我们生活在一个空间意识之中，其中没有什么是不重要的，这一空间向我们展示了与我们相关的遥远的广阔，同时对已经走上的道路做出决定，并由此指导了各自的当下。一方面我们将目光移向那永远不能渗透至其起源的最早的开端，另一方面我们将目光移向那永不完结的未来，我们在一个不能理解的整体中认识到了各种可能性，因此整体的统一显露于当下对历史使命完成的确定性之中。

(e) 如果说一幅持久的、完善的整体图景尚未发生的话，那么依然有展示当时整体图景的各种形式的存在。这些形式有：

历史将在其起源之中，在其重大的阶段，在价值序列之中予以观察。真实的东西是依据本质的与非本质的来予以划分的。

历史处于被我们称作天意，其后被认为是法则的整体之下。即便也只是错误的固定化，这一整体的思想将继续作为一个临界表象而存在，它没有被理解到，却在其中被理解，不能对它进行计划，却在其中进行着计划：作为整体的历史是具有唯一性的，原本是具有历史性的，而并非纯粹的自然事件。整体秩序的观念继续存在着，其中世间万物都有属于自身的各自的场所。这绝非纯粹偶然的多样性，而是包含了偶然事物的所有特征的历史的一大基本特征。

*

作为对统一的解释，就我们而言，我们设计出了一套世界史的图式，今天看来，它似乎与所要求的开放性、统一性以及经验的现实最为符合。我们对世界史的描述试图通过整个人类共同的轴心时代而获得历史的统一。

轴心所表示的并非一种隐蔽的内在的东西，每一时代引人瞩目的各种现象都围绕着它来转，这一内在的东西本身是永恒的，延伸至所有的时代，却被当下飞扬的尘土所遮掩。确切地说，轴心所指的是基督前的上个千年中叶的一个时代，在它之前的一切事物似乎都是在做准备，而在它之后的一切事物事实上都能还归于它，并且是在清醒的意识中还归于它的。“人之存在”的世界史从这里开始获得其结构。这并非我们能够永远宣称具有绝对性和唯一性的轴心。然而它是迄今为止短暂的世界史的轴心，在所有人的意识中，它可能意味着他们共同认可的历史的统一的基础。于是，这一现实的轴心时代，成为了一个理想轴心的化身，“人之存在”在其运动之中聚集在了理想轴心的周围。

总结

我们尝试着在整体图景中来把握历史的统一，而这一整体图景完全是以根据经验建立起来的结构来解释人类的历史性的——在这方面根本事实向未来保持无限的开放，短暂开端：我们刚刚开始。历史事实上进入了未来，作为对过去的解释它以开放的、无限的意义关联世界，这些意义关联似乎至少有时会汇集到不断发展的共同意义之中去。

主题是，统一的要求并非那些普遍范畴之一种，并非历史的法则，而是以真实的、直观适当的、唯一的形态对历史的统一进行的探寻，这一形态并非法则，而是历史的秘密本身。我们将这一形态称之为历史的结构。这一形态必然在空间-时间的特定场域作为“人之存在”精神的现实予以领会。

*

对过去的解释性考察成为了意志的要素。统一将成为人的目标。

对过去的考察就关联到了这一目标。统一的目标,例如尽可能将所有的人从困顿中解放出来,并让他们获得幸福,这一通过法秩序而实现的世界统一是作为世界和平而被意识到的。

不过这一目标仅仅与所有人可能共同获得的生存基础有关。这一统一在人的所有可能性的各种前提中,尽管是极其重要的,但它并非最终目标,而再度成为了手段。

统一将在人的存在和所创造的世界整体之中在较高层面上予以寻求。由于不断地注视着这一点,通过强调关涉到所有人以及对所有人来讲都是本质的东西,由此而获得对过去历史的统一。

不过,历史的统一究竟是什么,只可能在相互的运动中才能变得显而易见。在对无限制交往的要求中,以可能的理解证实了所有人的整体相关性。但是,统一尚未存在于已知的、成型的以及达成的事物之中,也不存在于目标的观念之中,而只有当它们全部进入人与人之间的交往时,统一才能得以成立。于是出现了最终的问题:

人类的统一存在于共同信仰的一致中,被共同认为是真实并被信仰的客观性中,以及通过覆盖全球的权威而建立的一个永恒真理的组织之中?

抑或,对我们人来讲能够在真理中获得的统一,只有通过历史上多种多样的起源的交往而达到的统一,这些起源相互关切,但又不在思想和象征的现象中同一化,或者是隐蔽在多样性中的太一留下的统一,太一只有在无限交往的意愿中才能保持真实,从而在人的可能性永无终止的尝试中充当其无穷尽的使命?

所有关于人们之间永远不可能相互理解的绝对相异的断言,在“人之存在”最深刻的要求面前,只剩下了一副疲惫不堪、听天由命以及被迫放弃的表情,这一主张将暂时不可能性过分夸大为绝对不可能性,从而泯灭了人的内在准备。[31]

*

作为人类达到完全一致的历史的统一将永远不会完结。历史位于起源和目标之间，其中统一的观念在起着作用。人沿着历史的康庄大道前行，但不会因已实现了的终极目标而终止这条道路。其实，人类的统一是历史的界限。也就是说，已经达到的、完结的统一将是历史的终结。在统一及统一的观念和思想的引导下，历史保持着运动。

在如下的观念之中存在着统一：仿佛人类来源于同一个起源，人从这个起源在无限的分类中发展壮大，并要求重新统一早已分裂了的人类。但是，这一根源从经验层面来看完全是模糊不清的。凡是我们认识人的地方，人就已经处于个体和种族的分散和差异之中了；我们看到多种文化的发展，多样的开端，而在这之前一定有不为我们所知的人的发展。作为在多数人相互关系中不断完善的形成物——统一的观念引导着我们，但所有这些观念都是不确定的。

如果我们将这些统一的观念不仅仅看成是象征的话，那么它们就会具有欺骗性。作为目标的统一是一项无穷尽的任务；因为对于我们来说变得明显的各类统一都是特殊的，都只可能是统一的前提，或者是对其水准化的降低，而在其背后所隐藏的则是深不可测的隔绝、冲突以及斗争。

甚至仅在理想的层面，也不可能对完结了的统一做出一次明确且不无异议的描述。这一统一既不能作为完美的人，或公正的世界组织，亦不能作为终极的、相互渗透的，并且开放的、相互间的理解和默许，来予以实现。确切地讲，太一是无限遥远的基准点，等同于起源与目标；它是超验的太一。作为这样的一个存在，它似乎不可能被描述，不可能成为作为真理本身强加于全体的一种历史信仰的独占所有物。

如果整体的普世史从太一出发又回到太一的话，那么它就通过这样的方式,使处于这两极之间的所有事物让我们得以理解。这是各种统一的生成,是对统一的热烈追求,之后重新是对各种统一的狂热破坏。

因此,要将这一最深刻的统一提升至不可见的区域,相互遇见且相互属于的精神王国,在灵魂相和谐之中能启示存在的秘密王国。历史上仍有处于开端和终止之间的运动,然而从未达到或依然未达到它真正要表达的内容。

第四章　我们的现代历史意识

我们生活在历史知识的伟大遗产之中。古代以降的伟大史学家、历史哲学的整体观、艺术和诗歌充实着我们的历史想象。近几个世纪，具有决定性意义的是从19世纪开始，又增加了批判性的历史研究。任何时代都未拥有过像我们时代一样有关过去历史的知识。出版、修复、收藏和分类对于我们来讲随手可获，而这是我们之前的几代人都未曾拥有的。

今天，我们历史意识的变革似乎正在进行之中。那些科学历史研究的伟大成就将得以保存和延续。不过现在应当证明，这一材料如何才能获得崭新的形态，它在虚无主义的熔炉中是如何被精炼成为永恒起源的唯一奇妙语言的。历史重又从纯粹的知识领域，再一次回归到生命的问题以及生存意识的问题，从审美教养的事情，回归到严肃的倾听和回答上来。我们如何看待历史，再也不是无关紧要的了。我们如何在整体中去认知，这一方式决定了我们自己生命的意义，从整体之中我们获得历史的基础和目标。

或许我们可以描绘出几个将要形成的历史意识的特征：

a. 新在研究方法的多面性和精确性，意义在于探究因果元素中无限错综复杂的组织，其后是在作为因果范畴完全不同的他者中，在形态学的结构中，在意义法则中，在理想型结构中探究客观化。

尽管我们今天依然乐意去阅读单纯的叙述说明。我们希望借此运用各种图像来填充我们内在直观的空间。但是，今天在社会学这一名称下所概括的，对于我们的认识来讲，直观以及各种分析才成为了重要的东西。马克斯・韦伯及其著作，以明确和多维度的概念在历史观最广阔的视域中，获得了代表性，并且不以整体的观念来固定历史观。今天，认识了这样思想的人，在读了几页兰克的书后就会觉得勉强，因为其中的概念不明确。透彻的理解要求多样的专门知识，并要求在提问方式中使人们幡然领悟的融会贯通。在此，古老的比较方法由于现在所获得的敏锐的洞察力而使其唯一的特征以越发令人印象深刻的方式予以突出。专心致志于真正的历史之中，会使人们对历史唯一的秘密具有更加清晰的认识。

b. 今天，认为历史是一目了然的整体而加以认识的，这一态度将被克服。没有什么最终的历史的整体图式是还能让我们接受的。我们所得到的并非终极的，而只是当前可能的，可能会再次破碎的历史整体的外壳而已。

进一步来讲，在历史上我们找不到绝对真理的局部化启示。在任何场合都不存在同一重复的事物。真理存在于永不知晓的起源之中，从这里来看，所有特殊事物都被限制在现象中。我们知道，凡是我们陷入历史绝对化道路之处，总有一天会显示出谬误来，并且虚无主义的痛苦挫折使我们获得了新的根源性思想。

尽管我们不拥有整体的历史的记忆知识，但我们每时每刻都在寻求着这些，而我们正处于整体的历史中一个唯一的时刻。历史的整体图景总是赋予我们的意识以视野。

今天在厄运的意识之中，我们不仅试图去认识过去个别文化发展的封闭性，而且还想看到迄今为止全部历史过程的终结。历史似乎终结了，并且最终没有希望了，必须有某种新的东西取而代之。落入模仿者和历史学家之手的哲学退场，这是哲学终结的表述，仅仅表现为在举止方面重复古代的风格，带有任意与私欲，通过技术的目的形式在死亡中绝望，这是艺术的终结，在完全是迄今任一意义上的历史的终结，这些对我们来讲都早已习以为常了。只是在最后一刻，我们还能够作为理解者将对我们来说已经陌生的，不再是、并且永远不可能是其本来面目的存在展现在眼前，还可以再一次声明，这将很快被完全忘记。

这些命题现在似乎完全是不可信的，其结果永远是虚无主义的，其目的是为某种人们也不知道是否正确的事物创造场所，不过也许正因为如此人们才会如此狂热地谈论这些事物。

与此形成对比的是现代的态度，要使所有的整体图景，也包括那些否定的图景在内，成为悬而未决的事物，让我们想象出所有可能的整体图景，并尝试着检验它们在多大程度上符合事实。在此总还是能产生包括其他个别契机的全面观念，我们以这样的观念生活，使我们意识到我们的当下，澄明了我们的处境。

实际上我们每时每刻都在实现着历史的整体观。如果从这些历史的整体观中产生作为可能性前景的历史图式的话，只要我们将整体观看作是关于整体的真实知识，以全体的必然性来理解其过程，那么我们就会将历史的整体观的意义颠倒过来。只有我们在无限之中以有限的因果性来替代整体因果性进行研究之时，我们才能达到真理。只有以因果性的方式理解某物，在这个意义上它才能被认识。如果某事不是按照因果方式发生的，那么这一主张也从来是不可证明的。不过，对于我们省察的洞察力来讲，在历史中看到了人创造的飞跃，出乎意料的内容的出现，以及连续几代人的自我变化。

对于整体观念的每一个构想来讲，今天必然要得到经验的证明。我们摈弃那些纯属猜测的事件和状态。我们热切地到处寻求传统的实在性。非实在的东西再也得不到支持了。这句话的含义，可以用一个极端的例子来予以说明：甚至谢林都坚信不疑地恪守着自创世纪以来六千年的学说，这是再自然不过的事情了，而今天却没有谁对通过骨骼残骸的发掘而证实人的存在无论如何已经超过了十万年之久而加以怀疑了。对于历史来讲，时间尺度的提出尽管是表面性的，却是不能被遗忘的，对意识会产生后果的。因为以往历史消失的短暂性是清晰明了的。

历史的整体性是个开放的整体。与这一开放的整体相对，经验的态度意识到有关事实知识的贫乏，它不断准备着，去把握新的事实；哲学的态度瓦解了绝对的世界内在性的每一整体性。如果经验与哲学相互促进的话，那么对于进行思考的人来讲，就存在有可能性的空间，并因此也拥有了自由。对于思考的人来讲，开放的整体既非开始亦非终结。它是看不到历史的终结性的。

能够自我认清的整体思维的方法现在依然是可能的，它包括了以下的契机：

事实将被理解，就仿佛是被敲打了一下一样，让我们听听，它会发出什么样的声音，来预感它可能会拥有的意义。

我们到处被引导至界限处，为了让我们获得最开阔的视野：

从这些视野中，我们感受到对我们的要求。历史观察者的反作用力随之出现在其自身及其当下。

c. 对历史仅仅用**审美的考察**将**被克服**。面对历史学知识无穷尽的材料，即便人们自身与之毫不相关，并且人们只能在无穷无尽之中确定真实存在，之后也会从这一随意性之中产生某一确定的美学行为，特别是某一类型的美学感受。这一美学行为的特点是，人们会将一切事物看作是产生一定刺激和满足好奇心的方式：其中之一是美的，另外的也是。这一不受约束的、既是科学又是审美的历史主义，导致了这样一种随意性，根据这一随意性一切事物变得价值相等，没有什么事物具有价值。然而，历史的现实并非无拘无束的。我们与历史的交往，是与历史的角力。历史与我们有关；其中涉及到我们的东西正在不断地扩大。并且涉及到我们的东西，因此成为了人的当下问题。历史愈是具有当下性，其审美享受对象的成分就会愈来愈少。

d. 跟以前相比，在更全面、更具体的意义上，我们将目光对准了人类的统一。在我们注视着唯一的人类起源时，我们认识到了在丰富分支现象中深层的满足。正是从这一空间，我们重新倒退回自己特殊的历史性之中，通过意识，这一历史性自身变得更加深刻，对于所有其他的以及人的唯一统摄的历史性来讲，变得更加开放。

这里所涉及的并非作为人类消失于其中的抽象概念的“人类”。确切地说，抽象概念今天在我们历史的意识之中背弃了人类。人类的观念只有在整体的现实历史中才会变得具体且直观。不过，如果我们在毫无希望之中，在灾难之中，在至此为止的所有保护的思维习惯都遭到了破坏而不知所措之时，那么上述的观念便成为了起源之中的庇护所。这一起源带来了在意义上没有限制的交往要求。起源在异己者中间传播亲近性，通过所有民族传播共同性，从而达到满足。根源展示了其目标，这为我们相互间的渴望以及相互间的意志提供了可能性。

世界史看起来就像是偶然的各种事件的一片混乱，它在整体之中就像是洪水之中的漩涡杂乱无章。这个漩涡始终奔流向前，从一团混乱到另一团，从一场灾祸到另一场，其中有短暂幸福的慰藉，有瞬间不受水害的岛屿，但这一漩涡终究也会将这些淹没，最后所有一切都将处于洪水之中，用马克斯·韦伯的比喻来说，世界史就像是魔鬼用毁灭了的价值铺设的一条道路。

如此看来,历史并没有统一性,因此也没有结构,没有意义,只不过是作为无限的因果链接和形态而已,这些因果关联也在自然现象中出现,只是在历史之中它们表现得更加不精确而已。

不过,历史哲学意味着对这样的统一、意义以及世界史结构的寻求——它可能只关涉到整体的人类。

e. 历史和当下对于我们来说之不可分。历史的意识处于一个紧张状态之中:我退到历史之后,作为一个对面的人来观察它,作为整体的历史,其基本轮廓和局部特征就像是一座遥远而巨大的山脉。或者我意识到整体的当下,它是现在,其中我所在之处是对它的深化,对我来讲历史成为了当下,我的自我存在的当下。

作为他者的历史的客观性,他者也不包括我,以及现在的主观性,如果没有主观性的话,那些他者对我来讲都变得没有意义,这两者都是必须的。其中之一通过他者才能得以继续生效。不论是作为无穷的任意知识内容,还是作为忘却状态,任何一方都不能单独使历史发挥效应。

不过,这二者是如何结合在一起的呢?并非通过理性的方法。确切地讲,是通过同时刺激对方,一方控制另一方的运动来实现的。

历史意识中的这一基本状况,决定了在整体中历史结构信念的方式。摈弃这一信念是不可能的,因为如果那样的话,它就会无意识且不受控制地强占我们的见解。不过,为了实现历史,就要将它作为已知状态放入未定的事物之中,而它依然是我们存在意识中的一个因素。

当研究与具有自己的存在意识的实存在紧张之中相互发生关系时,研究自身便存在于整体以及最小枝节的紧张关系之中。历史的整体意识与对特殊事物的爱的关联,将人类生存的世界想象为其自身及其基础能够生存之地。向历史广度的开放,与当下的自我同一,从整体上领悟历史,以及来自当下起源的生命,正是在这些紧张关系之中,追溯绝对历史性的人，重新回到其自身。

普遍的历史图景与当下的状况意识相互关联。我是如何见到过去之整体的，因此我体验到了当下事物的经验。我从过去所获得的基础愈深厚，那么我对当时事件发展过程的参与就愈本质。

只是在历史的镜子中我才认识到我本来的所属，我为何活着。“一个不能对三千年的历史做出说明的人，处于无经验的黑暗之中，只能一天天度日”——这句话所描述的是一种对意义的意识，其次是一种对空间的意识（定位），特别是一种对本质的意识。

当下性可能从我们这里消失，我们可能丢失现实，因为我们仿佛总在别处生活，在完全避免了当下性的想象和历史中生活，这点真令人惊诧不已。

不过，将客观的历史与仅仅是瞬间的当下性相对比的话，在没有回忆和未来的现在之中的生活是没有道理的。因为这一生活是人的可能性在总是变得愈来愈空洞的现在中的丧失，从永久的当下中产生出来的现在的充实没有给生活留下任何的东西。

历史意识永远解不开已经充实的现在之谜，却可以加深它。现在之深度，只有在过去与未来为一体，自我生活对过去的回忆以及理念为一体时，才能变得明显起来。在这其中，我通过历史的形态以及在历史衣装中的信仰，而对永久的当下确信不疑。

抑或我能摆脱历史，逃入永恒之中去？

第五章　历史的克服

我们回忆起：历史尚未完结，事件之中隐藏着无限的可能性，每当历史形态的形成过渡为已知的整体时，这一形态就将被突破，回忆的内容就会通过新的资料揭示以往未被注意的真理；被略去的作为非本质的东西，便获得了具有决定意义的本质性。历史的终结似乎是不可能的，它从无限进入无限，只有外在的灾难才能以意义不相容的方式将这一切终止。

对历史的不满向我们袭来。我们想要通过一点穿越历史，处于所有历史之前并且在所有历史之上，达到存在的基础，在这一基础面前，整体的历史就成为了在其自身之中永远不能“调和”的现象，在那里我们仿佛与创造在共同认识中，不再完全或根本不陷入历史之中。

不过，对于我们来讲，已知的阿基米德支点绝不可能处于历史之外。我们永远处于历史之中。如果这个点能够呈现出客观知识的形态的话，那我们在渗入所有历史之前，或横贯所有历史，抑或在所有历史之后时，那么我们就会进入包含一切的统摄，并进入存在自身，我们便是在我们的生存和超验之中来寻找这一阿基米德点。

（1）我们通过求助于大自然而超越历史。面对着海洋，在山中景物、风暴、日出时的朝霞之中，在各种元素的色彩变化之中，在无生命的冰雪极地世界之中，在原始森林中，凡是人迹罕至的自然对我们进行述说的地方，我们就会感受到，自然之于我们，好像是我们获得了解脱。对无意识生活的回归，对无生命的自然要素之明净的更深层次的回归，可以将我们带入静寂、欢呼以及无痛苦的统一之中。不过，如果这一切超出了在过渡期所获得的神秘体验，而自然存在完全保持沉默，那么这就是骗局，这一自然存在超越了我们称之为善与恶、美与丑的范畴，这是无情无义地将我们弃之于不顾的存在。如果我们真的在那里找到了我们的庇护所的话，那么我们就逃离了人和我们自身。如果我们将这些在瞬间被吸引至自然中的经验作为无声的象征的话，它说明了，超越一切历史之上的东西是不能被揭示的，它们保持真实，并且推动我们向前，而并非执着于其自身。

（2）我们超越历史而进入永恒的有效之中，进入到独立于一切历史的真理之中，进入到数学和一切必然的知识之中，进入到每一个一般和普适的形式之中，这些是否被人承认，或不被承认，它们都由于所有的变化而总是保持无牵涉。在把握这一有效的明确性之际，我们会情绪高涨。我们有一个固定的点，这是恒久的存在。不过，如果我们要执着于它的话，那我们重又被误导。这一有效性是一种象征，但它并不包含存在的内容。它让我们以奇特的方式不为人关注，它在发现过程的不断进步中显示了自身。从本质上来讲，它是有效的形式，而与其内容相一致的是无限多的存在者，从来不是存在。只有我们的知性在恒存的普遍有效之中才能获得安宁。我们自身并不能获得安宁。不过这一有效性是独立的存在，是不受所有历史影响的，又一次成为了超越时间性的提示。

（3）我们超越历史，进入到历史性的根基，这意味着达到了世界存在的整体的历史性。有一条道路从人的历史通入根基之中，从非历史的整体自然，进入历史性的光明之中。不过，仅仅对于思辨来讲，人在其生物素质、风景以及自然事件之中，似乎才会从自然中出来，与人的历史性妥协，思辨成为了一种语言。起初这些东西在意义方面是相互疏离的，是不起什么作用的，是灾难，或无关紧要的存在，之后它们仿佛为历史赋予了生命，好像是从共同的根源中产生的相应物。

（4）我们自身生存的历史性引导我们进入了这一历史性的根基。从这一点开始，我们在接受和选择的必然性之中发现了世界上的自己，这一切发生在我们的决定之中，发生在我们以爱本身赠与自己的时候，由于历史性而成为了超越时间的存在。从这一点开始历史的历史性由于我们的交往而获得了光明，这一交往通过历史的可知性在经过的过程中而遭遇到生存。在这里我们超越历史而达到永久的当下，我们作为在历史中的历史性的生存而超越了历史。

（5）我们超越历史而进入无意识。人的精神是有意识的。意识是一个媒介，对我们来讲如果没有它，那就既没有知识也没有经验，既没有“人之存在”也没有与超验的关联。没有意识的东西被称作无意识。无意识从其内容来看是无限多义的否定概念。

我们的意识对准了无意识的事物，也就是说我们在世界之中发现的一切，并不需要将从中而来的内在本质传达给我们。我们的意识由无意识所承受，它不断地从无意识之中产生出来，又重新滑入无意识之中。不过，我们只能通过意识获得有关无意识事物的经验。在我们生命的每一个有意识的步伐中，特别是我们精神创造的每次行动中，我们内部的无意识都在帮助着我们。纯粹的意识在此无力做任何事。意识就像是波浪的峰顶一样，是既宽又深的基础的峰顶。

这一承受我们的无意识具有两种不同的意义。作为自然的无意识，其自身的存在永远是模糊不清的，而作为精神萌芽的无意识，却急迫地要求显露。

如果我们作为在意识现象中变得明显的存在者进入无意识事物之中而战胜历史的话，那么这一无意识绝非自然，而是在用语言、诗歌、描述以及自我描述的象征驱动中，在反思之中显现出那种无意识来。我们的生命不仅是从无意识中来，它也是我们的方向。意识愈是使无意识显现得清晰，无意识本身的当下性就会愈加本质、深入、广泛。因为在无意识之中，精神的萌芽被唤醒，而这一醒悟提高并拓宽了无意识自身。历史中的精神步伐不仅消耗了预先确定的无意识，而且也产生了新的无意识。在一种无意识面前，渗透到其中的不仅是精神史的过程，而且还有高于所有历史、在所有历史之前和之后的存在，但这两种表达方式都是错误的。

不过人们总是以否定的方式来说明无意识的特性。这就如同爱德华·冯·哈特曼在实证主义思想的世界中所徒劳的尝试一样，依据这样的观念史不可能获得有关存在的密码。无意识的事物只有在意识中获得形态，并因此停止作为无意识状态，这时它才有价值。意识是现实的和真实的事物。我们的目标是使意识而非无意识得到提高。我们通过进入无意识的事物而战胜历史，确切地讲是为了增强意识。

进入无意识的渴望是具有欺骗性的，这一渴望无时无刻不在困境之中掌控着我们人。不管是巴比伦的神以“我想睡觉”这句话来消解世界的喧嚣，抑或西方人寻求回到他们吃智慧果之前状态的伊甸园，抑或他们认为最好从来没有被生下，抑或他们要求回到所有文化之前的自然状况的开端，抑或他们将意识理解为灾祸，将整个的历史看作是迷途，并希望将之终结，在这形形色色的外表之中，涉及到的总是相同的事物。这不是对历史的战胜，这是逃避历史以及逃避历史中自身的存在。

(6) 当人以其最崇高的作品对我们来讲是当下的之时，通过这些成果人仿佛能够获得了存在，并使得存在具有传达的可能，此时我们便超越了历史。在这里，人们所做的是，让他们强烈地向往着永恒真理，真理尽管是在历史的外衣之下，却通过人而成为语言，是超越历史的，并且带领我们在超越历史世界的道路上，进入先于所有历史之处，通过历史而成为语言。在那里，从哪里来，到哪里去，对未来和进步的追问已经都不再是问题，而是在时间之中，某种不再只是时间的东西，它作为超越所有时间的存在本身出现在我们面前。

历史本身成为了超越历史性事物的道路。在对伟大事物——创作、行为、思想——观照方面，历史就像是永远的当下照亮了前行之路。它不再满足猎奇之心，而是成为了一股使人振奋的力量。作为敬畏对象的历史的伟大成就将我们同超越所有历史的根基联系在了一起。

(7) 从整体上对历史的把握导致了对历史的超越。历史的统一的本身不再是历史。去把握这一统一意味着飞跃历史而进入这一统一的根基，通过这一根基，统一便成为了使历史成为整体的统一。不过，这一超越历史而使历史统一的飞跃依然是历史之中的自身任务。我们并非在统一的知识中生活，不过只要我们的生活源自统一的话，那我们就在历史之中过着超越历史的生活。

如果我们抛弃历史，那么在历史之上所有的飞跃都将成为假象。我们生存的根本悖论在于，只有在这个世界之中我们才能够以超越这个世界的方式生活，在超出历史的历史意识之中重复。世界周遭并没有道路，而只有通过这一世界的道路，历史周遭没有道路，而只有通过这一历史的道路。

(8) 如果我们将目光投向绵长的史前阶段，历史的短暂便产生了这样的问题：面对数十万年的史前时代，历史难道不是瞬息即逝的现象？其实，这一问题除了通过一般的命题来回答外，是不能够回答的：有开始便有终结，纵然持续几百万年或几十亿年。

但是,这一答案——对于我们的经验知识来讲是不可能的——对于我们的存在意识来讲是多余的。因为,即便我们的历史图景可以根据我们所认识到的无限的进步,或者终结的阴暗面来进行全面的修改,根本的还是整体上的历史知识,而非终极的知识。重要的是对时间中作为永恒的当下性的要求。历史被更为广阔的地平线所统摄,其中当下性被看作场所、确证、决意和充实。永恒的事物是作为时间之中的决意而出现的。对于生存的超验意识来讲,历史在永久的当下消失了。

不过在历史自身之中,对于时间的展望依然存在:也许人类的历史在如今已经成为一体的地球上会延续很久的时间。那么在这样的一个前景之中,对于我们每个人的问题是:人愿意居于何处,人将为何种目的而去工作。

正文注释

［1］（正文第4页）对历史哲学来讲，维科、孟德斯鸠，——莱辛、康德，——赫尔德、费希特、黑格尔，——马克思、马克斯·韦伯相关的著作具有永远重要的意义。——概览性质的论著有：约翰纳斯·蒂森：《历史哲学的历史》（Geschichte der Geschichtsphilosophie, Berlin 1936）。——R.罗赫尔：《历史的哲学》第一卷（Die Philosophie der Geschichte. Band I. Göttingen 1878）。

［2］（正文第5页）O.施本格勒：《西方的没落》（Der Untergang des Abendlandes, 1918）。阿尔弗雷德·韦伯：《作为文化社会学的文化史》（Kulturgeschichte als Kultursoziologie, Leiden 1935）。——《悲剧和历史》（Das Tragische und die Geschichte, Hamburg 1943）。——《告别迄今的历史》（Abschied von der bisherigen Geschichte, Hamburg 1946）。汤因比：《历史研究》（A Study of History, London 1935 ff.）。

［3］（正文第5页）汤因比在此很慎重。他通过基督教的观点突破或曰超越了自己设计的图景。根据他的看法，一种文化没有没落而继续存在从根本上来讲是可能的，而这并不是生物学意义上生命年岁和死亡的盲目必然性。未来将要发生的事情，依然还依赖于人的自由，并且神会伸出援助之手。

施本格勒坚持，——正如他自己所认为的那样，他是第一次——以一位天文学家的确实性来从方法上提出了历史的预言。他预告了西方的没落。很多人是在给他们带来的低落情绪中，在施本格勒那里找到了根据。

针对施本格勒在任意专断和颇具说服力之间使用各种关系的含混不清的游戏，他那才华横溢的构想在独断的自信中，原则上遭到两种意见的反对：其一，施本格勒以象征、比较和类比的方式所进行的解释，有时仅适用于一种“精神”、一种情调的特性，不过这属于一切外貌规定的本质。在其中，并不能从方法论上认识到实在性，而是通过可能性而进入无限的解释之中。在此所产生的有关事件“必然性”苛求的思想，变得混乱起来。文化形成的形态学的顺序被作为因果论，作为事件真实必然性的显著意义予以理解。在对现象所作的超出特征性的描述方面，施本格勒在方法论上是站不住脚的。如果在他的类比中有时隐藏着真正的问题，那么只有通过调查研究才可以在因果律和个别方面对他所说的进行检验，而不是用那些外貌方面的目光去审视，只有这样这些问题才会变得清晰可辨。那种认为总是可以在特殊之中获得整体这一轻率的认识，必须转化为限定性和可证性，之后必须放弃能够洞悉整体的观念。

之后，文化整体的本质化或实体化就停止了，只存在一种相对的精神整体的观念，以及理想型结构的理念图式。它们能够从多种原则出发理出大量现象多样化之间的关联。但它们总是在统摄的整体之中，而不能在整体上就像是把握一个主体一样把握这样的一个整体。

其二，在反对施本格勒对毫无关联的并列的诸文化绝对分隔时，必须指出存在可以由经验证实的接触、传播、同化（佛教在中国，基督教在西方）现象，而这些对施本格勒来讲仅仅是错乱和假象，但实际上归根结底，这些是共同的提示。

从根本上来讲，这一统一是什么呢？对我们来讲这依然是认识和实际变为现实的无尽的使命。每个人确定其可把握的统一性——例如生物学的本性、普遍适应的理性思考、“人之存在”的共同属性——这些绝不是什么统一性。设想人在潜能方面到处都是一致的前提，是正确的，与此相对立的观点，亦即人到处都是不同的，一直到个体的特殊性方面都是相异的，这一观点同样是正确的。

无论如何理解力属于统一，而施本格勒却否认这一能力：各个不相同的文化国度是完全隔绝的，相互之间是不可能理解的。比如说，我们就不理解古代希腊人。

反对这种永远相异的并列共存，为我们提供了理解和获得的可能性以及部分的现实性。不论人们想什么、做什么乃至创造什么，都是与他者相关的。归根结底，最终所涉及的是同样的事物。

［4］（正文第8页）译注：以赛亚第二在《圣经》中查无此人，这涉及《以赛亚书》的作者鉴定问题，难有定论。一般认为，《以赛亚书》由三个历史时段的作品拼凑而成。在全部66章中，1－39、40－55、56－66章分别冠以《以赛亚一书》、《二书》、《三书》之名。以赛亚第二即匿名的《二书》作者。自12世纪的西班牙著名拉比亚伯拉罕·伊本·以斯拉对《以赛亚书》的作者提出质疑以来，近代学者尤其是德国历史批评学派的三位学者在各自的著作中认为《以赛亚书》第40－55章是以赛亚第二（公元前6世纪的匿名先知）所作，他们是约翰·德德莱茵的《诸以赛亚》（Esaias, Altorfi: Venum prostat in officina Schuipfeliana, 1780）、约翰·艾希霍恩的《旧约导论》（*Einleitung in das Alte Testament*, Leipzig: Weidmanns Erben und Reich, 1780－1783）和伯恩哈德·杜姆的《以赛亚书》（Das Buch Jesaja, Göttingen: Vandenhoeck & Ruprecht, 1892）。雅斯贝尔斯主要参考了杜姆的著作。

［5］（正文第18页）译注：卡尔·弗洛伦茨：德国日本学的先驱，被誉为“日本学之父”。曾先后在莱比锡大学和柏林大学学习东方语言。1888年4月赴日，翌年4月担任东京帝国大学讲师，1891年升任德语暨德国文学系教授，直至1914年返回德国应聘于汉堡殖民地研究所，1925年成为哥廷根科学院通信院士。在日期间为日本的德语与德国文学研究奠定了坚实的基础，也被誉为“日本日耳曼学之父”。著作主要有《日本的神话：日本纪“诸神时代”。补译其他古代原典史料》（Japanische Mythologie: Nihongi “Zeitalter der Götter”. Nebst Ergänzungen aus andern alten Quellenwerken. Tokyo: Hobunsha, 1901）、《日本文学史》（Geschichte der japanischen Litteratur, Leipzig: C. F. Amelangs Verlag, 1906）、《日本神道的历史渊源》（Die historischen Quellen der Shinto-Religion, Göttingen: Vandenhoeck & Ruprecht, 1919）等。译著有《来自东方诗人的致敬——日本诗集》（Dichtergrüße aus dem Osten: Japanische Dichtungen, Leipzig: C.F. Amelangs Verlag, 1894）、《花瓣——日本诗集》（Bunte Blätter: japanischer Poesie, Tokyo: T. Hasegawa Verlag, 1896）、《日本年代纪（公元592－697年）——〈日本纪〉卷二十至卷三十（从推古天皇至持统天皇）》（Japanische Annalen, A.D. 592－697: Nihongi, von Suiko-Tennō bis Jitō-Tennō（Buch XXII－XXX）. Tokyo: Hobunsha, 1903）。

［6］（正文第18页）译注：这句话以及亲鸾下面的引文出自卡尔·弗洛伦茨的〈论日本人〉（Die Japaner）一文，载《宗教史手册》第四版（*Lehrbuch der Religionsgeschichte*, begründet von Chantepie de la Saussaye, hrsg. Alfred Bertholet und Edvard Lehmann. Tübingen: J. C. B. Mohr, 1925）第一卷，第397页。

［7］（正文第46页）阿道夫·波特曼《有关人的学说的生物学断章》（*Biologische Fragmente zu einer Lehre vom Menschen*, Basel 1944）。——《论人之起源》（*Vom Ursprung des Menschen*, Basel 1944）。参考拙著《哲学信仰》（*Der philosophische Glaube*, München 1948, Zürich 1948）中的第三讲〈人〉（Der Mensch）。

［8］（正文第64页）译注：黑格尔在柏林大学1822/1823年冬季学期的《世界史哲学讲演录》（*Vorlesungen über die Philosophie der Weltgeschichte*, Berlin 1822－1823）中间接引用了埃尔芬斯通勋爵，黑格尔的注释如下：芒斯图尔特·埃尔芬斯通，生于1779年，卒于1859年，1808年任喀布尔特命全权公使，1819至1827年任孟买副总督。著有《喀布尔王国记录》（1815年于伦敦出版）、《印度史》（1842年）。（Elphinstone, Mountstuart, 1779－1859, seit 1808 Resident in Kabul, von 1819－27 Gouverneur von Bombay: *Account of the Kingdom of Caubul*, London 1815; *A history of India* 1842.）

［9］（正文第64页）阿尔弗雷德·韦伯阐述了类似的构想。在他看来，埃及和巴比伦的古代文明与时至今日一直存活的中国和印度文化同属初级文化，是保持着非历史性，与神秘性相结合的文化，是跟仅在西方生成的第二级文化相比较而言的。

这一区分初级文化与第二级文化的基本思想，显然所指的是现实，但对于我们来讲是不恰当的。巴比伦文化跟苏美尔文化相比，印度-雅利安文化跟前雅利安文化相比已经是第二级文化了，也许在中国有通过新加入的诸民族而产生的类似的继承，这同时也意味着变革。

对我们来讲这一划分一方面不适应中国和印度的差异，另一方面也是适应与西方的差异的。一旦我们认识到了轴心时代的精神范围和深度，我们就不会保留对埃及、巴比伦、印度、中国各文化的平行比较，——将于它们相对的具有希腊-犹太基础的西方文化看作是单独的新文化。确切地说，轴心时代也正包含着印度和中国的世界。

就我们所知，从轴心时代所诞生的中国和印度，它们不是初级文化，而已经是第二级文化了，在精神上已经达到了与西方同样的深度，这一情况在埃及和巴比伦，和在印度和中国的原始文化中都很少发生（数量很少的考古发现尽管证实了中国和印度原始文化的存在，但不像我们所认识的埃及和巴比伦原始文化的恢弘场面）。因此，不应该将中国和印度在整体上作为初级文化与埃及和巴比伦相并列。中国和印度兼备这两种文化，它们在开始的阶段是可以与初级文化相比较的，但它们在轴心时代的突破之后，可以与西方的第二级文化同等看待了。埃及和美索不达米亚与印度和中国的平行比较仅适应事实上的同时性。自从轴心时代以后，就不能将中国和印度与古代文明同等看待了，确切地说，只能与西方的轴心时代相比较才有意义。埃及和巴比伦并没有创造出轴心时代。

阿尔弗雷德·韦伯的历史构造遵守着以下的基本原则："在整体事件的观察框架之中，我们应当描述出封闭的整体文化的成长和解体。"因此他显然放弃了对世界时代的运用，这被他看作是"空洞的视角"。不过韦伯非教条的态度以及敏锐的历史洞察力看到了跟我们同样的事实。我们在他的著作中找到一段，就像是来自另外一个历史结构的残片，我们可以引用此段作为我们轴心时代观点的旁证。在韦伯那里这一现象是顺便提到的，并且没有得出什么结论：

> 从公元前9世纪到前6世纪，在这期间世界上形成了近东-希腊、印度和中国三大世界文化区域，惊人的同时性，相互之间似乎没有关联，实现了对具有普遍倾向的宗教和哲学的探索、追问以及抉择。从琐罗亚斯德、犹太先知、希腊哲学家，从佛陀，从老子和孔子起，他们从这一起点出发，在一个同步的世界时代之中，展开了他们对世界的宗教和哲学解释，以及对精神的态度，他们继续发展、改造、概括、再生或在相互影响之下转换并改革了这些解释和态度，它们构成了世界宗教信仰以及人类哲学解释的尺度。

在宗教方面，自从这一时代结束之后，亦即16世纪之后，从根本上来讲，没有再增加什么新的内容。

阿尔弗雷德·韦伯关于游牧民族影响的解释，展示了西方第二级文化（我们称之为轴心时代）产生的一个原因，不过这同时也是中国和印度精神变革的原因，尽管如此，他还是将它们归在初级文化的范围之中。

阿尔弗雷德·韦伯实际上描绘了印度河和中国深刻的转折点，这首先意味着像是在西方的精神上的本质变化：原始佛教是在印度，当时是通过耆那教，通过佛陀而在伦理主义之中发生的神秘-形而上学的转变，——而在中国这一转变是通过佛教来实现的。不过佛教认为重建神秘的思想是非常重要的，这里所涉及的并非“根本的改变”，而是对不论在中国还是印度被隐藏起来的永恒和不变的吸收。对唯一最高的不变者的支配将亚洲同西方区别开来。

在这里真的有根本区别吗？在这里不正是对我们所有人来讲认为是持续危险的共同因素吗，也就是说从非神秘的、人性的、理性的飞跃，经由魔鬼归于上帝，最终重新陷入神秘论和鬼神论之中？

［10］（正文第90页）译注：出自黑格尔《世界史哲学讲演录》（*Vorlesungen über die Philosophie der Weltgeschichte*）中的〈世界史的进程〉（Der Gang der Weltgeschichte）一章，见乔治·拉松编的第四卷《日耳曼世界》第二版（*Die germanische Welt*, hg. von Georg Lasson, 2. Auflage, Leipzig: Felix Meiner, 1923），第763页。

［11］（正文第107页）拙著《笛卡尔与哲学》（*Descartes und die Philosophie*,Berlin 1937），法文译本：*Descartes et la Philosophie*, Paris 1938。

［12］（正文第142页）对诸倾向之阐明，意味着指出了其实现的限度依旧不明确的各种可能性。将整体的技术世界作为能够明确予以理解者来对待，是将这一技术世界看作“人之存在”的新英雄姿态的表现，抑或是恶魔的行为，是不同的。于是技术魔性被以现实的某种恶魔性的东西而予以实体化，依据这一解释，劳动的意义或者得到提升，或者完全被否定，技术世界或者被大肆颂扬，或

者遭到摈弃。这二者都发生于技术劳动之中的可能性。不过这些在其绝对化之中的对立的可能性，都是错误的。云格尔兄弟在其令人难忘的著作中对上述的两种对立的可能性进行了描述。

恩斯特·云格尔在其著作《劳动者》(Der Arbeiter, 3. Auflage, Hamburg 1932)中描绘出了技术世界的空想图：劳动是作为在技术装备战达到高潮时的总动员，——劳动者的形象表现在其青铜般的坚强，——虚无主义的、无目的性的、完全是破坏性的意识。云格尔将"工人的形象"描绘成了世界的未来主人。而这一未来的主人却是超然于人性与野蛮、个人与大众之上的。劳动是他们的生活形式，他们知道要对整体的劳动组织负责任。技术使得世间一切都具体化为权利的手段。人通过技术而成为其自身和世界的主人。作为这种新人的人，作为劳动者的形象，他们面部表情僵硬呆滞。他们不再询问理由和目的。他们完全无视这一意志和信仰所赋予他们的内涵，愿意这样去做并且相信这一切。

弗里德里希·格奥尔格·云格尔则正相反，在他的《论技术的完美》(*Über die Perfektion der Technik*, Frankfurt 1944)一书中描绘出了一幅绝望的、毫无出路的图景：由工业技术支配的自然力在技术之中笔直地发展。理性思维自身如此缺乏自然力，尽管它使巨大的自然力运动起来，所使用的手段却是通过强制、敌对和暴力性的方式来实现的。"工业区的景象有点像火山"，火山爆发的所有现象在其中都得以再现："熔岩、火山灰、火山喷气、火山烟、毒气、火光照射的夜空的云以及广大范围内的一片荒芜。"

F.G.云格尔驳斥那种论点认为，技术减轻了人的劳动，增加了人的闲情逸致。尽管他有理由指出，在今天劳动量的减少是不足挂齿的。但从整体上来讲肯定是错误的，根据他的主张，所有表面上对劳动的减少，都是通过另外场合的劳动量的增加而换取的。当他批驳技术增加财富的论点时，他这样做是赋予了"财富"突然转变的另外的含义：财富意味着存在，而非占有。如果说云格尔毫无道理地将在困顿时的理性化(这完全是由于战争的破坏造成的)归咎于其自身的话，那也不是对技术的抗辩。他对在困顿时期这一体制符合时代的描述，可谓切中要害：体制并不创造财富，却是在物质匮乏时期分配剩余财富的方法。亏本经济的分配体制最终依然是未受损害的，贫穷越是厉害，这一体制就越强有力。只有当没有分配物之时，分配的体制才会崩溃。这些讨论显然并未涉及技术，而是与战争的后果而使人在今天引起的恐怖现象有关，这错误地被理解为技术在自然发展上的必然结果。

云格尔兄弟的两个构想根据他们对技术评价的看法显示出了截然不同的性格——不过在思考方式方面却是相同的。这类似于神话式的思考：并非认识，而是幻象，——并非分析，而是对幻景的构思，——但由于这一切处于现代思考范畴的媒介之中，其结果是，读者会认为，云格尔兄弟是与理性认识有关的。

因此，上述的观点既是片面的，又是狂热的。它们没有对真伪的考量，没有考虑到反证，除非是通过拒绝反证而提升自己演讲的水准，从而进行选择。

在这里没有对认识的冷静态度，而是激动人心的状态，不论是精确表述的冷静的姿态，还是独断专横的论断和评价的冷酷氛围，都无法克服这一感情的因素。这首先表现在从精神作品的兴致中产生的审美态度，这在恩斯特·云格尔那里确实导致了一流作家的作品。

严格地来讲，在这些思想中并没有真理存在。在无底的现代层面，丧失了深思熟虑，放弃了方法论的认识，背弃了基本知识以及一生都在对此进行的探寻，而这一切都是诱人的。因此，具有决定性的权威语调会使读者感到其间真正的关联。轻易地就可以在内容、整体的态度以及氛围中予以改变：在思维方式不变的情况下，主题、观点和目标却改变了。

[13]（正文第147页）有关“大众”请参考勒庞著《大众心理学》（Psychologie der Massen）。——奥尔特加-加塞特著《大众的起义》（Der Aufstand der Massen）。

[14]（正文第152页）请参考注13。（即中文“正文注释”[28]）

[15]（正文第160页）译注：高延：荷兰汉学家、宗教史学家。1873年进入莱顿大学，师从施列格学习中国语言和历史，并进修宗教学理论，1877年2月2日抵达厦门。1878年被派往井里汶担任中文翻译官，1880年转到婆罗洲的坤甸就职。1883年在八达维亚出版了对厦门节令、祭祀的调查《厦门中国人的节庆风

俗》(Jaarlijksche Feesten en Gebruiken van de Emoy-Chineezen),后来又出版了修订的法文本《厦门岁时记——中国民间宗教研究》(*Les fêtes annuellement célébrées à Emoui: Etude concernant la religion populaire des Chinois*, Paris: Ernest Leroux, 1886)。1884年,因此成就被莱比锡大学授予博士学位。1886年6月二度来到厦门。观察和收集了当地人民丰富多彩的生活素材,偶尔还游访福州周围的佛教寺院或远足到邻省。1890年春还到华北进行了短暂的游历,于1890年7月带着大量资料回到荷兰。随后被阿姆斯特丹商学院聘为汉语与马来语教授,1891年又接受莱顿大学的邀请,就任荷属东印度殖民地当局设立的与中国相关的地理-民族学教授。1892年4月出版《中国宗教制度——其古代形式、变迁、历史、现状及与之相关的风俗、传统、社会制度》(*The Religious System of China: Its Ancient Forms, Evolution, History and Present Aspect. Manners, Customs and Social Institutions connected therewith*, Leiden: Brill, 1892)第一卷。根据总序,全书共有六部,其中包括佛教和道教。高延乐观地相信自己的资料宝库能顺利完成所确定的任务。但事实恰恰相反。第二、三、四、五卷分别于1894、1897、1901、1907年出版,直到1910年第六卷问世,作者的第二部还没有完成,而且以后各卷再也没有出版。尽管这项工程未能最终完成,但奠定了后来对于中国宗教的历史和哲学研究的基础,在许多方面都具有重要意义。1900年震惊世界的义和团运动爆发,这直接促使高延对中国的"异端"做发生学的研究,这些新作集为两卷,题为《中国的教派宗教与宗教迫害》(*Sectarianism and Religious Persecution in China*),于1903至1904年在阿姆斯特丹出版。这部著作否定了他自己以前所写的有关中国宗教自由的说法,在中国学界甚至在献身于中国的传教士中引起了惊愕和震动。1904年接替去世的施列格主持莱顿大学的中国学讲席。除了继续撰写《中国宗教制度》以外,还完成了若干有关中国宗教尤其是佛教的小型研究课题。作为中国宗教和伦理的公认权威,三次荣获儒连奖。1908、1910和1911年三次应邀访问美国,讲演汇集成两本书《中国人的宗教》(*The Religion of the Chinese*, New York: Macmillan, 1910)、《天人合一:中国的宗教——道教和儒教研究指要》(*Reliong in China, Universism: A Key to the Study of Taoism and Confucianism*, New

York: Putnam, 1912)。这两本书包含了《中国宗教制度》及某些尚未出版的各卷的主要内容，后者在增加了引文之后出版了德文本《天人合一——中国的宗教与伦理以及国家体制与诸学术的基础》(*Universismus, die Grundlage der Religion und Ethik, des Staatswesens und der Wissenschaften Chinas*, Berlin: Georg Reimer, 1918)，该书对韦伯的名著《儒教与道教》有深刻影响。1911 年，高延接受了柏林大学首次设立的汉学讲席，投入了筹建汉学研究所的工作。虽然没能在柏林完成他的《中国宗教制度》，但在去世前不久，出版了有关佛塔的重要研究成果和多卷本著作《纪元前的匈奴：中国文献中的亚洲史》(*Die Hunnen der vorchristlichen Zeit, Chinesische Urkunden zur Geschichte Asiens*, Berlin und Leipzig: Walter de Gruyter, 1921)第一部分。正文中雅斯贝尔斯引述高延的话出自《天人合一——中国的宗教与伦理以及国家体制与诸学术的基础》，第 383 - 384 页。

[16]（正文第 160 页）译注："Universismus"是荷兰汉学家高延对中国哲学、宗教观等整体思想的概括，在此我译作"天人合一"或"天人合一观"。因为在这之前经常使用的"儒教"一词仅仅是构成中国整体宗教思想的一部分。中国人认为，宇宙是由天、地、人(所谓"三才")统一而产生的，那么中国宗教可以认为是与宇宙的整体保持一种相互协调状态的宗教。根据这一基本思想，宏观宇宙间的所有现象与微观宇宙间的现象是相互关联的，也就是说，天人之间是相互作用的。因为所有宏观宇宙现象在人类身体上、心灵上以及伦理道德生活中都能找到与之相对应的东西。另一方面人类所维持的秩序，同样也是自然界的准则。请参考 Jan Jakob Maria de Groot, *Universismus, die Grundlage der Religion und Ethik, des Staatswesens und der Wissenschaften Chinas*, Berlin: Georg Reimer, 1918. S.1 - 4.以及 Gustav Mensching, *Soziologie der grossen Religionen*, Bonn: Röhrscheid, 1966, S.42.

[17]（正文第 164 页）译注：*Ueber die Demokratie in Nordamerika*, aus dem Französischen übersetzt von Friedrich August Rüder, 2 Bde, Leipzig 1836。

[18]（正文第 165 页）译注：转引自中文版《论美国的民主》(董果良译，北京：商务印书馆，2013 年)，第 527 - 528 页。

[19]（正文第 167 页）译注：此一部分引文系《世界史的考察》一书中〈六种

制约性的考察〉(Die Betrachtung der sechs Bedingtheiten)一章〈国家受文化制约〉(Der Staat in seiner Bedingtheit durch die Cultur)一节的"1870/71 补充"(Zusatz 1870/1)以及"1872 补充"(Zusatz 1872)部分。此书的中文译本见雅各布·布克哈特《世界历史沉思录》(金寿福译,北京:北京大学出版社,2007 年)。可惜以上两部分引文在汉语译本中均未收录。

[20]（正文第 167 页)译注:转引自中文版《查拉图斯特拉如是说》(钱春绮译,北京:生活·读书·新知三联书店,2007 年),第 13 - 14 页。在引用过程中,依据雅斯贝尔斯所引,略作调整。

[21]（正文第 170 页)如果没有汉娜·阿伦特的洞见的话,我就不会搞清楚这些观点,并在文中作如此详细之说明["有组织的犯罪"(Organisierte Schuld),见《转变》(Die Wandlung, Jahrgang I, Seite 650)],后被收入汉娜·阿伦特的六篇论文(海德堡,1948 年)之中,——集中营(Konzentrationsläger),见《转变》(Die Wandlung, Jahrgang III, Seite 309)。

[22]（正文第 196 页)译注:前后两段引文出自萨洛蒙译本〈旧制度与大革命〉(Das Ancien Régime und die Revolution)一章,见萨洛蒙译《权威与自由——亚历克西·德·托克维尔著作、演讲与书信选译》(Alexis de Tocqueville: *Autorität und Freiheit: Schriften, Reden und Briefe*, übersetzt von Albert Salomon, Zürich: Rascher Verlag, 1935),第 321 页。

[23]（正文第 206 页)译注:虽然威廉二世早年接受父母的自由主义教育,但在俾斯麦的影响下,内心充斥着军国主义和权力政治的虚荣心。在他的统治后期,因其逐渐加强的寡头政治倾向而饱受自由主义者的批评。政治上的保守态度使他认为艺术的功能是培养公民忠于国家、荣誉和权力,而在艺术趣味上他认为古典主义和学院派现实主义是与德国相称的审美范式,只要遵守这个范式,他不反对外国艺术作品在柏林的国家美术馆展出。威廉二世在其臭名昭著的《真正的艺术》(Die wahre Kunst, 1901)的演讲中说:"如果谁忽视了我给艺术所定的规矩,那么他的作品就不是一件艺术品,只能是工厂的劳动、一门手艺而已,永远不可能成为艺术。"言下之意就是这些艺术家别想在国营的机构办展览

了。时任国家美术馆馆长的胡戈·冯·楚迪却主张“民族主义在艺术中毫无一席之地”,并斥巨资大量收藏法国的印象主义和后印象主义作品。这招致德皇在1908年解除了他的馆长职务,并冻结了用于收藏的资金,制造了著名的“楚迪事件”。威廉二世对艺术的指手画脚遭到大多数学者和艺术家的反对,最后以现代主义的胜利收场。

[24](正文第209页)有关整体计划化,参见李普曼《良好的社会》(*The good Society* 1938. Deutsch: Bern 1945)。——哈耶克《通往奴役之路》(*The Road to Serfdom*. Deutsch: *Der Weg zur Knechtschaft*, Zürich o. J.)。——洛卜克《当代的社会危机》(*Die Gesellschaftskrise der Gegenwart*, 4. Aufl. Zürich 1942)。

[25](正文第209页)译注:这是在神圣罗马帝国时期的11世纪诺曼人征服了意大利南部和西西里岛之后建立的国家。弗里德里希二世统治时期,由于他建成过一个跟现代高效官僚体制类似的政府,而被很多历史学家称作第一位现代的统治者。英译本搞错了,以为是北斯堪的纳维亚(或挪威)国家,因而1989年出版的“魏俞译本”也跟着错了。

[26](正文第213页)译注:出自《人性的,太人性的——自由精神之书》(*Menschliches, Allzumenschliches-Ein Buchfür freie Geister*)第一章第二十五节。

[27](正文第220页)李普曼和哈耶克对整体计划化的问题作了根本的解释。根据李普曼的观点,可以用几句话来归纳整体计划化的后果:

随着计划规模的扩大,灵活性和适应性在减小。

通过整体计划化而控制贫困和无秩序的方法,实际上反而强化了这二者。想要克服混乱的强制行为,恰恰招致了混乱。

组织化的强制被增强至恐怖政治。因为只有通过不断增强的强制行为才能遏止在强制之下增长的不满的爆发。

整体计划化与军备和战争相关联,它是中断自由交流的冷战。

整体计划化一直要传布到最小的团体。设立种种限制,借助于政治力量毫无顾忌地实施形形色色的单一主义,这一趋势在增长。

这一计划经济的倾向即便没有积极分子的意愿也会得以实现,会得以加强，因为其原因在于这一事态的本质。除此之外，计划经济包括改变人的生存整体和精神状况的倾向，这些都是计划化的理想主义先驱们所隐藏起来的。哈耶克令人信服地对这些趋势的特征进行了描述：

1. 计划经济毁灭民主。如果民主是通过议会、讨论和多数表决而实行的统治和统治监督，那么只有在国家的任务仅限于某些领域的地方，自由讨论之路通过多数票原则才能产生决定，民主才有可能。不过，议会永远不能控制整体计划化。它宁愿通过所谓的授权法而予以免职。

2. 计划经济毁灭法治国家。法治国家靠各项法律而存在，法律甚至可以承受得住多数者的独裁，因为多数者不能直截了当地废除它们，而只有通过需要假以时日的合法程序，并且在这些多数者被其他多数者控制时，才允许被废除。不过，整体计划化需要通过指示、规定、授权而获得统治权，这表示所谓的合法性，却为不受控制的官僚制和被授权者所左右，并可以被随意改变。

法治国家提供防止多数者进行专制统治的保证，因此仅仅这些多数者应当具有绝对的作用，因为他们是民主选举程序的产物。不过这些多数者跟个人一样也可能是专制的、诡辩的。保护法治国家不受专制的破坏，不在于其起源，而在于对统治暴力的限制。通过遵循固定规范的定位，这一限制在法治国家中对于国家的暴力来讲是起作用的。不过，整体计划化促成了向大众的多数发出的呼吁，而他们对自己在投票选举时究竟要决定什么，却一无所知。

3. 计划经济要求绝对的整体性。认为官方的指导仅限于经济的问题，这只是一个幻想。不存在纯粹的经济目标。整体计划化的目标是要废除货币，这一自由的工具。“假如所有的酬劳不是以金钱，而是以公开表彰和特权、超出别人的权力地位，或者是较好的居住条件或较好的营养供给的形式，或以旅行和教育的可能性的方式来分配，那这就意味着，作为接受者不再允许选择，而确定酬劳的那些人，不仅决定奖赏的数额，而且决定其具体形式。”问题是：“是否应由我们来决定，哪些较为重要，哪些不太重要，还是应当由计划经济当局来做决定。”

4. 整体计划化使得选出的领导者的卑劣性格取得优势。极权主义的纪律要求统一性。而这一点最容易在低级的精神-道德层面上获得。最小的公分母包含着最大的人数。顺从者和轻信者占有优先地位,他们模糊的观念很容易被操纵,而他们的激情很容易被鼓动起来。在仇恨和嫉妒中,人们最容易达成一致。

特别有用的是那些勤勉努力、遵守纪律、精力充沛、粗暴无情者,这些人具有秩序的意识,在对待自己的工作方面认真仔细,对待上级无条件地服从,并保持乐于牺牲精神和身体上的勇气。而没有用的是那些具有市民勇气的刚正不阿者,他们是尊重他人和他人意见的宽容者,精神上的独立者,哪怕反对上级也要坚持自己信念的不屈不挠者,他们乐于照顾弱者和病人,拒绝并蔑视赤裸裸的权力,因为他们生活在个人自由的古代传统之中。

5. 整体计划化需要宣传,它使得真理在公共生活中消失。充当工具的人们,必须要相信这些目标。因此,被操纵的宣传是极权主义组织的必要条件。消息和观点都是预先准备好的。对真理的尊重,乃至对真理的意识都必须予以摧毁。御用学说成为不断为自我进行的辩护,拒绝倾听其他的学说,其精神生活必然麻痹。整体计划化的思想以将理性提高到全能支配地位的目标开始,却以消灭理性而结束。因为它并不理解理性成长所依赖的过程:具有各不相同的知识和观点的个人之间的相互作用。

6. 整体计划化毁灭自由:"基于自由竞争基础之上的市场经济,是适应于通过分散化将人对人的权力减小到最低程度的唯一经济和社会制度。""经济权力转变为政治权力的结果是,这一总是受到限制的权力转变为了没有什么能够逃脱其束缚的权力。"整体计划化为了能在其破灭之路上维持自身,就必须要毁灭一切威胁它的东西:真理,公正的判决和讨论的公开性。

在李普曼和哈耶克那里似乎证明了相互关系,这些关系的必然性很难用有力的反对理由予以对决。我们时代的经验以及理想型的构成,在这一图景之中相遇,今天每一个行动者眼前都应当有这一图景,至少作为一种可能性。

[28](正文第221页)通过暴力直接实现正义的尝试导致了这样的状况,在此正义哪怕以其最粗略的方式也实现不了。托洛茨基(依据哈耶克的引文)指

出，在涉及到正义方面，俄国和美国的收入差别并非有利于俄国：在最低工资和最高工资之间，美国与俄国的区别处于同一等级：1∶50。在俄国，占总人口11%或12%的最上层人等得到国民收入的约50%；而在美国，10%的最上层人等获得约35%的国民收入。

[29]（正文第250页）有关精神分析和人种论，请参考拙著《时代的精神状况》（*Geistige Situation der Zeit*, Berlin 1931; Sammlung Göschen, Band 1000, 6. Unveränderte Aufl., Berlin 1948, Seite 135 ff.）。

我将这本早期的著作看作是本书的补充。前者是基于非历史性的思考，本书则是从历史方面来进行考虑的。二者都是针对当下展开的。

[30]（正文第273页）但在自然史之中，非可逆的、最终的、唯一的事物，也不具有在人之中我们称作"历史性"的东西。

人的历史首先从"实存"的"历史性"中赢得一种本质的意义。人类史的基础是一个大抵与自然过程相似的过程。然而这一基础并非其本质。

自然过程的对象化的范畴并不适合由精神和实存构成的"人之存在"，对于"人之存在"的理解经验来讲，根本上而言只适用于别的客观化范畴。

有关"历史性"请参考拙著《哲学》（*Philosophie*, Berlin 1932）第二卷第118页及以下，或第二版（1948年）第397页及以下。

[31]（正文第306页）这里涉及到一个重要的对立性问题：天主教信条与理性，请参考拙著《论真理》（*Von der Wahrheit*, München 1948），第832－868页。

解　说

继施本格勒提出八大文化模式，汤因比归纳出二十一种文明之后[1]，作为20世纪最有影响的哲学家之一的雅斯贝尔斯，依据“人类具有唯一的共同起源和目标”为前提[2]，提出了“轴心时代”（Achsenzeit; Axial Age）的学说。雅斯贝尔斯的历史研究，实际上是一个概论性的整体研究。尽管他本人主要不是历史学家，但从他的历史哲学的研究来看，他一再提到如何摆脱哲学、历史学等狭隘的地方主义，并由此超越欧洲中心主义的藩篱，对今天以全球史的视角展开的人类文明史研究依然是很有启发性的。在此需要指出的是，雅斯贝尔斯的历史研究，并非是建立在纯粹经验（empirisch）之上的历史学说，而是以思辨哲学（spekulativ）为基础的历史哲学。雅斯贝尔斯这一宏观研究的特点在于确保了不会因为细枝末节而错失历史研究的整体视野。他的历史哲学思想集中体现在《论历史的起源与目标》这部著作中。

一、时代背景

经历了纳粹暴政的雅斯贝尔斯曾一度热衷于德国的政治，实际上，雅斯贝尔斯对人类历史的思考，在很大程度上是基于他在德国的这一段特殊经历。战争结束后不久他在日记中写道：“那些幸免于难者必然要肩负着这样的使命，为此他应当耗尽他的余生。”[3]尽管雅斯贝尔斯一直没有脱离他的哲学思考和撰述，但这一段时间他同时开始思考现实政治问题。1945至1947年是他开始写作政治性论著的第一个时期。

1945至1946年的冬季学期他开设了“罪责问题”(Die Schuldfrage)的课程，这是他有关罪责问题最集中的论述。

针对当时流行的异常笼统地对德国民众参与犯罪——所谓集体犯罪的一般性指责，雅斯贝尔斯认为，作为生活在德国这个给整个世界也同样给自己民族带来深重灾难的国家的一员，谁都不能将战争的全部责任推卸给希特勒等纳粹的首脑。纳粹政权在德国之所以能够建立，并且在一段时期内能正常运转，正是由于德国民众的参与，他们对此有着无法推卸的责任，因为大部分人并没有反抗，不少人甚至还支持过这样的极权政治。因此从政治责任上来讲，所有战后幸存下来的公民，对由纳粹所引发的对别国人民所造成的物质上和心灵上的伤害都是负有责任的，尽管从刑事犯罪的意义上来讲，只是个别人的事情。如果说通过惩罚罪犯以及通过与受到希特勒进攻的国家签署赔款和自由协议而能使德国赎回刑事犯罪以及政治犯罪的话，那么道德犯罪和形而上学犯罪并不能经由惩罚和赔偿而得以偿还，更不能通过对战胜国的那种谄媚式、有失尊严的所谓罪责忏悔而得以一笔勾销。这两种罪责只能经由每一位单独的德国人以及全体德国人民在“内在转变”的过程中，在道德与政治思维方式的彻底“自新”过程中，才能得以克服。

1945年雅斯贝尔斯在维纳·克劳斯和阿尔弗雷德·韦伯的帮助下，与多尔夫·施坦贝尔格共同出版了题为《转变》(Die Wandlung)的刊物。尽管这份刊物所存在的时间仅到1949年，但我们从下面列出的撰稿人，就可以知道这本刊物的份量：雅斯贝尔斯、阿伦特、布莱希特、托马斯·曼、马丁·布伯、萨特、加缪等。托马斯·曼评价这本刊物为：“迄今我看到的最优秀，立场最坚定，道德上最勇敢的刊物。”[4]

但雅斯贝尔斯的这些努力，并没有在大多数的德国人那里得到响应，他的相关著作很少有人问津，德国也走上了与他所设想的不同的道路……之后他希望重新回到书斋之中，进行他的哲学思考，这才是他的真正的使命。正因为此，才促成了他后来的几部重要的论著问世：《德国的战争罪责问题》（1946年）、《论真理》（1947年）以及《论历史的起源与目标》（1949年）。尽管雅斯贝尔斯后来不再从事与现实政治相关问题的研究，但在他的书中依然可以看到哲学问题、信仰问题与现实政治的关联性。[5]在雅斯贝尔斯的哲学著作中，他的生平与哲学常常处于交互性的关系之中，例如纳粹的惨痛经验就在他的思想中留下了深深的印痕，这些在《论历史的起源与目标》中常常会有体现。[6]

1948年春天雅斯贝尔斯离开了他居住了四十年之久的海德堡，去了瑞士的巴塞尔。他在3月23日写给海德堡大学和市政府的一份公开声明中说，吸引他的是政治自由、欧洲的广阔以及布克哈特、尼采和欧文贝克的精神。“之所以做出这一决定在于贯穿我一生为之做出牺牲的事业。我的使命是哲学，不论我身在何处，都要完成我的职责，服务于完全超民族的使命。我留在这里跟我去巴塞尔一样不会后悔。”[7]

之后，在巴塞尔雅斯贝尔斯重新回到了书斋的隐士生活。从1948年夏季学期开始一直到1961年夏季学期的13年中，雅斯贝尔斯一直在巴塞尔大学任教。在这期间，他做过24个专题的演讲课，组织过22个专题研讨班。这一时期的雅斯贝尔斯一直在建构他的“哲学的世界史”（Weltgeschichte der Philosophie）的庞大体系，演讲课和研讨班在很大程度上是与哲学史和哲学的信仰相关的内容。

雅斯贝尔斯后来在《哲学自传》中对这一段经历回忆道：

> 由于我放弃了积极参加政治活动，我只能从事思考、写作、演讲的工作。这一思考引发到了历史的基本问题，世界历史的问题，以及我们在其中的处境问题。（《论历史的起源与目标》，1949年）。[8]

雅斯贝尔斯晚年的系统性著作，其中最重要的一个部分就是历史哲学，他希望建立起一个建立在经验基础之上的现代历史哲学。在1948年4月10日写给他的学生阿伦特的信中谈及他将要在巴塞尔组织“哲学的世界史问题”(Probleme einer Weltgeschichte der Philosophie)讲座时写道：

> 我想讲“哲学的世界史问题”——从世界史的总体观入手，但相关的内容几句话是说不清楚的。其意义在于，我们如何对待历史？——以及从中国到西方的整体性问题：这是人类的根源，要求着实不低。[9]

这些观点集中体现在他的《论历史的起源与目标》这部著作之中。

二、雅斯贝尔斯的哲学发展

雅斯贝尔斯一生的哲学轨迹，可以通过他分别于不同年代所出版的重要著作清楚地看到：

1913 《普通精神病理学》(Allgemeine Psychopathologie)

1919 《世界观的心理学》(Psychologie der Weltanschauungen)

1932 《哲学》(Philosophie)

1935 《理性与生存》(Vernunft und Existenz)

1938 《生存哲学》(Existenzphilosophie)

1947 《论真理》(Von der Wahrheit)

1948 《哲学信仰》(Der philosophische Glaube)

1949 《论历史的起源与目标》(Vom Ursprung und Ziel der Geschichte)

1953 《作为哲学家的列奥纳多》(Leonardo als Philosoph)

1957 《大哲学家》(Die großen Philosophen)

1958 《哲学与世界》(Philosophie und Welt)

1962 《面对启示的哲学信仰》(Der philosophische Glaube angesichts der Offenbarung)

由此我们大致可以将雅斯贝尔斯的哲学分为以下几个方面：精神病理学与心理学、存在哲学、逻辑学、哲学史、世界哲学以及宗教哲学，精神病理学和心理学实际上构成了雅斯贝尔斯哲学的基础。后来他曾解释过他对心理学的理解：“因此我审视着历史世界之辽阔，以及人身之中可理解性的深邃。”[10]之后他从心理学转到了存在哲学，因为：“人仿佛是开放着的，人比他所了解的自己以及所能了解的自己要多得多。”[11]存在哲学产生于1920年代的德国——在帝国崩溃后国家的经济和政治危机四伏之时。1932年他出版了三卷本的《哲学》，包括卷一《哲学的世界定位》(Philosophische Weltorientierung)，卷二《对生存的澄明》(Existenzerhellung)以及卷三《形而上学》(Metaphysik)。《哲学》是德语世界中唯一一部内容丰富的有关存在哲学的专著。1948年到了巴塞尔之后，雅斯贝尔斯基本上只关注两个方面的大问题，一是建构他的现代历史哲学的体系，二是在原有的《哲学信仰》的基础之上，完成他更加完整的宗教哲学体系。晚年的雅斯贝尔斯并不相信启示宗教的力量，因为基督教太具体地表达了那个不可认识的超越者。只有哲学和哲学信仰才有能力奠定一个人类的共同性框架，让历史上不同的信仰在这一框架下进行交往。[12]这也是轴心时代思想的延续。

萨纳尔认为，雅斯贝尔斯一生的哲学是建立在三个前提之上的：1)思想是有意向性的，它有意识地指向一个客体，或者其自身就是包含着客体的思想，思想是在主客体分裂(Subjekt-Objekt-Spaltung)之中进行的；2）在认识之中，所有的存在物（Alles Seiende）都是为我之存在（Sein-für-sich），它们是现象（Erscheinung），而并非自在之存在（Sein-an-sich）；3）尽管自在之存在事先被描绘为一个整体，但它只是在撕裂（Zerrissenheit）的状态中向思想显现，它究竟是什么，我们并不可知。[13]

雅斯贝尔斯的存在哲学最初是要跟海德格尔建立起一个反对经院哲学的"战斗集体"（Kampfgemeinschaft）。[14]因此雅斯贝尔斯最初的想法毋宁说要建立一种学说，还不如说是对各种体系学说的"解构"。他认为，真正的哲学思考应当是源自一个人的个别存在。进而通过"交往"（Kommunikation）的观念帮助他人去了解其真正的存在。

雅斯贝尔斯认为，我们所思考和所谈及的事物是跟我们自身不同的，它们是作为主体自身的对象：客体。如果我们把自己作为思想的对象来看待的话，那我们就会变为其他了，但同时作为一个正在思考的我也一直存在，这个正在指使着这一思考的我，是不可以等同于一般的客体的，因为其是决定其他之所以成为客体之前提。雅斯贝尔斯把我们思维着的此在的基本状态称作"主客体分裂"。雅斯贝尔斯在这里之所以用"分裂"一词，是动过一番脑筋的。因为"分裂"乃是起初为一体的东西被撕裂开来了的情形，在这里他是想强调起初未分裂的状态。而这一起初未分裂的东西就被雅斯贝尔斯称作"统摄"（das Umgreifende）。[15]有关"统摄"的实现，雅斯贝尔斯在《论历史的起源与目标》中有着具体的历史设定：

> 人们在思辨的思想中飞跃到了存在本身，在那里没有了二元性（Zweiheit），主体和客体消失了，对立的双方恰好相合了。在最高的飞跃中所体验到的，可以作为存在之中的自觉达成（Zusichselbstkommen），或者作为神秘的合一（unio mystica），作为与神性达成一致，或者作为上帝意志的工具，这在被对象化了的思想之

中，表明是模棱两可并且易被误解的。[16]

由于认识的对象物是在主客体分裂之中被构成的，那么一切的认识也只有在这一分裂亦即撕裂的状态中才成为可能。这一认识的领域便是存在物(Seiende)的领域。从历史的角度来看，任何一个存在物都能折射出真正的存在(Sein)。施本格勒指出："在历史的世界图景中和在自然的世界图景中一样，没有一件事情，不论它是多么微小，其本身是不体现基本趋势的全部总和的。"[17]而存在却超越了这所有的存在物，它既非主体亦非客体，是分裂前的统一状态。雅斯贝尔斯的一句名言是："存在就是统摄。"萨纳尔对这句话的解释为：

这句话至少说明了两种不同的含义：其一，"统摄"完全是对无形物形象生动的描述词汇，我们不可以把它误解为有限的存在物。譬如把它想象成某种圆形的、隐匿状的或有某种外壳状的东西，进而形成有限的、包容性的想象，这一切必须由无限统摄的抽象思想予以取代。其二，由于统摄不在分裂状态之中，故而它是不可认识的。它是未被定义之太一(das unbestimmte Eine)。那么我们应当对其保持沉默吗？如此绝望之结论雅斯贝尔斯并未得出，而是说：如果人们同样不能认识(erkennen)统摄的话，却能澄明(erhellen)它。澄明乃是一种无需解释(erklären)之清晰(Klären)，是一种无需用规定性进而到达被思物之思忖(Hindenken)，是一种无需去知道之证实(Vergewissern)。[18]

雅斯贝尔斯究竟是如何澄明"统摄"的？我想这也是他晚年之所以对哲学史和世界哲学感兴趣的最重要的原因。对"统摄"进行哲学思考意味着进入存在本身之中，而这只能间接地进行，因为只要我们谈及它，它就会成为我们思维的对象物。我们必须借助于对对象物的思维，来获得对统摄的非客体的提示。哲学史正是雅斯贝尔斯将哲学历史现实化，来考察“统摄”在历史上的不同时期和不同地域是以何种方式被揭示的实践。

雅斯贝尔斯的存在哲学认为，人可以通过一种被他称作“临界状态”（Grenzsituationen）的方式而感知到超验（Transzendenz）的存在。临界状态是人无法超越的死、苦、斗、罪等等，这些失败的经验给人生带来了人存在的严肃性和超验意识，关键在于人与临界状态保持何种关系：或者它是趋向超验的场所，或者趋向毁灭。雅斯贝尔斯认为，有了这样的超验经验后，日常的经验也可以成为超验者的“暗号”（Chiffre）。人的理性会在这些暗号之后寻找意义，这便是“哲学信仰”的开端。

萨纳尔将雅斯贝尔斯的哲学发展描述为从心灵到精神，从精神到生存，从生存到理性，从理性到世界的过程。[19]

三、《论历史的起源与目标》在雅斯贝尔斯哲学中的定位

历史哲学是雅斯贝尔斯哲学的一个重要组成部分，它在雅斯贝尔斯整体哲学中的位置究竟怎样呢?

1937年以来，雅斯贝尔斯着手准备他的“哲学的世界史”（Weltgeschichte der Philosophie）的宏大计划。尽管他自己深知这项工作几乎是不可能实现的，但在其后的二十五年的岁月里，特别是1948年他移居到巴塞尔后，他更加集中地阅读和整理了汗牛充栋般的资料，最终留下了两万多页的手稿。

雅斯贝尔斯哲学的世界史的整体构想是：[20]

1）作为整个哲学的世界史的第一部著作，雅斯贝尔斯希望书中包括有关所有历史时期的丰富材料，并且完成了一部分文章。作为哲学

史应当是什么的一篇引言，而对早期高度文化中的思维的讨论没有收录在这本书中。引言就是后来出版的《论历史的起源与目标》一书，雅斯贝尔斯借助于这本书阐述了他对于人类历史的认识。

2）第二部著作第一部分是〈内涵的历史〉（Geschichte der Gehalte），第二部分是〈哲学与科学的关系史〉（Geschichte des Verhältnisses von Philosophie und Wissenschaft），第三部分是〈哲学回归史〉（Geschichte der philosophischen Umkehr）。其中第二、三部分只是提纲性的。

3）第三部著作是哲学家的历史，其中第一卷《大哲学家》（*Die großen Philosophen*, 1957）已经出版，其余两卷只是各不连贯的章节，并且是粗略的概述。

4）第四部著作是《语言、宗教和艺术的哲学关系史》（Geschichte des Verhältnisses der Philosophie zu Sprache, Religion und Kunst），只有一些札记，还未在结构上做出清晰的整理。

5）第五部著作是《哲学的实现》（Verwirklichung der Philosophie），同样也只有一些札记。

6）第六部著作是《权力的斗争》（Kampf der Mächte），已经构思好了，写满了100页，但没有写完。

雅斯贝尔斯在其导论性质的著作《哲学的世界史序言》（*Weltgeschichte der Philosophie. Einleitung*）中建议用三种方式来编纂历史：

首先人们可以阐述思维形式的历史，意识展开形式的历史。比如概念史的、针对问题的以及系统的问题提问法，都属于这一类。[21]

其次雅斯贝尔斯提到“哲学内涵的历史”。“那些对象化的材料，我们命之为内容（Inhalte），而借助于精神观念、生存之重要性、生命之本质以及超验的意义所完成的内容存在之实现，则是内涵（Gehalte）。”[22]这样的一种历史编纂方法，无疑是将自己的哲学思考放在了中心位置，自我反省，特别是跟哲学名家进行批判性的交谈。

第三种方式是哲学名家的历史，因为哲学思想并不是凭空产生的，产生出这些哲学思想的大师们自然在哲学史中占据重要的位置。“哲学史可以作为人性的历史来编纂，因为人性（人之存在）就是思维的存在。”[23] 1957年出版的《大哲学家》一书便是雅斯贝尔斯按照这个路子来完成的。

早在纳粹上台前的1931年，雅斯贝尔斯出版了他的《时代的精神状况》。[24]在书中，雅斯贝尔斯对西方人在当时的精神状况及其历史根源以及广阔的现实生活背景作了深入的研究，这是对时代做出的诊断。大众民主、技术至上、官僚主义、消费主义、科学与技术的进步等问题都已经出现，雅斯贝尔斯从中也看出了人性危机的端倪。他自己认为《时代的精神状况》可以看作是《论历史的起源与目标》的补充，前者是基于非历史性的思考，后者则是从历史方面来进行研究的结果。“二者都是针对当下展开的”[25]。不过，其间也有观点的改变，例如在1931年的书中雅斯贝尔斯倾向于将技术看作是威胁，而在写作《论历史的起源与目标》的1949年却将技术看作是发展的机遇。

萨纳尔在论及雅斯贝尔斯哲学的世界史的整体构想时写道：

> 把全球性的广度与具体观察的深度，把对于本质的感知与独自进行哲学探讨的勇气结合在一起，这一点在雅斯贝尔斯之前，也许只有黑格尔做到了。[26]

雅斯贝尔斯通过他对历史的研究，并且认为历史必然是全球性的，只有这样才能打开一条通往理性的道路。

四、历史研究的出发点及“交往”观念

雅斯贝尔斯将他的书命名为《论历史的起源与目标》(Vom Ursprung und Ziel der Geschichte, 1949),是因为“我的纲要以一条信念为基础:人类具有唯一的起源和目标。”[27]尽管雅斯贝尔斯并不相信起源和目标能作为客体为我们所认识,但他依然试图通过分析世界历史的宏观结构,来探寻人类的共同起源和目标。这涉及到历史的整体性,整体性是不可以被认识的,但却可以进行哲学思考。如果从这个基础出发的话,便可以获得超越民族、国家、语言、信仰的,对于人类来讲是共同的东西。这正是雅斯贝尔斯理解世界历史的哲学根基。

几种轴心文化所实现的“突破”(Durchbruch, Breakthrough)的哲学意义,是与雅斯贝尔斯的存在哲学密不可分的。对于雅斯贝尔斯来说,一切历史的问题,归根到底都是人的生存问题。他认为,人的发展其实是从个人有限的存在通向无限的超验存在的过程,而超验存在(Sein或上帝)才构成了人真正的存在和自由。人的生存(Existenz)活动,其实就是争取自由的活动,并且是与存在密不可分的。雅斯贝尔斯正是借助于“生存之澄明”(Existenzerhellung)来解释生存的历史性,将人类置于同一个历史的关联之中。他强调指出,个人的自由只有在与他人的交往中才能得以实现,最终走向自由之境。而“交往”(Kommunikation)又将个人与他人联系起来。也就是说,只有在他人自由时,个人才真正能够实现自由。

雅斯贝尔斯认为只有通过人和人之间的交往,哲学才可能产生:

> 如果我能在隔绝之中寻得真理的话,那这会令我得到满足。可是如果我能够在绝对的寂寞之中对真理予以确定的话,那因缺

乏交往而产生的痛苦以及由真正的交往而独享的那份愉悦就不会让我们如此感动。但是,我之在仅仅在与他人之中,一个人的话我将一事无成。[28]

雅斯贝尔斯认为,失去了交往,也就失去了作为人存在的意义。只有在交往之中,真理才能得以实现;只有在交往中,我才不仅能成为我自己,而且也充实地活着。上帝也是间接地通过人与人之间的爱来显示其自身的。[29]他认为,理性要求无限制的交往,而作为哲学理性,是永远不可能获得所谓客观真理的。人类追求交往的意志,才是哲学的终极根源:

这一点从一开始就已经显示出来了,所有哲学都在渴望着交往,都要自我述说,并要求倾听。哲学的本质在于可传达性,而这又与真理是不可分的。[30]

因此,对于雅斯贝尔斯来讲,传达性是交往的第一要务,而交往又是哲学赖以存在的基础所在:“唯有在交往之中,哲学才能达到其目的,并且在交往之中,各种目的的意义,才能得以最终建立:意识到存在,揭示出爱,获得完美的安宁。”[31]

1941年雅斯贝尔斯在〈有关我的哲学〉(Über meine Philosophie)一文中认为,自己哲学的衡量标准是交往:

因此,通过我的哲学思考便对一切思想、一切经验和一切内容提出了这一问题:它们对于交往来讲意味着什么?它们倾向于促进还是阻碍交往?它们是使人走向孤独的引诱者,还是让人进行交往的唤醒者?[32]

在雅斯贝尔斯看来，真理从两个方面指向了“交往”：一方面，真理起源于交往，另一方面真理的真实性标准在于，它是促进了交往，还是妨碍了交往。雅斯贝尔斯认为，人不可能靠其自身而成为人，一定是在跟另外的人的交往中，才真正成为人自身。[33]他的哲学特别强调交往这一观念，主要是从哲学的角度对人与人之间的沟通进行阐释，尽管“交往”与全球史所强调的“互动”有一定的区别，但雅斯贝尔斯认为通过交往人类的历史才成为了一体。

在具体解释人的本性的时候，雅斯贝尔斯认为，汉字的“仁”所表示的是“人”和“二”，也就是说，人存在的意义在于交往(Kommunikation)。[34]是从时间退隐到孤独之中去，还是同世人一起生活，这对孔子来讲是非常明确的：“鸟兽不可与同群，吾非斯人之徒与而谁与？”(《论语·微子》)因此，在雅斯贝尔斯看来，“仁”的概念的本质，实际上就是交往。

对雅斯贝尔斯来讲，在自由中毫无保留地真诚对话，才可能促成真正的交往，而真理只有在这样的情况下产生：

> 将人类引向自由，也就是引导他们之间相互交谈。如果还有依然不能说出的内心的想法，如果有所保留的话，这种保留会中断内在的交流，使人退却，如果在交谈中事实上是沉默的话，仅仅是玩弄拖延和诡计的话，那么这一切就是与欺骗相连的。相互之间真正的交谈是无拘无束且毫无保留的。只有在双方的完全开放之中，真理才会在共同性之中产生。[35]

雅斯贝尔斯认为，人类只有通过哲学思考，才可能达到理性：

> 哲学思考无论如何做出了重大的成就。它以思考的方式抵挡

> 荒谬、虚伪、颠倒、对历史真理的独占要求以及盲目的非宽容，这是值得的。哲学引导我们沿着这条路前行，进而到达爱在现实交往之中赢得其深刻性的地方。其后，借助于交往的成功，哲学可以在这一爱中，向源自历史起源差异性的最遥远者，指明将我们联系在一起的真理。[36]

“是真理将我们联系在一起”(Wahrheit ist, was uns verbindet)——这句雅斯贝尔斯常常引用的箴言，正是借助于交往的成功，才得以成立。

人类社会、群体(human community)与其他的群体、环境的关联史和交往史(history of connections)，说明了交往机制对人类发展的推动力量。雅斯贝尔斯则是从哲学的角度，对交往进行了极富启发性的阐述。

五、“轴心时代”及其意义

雅斯贝尔斯将以往的人类历史发展分为四个阶段，并且是以共同的基础为出发点的。这四个阶段分别为：一、史前时代(Vorgeschichte)；二、古代高度文化时代(Alte Hochkulturen)；三、轴心时代(Achsenzeit)；四、科学技术时代(Wissenschaftlich-technisches Zeitalter)。[37]在这四个文明发展的阶段之中，轴心时代具有非凡的意义。正因为此，雅斯贝尔斯称之为“突破期”，而将这之前的“史前时代”、“古代高度文化时代”及其之后的“科技时代”统称为“间歇期”。前一个间歇期为轴心时代的突破集聚了必要的能量，轴心时代则为人类以后的发展奠定了基础并树立了标准。而科技时代则一方面是对轴心时代所取得成就的进一步发展，另一方面又为新的轴心时代的突破进行了必要的准备。尽管如此，在科技时代人类并没有找到新的历史意义，人类的第二次突破，还有待于进一步的努力。

轴心时代之提出是为了彻底破除在西方世界由基督宗教信仰所缔造的历史哲学神话。因为黑格尔曾说过:“一切历史都归于基督,又出自基督。上帝之子的降临乃是世界历史的轴心。”[38]这样一种说法的问题在于,即使是在西方,基督徒们也没有把他们以经验为基础的历史观跟基督信仰联系在一起。何况基督教仅是其信徒之信仰,而绝非全人类的信仰。[39]而雅斯贝尔斯的“轴心时代”则是整个人类文明进程的关键点,并且排除了特定信仰的内容,是西方人、亚洲人乃至全人类都可以信服的尺度:

> 世界史的轴心似乎是在公元前500年左右,是在公元前800年到公元前200年产生的精神过程。……那时出现了我们今天依然与之生活的人们。……非凡的事件都集中在这一时代发生了。在中国生活着孔子和老子,产生了中国哲学的所有派别,墨翟、庄子、列子以及不可胜数的其他哲学家都在思考着;在印度出现了《奥义书》,生活着佛陀,所有的哲学可能性,甚至于像怀疑论和唯物论,诡辩术以及虚无主义都产生了,其情形跟中国别无二致;在伊朗,查拉图斯特拉在传授他那富于挑战性的世界观,即认为这是善与恶之间的一场斗争;在巴勒斯坦,从以利亚经由以赛亚及耶利米到以赛亚第二,出现了先知;在希腊则有荷马,哲学家巴门尼德、赫拉克利特、柏拉图,许多悲剧作家,修昔底德,以及阿基米德。在这短短的几个世纪内,这些名字所勾勒出的一切,几乎同时在中国、印度和西方,这三个相互间并不了解的地方发生了。
>
> 这一时代的崭新之处在于,在上述所有的三个地区,人们开始意识到其整体的存在、其自身的存在以及其自身的局限。他们感受到了世界的恐怖以及自身的无能为力。他们提出了最为根本的问题。在无底深渊面前,他们寻求着解脱和救赎。在意识到自身

能力的限度后，他们为自己确立了最为崇高的目标。他们在自我存在的深处以及超越之明晰中，体验到了无限制性。

……在这个时代产生了我们至今思考的基本范畴，创立了人们至今赖以生存的世界宗教的萌芽。[40]

"轴心时代"意味着中国、印度、波斯、巴勒斯坦和希腊文明在这期间都以"突破"其早期文明为前提，奠定了人类精神的基础，并开启了各自文明后来的发展方向，从而形成了不同的宗教-伦理观、文化模式。正是在这一时期，人类开始拥有了觉醒的意识，意识到了整体、自我存在的意义及其限度。对于雅斯贝尔斯来讲，轴心时代很重要的特点是要借助于"交往"这一思想而超越民族和文化的地域主义，进而"获得全人类的、超越所有信仰之上的共同的东西"[41]。雅斯贝尔斯认为，人类是通过一个唯一的起源和目的彼此联系在一起的。为此雅斯贝尔斯构想出一种"经验性理解的普世历史"(die empirisch zugängliche Universalgeschichte)，目的是为了使历史的不可替代的一次性存在与人类之交流和延续同样得到重视。而确定普世性的历史经验绝非仅仅是作为启示宗教的基督教："将所有的人联系在一起的并不是启示，而必然是经验。启示乃是历史性的个别信仰的形态，而经验却是人人都可理解的。"[42]

雅斯贝尔斯认为，轴心时代"产生一个为所有民族进行历史性自我理解的共同框架，这对西方和亚洲乃至所有人都是一样的，并没有某一特定的信仰内涵的尺度。……那里是历史最为深刻的转折点"。[43]

依据雅斯贝尔斯的认识，"轴心时代"包括了三重的特性：其一是所谓的同步性。几乎是同时，在中国、印度、中东以及欧洲，亦即在从希腊至东亚这一地理轴心上，在思想上出现了类似的成就。其二是历时性。这一时期所出现的大哲学家之思想发展，又是其每一特定文化圈其后发展之轴心。其三是普遍性。轴心时代第一次以崭新的视角向人们揭示了人类共同的未来。[44]

针对黑格尔将中国、印度和西方并列为精神发展的辩证阶梯顺序的诸阶段，雅斯贝尔斯对此予以了反驳：轴心时代的思想家正是通过不再为实体性和生命的局限性所囿的反思和超越性，而产生了我们至今仍然赖以生存的各种思想，从而完成了人类进入统一的第一步。对此雅斯贝尔斯写道：

> 我们恰恰否认了从中国到希腊这一阶段的发展顺序——不论在时间上，还是意义上这都是不存在的，相反，它们是同时在毫无接触的情况下并存的。彼此起源不同的多条道路似乎暂时通向了共同的目的地。在三种形态之中存在着同样的多样性。三个独立的根源，经过不连续的个别接触，最终自几个世纪以来，实际上直到我们今天——才发展成了后来成为历史的唯一的统一体。[45]

也就是说，在雅斯贝尔斯看来，世界文明的进步并非从东方迈向西方，黑格尔所认为的从中国到希腊的这一发展顺序从来就是不存在的。人们应当从人类文明总体的角度来把握各种文明的意义。人类历史在轴心时代各地区文化现象所具有的内在整体性、一致性以及人类所共同具有的人性，这些在轴心时代所产生的突破表明，历史的最终目标和必然趋势是历史的统一。起源于意识的历史，又由于意识而走向统一的目标："轴心时代同化了历史存留下来的一切。从这时起，世界历史获得了唯一的结构以及持续至今天的统一。"[46]

在雅斯贝尔斯看来，轴心文明尽管只发生在中国、印度和希腊等少数地区，却对历史的统一性来讲是至关重要的。也就是说，轴心时代并非人类历史发展的普遍阶段，事实上只是一个独特的历史分支过程。[47]但这一时期却奠定了普世的人类历史，并从精神上将所有的人吸引了进来，雅斯贝尔斯指出：

我们——所有的人——都可以共同感知轴心时代这一人类普遍变化的真实性。轴心时代尽管局限于中国、印度和西方，起初这三个世界之间并没有关联，但却奠定了普世史，并在精神上将所有的人都拉了进去。[48]

正是轴心时代的出现，使得人性(Menschlichkeit)成为了“人之存在”的精神基础，从而深刻地影响到了世界历史结构的变化。雅斯贝尔斯由此认为，轴心时代构成了人类的共同价值尺度，也使得人类从个体的、区域的人，变成了整体的存在。雅斯贝尔斯认为，整个世界历史的结构由于轴心时代而得到了改变：各新民族纷纷进入了这三大文化圈：

新的民族在这三大文化圈纷纷登场，在西方有日耳曼人和斯拉夫人，在东亚有日本人、马来人、暹罗人，他们各自创造出了新的文化形态。但他们是在与传承下来的高度文化的对抗中，通过对它们的继承和改造而得以实现的。[49]

由此来看，作为哲学家的雅斯贝尔斯已经从全球的视角来理解历史了。

由“轴心时代”的文化精神突破所奠定的人类精神根基、传统宗教-伦理价值体系框架时至今日依然没有从根本上被超越，它们仍然是几大文明体系中的价值和行为准则。正是由这一时代所奠定的文化精神，成为了此后人类历史发展的原动力。以西方为例，文艺复兴的人文启蒙、宗教改革的理性化和世俗化运动、现代科学技术的理性精神、启蒙时代的社会契约理念等，无一不是以不同的方式一次次地从轴心时代汲取精神的力量：

> 人类靠当时所产生、所创造、所思考的一切生活到了今天。在人类每一新的飞跃之中，他们都会回忆起轴心时代，并在那里重燃火焰。从此之后，情况一直如此：对轴心时代可能性的回忆和重新复苏——复兴（Renaissancen）——引发了精神的飞跃。回归到这一开端，是在中国和印度乃至西方不断发生的事件。[50]

由此我们可以看出，在雅斯贝尔斯的文明形态理论中，思想、伦理、宗教等精神价值的创造对于判断历史进步是具有根本性意义的。雅斯贝尔斯的“轴心时代”这一概念，绝不仅仅是历史意义上的一个时期，而是找寻到了一个参照坐标，从而使得人类历史真正具有了全球史的意义。在我们这个时代之前的世界历史仅仅是“地域历史的叠加”（ein Aggregat von Lokalgeschichten）[51]，并且直到今天，它才成为“地球的事实性总体的历史”[52]，为了使之形成统一体，雅斯贝尔斯在全球范围内的经验材料中寻找到了中国、印度和希腊三种轴心文化。他一方面对施本格勒的文化形态史观（Geschichtsmorphologie）予以肯定，另一方面也对施本格勒将历史看作是由八种彼此独立的高级文化组成的看法，予以了抨击，同时也反对宗教史学派的系统神学家特勒尔奇特别强调历史的不可重复性的特征。雅斯贝尔斯认为，魏玛时期历史主义者们趋向于文明孤立的看法是站不住脚的，轴心时代的历史充分说明，将全球文明史看作是毫无共同个性的认识是错误的，应当从一个统一整体的立场来认识历史。他深刻地指出：“在反对施本格勒对毫无关联的并列的诸文化绝对分隔时，必须指出存在可以由经验证实的接触、传播、同化(佛教在中国,基督教在西方)现象,而这些对施本格勒来讲仅仅是错乱和假象,但实际上归根结底,这些是共同的提示。”[53]在《论历史的起源与目标》中他指出:

> 所有关于人们之间永远不可能相互理解的绝对相异的断言,在“人之存在”最深刻的要求面前,只剩下了一副疲惫不堪、听天由命以及被迫放弃的表情,这一主张将暂时不可能性过分夸大为绝对不可能性,从而泯灭了人的内在准备。[54]

雅斯贝尔斯从来不认为,历史孤立主义论者会有任何的前途。他认为,人类永远是流动的。他举例说,诺曼人来到了格陵兰岛和美洲大陆,波利尼西亚人横跨了整个太平洋,马来人到了马达加斯加岛。黑非洲和美洲语言间的关系如此密切,表明在这些大陆间不断有往来。发明、工具、观念、童话在史前时代便经历了遥远的迁徙,一方面总是在附近流传,另一方面也传到了其他的远方。长期以来保持孤立的仅有澳大利亚,也许还有美洲,即便是这两个大洲也不完全是孤立的。“孤立并非意味着从未有过其他的人漂泊到那里,而是意味着从未感受到异文化的影响。”[55]正因为此,德国当代历史学家舒林认为,雅斯贝尔斯为德国普世史注入了新的动力。[56]

六、技术时代与世界哲学的观念

雅斯贝尔斯认为,所谓突破期的轴心时代之后的世界历史便进入了科技文明时代,尽管这一科技时代依然是间歇期,但他认为,人类历史上没有哪一个时代像这个时代一样彻底改变了整个的世界。雅斯贝尔斯将科学技术的时代比喻成为一个“新的普罗米修斯的时代”[57],它开辟了通向统一的世界历史的道路。

雅斯贝尔斯认为，以轴心文明的中国、印度和希腊为代表的东方世界、西方世界，在进入16世纪之前各个方面还是极为相似的，之后西方反倒独占鳌头，将轴心时代的另外两个地区远远地甩在了后面："直到1500年，欧洲迈出了前所未有的步伐，而中国和印度当时正处于文化的衰颓期。"[58]其后到来的科学技术时代，雅斯贝尔斯认为是一种西方的文明，它开始基于技术进步的成就，而主导世界其他一切文化：

> 今天我们全都共同意识到了，我们正站在历史的转折点上，而在一百年前人们还在将之比作古代世界的没落，之后人们越来越深刻地感受到这一巨大的厄运不仅是欧洲或西方的，而且是世界的。这是技术时代，它的所有后果是使得人们在过去几千年来习得的劳动方式、生活形式、思维方式和象征物荡然无存。[59]

也就是说，从这个时候起，人类的命运被紧紧地捆绑在了一起。"自从现代交通和通讯事业的建立，我们对地球的空间感觉就是整个地球了。地球就在眼前，每天它充满了来自世界各地的新闻。全球力量和利益的现实交错，使得地球成为了一个整体，并且是一个封闭的整体。"[60]雅斯贝尔斯清楚地认识到了，科学和技术时代与以往的人类历史有很大的不同：

> 新的是，历史在我们所处的时代第一次成为了世界历史。与当下全球通过交流而成为一体的情形相比，以往所有的历史只不过是地区性历史的集合体而已。[61]

实际上，真正的世界历史与人类的全球统一，只是在科学技术时代才得以实现。

> 自五百年以来，欧洲人将全世界纳入了其交通网之中。欧洲人将他们的文明带到了各地，并带回来欧洲所不具有的文明财富。他们带来了家畜、经济作物、武器、产品和机器、习俗及其信仰，以及欧洲世界所有的灾难，他们取走了土豆、玉米、奎宁、可可、烟草、吊床等。是欧洲人首先产生了全球一体的意识，造成了有意识、有计划、持久且可靠的交往。
>
> 这一交往意味着人不断的共同成长，意味着对于人的意识、最终对于人的行动来讲，创造出了整个地球在趋向一致的过程中所达成的统一性。[62]

科技文明通过各类通讯技术，使地球真正成为了一体，使地球各个部分的人的交往成为了可能。

人类基于贸易和交往的增加，特别是19世纪的技术革命同样使得技术和劳动都成了问题。技术的发明改变了人的心灵，但雅斯贝尔斯认为，在理想的状态下技术仅仅是手段而已：

> 技术应当将人从其对自然的动物性禁锢中解放出来，这些禁锢使他们陷于困顿、威胁和束缚之中。因此，技术的原理是为人的使命服务的，是在物质和力量方面有目的的行为。[63]

技术本身无所谓善恶，无所谓救赎性与灾难性，[64]救赎只有来自伦理和趋于无限交往的意志的引导。尽管如此，雅斯贝尔斯依然对科学和技术感到不安。在《时代的精神状况》一书中，他在“此在秩序的界限”中专门有一节讨论“技术时代的意识”（Das Bewußtsein im Zeitalter der Technik)的问题。[65]在《论历史的起源与目标》中雅斯贝尔斯认为,马克思以其恢弘的文笔首先认识到自18世纪以来发生的技术革命,以及由此而产生的人的此在的整体革命。[66]马克思和恩格斯都认识到了技术世界带来的巨大危机,[67]并提出了应对人的异化的解决方案:社会主义。[68]

正是基于科学技术时代,雅斯贝尔斯提出了"世界哲学"(Weltphilosophie)这一概念。雅斯贝尔斯将创建世界哲学看作时代的必然使命。在世界哲学的道路上,他意识到:

> 我们是从欧洲哲学的暮色出发,穿过我们这个时代的朦胧而走向世界哲学的曙光。[69]

雅斯贝尔斯认为,我们所处的时代,不论是在精神上还是在物质上都处于近两千多年来的一个崭新的时代,从这个时代中产生出了"新世界的意识"。[70]便利的交通和通讯的发展使地球成为了一个整体。"地球的统一出现了"。[71]然而这只是地域的统一,还必须将之创造成政治的统一体。战争技术的发展,使得这样的要求变得极为迫切。他认为未来的政治意识应当有另一种结构:"今天真正的政治……是世界政治或以实现世界政治为目标的政治。"[72]世界政治的产生对雅斯贝尔斯来讲是至关重要的。

1962年雅斯贝尔斯出版了他的《面对启示的哲学信仰》(*Der philosophische Glaube angesichts der Offenbarung*)一书,在书中他强调要在从现在开始的全球时代条件下阐述哲学问题,[73]在他看来,哲学的基本问题就是人类的问题。交往要发展成为无所不及的交往,哲学则要发展成为世界哲学。在巴塞尔的二十年,雅斯贝尔斯哲学思考的中心议题是,通向世界哲学的道路如何能被阐明?

雅斯贝尔斯的世界哲学(Weltphilosophie)、世界史(Weltgeschichte)等概念,并非是将每一个国家的哲学或历史叠加而成,而是真正意义上的全球哲学、全球历史的概念。此外,在他的哲学中还有“世界政治”(Weltpolitik)、“世界方向”(Weltorientierung)、“世界公民”(Weltbürger)、“世界意识”(Weltbewußtsein)等概念,实际上都可以从我们今天全球史的视野来予以理解。

雅斯贝尔斯的“世界哲学”是在双重的对立中构成的——在与“存在哲学”的对立中,“世界”标志着雅斯贝尔斯的哲学概念“统摄”(das Umgreifende),它指的是现实;在与任何民族的哲学的对立中,“世界”指的是共同体的领域。雅斯贝尔斯认为,世界哲学是“在人类的大共同体中,在一个共同的空间中的思想”。因此在这样的思想面前,即便是西方哲学也过于狭隘了,所有的民族哲学都只是“某些类似乡土艺术的东西”。[74]而在雅斯贝尔斯的潜意识中,哲学是永恒哲学(philosophia perennis),它属于人类,是某种特定文化传统的产物,只是以历史性的、具体的形态出现而已。

1949年,雅斯贝尔斯在巴塞尔大学纪念歌德诞辰200周年之际的演讲〈歌德的人性〉(Goethes Menschlichkeit)中,提到歌德的名字与“世界文学”(Weltliteratur)紧密相连:

> 他看到了各民族的精神交流愈加频繁,为诗人、批评家、作家、研究者以及哲学家指明了相互认识、相互倾听的使命。人们应当能够容忍陌生感,……那些非凡的伟大著作是写给所有人看的。他是靠世界文学的观念来领会人类的统一的。[75]

从这个意义上来讲,雅斯贝尔斯所认识的歌德的“世界文学”,根本不是所有时代、所有文化中的文学的总和。当然,世界哲学也不可能是全世界哲学的总汇，而是超越时空而存在的哲学。实际上，对雅斯贝尔斯来讲，“世界哲学”只是他的哲学理念，这是他的新哲学构想，借此拯救走向没落的西方哲学。这一新的思想构想，其开放性和交往能力使得它真正成为一种具有跨文化能力的哲学，也就是说它可以与欧洲以外的思想传统形成互动，以跨文化的方式发掘欧洲以外特别是印度、东亚的文化传统。在这里，“世界”同时也表示了一种动态的相互关系。韦尔认为，当人们用全世界的眼光来看待过去时，历史学便成为对相互关系的研究（study of inter-relationships），而不是对事实的研究（study of facts）：研究文化的、社会的和商业的相互关系，以及外交的和宗教的相互关系。韦尔认为，这种历史叫“世界史”（world history）。[76]

雅斯贝尔斯认识到，伴随着全球一体化的进程，一个思想的新局面就要产生，哲学的转向也是不可避免的，因此他晚年所从事的哲学思考是真正意义上的跨文化哲学研究。在他看来，全球化以来的人类历史，除了西方殖民非西方的历史之外，同时还有另外的一层关系，那就是西方在与非西方的“互动”中对西方同时也产生了重大的影响：

> 教会的使命是为了发现异域民族和文化的心灵，深入他们的精神，因此基督教传教士有时成为中国和印度精神在欧洲的传道者。[77]

实际上，近代欧洲一切的形成都是与欧洲与非欧洲的互动有着密切的关联的。

雅斯贝尔斯认为，思维只有以整个思维的世界史为指导，才能获得最大限度的交往范围，与此同时，新的世界意识只有把握了实在的世界史，才能获得它的范围。“只有全部历史才能提供标准以测定当下发生的时间的意义。”[78]雅斯贝尔斯的目的在于将世界视为统一体的世界意识。虽然在他之前,就有了将历史进程当作一个统一图式来把握的历史哲学,但其主导思想依然认为历史过程是进步的模式。康德曾有按照世界公民的意愿的历史观,即以世界的政治统一为目的的历史观。雅斯贝尔斯同样希望借助于世界历史更好地理解历史性的当下。

七、对未来的展望

尽管雅斯贝尔斯认为,未来是不可能为我们所认识的,但他同时指出:“我们只有通过承担对当下的责任,才能对未来负有责任。”[79] 雅斯贝尔斯对历史的理解,并非仅仅关注于以往,而是面向未来。1930 年代曾作为雅斯贝尔斯在海德堡大学的博士生的古娄·曼指出:“雅斯贝尔斯大约就像是托克维尔一样,是为了体验当下以及对未来的担忧而走向历史的。”[80] 雅斯贝尔斯依然反对以文化循环论的观点为代表的施本格勒的决定论史观,他同样也不同意马克思有关社会经济法则决定历史进程的理论。20 世纪是一个价值不断得到转化,传统不断得到瓦解的世纪,科学技术的突飞猛进,也使得人性的价值不断萎缩。两次世界大战以及大大小小的其他各类战争,使得人们普遍对未来产生了疑惑。雅斯贝尔斯通过对人类历史的探究,不仅思考着人类的存在问题,同时也描绘出了一条充满希望的通往未来的道路。雅斯贝尔斯对人性(Menschlichkeit)抱着坚定的信念,他指出:

> 面对所有未来的前景,我们敢于做出以下的断言:人是不可能完全被丧失的,因为他们是作为“上帝的形象”(Ebenbild der Gottheit)创造的,而不是上帝,但他们跟上帝之间有着常常被忘记,又难以觉察到,但从根本上来讲难以扯断的纽带。人根本不可能终止其成为人。灵魂的沉睡、心不在焉、自我的忘却都是可

能的。[81]

这便预示着只要人不丧失其人性，人类是有着自己的未来的。人性同样是雅斯贝尔斯哲学的前提，它在任何时代、任何地点都起着作用。正因为此，他才认为哲学的力量——理性的力量是必然会战胜非理性的力量的。他在《哲学的世界史〈导论〉》中写道：

> 实际上的哲学思考每时每刻都在发生。因为作为人的人，不论他是否知道这一点，都会贯穿着某些想法，而这些想法的意义是具有哲学性的。……——哲学是一种方式，作为存在的人是如何意识到世界和他自身的，以及他是如何在作为整体的这一意识中生活的。因此，哲学同人一样古老。[82]

但雅斯贝尔斯并不认为未来可以为我们今天所认识。他在本书的序言中就说“未来则尚不能确定，是一个包含各种可能性的无限空间”。[83]正是这无限空间中的各种可能性，激励着人们去预测、探索未来。但雅斯贝尔斯明确地指出，“如果我们能知道未来的话，那么这便是我们灵魂的死亡”。[84]但另一个方面，历史对于我们来讲同样意味着对于未来的启示：“没有一种哲学的历史意识是不具备未来意识的。”[85]而“未来隐藏于过去和当下之间，我们在真实的可能性之中观察、设计未来。事实上，我们在任何时代都是由未来意识所支撑的”。[86]因此，雅斯贝尔斯的历史研究，尽管是有关历史的起源和目标之间的文明史的过程研究，但实际上是对未来提出的问题，同时对未来预示着某种可能的方向。

雅斯贝尔斯认为，有三种趋势（Tendenzen）遍布全世界，他将其概括为社会主义、世界秩序以及信仰：

第一，大众急迫要求秩序。社会主义显示出了公正的大众组织要求。

第二，空间的全球一体化急迫要求在和平的交流中来予以实现。这看来只能在世界帝国和世界秩序之间进行抉择。

第三，在共同信仰本质中的传统支点丧失的结果，急迫要求我们向人的真正信仰的起源前进，并带着这样的问题：我们的生命从何而来，又归于何处。这看来只能在虚无主义和爱之间进行抉择。[87]

雅斯贝尔斯认为，社会主义的理想是当代人类的普遍趋势：

它（社会主义——引者注）将劳动和所获得的份额进行组织，从而使所有人有可能获得自由。就这点而言，几乎每一个人都是社会主义者。社会主义的要求存在于各个政党。社会主义是我们时代的基本特征。[88]

但马克思主义的观点，亦即历史进程在总体上是可以把握的，社会作为整体可以进行规划的认识，雅斯贝尔斯并不认同。[89]由于苏联的社会主义已经实行了若干年，很多在实践中的问题凸显了出来，作为崇尚理性的存在哲学家，雅斯贝尔斯在书中对社会主义也进行了批判。他准确地认识到了社会主义的权力问题："如果计划化导致整体计划化的话，那么权力会通过具有社会主义气质的基本特征成长起来，其结果并非权力为社会主义服务，而是成为了社会主义的主人。"[90]雅斯贝尔斯一直担心绝对的整体计划会取代有限的相对计划，并进而影响到人类的全部生活："经济的整体计划化已经显示出，它不会只局限在经济领域。它会渗透到人的生活的各个角落。对经济的指导会导致对整体生活的指导，影响到通过以此产生的生活方式的结果。”[91]在有关计划经济的描述中，雅斯贝尔斯特别强调计划经济常常会超出经济的范畴，而进入人的生活的其他领域，进而成为人生活的普遍方式，这是他极力要避免的。由于过度强调绝对化，想要给予所有人实现其人格的机会，而成为了人格的破坏者：“社会主义区别于共产主义的特征在于将其最初的正确倾向绝对化，这点我们可以认识到。通过绝对化，这些倾向在实践中失去了对历史形成的目标，而却融入到了低水平之中。”[92]另一方面，作为存在哲学家的雅斯贝尔斯，从来不认为个体的存在可以被整体性地予以把握，多元性的理念不仅体现在他对人的解释上，同时也体现在他自由主义的观念之中。

雅斯贝尔斯并不认为有什么公正的世界组织的存在，正义本身是一个不断追求的过程：

> 正义是一项永不终止的任务。作为所谓公正的世界组织的建立，正义必然会在人的计划的暴力固定化中被颠倒。因为如果自由终止了，也不可能有正义。[93]

雅斯贝尔斯认为，社会主义从其起源开始便保持着为所有人的自由和正义的理念。社会主义是每个人通过其理智可以理解的，它能联系所有的人。但要尽量避免其绝对化，当社会主义一旦成为了狂热的信仰，从绝对化中变成了教条主义和暴力，那么以上所有一切都不再可能。[94]

技术革命加剧了全球一体化的进程。雅斯贝尔斯认为，技术通过空前的快速交流使地球的一体化成为了可能。同一个人类的历史开始了。人类整体陷入了同样的命运之中。来自四面八方的人们能够相互汇聚一堂。[95]雅斯贝尔斯认为，人类的未来不再应当是通过唯一的暴力而达到的世界和平，“世界帝国”是通过暴力来维持其自身的，而应当是通过协商而获得统一的“世界秩序”。雅斯贝尔斯认为，“从世界的大局来看，民族国家的时代显然已经过去了”。[96]他进一步指出，所谓的世界秩序应当是以对话和共同决定为基础，以自由为前提。在通向世界秩序的道路上，他提醒人们要注意防止战争以及现代技术的危险。他认为《圣经旧约·弥迦书》中的经典的话，应当是人类未来和谐一致的图景：“他们要将刀打成犁头，把枪打成镰刀。这国不举刀攻击那国，他们也不再学习战事。”[97]

雅斯贝尔斯一再强调，人还没有足够强大，乃至不需要任何信仰。尽管对科学、教会以及人道主义的信仰产生了危机，但这并不意味着我们不需要信仰了：“这些力量是不充分的，它们之中隐藏着邪恶的颠倒，但它们却能通过其可能性，为全体人提供不可缺少的前提。”[98]

八、雅斯贝尔斯去欧洲中心主义的思想

雅斯贝尔斯尽管认为欧洲不论是在轴心时代还是在科学技术时代都曾扮演过非常重要的角色，但他并不认为西方文明是人类唯一的出路。雅斯贝尔斯的藏书中有施本格勒的《西方的没落》，并且他仔细读了这本书，留下了很多划线、标注的地方。[99]雅斯贝尔斯接受了施本格勒的很多看法，同时也在施本格勒基础之上有所超越。

经过第一次和第二次世界大战的雅斯贝尔斯，为了寻求西方文明的出路，而将目光投向了东方。雅斯贝尔斯认为，东方是西方的一面镜子，随时都有供西方学习的地方：

> 当西方从东方分离出来后，东方在政治和精神权力中依然具有同等重要、令人惊叹的力量，是西方学习和对它具有诱惑力的

地方。[100]

雅斯贝尔斯之所以有这样的认识，是因为他一直具有一种强烈的互补意识，而不是一种二元对立，谁能够取代谁的观点。他指出："亚洲是我们必不可少的补充。"[101]西方同时以自己的问题意识不断地向东方提问：

> 客观的历史分析尽管揭示了西方在世界形成的过程中所起的主导作用，但同时也发现了它的不完善和欠缺之处，因此，西方对东方的提问仍然是新的和富有成效的：我们在那里能找到哪些弥补我们不足的东西？我们错过了哪些在那里可以成为事实和真理的东西？我们为自己的优先地位付出了哪些代价？[102]

雅斯贝尔斯认为，西方在东方面前完全没有任何理由傲慢。很多西方人认为，东方根本没有西方所成就的诸如科学、理性的方法论、人格的自我存在、国家政权、具有资本主义特征的经济秩序等，对类似的观点，雅斯贝尔斯并不认同：

> 我们受到这种观点的影响，即我们在亚洲根本认识不到什么新的东西。我们已经了解了那里的一切，它们只不过用另外的方式强调了一下而已。欧洲人的自我满足感可能导致了他们把这一异域的世界仅仅当作怪物来看待——也就是说，在那里所思考的问题，我们考虑得更清楚，抑或无可奈何地认为，我们只能理解我们固有的东西，而不是起源于东方的东西。[103]

18世纪以来，当"先进"的观念渐渐在欧洲成为人类历史决定性的标准后，中国被认为是停滞不前的、处于低级阶段的“落后”国家，从而退出了主流思想家的视野。以黑格尔为代表的哲学家所塑造的平庸化的中国形象一直影响到20世纪初的西方知识分子。东方其他国家和地区的情形大致相当。雅斯贝尔斯接下来写道：

> 在亚洲存在着我们所缺乏、但又与我们密切相关的东西！我们从那里获得的问题，停留在了我们自己的心灵深处。我们为我们自己所创造的、有能力做到的，以及已经实现的一切付出了代价。我们还没有走上“人之存在”的自我完善之路。亚洲是我们必不可少的补充。有些东西在我们身上隐藏和掩埋得如此之深，如果我们没有看到这个最初对于我们而言是异域文化的折射，我们永远不会意识到这些东西，即便我们只能靠重新认识自己来理解它，但我们也许还有能力来重新认识它。由于蛰伏在我们身上的东西萌动了，我们可以通过在其中扩展我们自身来理解它。[104]

很明显，在雅斯贝尔斯看来，东方特别是亚洲不仅仅是一个知识的世界，更重要的是他从事哲学思考的重要手段。黑格尔在论述到孔子的哲学时，曾不无傲慢地写道：“从他的原著来看，我们可以得到这样的结论，如果他的著作没有被翻译过来的话，孔夫子的名声会更好些。”[105]而雅斯贝尔斯在研究过孔子哲学之后，在1957年9月24日给阿伦特的信中也谈到了孔子，他写道：“孔子给我的印象极深。我并不是想捍卫他什么，因为由于大多数汉学家的缘故使他变得平庸乏味，实实在在他对我们来讲是取之不尽的。”[106]雅斯贝尔斯的这一做法有点像当代法国哲学家、汉学家于连的迂回与进入的方式：于连选择了迂回到远离西方的中国的方式，目的是重新找回理论上的能动性，重新质问深埋于欧洲例行中的立场选择。[107]这一重新认识往往会有意想不到的新的阐释和理解，从而使得这些欧洲思想获得新的生命和意义。

雅斯贝尔斯并不认为东西方之间是一成不变的，而是构成了一个对立统一体：

> 在对立中，各种文化和各民族之间既相互吸引，又相互排斥。这种对立始终是欧洲构成的要素，而东方却只是接受了欧洲的对立面，并且从自己的角度理解欧洲。[108]

雅斯贝尔斯所谓的“欧洲就是在这样的一种对立之中随时构成的”（Darin hat sich jederzeit Europa konstituiert, …），实际上构成了东西方之间的动态关系，换句话说，东西方之间的关系并非是一成不变的，而是常常变化，并且可以相互转化的。

作为“主观心理学”（subjektive Psychologie）的创始人，雅斯贝尔斯在哲学上同样强调在理解性地观察时，能认识到什么？以及如何作为一个重新体验的个体而存在？[109]他也强调以体验性的思维介入到事件中去，去跟思想家们一同体会他们思维的力度，分享他们发现时的喜悦。雅斯贝尔斯并不认为东方对于欧洲来讲是一堆死的历史文献，而是活生生的存在：

> 中国和印度的哲学史就不是我们业已存在的哲学史的一次多余的重复，也不仅仅是一个我们可以从中研究有趣的社会学影响的现实，而是直接关切到我们自身的东西，因为它告诉我们人的潜力，并将我们带入了与另一种“人之存在”的真实起源的关联之中，这一“人之存在”不是我们的，但也有可能是我们的，它是在历史存在中独特的不可替代的东西。[110]

对于雅斯贝尔斯来讲，哲学研究并不是寻求一种供理解的普遍客观知识，而应当将它理解为一种行动，一种追求真理的当下的行动。从雅斯贝尔斯的努力可以看出，他在自己的哲学体系中力图超越欧洲中心主义论和民族国家的框架。这些都充分体现出一位具有全球视野的哲学家的宽广胸怀。

九、将传统化为己有

雅斯贝尔斯从来不认为哲学史可以代替人自身的哲学思考，他认为，哲学史的功用是引导人们更深入地进行哲学思考。但雅斯贝尔斯从一开始就对西南德意志学派的这一哲学史传统表示了怀疑。1901－1902年的冬季学期，年仅18岁的雅斯贝尔斯到海德堡学法律，一开始费舍尔所讲述的叔本华哲学深深地吸引了他："今天下午听了库诺·费舍尔的演讲，他讲得太棒了。"但两天后雅斯贝尔斯的看法就改变了："他似乎很是空洞。"一周以后雅斯贝尔斯给费舍尔下的断语是："库诺·费舍尔只是在开始的瞬间令人敬佩而已。"[111]

雅斯贝尔斯后来再反思这段经历时指出："费雪（费舍尔的另一种汉译名——引者注）之所以著名，一方面是由于他能合理而清晰地使前人的哲学再生，这种再生还是有用的，另一方面也是由于他对哲学本身完全是无知的，因为哲学本身是绝不能以这种方式再生的。"[112]雅斯贝尔斯认为，哲学史家的工作更多的应当是通过他们的文字让读者去思考，激励他们，让他们成为有思想的人。

在研讨班作报告的时候，雅斯贝尔斯发现，对他影响至深的哲学家之一克尔凯郭尔的思想根本没有办法用作报告的方式予以再现：在做克尔凯郭尔的报告时，我发现他并非是能够通过报告而被认识的。(Beim Referieren Kierkegaards merkte ich, dass er nicht referierbar ist.)[113]因此，对于雅斯贝尔斯来讲，哲学史的功用并不在于将一些哲学家的观点罗列出，而没有真正地进行哲学思考。他从来不认为可以放弃阅读原著，因为只有原著才能不断激发令人称奇的思考。他指出：

> 真正哲学思维的重要含义在于那些冲动，内在的构想，洞悉及判断的途径，能随时作抉择的反应，能投入历史中而仿若置身现在的性能，并使所有这些内在的性能在超越所有客观内容过程中能互相融合。[114]

在阅读雅斯贝尔斯哲学著作的德文原文时，人们会发现，他习惯用“Philosophieren”（“哲学”的动名词形式，书中译作“哲学思考”）来替代“Philosophie”（哲学）一词，而这一用法在现代德语中并不常见。在雅斯贝尔斯看来，哲学史是不可以用所谓客观的方法，把以往发生的事描述一遍就了事的，而是与哲学大师们一起共同进行“哲学思考”的活动：

> 我的经验是，除非我们自身的现实能参与到其中，不然的话对以往哲学家的研究不会有什么用。只有透过自身的现实性，我们才能理解思想家们的提问，因此我们在读他们的著作的时候，能够感到好像所有的哲学家都是我们同时代的人一样。[115]

雅斯贝尔斯认为，哲学研究有三种形式：一种是我们每天内在行为之中的实际（praktisch）研究；其次是借助于各种科学、范畴、方法和体系，在内涵中去体验的实质（sachlich）研究；其三是通过将传统化为己有的历史（historisch）研究。[116] 由此我们可以看得出，对于雅斯贝尔斯来讲，历史是哲学研究的一种方法。哲学研究并不是寻求一种供理解的普遍客观知识，而应当把它理解为一种行动，一种追求真理的行动。

十、结论

法国年鉴学派的布罗代尔 1947 年为取得教授资格而作的论文《菲利普二世时代的地中海和地中海世界》(*La Méditerranée et le monde méditeranéen à l'époque de Philippe II*, Paris 1949)是一部关于普遍史的有影响的杰作。[117]他在这部著作中提出了一个时间模式,使我们工作的时间跨度扩展到整个的历史。布罗代尔把"总体史"(l'histoire totale)分成三个时间层面:我们几乎觉察不到的"地理-历史"(géo - histoire),即地形地貌缓慢地、不为人觉察地发生变化的时段;几百年不变的"长时段历史"(histoire de la longue durée),即人口统计、经济、农业、社会政治上的结构性变化,以及我们每天都能感受到的"事件历史"(histoire événementelle)。轴心时代文化的物质和精神需求虽然没有创造出文化的地理-历史基础,却创造了文化-文明的基础。正是这些基础几百年来潜移默化,不可避免地影响着当今的时代。从雅斯贝尔斯轴心时代的理论出发,我们可以把这个"地理-历史"的时间层类似地称为"轴心历史"(histoire axiale)。雅斯贝尔斯不无道理地指出:

> 轴心所表示的并非一种隐蔽的内在的东西,每一时代引人瞩目的各种现象都围绕着它来转,这一内在的东西本身是永恒的,延伸至所有的时代,却被当下飞扬的尘土所遮掩。确切地说,轴心所指的是基督前的上个千年中叶的一个时代,在它之前的一切事物似乎都是在做准备,而在它之后的一切事物事实上都能还归于它,并且是在清醒的意识中还归于它的。"人之存在"的世界史从这里开始获得其结构。这并非我们能够永远宣称具有绝对性和唯一性的轴心。然而它是迄今为止短暂的世界史的轴心,在所有人的意

识中，它可能意味着他们共同认可的历史的统一的基础。[118]

也就是说，只有在“轴心历史”和“长时段历史”的基础之上，才能研究“事件历史”以及短期的、持续了几十年的当今发展的历史。而对古代人类历史的研究反过来为全球史的“长时段历史”和当今的“事件历史”提供了新的视角。布罗代尔的“总体史”实际上是微观历史与宏观历史的有机结合。这同时也暗合了伽达默尔对阐释学循环(hermeneutischer Zirkel)的解释，认为它是理解必不可少的条件之一。伽达默尔认为，在理解中必须根据构成文本的各个部分来理解文本整体，又必须根据文本整体来理解文本的各个部分，这是一个循环往复的过程。阐释学循环乃是一种矛盾运动，它是整体与部分之间的对立统一关系在理解中的反映。伽达默尔写道：“这种循环在本质上就不是形式的，它既不是主观的，又不是客观的，而是把理解活动描述为流传物的运动和解释者的运动的一种内在相互作用(Ineinanderspiel)。”[119] 显然，伽达默尔的阐释学循环理论十分强调从整体与部分的辩证运动中理解文本，揭示出理解主体的主观能动性，同时也进一步突出了理解的历史性。因此，我们处在这样一个富有成效的问题圈内，带着这些问题意识，我们既可以深入地探讨当今全球史的深层文化影响，又可以反过来，从长期和中期的历史出发，提出关于当今全球史的新的问题。

读完《论历史的起源与目标》之后，我们并没有了解到历史的起源与目标，但这本书却改变了我们对历史的认识。雅斯贝尔斯并不认为想要了解历史整体及其目标的意愿会给我们带来什么，但对整体的考察是不可或缺的：“我们愿意将历史作为一个整体来理解，是为了理解我们自身。”[120] 并且“历史观创造了从中能够唤起我们人性意识的可能性”。[121]

雅斯贝尔斯相信，在作为间歇期的科学技术时代过去之后，会有新的轴心时代的出现：

> 如果一个新的轴心时代能到来的话，那它只能在将来，就像是第一轴心时代最终使得人的生活根本区别于所有的动物性，是发现人的生活基础的时代，是普罗米修斯时代，它很晚才会到来。这一也许会即将来临的新的轴心时代，它将是包括全球在内的唯一的现实，现在就在我们面前是不可想象的。在幻想之中首先认识到新的轴心时代，意味着要去创造它。没有人会知道，新的轴心时代能为我们带来什么。[122]

尽管雅斯贝尔斯在他的一生中并没有完成他所设想的世界哲学的任何一部分，他认为，在创立世界哲学的人物方面，他的思想仅仅是“走在半路上”。[123]世界哲学与其说是一种哲学，毋宁说是一项使命。雅斯贝尔斯的世界哲学，让我们认识到哲学有多种起源，同时也否定了西方哲学的特殊地位，强调由跨文化性而产生的哲学间的动态交错。在雅斯贝尔斯的基础之上，哈贝马斯进一步指出：

> 西洋的理性主义必须回归到自身，超克自己的诸多盲点，以使自己开启与其他文化的沟通，并从中学习。一种名副其实的间文化交遇(interkulturelle Begegnung)也将能在我们的诸多传统中，挖掘掩埋之物。欧洲必须利用她的长处，即她自我批判的潜力和她的自我转化的力量，以透过他者、异己，以及暂时无法理解之物，更彻底地相对化自身。[124]

面对来自异域哲学的挑战，任何的哲学都应积极采取跨文化动态的转化，从而拓展其理论视野，使之真正成为全球性的理论。否则的话，它很容易落入地区性哲学的窠臼。换句话说，如果没有经受其他文化的检验的话，所有的哲学，其认识力和说服力的有效范围，仅局限在自身的文化空间内。

无论如何，全球意识确实使得雅斯贝尔斯的哲学获得了新的深度和广度。雅斯贝尔斯最终没有将他的哲学命名为“普世哲学”（Universalphilosophie），而是称之为了“世界哲学”，这表明，他希望从理性的基本交往意愿出发，达到世界的可能性统一。[125]

注释

[1] Karl Jaspers, *Vom Ursprung und Ziel der Geschichte*. München: R. Piper & Co. Verlag, 1949, S. 16 – 17. 在奥登堡大学雅斯贝尔斯的藏书（Karl-Jaspers-Bibliothek）中，共有六种施本格勒的著作，其中两卷本《西方的没落》（*Der Untergang des Abendlandes*）的第一卷《形态与现实》（*Gestalt und Wirklichkeit*）就有1918年的初版（Wien & Leipzig: Braumüller）和1919年的三版（München: Beck）两种，并且在很多地方有雅斯贝尔斯的下划线和批注。此外，雅斯贝尔斯还收藏了奥古斯特·麦瑟尔所著的《作为哲学家的施本格勒》（*Oswald Spengler als Philosoph*. Stuttgart: Strecker und Schröder, 1922）一书，在这本书的扉页上雅斯贝尔斯也盖上了他的图章。有关汤因比的藏书有三种，均为德文版，其中有1949年出版的《历史研究》（*Studie zur Weltgeschichte: Wachstum und Zerfall der Zivilisationen*. Hamburg: Claassen & Goverts, 1949）和《经受着考验的文明》（*Kultur am Scheidewege*. Wien u.a.: Europa-Verlag, 1949）。由于《论历史的起源与目标》也出版于同一年，这两本书不可能对他观点的形成产生很多的影响。但从雅斯贝尔斯在书上留下的阅读印记可以看出，他还是非常认真地研读了这两本书。此外，他还收藏了1959年的德文版《世界宗教中的基督教》（*Das Christentum und die Religionen der Welt*. Gütersloh: Mohn, 1959）。

[2] Karl Jaspers, *Vom Ursprung und Ziel der Geschichte*, S. 17.

[3]《日记》1945年3月20日。转引自 Hans Saner, *Jaspers*. Reinbek bei Hamburg: Rowohlt Taschenbuch Verlag GmbH, 1996, S. 51.

[4] Thomas Mann, *Briefe 1937 – 1947*. Frankfurt a.M., 1963, S. 482. 此处转引自 Hans Saner, *Jaspers*. Reinbek bei Hamburg: Rowohlt Taschenbuch Verlag GmbH, 1996, S. 54.

[5] 实际上，雅斯贝尔斯根本没有办法完全与政治脱离干系。1958年他还出版了《原子弹与人的未来》（*Die Atombombe und die Zukunft des Menschen*）一书，可以看出他对人类未来的担忧。

[6]“我们之间的巨大分歧，性格差异，因相距遥远以至于无法理解，在致命的

敌意中断绝相互间的关系，精神病或者纳粹集中营中那令人恐怖的、无声的崩溃，——所有这一切都是我们忘记了原本的亲缘关系而造成的痛苦，或者是我们再也找不到实现它的途径。"Karl Jaspers, Vom Ursprung und Ziel der Geschichte, S. 65 - 66;在谈到对科学的滥用时，雅斯贝尔斯举了两千多年前一位印度国王在罪犯身上所做的残酷的实验，之后他感慨道："这与纳粹分子所进行的人体实验相似。这样的做法与现代科学毫无关联，而是属于对科学的滥用，这一滥用同样适用于人所创造的一切，也适用于科学。" *Ibid*, S. 120 - 121;在涉及到人性的阴暗和邪恶时，雅斯贝尔斯同样举了纳粹集中营的例子："纳粹集中营及其拷问，最终是对几百万人所进行杀戮的毒气室以及焚化炉，——相应地在其他极权国家也有类似现实的报道，即便通过毒气室而直接进行集体杀人的事件仅仅发生在纳粹那里。深渊已经开始显现。"*Ibid.*, S. 187.

[7] Karl Jaspers, "Öffentliche Erklärung". In: *Rhein-Neckar-Zeitung* am 23. März 1948. 转引自 Hans Saner, Jaspers. Reinbek bei Hamburg: Rowohlt Taschenbuch Verlag GmbH, 1996, S. 56.

[8] Karl Jaspers, *Philosophische Autobiographie*. München: R. Piper & Co. Verlag, 1977, S. 83 - 84.

[9] *Hannah Arendt/Karl Jaspers: Briefwechsel 1926 - 1969*. Herausgegeben von Lotte Köhler und Hans Saner. München: R. Piper & Co. Verlag, 2001, S. 142.

[10] Karl Jaspers, *Philosophische Autobiographie*, S. 32.

[11] *Ibid.*, S. 25.

[12] Karl Jaspers, *Der philosophische Glaube angesichts der Offenbarung*. München 1962, S. 148.

[13] Hans Saner, *Jaspers*, S. 111.

[14] 1922年9月6日雅斯贝尔斯致海德格尔，见《海德格尔与雅斯贝尔斯往复书简(1920 - 1963年)》，李雪涛译，(上海：上海人民出版社，2012年)，第121页。

[15] Cf. Karl Jaspers, *Was ist Philosophie? Ein Lesebuch*. München: R. Piper & Co. Verlag, 1976, S. 45ff.; Hans Saner, *Jaspers*. S. 85ff.

[16] Karl Jaspers, *Vom Ursprung und Ziel der Geschichte*, S. 22.

[17] 施本格勒著《西方的没落》(齐世荣等译,北京：商务印书馆，1963年)，第77页。

[18] Hans Saner, *Jaspers*, S. 86.

[19] *Ibid.*, S. 113.

[20] *Ibid.*, S. 81 - 82.

[21] Karl Jaspers, *Weltgeschichte der Philosophie. Einleitung*. München: R. Piper & Co. Verlag, 1982, S. 114ff.

[22] *Ibid.*, S. 117.

[23] *Ibid.*, S. 118.

[24] Karl Jaspers, Geistige Situation der Zeit, Berlin 1931; Sammlung Göschen, Band 1000, 6. Unveränderte Aufl., Berlin 1948.

[25] Karl Jaspers, Vom Ursprung und Ziel der Geschichte, S. 348 – 349.

[26] Hans Saner, Jaspers, S. 82.

[27] Karl Jaspers, Vom Ursprung und Ziel der Geschichte, S. 17.

[28] Karl Jaspers, Was ist Philosophie? Ein Lesebuch, S. 44.

[29] Ibid., S. 44.

[30] Ibid., S. 45.

[31] Ibid., S. 45.

[32] Karl Jaspers, Rechenschaft und Ausblick. München: R. Piper & Co. Verlag, 1951, S. 414.

[33] Ibid., S. 415.

[34] 雅斯贝尔斯著《大哲学家》(李雪涛等译,北京:社会科学文献出版社,2010年,第2版),第141页。雅斯贝尔斯原文中使用的是"Kommunikation"(交往)一词(Karl Jaspers, Die großen Philosophen. Erster Band. München: R. Piper & Co. Verlag, 1957, S.168.),我当时在翻译的时候,根据上下文,译成了"沟通"。

[35] Karl Jaspers, Vom Ursprung und Ziel der Geschichte, S. 198 – 199.

[36] Ibid., S. 284.

[37] Karl Jaspers, Rechenschaft und Ausblick, S. 45 – 46.

[38] Karl Jaspers, Vom Ursprung und Ziel der Geschichte, S. 19.

[39] Ibid., S. 19.

[40] Ibid., S. 19 – 21.

[41] Ibid., S. 40.

[42] Ibid., S. 41.

[43] Ibid., S. 19.

[44] Heiner Roetz, Die chinesische Ethik der Achsenzeit. Frankfurt am Main: Suhrkamp Verlag, 1992, S. 47.

[45] Karl Jaspers, Vom Ursprung und Ziel der Geschichte, S. 30.

[46] Ibid., S. 27.

[47] Ibid., S. 38.

[48] Ibid., S. 41.

[49] Ibid., S. 79.

[50] Ibid., S. 26.

[51] Ibid., S. 45.

[52] Ibid., S. 99.

[53] Ibid., S. 342, Anm. 3.

[54] Ibid., S. 326.

[55] Ibid., S. 313 – 314.

[56] Ernst Schulin, Traditionskritik und Rekonstruktionsversuch: Studien zur Entwicklung *von* Geschichtswissenschaft und historischem Denken. Göttingen: Vandenhoeck und Ruprecht, 1979, S. 188.
[57] Karl Jaspers, Vom Ursprung und Ziel der Geschichte, S. 47.
[58] Ibid., S. 80.
[59] Ibid., S. 127.
[60] Ibid., S. 152.
[61] Karl Jaspers, Was ist Philosophie? Ein Lesebuch, S. 93.
[62] Karl Jaspers, Vom Ursprung und Ziel der Geschichte, S. 314.
[63] Ibid., S. 132.
[64] Ibid., S. 117.
[65] Karl Jaspers, Die geistige Situation der Zeit. Berlin: Walter de Gruyter & Co., 1971, S. 41f.
[66] Karl Jaspers, Vom Ursprung und Ziel der Geschichte, S. 129.
[67] Ibid., S. 173.
[68] Ibid., S. 217.
[69] Karl Jaspers, Rechenschaft und Ausblick, S. 391.
[70] Karl Jaspers, Vom Ursprung und Ziel der Geschichte, S. 152.
[71] Ibid., S. 163.
[72] Karl Jaspers, Die Atombombe und die Zukunft des Menschen, 1958, S. 112.
[73] Karl Jaspers, Der philosophische Glaube angesichts der Offenbarung, S. 148.
[74] Hans Saner, Jaspers, S. 104.
[75] Karl Jaspers, „Goethes Menschlichkeit", in: Karl Jaspers, Rechenschaft und Ausblick, S. 79.
[76] 杰弗里·巴勒克拉夫著《当代史学主要趋势》(杨豫译,上海:上海译文出版社,1987年),第258页。
[77] Karl Jaspers, Vom Ursprung und Ziel der Geschichte, S. 118.
[78] Ibid., S. 118.
[79] Ibid., S. 193.
[80] Golo Mann, „Jaspers als geschichtlicher Denker", in: Klaus Piper (Hrsg.), Karl Jaspers. Werk und Wirkung. München: R. Piper & Co. Verlag. 1963, S. 143. 曼在1960年代出版的《世界史入门》(Propyläen Weltgeschichte. Frankfurt, 1960)中认为:我们的工作建立在存在着一部人的历史或者人类的历史的假定之上,并且这一历史并不仅仅是彼此之间完全隔绝的各个个别文化的历史。他既接受雅斯贝尔斯《论历史的起源与目标》中所描绘的作为一个统一进程的人类历史的观念,又反对简单的进步观。请参考伊格尔斯著《德国的历史观》(彭刚、顾航译,南京:译林出版社,2006年),第341页.
[81] Karl Jaspers, Vom Ursprung und Ziel der Geschichte, S. 189.
[82] Karl Jaspers, Weltgeschichte der Philosophie: Einleitung. Aus dem Nachlaß

herausgegeben von Hans Saner. München: R. Piper & Co. Verlag. 1982, S. 20.

[83] Karl Jaspers, Vom Ursprung und Ziel der Geschichte, S. 5.

[84] *Ibid.*, S. 192.

[85] *Ibid.*, S. 180.

[86] *Ibid.*, S. 180.

[87] *Ibid.*, S. 193.

[88] *Ibid.*, S. 217.

[89] *Ibid.*, S. 219ff., S. 229ff., S. 236ff.

[90] *Ibid.*, S. 219.

[91] *Ibid.*, S. 224.

[92] *Ibid.*, S. 237.

[93] *Ibid.*, S. 238.

[94] *Ibid.*, S. 239.

[95] *Ibid.*, S. 242.

[96] *Ibid.*, S. 251.

[97] *Ibid.*, S. 266.

[98] *Ibid.*, S. 267.

[99] 请参考本文注释[1].

[100] Karl Jaspers, *Vom Ursprung und Ziel der Geschichte*, S. 93.

[101] *Ibid.*, S. 95.

[102] *Ibid.*, S. 94.

[103] *Ibid.*, S. 95.

[104] *Ibid.*, S. 95.

[105] G. W. F. Hegel, Werke in *20 Bänden*. Frankfurt am Main: Suhrkamp Verlag, 1971, Bd. 18, S. 42.

[106] *Hannah Arendt/Karl Jaspers: Briefwechsel 1926 – 1969*, S. 361.

[107] 于连〈由希腊绕道中国,往而复返：基本主张〉,收入《其言曲而中：汉学作为对西方的新诠释——法国的贡献》(台北：辅仁大学出版社,2005年),第71–87页,此处请参考第71页。

[108] Karl Jaspers, Vom Ursprung und Ziel der Geschichte, S. 94.

[109] Hans Saner, *Jaspers*, S. 74.

[110] Karl Jaspers, Vom Ursprung und Ziel der Geschichte, S. 95.

[111] Hans Saner, *Jaspers*, S. 18.

[112] W.考夫曼著《存在主义：从陀思妥耶夫斯基到沙特》(陈鼓应等译,北京：商务印书馆,1987年),第16页。

[113] 出处同上,第16页。

[114] 出处同上,第17页。

[115] Karl Jaspers, *Rechenschaft und Ausblick*, S. 399.

[116] 参见 Karl Jaspers, *Was ist Philosophie? Ein Lesebuch*, S. 111.

[117] 此书的中文译本见《菲利普二世时代的地中海和地中海世界》(唐家龙等译,北京:商务印书馆,1998年)。

[118] Karl Jaspers, Vom Ursprung und Ziel der Geschichte, S. 324.

[119] 伽达默尔著《真理与方法——哲学诠释学的基本特征》(洪汉鼎译,上海:上海译文出版社,1999年),第376页。

[120] Karl Jaspers, Vom Ursprung und Ziel der Geschichte, S. 287.

[121] Ibid., S. 287.

[122] Ibid., S. 128 - 129.

[123] Karl Jaspers, Rechenschaft und Ausblick, S. 391.

[124] Jürgen Habermas, Vergangenheit als Zukunft. München: R. Piper & Co Verlag, 1993, S. 127 - 128.此处译文转引自何乏笔〈跨文化批判与中国现代性之哲学反思〉,载《文化研究》第八期(2009年春季),第128页。

[125] 参见 Hans Saner, Jaspers, S. 113.

人名索引*

A

* 页码为中文版页码,按拼音顺序排列。生卒年月中的德语"v. Chr."等同于英语的"BC","n. Chr."等同于英语的"AD"。

B

C

D

E

F

G

H

J

K

L

M

N

O

P

Q

S

T

W

X

Y

Z

事项索引*

A

B

* 页码为中文版页码,按拼音顺序排列。

C

D

E

F

G

H

J

K

L

M

N

O

P

Q

R

S

T

W

X

Y

Z

译后记

本书系从1949年雅斯贝尔斯的《论历史的起源与目标》(*Vom Ursprung und Ziel der Geschichte*. München: R. Piper & Co. Verlag, 1949)一书德文版翻译而来。在翻译的过程中,参考了英文译本:*The Origin and Goal of History*. Translated from the German by Michael Bullock. London: Routledge & Kegan Paul Ltd. 1953. 以及日译本:『歴史の起源と目標』,重田英世訳,〔ヤスパース選集 IX〕,東京:理想社,1964年。

一些概念和术语的翻译

厘定译名可以说是翻译哲学著作最重要的工作之一。早期的佛典汉译,每次有一位新的译经僧,他的第一件工作是对旧经的术语进行厘定。这项工作实际上是对佛教教义的重新理解和阐释。如果我们翻阅《出三藏记集》的话,在卷一就有〈前后出经异记〉[1],比较了鸠摩罗什之前和之后的25个术语的译名。罗什的弟子僧睿在"大品经序"中对罗什的译经方式进行了总结:"胡音失者,正之以天竺;秦名谬者,定之以字义。不可变者,即而书之。是以异名斌然,胡音殆半。斯实匠者之公谨,笔受之重慎也。"[2]可以看得出,罗什在译经的时候,对术语、名词的重视程度。近代以来,在迻译西方世俗哲学著作时,哲学概念译名的确立依然是至关重要的。严复在《天演论》的〈译例言〉(1898年)中指出:

> 新理踵出,名目纷繁,索之中文,渺不可得,即有牵合,终嫌参差。译者遇此,独有自具衡量,即义定名。……此以见定名之难,

虽欲避生吞活剥之诮，有不可得者矣！他如物竞、天择、储能、效实诸名，皆由我始。一名之立，旬月踟蹰；我罪我知，是存明哲。[3]

哲学概念，尤其是中心概念是建构理论的基础与核心。术语的厘定直接决定了译者对原文的理解以及以何种方式实现哲学的跨文化转换。不同语言和思想的交锋与在此基础之上的新义在这里得以生成。与鸠摩罗什和严复比较，今天的译者不需要像他们一样筚路蓝缕地创造新词，但依然需要对很多已有的译名作深入的反思。我想这本身也是哲学思考的一部分吧！

在迻译这本书的时候，有一些重要概念、术语的翻译，也是需要仔细推敲的。下面举个别重要的例子，对此略加说明。

“Gegenwart”（德文版第 5 页）一词翻译为“当下”，相应地将形容词“gegenwärtig”翻译成“当下的”。英译本将“Gegenwart”翻译成“present”，日译本翻译成“現在”。而将“modern”（德文版第 11 页）翻译成“现代”，日文在不同情况下翻译成“近代”、“現代”，这在中文的语境下会产生混乱。

“Hochkultur”（德文版第 7 页）翻译成“高度文化”，而不翻译成“高度文明”，这是受日文的启发而做如是翻译的。以往翻译成“高度文明”，但实际上，文明很难有高下之分，自然也不会有什么“高度文明”、“低度文明”的划分了。相应的，德文的“Kultur”（德文版第 16 页）译作“文化”，而“Zivilisation”则翻译成“文明”。

“historische Betrachtungen”（德文版第 11 页）翻译成“历史考察”，因为“历史观”相对应的是“historische Anschauungen”，这是一个比较固定的说法。“Betrachtungen”是“观察、思考、考察”的意思。日译本译作“歷史の考察”，我觉得是有道理的。

将“Existenz”（德文版第 30、230 页）翻译成“生存”，为了与“Sein”

（存在）区分开来。又如“existentielle Kommunikation”译作“生存的交往”（德文版第274页）。但“Existenzphilosophie”约定俗成，依然译作“生存哲学”，而不像日文一样译作“实存哲學”。[4]

德文中的“Universalgeschichte”（德文版第76页）翻译成“普世史”，以区别于“Weltgeschichte”（世界史）和“Globalgeschichte”（全球史）。

分别将“griechisch-römisch”（德文版第78页）和“germanisch-romanisch”（德文版第79页）翻译成：希腊-罗马的，日耳曼-罗曼式。这两个时代是不同的。之所以没有用“拉丁的”来翻译“romanisch”的原因在于，“拉丁”一词在今天除了历史的含义之外，还有当代的其他含义。

“Vorderasien”（德文版第83页）日译本译作“近東”，我翻译为“西亚”，因为从中国的角度如果不是“Nahosten”（近东）一词的话，“西亚”更容易为我们所理解。此外，从“Voraussetzung unseres eigenen geistigen Lebens”（德文版第86页，我们自己精神生活的前提）中可以看出，作者预设的读者是西方的读者群。在翻译中，对此译者并没有改动，这点请中文读者格外注意。

一些约定俗成的人名，如“Thomas”（德文版第121页）翻译成“托马斯”，而不是“阿奎那”；将“Leonardo”翻译成“列奥纳多”，而不是“达·芬奇”。我认为，这样更准确。

“Plan”和“Planung”（S. 217 ff.）分别译作“计划”和“计划化”。从英、日文的译本来看，德文的“Plan”，英译本译作“plan”，而日语为“計画”；德文的“Planung”，英译本一般译作“planning”，而日语为“計画化”，强调动词特性（进行计划，对……做计划）。计划化可以是一个由个人或多人，甚至组织团体为了完成某个策略性目标而必经的程序。包括从构思目标、分析现状、归纳方向、评估可行性，一直到拟订策略、实施方案、追踪成效与评估成果的过程。雅斯贝尔斯所指的"计划化"是国家对国民经济等实行的总体调控,其干预不断加强——从局部调节发展成为总体调节。

我将"Idealismus"(德文版第302页)翻译成"观念论",而不是像以往一样译作"唯心主义"。由于众所周知的原因,"唯心主义"在某一历史时期的中国有着其特殊的内涵。雅斯贝尔斯在这里所强调的显然是从费希特、黑格尔到谢林以来的优秀传统,跟我们一直以来批判的"唯心主义"关系不大。

有关翻译及之前的几个译本

除了参考英译本和日译本之外,我当然有时也会对照着已经翻译成中文的版本看一下。中文唯一的全译本:魏楚雄、俞新天译,《历史的起源与目标》,北京:华夏出版社,1989年(以下简称"魏俞译本")。我具体的翻译方法是,直接从德文翻译,遇到有问题的地方,再找出英文版和日文版作参考。中文版由于是从英文翻译的,跟德文版的差距还是比较明显的。从这个意义上来讲,直接看德文版对我的启发理应更大一些。

汉语是非常有活力的语言,近代以来不断吸收各种语言特别是英语和日语中的表达方式,乃至语法特征,使得汉语的表达力不断得到完善。由于日本、中国台湾、中国香港、新加坡以及海外华人对汉字的广泛使用,汉语的很多表达方式在近年来变得日益精确化。很多哲学的词汇从一般的词汇中分离出来,这也使得翻译更加准确了。例如,以往我们将"Sein"、"Existenz"都翻译成"存在",本书中,我将"Sein"译作"存在"(而不是像一般台湾学者一样译作"存有"[5]),而将"Existenz"译作"生存",这样就可以区分了。

翻译和自己的写作毕竟不同，我以为应当尽量让读者能够从译文中感受到这是一个外来的文本，从思想到文句都是这样。因此我极力避免用成语或一些汉语里的诗句来翻译、附会外来的思想。即便有比较合适的成语，我还是会选择用平白的词句翻译，因为成语或诗句中所蕴含的中国文化的因素太强，一些西方观念经过了这些传统中国词汇的翻译，很快便被纳入并消融到中国传统的系统之中去了，被翻译过来的思想也就被历史悠久的中国学术传统淹没得无影无踪。正是拥有这样的翻译观，我想北宋初年主持译场的赞宁才会对鸠摩罗什译本大加赞叹吧："如童寿译《法华》，可谓折中，有天然西域之语趣矣。"[6] 拉丁文中也有"Simplex sigillum veri"（简明的话是真理的保证！）例如在翻译"… sucht mit ihnen hartnäckig in dieser Welt und nicht außer ihr den rechten Weg."（德文版第 284 页）一句时，我没有把"in dieser Welt und nicht außer ihr"翻译成"在世间，而不是出世间"，而是翻译成了很平常的一句话："他与其他人一道顽强地在世界之中而不是世界之外寻求正确的道路。"因为"世间"和"出世间"两个佛教的词汇，让人会产生另外的一些不必要的联想（Assoziation）。

既然雅斯贝尔斯的这部著作已经有了译本，为什么今天还要重译呢？公元 401 年由凉州入长安的龟兹僧人鸠摩罗什，曾经有十一年的时间从事译经的事业。据《出三藏记集》记载，罗什在长安期间共译出经论 35 部，294 卷，而其中有 13 部是重译经。这些重译经当然是应后秦文桓帝姚兴的要求，其实这更是时代的需要。罗什除了以他的翻译实践克服了以往"格义"——以道家或外教之义理来比附佛教之义理的方式，结束了"多滞文格义"、"理滞于文"的译经局面，鸠摩罗什更希望通过经典的重新翻译，对经典进行再阐释。

就像是追求完美的理解一样，任何翻译都不可能是尽善尽美的。说实在的，魏楚雄、俞新天两位先生的译本是一个严肃认真的译本，没有省略英文版的任何部分(除了几处遗漏的部分外),这在当时的特定历史条件下并非易事。在那个年代,译者对雅斯贝尔斯的哲学思想很难有比较全面的了解,致使产生了一些常识性的错误。这一译本最大的问题是读起来不流畅,有些地方会让人不知所云。我在翻译的过程中,有时会对照看一下,总是感觉到,如果你不对照英文译本的话,很难明白中文译本究竟要说什么。

此外,在翻译如雅斯贝尔斯这样的大哲学家的著作时,如果没有几个其他语言的译本作参考的话,我自己也会觉得很难下手。因此,除了德文原文之外,还找来了迈克·布洛克的英译本、重田英世的日译本,之后我才正式决定翻译这本书。多年前跟伦敦大学亚非学院的傅熊教授谈到海德格尔的德文著作时,作为母语是德语的他,也说在读不懂德文的情况下,会找来英译本阅读。我想,如果"魏俞译本"参考了德文原文或日译本的话,一些错误是可以避免的。我当然知道,在当时的情况下,找到这些版本并不容易。

英译本除了翻译德文版的内容外,还增加了〈雅斯贝尔斯的其他著作〉(Other Works by Karl Jaspers, p. 284 - 285),"魏俞译本"也予以了翻译(中译本第 331 - 332 页)。可惜的是,英文版后有基于英文版术语的 8 页索引(p. 287 - 294),这一部分并没有被译出。此外最大的问题是目录,从德文和英文来看,有三级标题,但中文的处理只翻译了前两级。德文版的目录除了列出篇章名目供读者检索之外,更重要的是显示出一本书的知识体系,可以作为"学习指南"(study guide)来看待。实际上,这样的一个目录对理解雅斯贝尔斯的整体历史哲学是非常有帮助的。

本书写作于 1949 年,当时老一辈的德国学者有着另外一套学术规范。因此,书中有些引文没有注明出处。英译者和日译者也没有做进一步的查找。由于今天网络搜索引擎技术的发达,在力所能及的情况下，我对这些引文都进行了查找，尽量注明出处。

中文译本的标点符号，并非是严格按照德文的方式，而是根据汉语的习惯做了适当的调整。同样英文版和日文版也做过调整。

雅斯贝尔斯在中国的接受及"魏俞译本"

有关雅斯贝尔斯在中国的接受情况，早在上个世纪的40年代已经有一些文章对他的哲学进行了介绍。成立于1933年的中德学会曾经在《第六卷年度报告（1939－1940年）》（*6. Jahresbericht 1939－1940*）中刊布已经将雅斯贝尔斯的《时代的精神状况》一书列入了出版计划：1940年7月在准备之中。[7]但由于雅斯贝尔斯1937年被免职，而从1938年他被禁止发表作品，因此《时代的精神状况》一书的中文译本并没能够得以出版。中德学会的刊物《中德学志》（Aus deutschem Geistesleben）[8]分别于1940、1941年发表了柏尔克的〈现代德国哲学之特征〉[9]和王锦第的〈略述雅斯波的哲学〉[10]，对雅斯贝尔斯的哲学做了全面的介绍。王锦第认为，中国当时对德国当代哲学的理解是极为不够的，就此他写道：

> 但是很可惜，国人研究西洋哲学者对于德国哲学很少有力的介绍与深刻的研究，尤其是当代的德国哲学对于我们好像都很生疏，例如现在我们所要介绍的雅斯波就是中国哲学界的一位生朋友，然而他是当代德国的第一流哲学家。[11]

王锦第的文章对雅斯贝尔斯的生平和哲学思想都做了非常清楚的介绍。尽管王锦第懂德语，但由于他留学日本的背景，我认为这篇文章的主要内容是从日文编译而来的。很遗憾的是，这一对雅斯贝尔斯哲学的接受，1949年以后并没有被继承。雅斯贝尔斯一直被作为资产阶级的哲学家受到批判。尽管在贺麟主编的《存在主义哲学》[12]一书中对雅斯贝尔斯著作的部分章节进行过翻译，但由于此书的发行量很小，流传很少。

1989年出版的“魏俞译本”是在一个非常特殊的时期出现的，当时中国大陆的学界与世界学术界隔绝了将近四十年，因此大部分当时的年轻学者不可能对之前西方哲学、史学在中国的接受情况有所了解。致使在介绍雅斯贝尔斯的生平中，出现了与事实完全不符的描述：

> 在纳粹统治时期，雅斯贝斯遭到迫害，被迫侨居瑞典，直至第二次世界大战结束后才回国。后因著书认为德国对发动战争负有罪责而受到国内压力，又迁往瑞士，并加入瑞士籍。（“译者序”第1页）

这段话有两个问题：其一是，在第三帝国时期雅斯贝尔斯从来没有离开过纳粹德国，至于“被迫侨居瑞典，直至第二次世界大战结束后才回国”从何而来，不得而知。其二是，“德国对发动战争负有罪责”是战后尽人皆知的事实，雅斯贝尔斯并非是因此而受到当时德国国内的压力，而是因为他认为德国人民对战争也负有罪责，从而受到国内的极大压力。他的这些主张可以从《德国的战争罪责问题》（Die Schuldfrage，1946）中清楚地看到。

由于“魏俞译本”的两位译者对雅斯贝尔斯的哲学思想了解不够，因此没能在介绍雅斯贝尔斯的历史哲学之前，对他的整体哲学思想作一阐述，读者自然无法对他的“生存”（Existenz）、“生存之澄明”（Existenzerhellung）、“交往”（Kommunikation）、“暗号”（Chiffre）、“神话”（Mythos）、“超验”（Transzendenz）、“神与启示”（Gott und Offenbarung）、

“哲学的信仰”(Philosophischer Glaube)等内容有所了解,更不可能对他诸如“统摄”(das Umgreifende)、“临界状态”(Grenzsituationen)等哲学概念有所涉猎。实际上,译者在“译者序”中也没有能够全面阐述雅斯贝尔斯的历史哲学,因为《论历史的起源与目标》一书,除了“轴心时代”(Achsenzeit)的观念之外,还有很多其他方面的理论阐述,如东西方、技术、自由、整体计划,等等。

在对雅斯贝尔斯的评价中,依然可以看到当时的时代烙印,“魏俞译本”写道:

> 雅斯贝斯是一位自由资产阶级知识分子。毋庸置疑,他有不少历史思想和政治观点与历史唯物主义和无产阶级的社会理想是格格不入的,但这并不妨碍我们用辨析和鉴别的眼光从他那里汲取我们所能接受的东西,或通过分析其糅合了西方哲学和史学流派观点的轴心期理论,来加深对西方史学理论流派及其分化演变的了解……(“译者序”第12页)

但译者的态度也是明确的,对于雅斯贝尔斯历史哲学的译介,并非要做意识形态的批判,而是要为我所用,或者通过雅斯贝尔斯更好地理解西方史学的演变史。但无论如何,这样的一个中文译本的产生,对当时的中国史学界,乃至思想界都产生了很大的影响。

“站在以往译者的肩膀上”

在如何对待包括英文译本、日文译本以及“魏俞译本”等在内的以往的翻译问题,我想通过一则小故事来说明我的看法。近来我读到有关意大利文艺复兴时期的伟大雕塑家米开朗基罗雕刻其杰作的一则故事。故事的大意是：

> 15世纪中下叶人们在意大利佛罗伦萨采掘到一块质地精美的大理石，从其外观来看，很适合雕刻一个人像。石头放在那里很久，根本没有人敢动手。一直到有一天，雕塑家杜乔拿起了工具，但当他在大理石后面开凿之后，发现他根本没有办法来驾驭这块宝贵的石头。最终米开朗基罗用这块石头雕刻出了旷世杰作：巨制的大卫雕像，以作为佛罗伦萨自由的象征。但杜乔当年敲在大卫身后的一锤子，米开朗基罗也无法修复。有人在雕刻大师面前谴责杜乔的冒失。“不”，米开朗基罗说，“杜乔当然相当慎重，如果他果真冒失的话，这块材料早已不复存在了，而大卫像就只能由其他的材料来雕刻了。杜乔的伤痕对我来讲未尝没有好处，因为它时刻提醒我一刀一凿都不能有丝毫的疏忽。大卫像之所以能创作完成，要感谢杜乔始终在我身旁的提醒。”

我当然不是以大师来自比，而是说，以往的译本对我来讲一直是一个提醒。如果说我的译本尚能比较准确地表达雅斯贝尔斯哲学思想的话，那只能说我是站在以往译者的肩膀上而已。

此外，哲学文本的翻译跟文学文本完全不同。哲学句子的逻辑性比较强，即便是在原文之中，也是需要一定的思辨能力才能读懂。因此，读者不要指望翻译成中文的这些哲学著作完全通俗易懂。在近千年佛典汉译的历史过程中，有关“文”、“质”的讨论实际上就是这样一个问题：如果将哲学文本按照原文的逻辑来阐述的话，中国的读者很难读懂，而如果将之稀释后变为通俗的白话的话，又失去了原来文本的深度和浓重。因此，我也不希望将雅斯贝尔斯的文本变成简化了的思想，而是希望尽量能借助于我的翻译重现雅斯贝尔斯哲学的原貌。

有关本书的书名，德文原文作 Vom Ursprung und Ziel der Geschichte，英译本译作 The Origin and Goal of History，日译本译作『歴史の起源と目標』我想也是参照了英译本书名。德文的“von”在这里有“论”、“关于”的意思，如雅斯贝尔斯的另外一部巨著 Von der Wahrheit，一般就翻译成《真理论》或《论真理》，相应地日译本也译作『真理について』（理想社，1976－1977 年）。因此，我还是按照德文的原书名翻译成《论历史的起源与目标》。

本书引发的雅斯贝尔斯与海德格尔的一段学术史[13]

《论历史的起源与目标》出版以后，德国哲学家许纳菲尔德在 1949 年 12 月 1 日的《时代》（Die Zeit）上发表了一则介绍萨特和雅斯贝尔斯新书的书评。书评的题目为：〈哲学家创造时代的图景——新书中的萨特和雅斯贝尔斯〉（Philosophen prägen das Bild der Zeit. Sartre und Jaspers in neuen Büchern）。在这篇文章中，许纳菲尔德评论了同一年在慕尼黑和苏黎世出版的著作《论历史的起源与目标》。

在评论中，许纳菲尔德写道：

> 这一引人入胜的著作有两点不足之处：其一是文体，很遗憾它没有阻止各种虚假的图像，并且由此使简单的东西变得难以理解，所发表的意见的真实性令人产生怀疑。第二点尤其令人怀疑；其内容是对海德格尔愤怒的攻击（没有提名），并将他的思想看作是贫乏内涵的思想。这样的一个混乱无疑使得一个有声望的作者——卡尔·雅斯贝尔斯——与弗莱堡的思想家的哲学，或者与真正的哲学见解的高贵一样名不副实。

很显然，许纳菲尔德认为，雅斯贝尔斯的《论历史的起源与目标》一书是针对海德格尔的令人愤怒的人身攻击。雅斯贝尔斯对书评人的这一看法非常生气，第二天他便给海德格尔写了一封信，将他写给《时代》的表态信同样寄给了海德格尔。

1949年12月22日《时代》（第16版）刊登了这封题为〈并非海德格尔之谓〉（Heidegger war nicht gemeint）的来信，具体内容如下：

巴塞尔，1949年12月2日

尊敬的编辑部！

在1949年12月1日的《时代》上刊载了保罗·许纳菲尔德对我的《论历史的起源与目标》一书的评论。他谈到两点不足之处……“第二点尤其令人怀疑；其内容是对海德格尔愤怒的攻击（没有提名），并将他的思想看作是贫乏内涵的思想”。我声明，在我的这本书中，没有任何地方谈到过海德格尔。

但是，如此显然轻信的误解何以成了一种可能？对我来说所征引之处很难找到，因此只引用了“贫乏内涵的思想”几个词。这几个词所在的段落是对时代否定态度的特征描述，这一态度与强化的基础意识紧密相连。如此的描述是从观察中而来，并通过想象予以补充，去除了不适合的部分。并且依据其意义，它不是人从属于其的类型，而是理念型，依据此理念，每个人逐个进行估量，自己有多少符合、多少不符合这种理念。作为这一图式化的经验，今天存在着关于国家社会主义，不过也有所谓的生存主义的演讲和写作的出版物，尤其是在诽谤者那里。在这里，书评人将理念型图式与对一个人的判断搞混淆了。他违背了我的意思，把我的句子用在了海德格尔身上。

如果我想要公开地寻求与海德格尔的——在这里根本没有提

到——批判性论争的话，我也会公开地做此事。我跟这位著名的思想家的关系，至今以及长期以来主要是私人关系，并不会由于书评人表明的态度而陷入混乱。不过对我来说，更正还是必要的，以避免以讹传讹。

卡尔·雅斯贝尔斯

雅斯贝尔斯在给海德格尔的信中提到了许纳菲尔德所引用的段落是《论历史的起源与目标》瑞士版本的第295页，所相对应的德国版本应当是在289页：

但是，对整体历史意义的追问并未有最终的答案。这一问题以及以批判性的方式为了寻求答案而不断加强的尝试，有助于我们反对快速获得的假象知识的错误结论，这一知识瞬间又会消失，——反对那种仅仅是诽谤自己时代的倾向，时代是很容易被诋毁的，——反对那种导致全新建立的要求，这是从现在开始要拯救我们的创新，并将从柏拉图到黑格尔或尼采的整体发展作为克服的反对意见而予以提出。其后，自我思想的意义在贫困的内容之中获得奇异的提升（模仿尼采极端但有根据的意识状态）。但是，这一夸张的否定态度以及对虚无的召唤，并非自我的真实。在做斗争的轰动效应之中，人们只能过着精神的假象生活，直到耗尽自己的精力。

雅斯贝尔斯请求海德格尔同意予以澄清，后者马上照办了。海德格尔在给雅斯贝尔斯的回信中写道："您的整本书里，并没有哪个地方让我产生这种印象，亦即您在反对我，更不用说愤怒了。您所写的修正意见我觉得简明扼要；在这种情况下还是发表为好。"[14]

无论如何，雅斯贝尔斯本人对《论历史的起源与目标》一书是极为看重的。几年前在翻译《海德格尔与雅斯贝尔斯往复书简》的过程中，我才得以了解他们两人的真实世界。但在读他们的学术著作的时候，明显地感到那是一个远离日常生活的纯粹的精神世界。

作为学者的雅斯贝尔斯

雅斯贝尔斯自幼患支气管扩张症，这便是他在自传中所说的，“我生命中一切决定同时也受限于由我生存的一个基本事实”。[15]而透过他思想的力量却让人感到在他那羸弱的身躯中蕴藏着一股无比强大的力量。每次看到他的照片时，你同样会感到在他慈祥的面庞后，锐利的双眼射出的是一种令人振奋的新思想光芒。

与海德格尔的片面的深邃相比，雅斯贝尔斯所代表的是时代的良心。他的一生可谓是“胸中洒落如光风霁月”（黄庭坚《豫章集·濂溪诗序》）。他的文字是叩问着我们灵魂的声音，是对人性的呐喊，是对理性的呼唤，是上帝向人类敲响的警钟。

以前学拉丁语的时候，学到了西鲁斯的一句话：“Bonum virum natura, non ordo facit”（一个人的善良不是源自他的地位，而是人格）。的确，雅斯贝尔斯向我们所展示的并非他的地位，而是他的人格。

纵观雅斯贝尔斯的一生，很多人会觉得他的人生最是无聊：没有大起大落，没有在世界各地旅行的经验等等。雅斯贝尔斯几十年如一日地在思考他的哲学问题，思考人类的起源与目标。哲学思考对他来讲就像是一副灵丹妙药，它使雅斯贝尔斯的生活变成了对世界、对人类永不停息的探索。

人类的历史就像是以天才名字来点缀的璀璨的银河，其中有几颗特别闪亮的星星，它们的光芒能够穿越时空。在历史哲学之中，雅斯贝尔斯的轴心时代理论可以说就是其中最明亮的星星之一，时至今日，学者依然就此问题在争论不休，但很难绕过这一理论。雅斯贝尔斯在本书中所阐述的实际上并不仅仅是“轴心时代”的思想，他花了大量的篇幅讨论东西方的区别和关联、技术时代，等等。特别是对现代技术的讨论，在他之前很少有人如此透彻地讨论过。他从技术的历史和对于人类的意义出发，对现代技术对人的影响提出了他的观点，非常有见地。相关的内容，读者可参考译者所写的对本书的“解说”。

其他几点说明

我的老师顾彬教授将他每天的时间分为不同的几部分：早晨起床后他会待在家中写诗，上午到中午在办公室写作或上课，下午回到家里进行翻译工作，晚上在家里备课或者写散文。他说，一直呆在一个地方的话他会感到无聊，也不可能一直有创造力。从波恩到北京，他一直这样，几十年如一日地齐头并进地做他各方面的事情，并且卓有成效。我想这也是他为什么这么多产的原因。以前在波恩做学生的时候没有什么感觉，顾彬教授来到北京之后，他对我还是产生了或多或少的影响。我感到这样的方式对我来讲也是有效的。

在翻译雅斯贝尔斯的时候，我常常感到他似乎就在我身旁，在向我述说着他的哲学思想。两年来，在从事翻译的这些日子里，我书房写字台上的东西从未改变过：除了一台手提电脑之外，左手是德文原书，右手是英译本和日译本。翻译主要是在早晨和晚上两个时段进行的：我已经习惯于早晨五点多钟起床，在九点去办公室之前，我可以工作三个小时；晚上如果没有安排的话，我也可以工作两个小时。除了春节回徐州看父母耽搁了几天之外，即便晚上有应酬，回来我也要翻译一个小时。

实际上，最快的步伐并不是跨越，而是锲而不舍，最慢的步伐，并不是小步，而是徘徊不前，或是一曝十寒。“Nulla dies sine linea”（每天要写点东西！）。清代学者彭端淑曾作《为学》一文，认为“旦旦而学之，久而不怠焉，迄乎成”。他在文中举了两个和尚的例子，我觉得很有意思：

> 蜀之鄙有二僧，其一贫，其一富。贫者语于富者曰：“吾欲之南海，何如？”富者曰：“子何恃而往？”曰：“吾一瓶一钵足矣。”富者曰：“吾数年来欲买舟而下，犹未能也。子何恃而往！”越明年，贫者自南海还，以告富者。富者有惭色。西蜀之去南海，不知几千里也，僧富者不能至而贫者至焉。人之立志，顾不如蜀鄙之僧哉？

以上贫富二僧去南海的例子，让后辈领会其中所包含的道理，亦即为学的结果不仅仅在于天赋资质，更取决于个人是否有求学的恒心和意志。陆稼书也曾明确地指出：“欲速是读书第一大病，工夫只是绵密不间断，不在速也。”（《陆稼书先生文集・示大儿定徵》）如果说这些年来读书、写作、翻译还有所成就的话，只能说我是“蜀之鄙”的“贫僧”，做了“绵密不间断”的工作而已。

2012年我开始动手翻译此书，到2014年11月翻译完，用了两年多的时间。现在唯有感叹“Fugit hora”（时光飞逝）。拉丁文有一句话说：“Docendo discimus”（教学相长），这些年，除了教学相长外，我也通过翻译学习了很多的东西。2012年5月和2014年6月，我两次去瑞士巴塞尔探望雅斯贝尔斯生前的秘书萨纳尔教授，他带我参观了雅斯贝尔斯当时在Austrasse 48的故居，向我展示了雅斯贝尔斯少年时代的画作。2014年6月我还到奥登堡雅斯贝尔斯之家小住了几天，翻阅了雅斯贝尔斯的12 000册藏书。其间与奥登堡大学的雅斯贝尔斯专家鲍姆特教授进行了充分的交流。去年夏天我还跟杜塞尔多夫大学的腊碧士教授到亚琛看望了海德格尔的弟子、著名哲学家比默尔教授，与他交谈了一个多小时。谈话的内容自然也包括了雅斯贝尔斯与海德格尔的交往。尽管比默尔教授当时已经九十五岁高龄，但思维依然清晰。遗憾的是，今年初春腊碧士教授给我写来邮件，将比默尔教授于 2015 年 3 月 6 日去世的讣告发给了我。这位九十六岁的历史见证者的离去，带走了一个世纪的风雨，也带走了一个时代。

感谢华东师范大学出版社王焰社长欣然同意出版"雅斯贝尔斯著作集"的建议。感谢马健荣、陈佳鸣两位先生，在编辑本书时付出的辛劳。感谢我的学生王婉秋同学（德国波恩大学）帮我找到了迈克·布洛克的英译本。重田英世的日译本是好友沈国威教授（日本关西大学）帮我购得的。我的同事周健，帮我制作了原书第 48 页的一张图表。我的博士生董悦同学按照英译本制作了"索引"。在此也一并表示感谢。在翻译过程中的疏漏和错误之处，期待着方家予以批评指正。

李雪涛

2015 年 7 月 22 日

于北京外国语大学全球史研究院

注　释

［1］僧祐撰《出三藏记集》（苏晋仁、萧炼子点校，北京：中华书局，1995年），第15－17页。

［2］出处同上，卷第八，第293页。

［3］赫胥黎著《天演论》（严复译，北京：科学出版社，1971年），〈译例言〉，第10－11页。

［4］胡隽吟在翻译柏尔克的〈现代德国哲学之特征〉一文时，将"Existenzphilosophie"译作"存生哲学"[《中德学志》第二卷第二期（民国二十九年七月），第220页]。柏尔克在文中写道："因为没有英文单一名词可以表达'Existenz'这个字的整个字义，所以用德文原字为较好。在这起始的当儿，我们先把它尽量的解释清楚，存生（Existenz）的意思不仅是'生命'（life）也不仅是'存在'（Existence）。生命是由生而来，且人类之外其他生物亦均有生。再者，任何有形的个体，以通常意义论，都有存在。而'Existenz'则是（甲）专属于人类，（乙）非由降生而俱有者，乃是活来（comes to be）的，假如它是活来的，乃是从个人之经验中及通过了个人之经验而来的，（丙）与个人之内层性质密切相关。个人的'Existenz'据我所知是这样的一种东西：虽然它的活来的具体的条件在每个人的经验中都显现着，但它并不是每个人身上都能实现的，并且许多人，甚至大多数人都没有它。"出处同上，第222页。

［5］胡隽吟在〈现代德国哲学之特征〉的译文中，将"Sein"（being）译作"实有"。上揭《中德学志》第二卷第二期（民国二十九年七月），第220页。

［6］赞宁撰《宋高僧传》（"中国佛教典籍选刊"，范祥雍点校，北京：中华书局，1987年），第56页。

［7］Thomas Jansen, „Einige Hinweise und Fragen zur Arbeit des Deutschland-Instituts in Peking 1933 – 1945", in: Helmut Martin u. Christiane Hammer (Hrsg.), *Chinawissenschaften — Deutschsprachige Entwicklungen. Geschichte, Personen, Perspektiven*. Hamburg 1999. S. 185－201, hier S. 195, Anm. 39.

［8］1939年中德学会由汉学家傅吾康创刊了《研究与进步》（Forschungen und Fortschritte），刊登德国人文科学和自然科学各个领域所取得的最新成果。1940年改版为《中德学志》，专注人文科学的编译和论著，并增加了关于研究中国的学术文章。请参考傅吾康著《为中国着迷：一位汉学家的自传》（欧阳甦译，北京：社会科学文献出版社，2013年），第87页及以下。

［9］柏尔克著，胡隽吟译，〈现代德国哲学之特征〉（Characteristics of contemporary German philosophy），收入《中德学志》第二卷第二期（民国二十九年七月），第211－229页。

［10］王锦第著〈略述雅斯波的哲学〉（Grundzüge der Philosophie Karl Jaspers'），收入《中德学志》第三卷第三期（民国三十年九月出版），第442－449页。

［11］《中德学志》第三卷第三期（民国三十年九月出版），第442页。

［12］贺麟主编《存在主义哲学》（北京：商务印书馆，1963年）。

[13] 这一部分的内容，请参考《海德格尔与雅斯贝尔斯往复书简》（李雪涛译，上海：上海人民出版社，2012年），第271－272页，以及第361－362页的注释。
[14] 上揭李雪涛译《海德格尔与雅斯贝尔斯往复书简》，第272－273页。
[15] Karl Jaspers, *Philosophische Autobiographie*. München: R. Piper & Co. Verlag, 1977, S. 12.

译后记补

《论历史的起源与目标》中文版排出校样之后，作为“雅斯贝尔斯著作集”中的第一本，校对、做索引，乃至整本书的设计等等一直忙到2016年年底。此时特约策划马健荣先生告诉我“卡尔·雅斯贝尔斯全集”已经出版了三种：《论历史的起源与目标》(*Vom Ursprung und Ziel der Geschichte*. Band I/10. Basel: Schwabe Verlag, 2017)、《面对启示的哲学信仰》(*Der Philosophische Glaube angesichts der Offenbarung*. Band I/13. Basel: Schwabe Verlag, 2016)以及《大学的观念论集》(*Schriften zur Universitätsidee*. Band I/21. Basel: Schwabe Verlag, 2016)。圣诞节之前，我的德国博士生魏少兰回德国，帮我从瑞士订了这三本书。她回来的时候这三本书还没有到，后来1月中旬的时候，顾彬教授为我带来了让我心仪已久的三种全集版本。

德文版“卡尔·雅斯贝尔斯全集”(Karl-Jaspers-Gesamtausgabe, KJG，以下中文简称“雅斯贝尔斯全集”)每一本都有统一的体例，由四个部分组成：每一卷除了“正文”(Haupttext)之外，还有“导论”(Einleitung)、“注释”(Stellenkommentar)和“人名索引”(Namenregister)。

我们中文版的“雅斯贝尔斯著作集”除了原书的翻译部分之外，书前有“中文版总序”，书后有“解说”、“译后记”、“索引”部分。注释同样是放在书后的“尾注”，这一点与“雅斯贝尔斯全集”可谓不谋而合。

“雅斯贝尔斯全集”版中的《论历史的起源与目标》从分类上来讲是第一部分“著作”中的第10种（I. Werke，Band 10），是由奥地利格拉茨大学哲学系的退休教授库尔特·萨拉蒙编辑的。萨拉蒙是著名的雅斯贝尔斯研究专家，曾经编辑雅斯贝尔斯学会的年鉴（1988－2016年）。作为参考版本所使用的是最后由雅斯贝尔斯审定的1966年皮波尔出版社出版的简装本。这与我所使用的1949年的皮波尔出版社出版的精装本是完全一样的。萨拉蒙提到，在同一年还由苏黎世的阿特米斯出版社出版了另外一个版本，这同样被看作本书的第一个版本。（这个版本我在奥登堡的雅斯贝尔斯图书馆中见到过。）实际上这两个版本的差别仅在于页码的不同（包括注释；皮波尔版349页，阿特米斯版358页），这是由于开本和字体大小差别造成的。在阿特米斯版的“前言”后给出了地点和时间“巴塞尔，1948年8月”。这在皮波尔第一版中不存在。

实际上在1949年雅斯贝尔斯以书的形式正式出版这部著作之前，其中的部分内容已经在刊物上发表了，仅有少量的删节。〈世界历史的轴心时代〉（Die Achsenzeit der Weltgeschichte）一文发表在《月份：有关政治和精神生活的国际期刊》第1卷（1949年）第6期第3－9页［Der Monat. *Eine internationale Zeitschrift* （*für* Politik und geistiges Leben），I. Jg. 6（1949）3－9］。本书于1949年正式出版以后，部分内容也继续在学术期刊上发表：〈人类史〉（Die Geschichte der Menschheit）发表在《普世：有关科学和艺术的期刊》第7卷（1952年）第12期第1265－1273页［Universitas. Zeitschrift *für* Wissenschaft und Kunst，7. Jg. 12（1952）1265－1273］上，跟在书中的段落和字句都是相同的，并且也没有增加新的论点。

萨拉蒙在“出版说明”中提到雅斯贝尔斯之后在一册阿特米斯版的版本上对三处影响理解的错误做了修改。这三处我们在本书的译文中都予以了采纳。所涉及的是下面三处：

（1）雅斯贝尔斯将在阿特米斯版中的“durch die Spannung zum Geist”（通过精神张力）一句的“durch”（通过）改为了“ohne”（没有、缺乏），而这在我们所使用的皮波尔版本中已经改为了“ohne die Spannung zum Geist”（缺乏精神张力）。（参考本书第 13 页第 7－8 行）

（2）雅斯贝尔斯将“auf Schritt und Tritt in schiefe Wege，aus denen”中的“aus”（从中）改为了“auf”（在……之上），使这句话成为了：“auf Schritt und Tritt in schiefe Wege，auf denen”。（这一句的中文也从原来的：“一切都处于严格的传统的阴影之下，动不动就陷入了歧路，尽管如此，那些伟大、孤独的人物还是从中获得了令人惊叹的成功。”改为：“一切都处于严格的传统的阴影之下，动不动就陷入了歧路，尽管如此，那些伟大、孤独的人物还是在此之上获得了令人惊叹的成功。”）此处不论是在阿特米斯版，还是皮波尔版，都没有修改过来。（参考本书第 89 页第 15 至 17 行）

（3）雅斯贝尔斯所做的第三处修改涉及到的是用词方面的问题，在两个初版中都存在。他在书中将“Religion”（宗教）改为了“Region”（区域）。在以往的版本中，这句话是：“So erhebt sich die tiefste Einheit in eine unsichtbare Religion”（阿特米斯版，第 333 页第 33 行；皮波尔版，第 327 页第 16 行），改为了“So erhebt sich die tiefste Einheit in eine unsichtbare Region”。在中文版中，我们也将原来的“因此，要将这一最深刻的统一提升至不可见的宗教……。”改为“因此，要将这一最深刻的统一提升至不可见的区域……”。（参考本书第 308 页第 4 行）

《论历史的起源与目标》一书在德国和世界其他国家都产生过很大的影响。这部著作皮波尔版（慕尼黑）至 1988 年的第 9 版已经发行了 4

万册，而在费舍尔出版社所出版的授权普及本，自 1955 年以来被纳入了“知识丛书”之中，发行量达到了 12.5 万册。这部书被翻译成了英语、法语、意大利语、日语、韩语、波斯语、俄语和西班牙语，之前也有一种译自英文的中文版本。部分章节也被翻译成了荷兰语和罗马尼亚语。

李雪涛

2017 年 2 月 4 日

补记于全球史研究院

《雅斯贝尔斯著作集》(37 卷)目录

1.《精神病理学总论》
2.《精神病理学研究》
3.《史特林堡与梵高——对史特林堡及梵高的比较例证所做的病历志分析的尝试》
4.《世界观的心理学》
5.《哲学》(三册)
6.《理性与生存》
7.《存在哲学》
8.《论悲剧》
9.《论真理》(五册)
10.《论历史的起源与目标》
11.《哲学入门》
12.《哲学学校》
13.《哲学的信仰》
14.《鉴于启示的哲学信仰》
15.《哲学与世界》
16.《大哲学家》
17.《尼古拉·库萨》
18.《谢林》
19.《尼采》
20.《尼采与基督教》

21.《马克斯·韦伯》

22.《大学的理念》

23.《什么是教育》

24.《时代的精神状况》

25.《现代的理性与反理性》

26.《德国的战争罪责问题》

27.《原子弹与人类的未来》

28.《哲学自传》

29.《海德格尔札记》

30.《哲学的世界史》

31.《圣经的去神话化批判》

32.《命运与意志——自传作品》

33.《对根源的追问——哲学对话集》

34.《神的暗号》

35.《阿伦特与雅斯贝尔斯往复书简》

36.《海德格尔与雅斯贝尔斯往复书简》

37.《雅斯贝尔斯与妻书》

图书在版编目(CIP)数据

论历史的起源与目标/(德)卡尔·雅斯贝尔斯著;李雪涛译.—上海:华东师范大学出版社,2016
(雅斯贝尔斯著作集)
ISBN 978-7-5675-5820-5

Ⅰ.①论… Ⅱ.①卡… ②李… Ⅲ.①雅斯贝尔斯(Jaspers,Karl 1883—1969)—历史哲学—哲学思想
Ⅳ.①B516.53

中国版本图书馆CIP数据核字(2016)第262862号

雅斯贝尔斯著作集
论历史的起源与目标

著　　者　卡尔·雅斯贝尔斯
特约策划　李雪涛　马健荣
特约编辑　陈佳鸣
策划编辑　王　焰
责任编辑　朱华华
责任校对　王丽平
装帧设计　高　山

出版发行　华东师范大学出版社
社　　址　上海市中山北路3663号　邮编200062
网　　址　www.ecnupress.com.cn
电　　话　021-60821666　行政传真021-62572105
客服电话　021-62865537　门市(邮购)电话021-62869887
地　　址　上海市中山北路3663号华东师范大学校内先锋路口
网　　店　http://hdsdcbs.tmall.com

印 刷 者　上海中华商务联合印刷有限公司
开　　本　890毫米×1240毫米　1/32
印　　张　15
插　　页　2
字　　数　379千字
版　　次　2018年9月第1版
印　　次　2024年8月第7次
书　　号　ISBN 978-7-5675-5820-5/B·1051
定　　价　89.80元

出 版 人　王　焰